아가페 정신과

그리스도의 제자도

agape

양창삼

아가페 정신과
그리스도의 제자도

KSI 한국학술정보㈜

머리글

기독교를 가리켜 '사랑의 종교'라 말한다. 하지만 기독교에서 말하는 사랑은 우리가 흔히 말하는 사랑과는 차이가 있다. 그 속에는 우리를 향한 하나님의 사랑과 희생이 담겨 있기 때문이다. 그 사랑은 하나님이지만 그분과 동등함을 취하지 않고 인류를 구하기 위해 이 땅에 오신 예수 그리스도의 사랑이 그대로 묻어 있다. 그 사랑을 우리는 '아가페'(agape)라 한다. 그 사랑은 자신을 희생하는 사랑이요 조건을 따지지 않는 전인격적 사랑이다.

예수님은 우리를 향해 "네 마음과 뜻과 정성을 다하여 하나님을 사랑하고 이웃을 네 몸과 같이 사랑하라." 하셨다. 하나님과 이웃을 사랑하라 하실 때 그 사랑의 동사는 '아가파오'(agapao)다. 아가페 정신으로 사랑하라는 것이다. 더 이상 자기를 내세우지 않고 상대를 세우는 자기희생의 사랑이다.

아가페 정신이 우리에게 있다면 그런 사람은 사랑할 만한 조건을 찾지 않는다. 사랑의 조건이 충족되어 사랑하는 것은 세상적인 것이다. 오히려 사랑할 수 없는 사람을 사랑하고, 용서할 수 없는 사람을 용서하며, 감사할 수 없는 조건에서 감사하는 것이 바로 아가페 정신이 있는 사랑이다. 이것은 세상의 그것을 뛰어넘는다. 그만큼 차원이 다르다.

그리스도인은 이 땅에서 세상의 기준으로 사는 사람이 아니다. 하나님 나라의 백성으로서 하나님과 그 나라의 기준에 맞게 살아가야 하는 사람이다. 예수님이 산상수훈을 가르쳐 주신 것도 이 땅에서 그 나라 사람답게 살라는 의미가 담겨 있다. 하나님은 어느 시대나 그리스도인은 마땅히 아가페 정신을 요구하신다.

문제는 우리가 이에 맞는 생활을 하고 있지 않다는 점이다. 아가페는 하나님께나 해당되는 것이요 우리는 이 땅에서 적당히 하나님을 인정하면서 살면 되는 것처럼 안이하다. 그러나 하나님은 그렇게 안이한 분이 아니시다. 하나님 관계에서뿐 아니라 부모와의 관계, 친구와의 관계, 이웃과의 관계 그리고 모든 관계에서 아가파오를 하라 명령하신다. 우리는 이 명령을 피할 수 없다. 이제 그리스도의 제자도를 확실히 하는 것이 중요하다.

이 책은 아가페 정신을 밝히고, 그리스도의 제자도를 구체적으로 제시하는 목적을 가지고 있다. 예수님은 이 세대를 향해 문제가 있다고 하신다. 입성을 하시면서도 예루살렘이 당할 미래를 생각하시며 우셨다. 지금 우리를 보시면 어떠하실까. 그리스도인이라면서 그리스도인다운 면이 전혀 보이지 않는 모습에 절망하지 않으실까. 교회를 향해서도 고함을 치실 것만 같다. 예수를 잃었다면 이제 예수부터 찾아야 할 때다. 내 안에 예수가 없다면 그 예수를 모시고 나의 내면을 정돈해야 한다.

이제 우리는 제자도를 실현할 때다. 이를 위해 아가페 정신을 배우고, 그 정신에 따라 하나님을 섬기며 이웃을 바로 섬길 때다. 우리가 달라지면 달라질수록 사회는 밝아질 것이다. 그리스도인은 절망이 아니라 희망을 말하는 사람이다. 우리의 처한 상황이 아무리 어둡다 할지라도 그곳에 빛을 드리우는 사랑이 있는 한 세상은 살맛이 날 것이다. 바로 이 책이 그 빛을 전하는 역할을 했으면 한다.

2008년 양창삼

차 례

제1부

아가페, 하나님 나라의 사랑법

제1장 사랑 중의 사랑, 아가페

탈무드에 이런 이야기가 있다. 장사꾼이 거리를 지나며 큰소리로 외쳤다. "인생의 비결을 팝니다!" 순식간에 사람들이 모여들었다. 그들 가운데 랍비도 끼어 있었다. 사람들은 어서 인생의 비결을 팔라고 조르기 시작했다. 그러자 그는 이렇게 외쳤다. "인생을 참되게 사는 비결은 자기 혀를 함부로 사용하지 않는 것이다!"

젊은 시절 대인관계가 나쁘기로 유명했던 벤저민 프랭클린. 훗날 탁월한 사교술을 익혀 사람 다루는 데 익숙해지자 마침내 주 프랑스 대사로 임명되었다. 그 성공비결은 남의 단점을 들춰내지 않고 장점을 칭찬하는 데 있었다.

이것도 삶의 비결임에 틀림없다. 사람들은 "미안해요. 사랑해요. 용서합니다. 괜찮아요. 잘했어요. 아주 좋아요. 고마워요. 제 탓이에요." 이런 말들을 사용하면 인간관계가 달라진다고 말한다. 이런 말을 들을 때 화를 낼 사람은 없기 때문이다.

그러나 그리스도인이 된다는 것, 그리스도의 제자가 된다는 것은 이것보다 더 높은 수준의 사랑과 용서를 요구한다. 그만큼 차원이 높고, 수준이 다르다. 그 높은 차원이 바로 아가페다. 아가페에 따르면 좋아하는 사람을 향해 사랑한다 말하는 것은 사랑이 아니다. 그것은 세상 사람도 한다. 이보다는 사랑할 수 없는 사람을 사랑하는 것이 참사랑이다. 용서도 마찬가지다. 용서할 조건이 충족되어 용서를 하는 것은 세상 사람도 한다. 아가페가 있는 용서는 다르다. 용서할 수 없는 사람까지 용서하는 것이다. 사람을 초대하는 것도 마찬가지다. 친구를 서로 초대하는 것은 세상 사람도 다 하지 않는가. 갚을 길 없는 사람을 초청하라. 아가페는 이처럼 다르다. 그리스도의 제자는 이 땅에서 바로 이런 사랑을 실천하도록 요청받고 있다. 그래서 지금보다 더 강도 높은 제자훈련이 요청된다.

✝ 맥스 루케이도가 본 비밀

맥스 루케이도(Max Lucado) 목사는 창의력과 상상력을 발휘해 이 땅에서 어떻게 신앙생활을 해야 할까, 어떻게 하나님과 좋은 관계를 유지할 수 있을까 생각했다. 그리고 그 생각이 어른뿐 아니라 어린 아이들에게도 필요하다는 것을 깨달았다. 그래서 「비밀의 책」을 썼다.

하나님은 언제나 자기를 위하여 경건한 자를 택하신다(시4:3). 그러므로 우리가 이 땅에서 경건하게 살아야 하는 것은 당연한 일이다. 루케이도가 제시한 이 비밀은 우리가 생활에 적용해야 할 것들이다. 이를 통해 우리의 생각과 가치관이 바뀌고, 태도와 행동이 바뀔 필요가 있다.

「비밀의 책」은 이렇게 시작된다. 랜던과 그의 친구 에릭 그리고 여동생 쉐넌은 야구공을 가지고 놀다 한 낡고 오래된 집의 다락방 창문을 깨고 말았다. 그 집은 유령의 집이라 불릴 만큼 으스스한 느낌을 주었다. 하필 공이 그 집에 들어갈 게 뭐람. 아버지가 프로 야구 게임에서 받아온 것이어서 그 공 없이 집에 돌아갈 수도 없다.

아이들은 용기를 내어 유령의 집에 들어간다. 머리가 주뼛 선다. 그러나 그들의 생각과는 달리 마음씨 좋은 할머니 부부를 만난다. 조쉬 할아버지와 멜바 할머니. 할아버지와 할머니는 아프리카에서 돌아온 은퇴 선교사. 경매로 이 집을 사들여 꾸미며 살기로 했단다.

아이들은 아프리카에서 가져왔다는 골동품, 동전, 팔찌를 보다가 이윽고 부드러운 가죽 표지에 가죽 끈으로 묶여 있는 책을 보았다. 그 책은 열쇠 잠금장치까지 되어 있었다. 할아버지는 그 책을 「비밀의 책」이라 했다. 왜 비밀의 책일까? 이 책은 조쉬가 아프리카 여러 나라를 다니며 원주민들에게 복음을 전할 때 그리스도인으로서 건강한 삶을 유지할 수 있는 비밀을 하나씩 모아 놓은 책이기 때문이다.

이 책의 원제는 '저에게 비밀을 말씀해 주세요'(Tell me the secrets) 이다. 공을 찾으러 간 아이들은 공보다 더 귀중한 인생의 비밀이 담겨 있는 이 책에 더 관심을 갖게 되었다. 이제 그 아이들은 인생의 비밀을 가르쳐 줄 멘토 할아버지를 통해 그 책의 비밀을 만나게 된다. 이 비밀의 책에는 용서, 평안, 승리, 성숙, 사랑, 위대함 그리고 생명 등 모두 7가지 비밀을 담고 있다. 각 비밀을 풀어 가는 데 삶의 이야기도 있지만 무엇보다 하나님의 말씀이 있어 생명력이 더하다. 이 가운데 용서와 사랑의 비밀은 많은 것을 생각하게 만든다.

용서(forgiveness)는 첫 번째 비밀이다. 인생을 바르게 살려면 무엇보다 용서가 필요하다는 것이다. 용서를 위해 골로새서 3장 13절을 골랐다. "누가 뉘게 혐의가 있거든 서로 용납하여 피차 용서하되 주께서 너희를 용서하신 것과 같이 너희도 그러하고."

용서와 관계해 사막에서 물이 나오는 땅굴을 발견한 농부의 이야기가 나온다. 처음에는 누구나 마시도록 하다가 고마워하는 사람이 적다며 고마워하는 사람에게만 준다. 그다음엔 이웃이나 동물에게 비열하고 몰인정한 사람에게는 주지 않겠다며 누가 물을 받을 자격이 없는지 이름을 적어 오라 한다. 마을 사람들은 각자 다른 사람의 이름을 적어 왔다. 단 한 사람의 이름만 빼고 마을 사람 모두의 이름이 적혀 있었다. 그 한 사람은 바로 농부 자신이었다. 마을 사람들은 서로 용서하지 않은 것이다. 농부는 물이 든 짐수레 위에 서서 외친다. "아무도 고마워하지 않고, 아무도 물을 받을 자격이 없기 때문에 더 이상 물을 길어 오지 않겠소." 그리곤 집으로 가버렸다.

이 이야기를 들은 아이들은 농부의 처사가 옳지 않다고 했다. "물은 농부의 것이 아니잖아요. 물은 선물이었어요. 모든 사람이 물을 먹을 수 있도록 해야 하는데. 예수님도 나쁜 사람들에게 좋은 것 주시고, 감사하지 않은 문둥병자들도 고쳐 주지 않았나요."

이 이야기 끝에는 예수님의 말씀이 인용되어 있었다. "오직 너희는 원수를 사랑하고 선대하며 아무것도 바라지 말고 꾸어 주라 그리하면 너희 상이 클 것이요 또 지극히 높으신 이의 아들이 되리니"(눅6:35).

아직도 용서하지 못하는가. 하나님이 네게 주시는 사랑의 물속으로 깊이 들어가라. 그러면 하나님께서 그런 사람들을 용서할 수 있게 도와줄 것이다. 원수하게 은혜의 물을 선뜻 나누어 주라. 그것이 너에게 선물이었듯이 그들에게도 선물이 될 수 있도록.

사랑(love)은 다섯 번째 비밀이다. 그는 이를 위해 잠언 31장 10절을 소개한다. "누가 현숙한 여인을 찾아 얻겠느냐 그 값은 진주보다 더하니라." 보석을 알아보듯 참사랑을 알아보는 법을 배우라는 것이다. 그는 외모만 아름다운 여인을 찾아다니지 말라 한다. 가장 아름다운 여인을 찾으려면 그 마음속 깊은 곳을 들여다보라. 그리고 그 보석(현숙한 여인)을 찾으면 결코 놓치지 말라. 왜냐하면 그 사람 안에서 보석보다 더 가치 있는 보석을 얻을 수 있기 때문이다. 참된 사랑은 안에서부터 빛을 발한다. 그리고 세월이 흐르면서 점점 더 그 빛은 강해진다. 아름다움을 찾으라. 그러면 사랑을 잃게 될 것이다. 그러나 사랑을 찾으면 둘 다 얻게 될 것이다.

루케이도는 비밀을 통해 환상적인 세계로 우리를 인도한다. 그러나 그 이야기들은 일상생활에서뿐 아니라 힘들고 어려운 상황에서 어떤 신앙생활을 해야 하는가를 잘 가르쳐 주고 있다. 이 비밀을 긍정적으로 받아들이고, 우리의 생각과 행동을 변화시켜 나갈 때 확실히 우리는 비밀의 문을 연 보람이 있을 것이다. 특히 사랑하고 용서할 줄 알게 된다면.

그리스도의 삶은 신비다. 그리고 세상과는 다르다. 그것은 하늘의 비밀이기 때문이다. 하늘의 비밀, 곧 용서, 평안, 승리, 성숙, 사랑, 위대함 그리고 생명의 비밀을 안고 살아갈 때 하나님과 우리의 관계도 달라지고, 이 세상도 한층 밝아질 것이다.

✝ 사랑의 종교, 기독교

로망 롤랑의 「쟝 끄리스또프」의 서문에는 다음과 같은 말이 쓰여 있다. "서로 이해하고 사랑하는 것은 인생의 앞과 뒤에 있는 두 깊은 골짜기 사이에서 우리의 어둔 밤을 비춰 주는 단 하나뿐인 광명이다." 예수님은 누구보다도 사랑을 강조하셨다. 기독교는 사랑의 종교라 할 만큼 사랑을 강조한다.

바울은 "그런즉 믿음, 소망, 사랑, 이 3가지는 항상 있을 것인데 그중에 제일은 사랑이라."(고전13:13) 하였다. 바울이 여기에서 사랑을 강조한 것은 고린도 교회에서 방언하는 자와 못하는 자 사이에 갈등을 빚어 교인으로서 사랑을 잃어 감을 한탄스럽게 생각했기 때문이다. 방언이 중요한 것이 아니라 사랑이 중요하다는 것이다. 그가 고린도전서 12장에서 방언 등 여러 은사들을 논하다가 13장에서 사랑을 강조한 후에 다시 14장에서 은사들을 논한 것은 아무리 은사를 가졌다 해도 사랑이 없으면 안 된다는 것을 보여 주고 있다. 그는 고린도전서 13장 1-3, 8절을 통해 아무리 방언이 능하고 예언을 잘한다 해도, 아무리 지식이 많고 믿음이 크다 해도, 아무리 구제를 많이 한다 해도 사랑이 없으면 그것은 결국 아무것도 아니라고 주장하고 있다. 바울에게 있어서 사랑은 '항상 있을 것', 곧 영원한 것(last forever)이자 '제일', 곧 위대한 것(great)이다.

사랑에 대한 강조는 여기에서 끝나지 않는다. 사랑은 최고의 법 (약2:8)이자 그리스도의 법(갈6:2)이요 율법의 완성(롬13:10)이자 성령에 의해 가능한(롬8:4;13:10) 성령의 첫 번째 열매(롬15:30;갈5:22;골1:8)요 하나님의 속성(요일4:8,16)이자 우리에게 새 계명(요13:34)으로 다시금 강조된 영원한 계명이다. 기독교에서 사랑은 이만큼 큰 비중을 차지하고 있다.

✝ 사랑의 종류

성경에는 다양한 형태의 사랑이 표현되어 있다. 그 형태를 살펴보면 다음과 같다.

첫째, 박애의 사랑(philanthropia)이다. 자선 및 박애에 뿌리를 둔 인간애적인 사랑이다. 이 사랑은 인간에 대한 인류애 감정에서 나온 것이다.

둘째, 형제간의 사랑(philadelphia)이다. 성경은 형제 사이의 사랑을 강조하고 있다. 요한일서 4장 19-21절에 따르면 하나님을 사랑하는 사람은 자기 형제를 사랑해야 한다. 하나님을 사랑한다 하면서 그 형제를 미워하면 거짓말하는 것이며 보이는 형제를 사랑하지 못하는 사람은 보이지 않는 하나님을 사랑할 수 없다고 못 박고 있다. 이것은 형제를 사랑하는 것과 하나님을 사랑하는 것이 서로 얼마나 유기적인 관계를 가지고 있는가를 보여 주고 있다. 여러 계명들은 각기 독립되어 있는 것이 아니라 서로 연관되어 있음을 알 수 있다.

둘째, 부모와 자식 간의 사랑(storgeh)이다. 부자간의 사랑이나 모자간의 사랑 등 주로 가정 안에서 나타나는 부모와 자식 사이의 사랑이다. 자식이 떡을 달라 하는데 뱀을 주는 부모가 있겠는가.

넷째, 친구 사이의 사랑(philia)이다. 필리아는 친구 사이의 사랑을 나타낸다. 요나단과 다윗 사이의 사랑은 승화된 우정으로서의 사랑을 보여 준다. 예수님도 우리를 향하여 친구(요5:13-15)라 하셨다. 그러나 주의해야 할 것은 이것은 사랑의 형태일 뿐 사랑 그 자체의 행위는 아가페라는 사실이다. 즉 요나단이 다윗을 사랑했다는 사무엘상 20장 17절의 사랑은 히브리어 '아헵'으로 나타나 있는데 이 말은 '아가파오'에 해당된다. 사람이 친구를 위해 목숨을 버리면 이에서 더 큰 사랑이 없다(요15:13)는 주님의 말씀 속에 나타난 사랑도 아가페로 기술되어 있다.

다섯째, 이성 사이의 사랑(eros)이다. 이성 간, 남녀 간, 부부간, 연인들 사이의 사랑을 가리킨다. 프로이트는 에로스를 죽음의 본능과 대비되는 삶의 본능으로 묘사하였다. 사랑은 삶의 본능에 속한다.

끝으로, 아가페(agape)이다. 이것은 하나님 나라의 삶의 양식으로서의 사랑이다. 하나님께서 인간에게 보여 준 사랑, 주님이 보여 주고 제시한 사랑이다. 하나님은 우리로 하여금 하나님의 백성으로서 하나님 나라의 삶의 양식, 곧 아가페 사랑을 하도록 하신다. 성경에서 가장 강조하는 사랑의 방식이다. 아가페는 하나님께서 우리에게 아가페 사랑을 보여 주신 것처럼 우리도 하나님에 대해서나 이웃에 대해 아가페 사랑을 해야 한다는 것을 의미한다. 이웃에 대한 아가페 사랑은 부모, 형제, 친구, 이성뿐 아니라 인간 모두에 대한 사랑이 아가페이어야 함을 말한다.

✝ 아가페의 의미

아가페의 어원은 확실하지 않다. 그러나 아가페는 사랑, 친절, 호의, 사모, 기뻐함, 아낌 등 여러 양태에 적용되고 있다. 성경에 적용된 몇 가지 의미를 살펴보면 다음과 같다.

1) 히브리어 '아하바'

아가페는 히브리어 '아하바'(ahaba)와 같은 의미로 사용되고 있다. 아하바는 다음과 같은 경우에 사용된다.

첫째, 손님이나 아이를 맞이할 때 사랑을 가지고 환영하는 것(to welcome with affection)이다.

둘째, 어떤 사람에 대해 사랑스러움을 갖는 쪽으로 기우는 것(tender inclination toward someone)이다. 이 경우 아하바는 필레오(phileo)와 같은 성격을 띠고 있다.

셋째, 하나님의 뜻에 합당한 자를 선택하는 것이다. 하나님의 주도 아래 그의 법과 정의에 맞는 자를 택한다. 택함을 받은 자는 부르심을 받은 자이다. 예수님이 하나님의 사랑하시는 독생자로 표현되어 있는데 이것은 하나님의 사랑을 입은 것을 의미한다. 이때 사랑은 '아가페토스'(agapetos)로 표시되어 있다. 이것은 예수님이 하나님의 뜻을 이루기 위해 이 땅에 보내심을 받은 하나님의 독생자임을 나타내고 있다.

넷째, 이웃을 자기 자신처럼 사랑하는 것을 의미한다. 미워할 수 없는 자기처럼 이웃을 사랑하는 것이다. 이웃에 대해서 아가페적인 사랑을 나타내야 하는 것이다.

2) 예수님이 가르치고 보여 주신 아가페

주님은 이 땅에 오셔서 하나님 나라의 삶을 살도록 가르치셨고 우리를 구원하시기 위해 십자가 위에서 대속의 피를 흘려주심으로써 몸소 그 본을 보여 주셨다. 평소 원수까지 사랑하라고 가르치셨는데 하나님과 원수 되었던 우리를 아가페의 사랑으로 풀어주심으로써 그 본이 되신 것이다. 주님은 하나님을 사랑하고 이웃을 사랑하라 하시고 이것이 곧 율법이자 선지자의 대강령이라고 가르침으로써 하나님 나라의 정신이 아가페에 있음을 분명히 하셨다. 즉 하나님 나라는 아가페가 충만한 곳이며 그의 나라를 이 땅에서 실현시켜야 할 우리는 마땅히 아가페 사랑을 해야 한다는 것이다.

3) 요한의 아가페

요한은 하나님을 아가페와 동일시하였다. 하나님을 사랑으로 보았는데 이것은 하나님이 먼저 독생자 예수를 우리에게 보내 주심으로 그의 사랑을 확증했기 때문이다. 하나님이 이 세상을 이처럼 사랑하신 것(요3:16), 아버지께서 사랑을 우리에게 주신 것(요일3:1), 사랑은 하나님께 속한 것(요일4:7) 모두는 하나님이 사랑이심을 보여 주는 것이다. 따라서 우리는 하나님의 사랑을 알고(요일3:16) 하나님을 사랑(요일5:3)하며 사랑을 증거(요삼6)해야 한다. 위에 언급된 사랑은 모두 아가페이다. 그는 필레오를 아가페로 사용하기도 하였다(요5:20;16:27;21:17).

4) 바울의 아가페

바울은 아가페를 몇 가지 차원에 적용시켰다.

첫째, 아가페와 선택받음을 연결시켰다. 선택받음은 하나님의 사랑에 의한 구원을 가리킨다. 사랑은 하나님의 자비하심에 따라 그의 진노하심으로부터 떠나 하나님과 연결되게 한다.

둘째, 연약한 죄인이 성령에 의해 하나님의 사랑을 받고 있음을 알게 된다. 성령은 믿음을 주시는 분이시자 사랑과 사랑을 연결되게 하신다. 즉 우리가 하나님의 사랑을 받고 있다는 것을 깨닫게 하고 나아가 우리로 하여금 이웃을 사랑하게 만든다. 사랑함에 있어서 성령의 역할이 큰 것을 보여 주고 있다.

셋째, 사랑만이 그리스도의 지체인 신자들의 공동체를 만들 수 있게 한다.

✝ 아가페의 성격

아가페는 한마디로 하나님 나라에서 실현되는 사랑의 모습이다. 하나님은 우리를 그의 백성으로 삼으시고 이 사랑이 우리 가운데서 실현되기를 바라고 계신다. 그 성격을 살펴보면 다음과 같다.

1) 하나님과 이웃과의 관계에서 나타남

아가페가 하나님 사랑과 이웃 사랑에 적용되는 것은 그리스도인의 삶의 모든 양식에서 아가페가 나타나야 한다는 것을 의미하고 있다. 하나님을 향한 우리의 사랑이 아가페이어야 한다는 것은 성경의 여러 곳에 나타나 있다. 주님이 베드로를 향해 "네가 이 사람들보다 나를 더 사랑하느냐."(요21:5) 하실 때 사랑을 확인하는 물음, 사랑하지 아니하는 자는 하나님을 알지 못한다(요일4:8)는 단정적인 말씀, "나를 사랑하는 사랑이 저희 안에 있고 나도 저희 안에 있게 하려 함이라"(요17:26)는 사랑의 상호내재성 그리고 "누구든지 하나님을 사랑하면 이 사람은 하나님의 아시는 바가 되었느니라."(고전8:3)라는 선언적인 말씀 등은 하나님과 우리 사이에 아가페가 있어야 함을 보여 주고 있다.

이 아가페는 하나님과 우리 사이에만 한정된 것이 아니라 우리의 모든 이웃에게도 파급되어야 한다. 이웃 사랑은 그리스도 안에서 사랑의 관계가 새롭게 정립되어야 함을 가리키고 있다. 자기만을 알았던 내가 이제는 남을 사랑할 줄 아는 데까지 이르게 되는 것이다. 요한은 "누구든지 하나님을 사랑하노라 하고 그 형제를 미워하면 이는 거짓말하는 자니"(요일4:19-21)라고 말하고 있다. 하나님을 사랑하는 자는 이웃을 사랑해야 하며 이웃을 사랑하지 못하는 사람은 하나님을 사랑하지 않는 사람이라는 것이다. 보이는 사람을 사랑하지 못하면서 보이지 않는 하나님을 사랑한다는 것은 있을 수 없다는 것은 아가페가 하나님뿐 아니라 우리와 관련된 모든 관계 속에서도 나타나야 한다는 것을 강조하고 있다.

2) 하나님이 주신 마음

하나님의 사랑은 삼위의 사랑, 곧 하나님의 사랑, 그리스도의 사랑, 성령의 사랑 모두를 가리킨다. 즉 삼위의 하나님께서 사랑의 역사에 능동적으로 참여하신다. 바울은 이 같은 신학에 바탕을 두어 아가페를 전개하고 있다. 즉 "하나님이 우리에게 주신 것은 두려워하는 마음이 아니요 오직 능력과 사랑과 근신하는 마음이니"(딤후 1:7)라는 말씀은 하나님께서 우리에게 사랑하는 마음을 주신다는 것을 나타내고 있다. "그리스도의 사랑이 우리를 강권하시는도다."(고후5:14)라는 말씀은 그리스도의 사랑이 우리 안에서 얼마나 강하게 역사하는가를 보여 준다.

나치에 항거하다 순교한 행동파 신학자 본회퍼는 "자연인간은 누구도 참사랑을 가질 수 없다. 오직 예수 그리스도의 사랑이 마음속에 움직일 때 아가페의 사랑이 생긴다."고 말하고 있다. 사랑의 원자탄을 가진 자로 알려진 손양원 목사도 "예수 그리스도께서 나 같은 죄인을 위해 십자가를 지셨다는 감격이 마음속에 일어날 때 이 같은 사랑을 할 수 있었다."고 고백하였다. "우리에게 주신 성령으로 말미암아 하나님의 사랑이 우리 마음에 부은 바 됨이니"(롬5:5)라는 말씀은 아가페에 있어서 성령의 작용을 가리키고 있다. 본회퍼도 성령의 역사로 일어나는 것이 사랑임을 인정하였다.

우리가 구하고자 하는 이 사랑은 하나님으로부터 얻을 수 있다. 왜냐하면 하나님이 사랑의 원천이시기 때문이다. 사랑의 원천은 하나님이시므로 하나님의 사랑을 체험한 자만이 이 사랑을 할 수 있다. 성령 하나님이 내 안에 충만할수록 사랑도 충만해진다. 그러므로 사랑은 내가 하는 것이 아니라 성령님이 내 안에 임할 때 사랑할 수 있게 된다. 사람은 누구나 사랑하고 싶어 하고 사랑을 받고 싶어 하지만 사랑을 잘 영위하지 못한다. 그러나 우리 안에 성령 하나님이 함께하실 때 우리는 사랑의 삶을 풍성히 누릴 수 있게 된다. 그러므로 하나님은 언제나 우리의 해답이자 정답 되신다.

3) 원수까지 사랑하는 것

'원수까지'라는 말은 '예외 없이 모든 사람에게 모든 것을'이라는 의미를 내포하고 있다. 아가페가 하나님의 무조건적인 사랑임을 보여 준다. 하나님은 의인에게만 햇볕과 비를 주시는 것이 아니라 악인에게도 골고루 주신다. 즉 이 세상에서 악인이 흥왕하게도 하신다. 결코 차별하지 않으신다. 그렇다면 우리는 어떤 사랑을 보여야 할까. 아가페의 모습은 다음과 같이 나타난다.

- 사랑할 만한 사람만 사랑하면 아가페가 아니다. 사랑할 수 없는 사람까지 사랑하는 것이 아가페다.
- 용서할 수 있는 사람만 용서하면 아가페가 아니다. 용서할 수 없는 사람까지 용서하는 것이 아가페다.
- 감사할 조건에서 감사하는 것은 아가페가 아니다. 감사할 수 없는 조건에서조차 감사하는 것이 아가페다.

아가페는 자기 식구에만 한정되는 것이 결코 아니다. 형제뿐 아니라 외인들, 심지어 자기를 핍박하며 저주하는 자들까지도 사랑할 줄 알아야 한다. 예수님은 "원수를 사랑하고 너희를 박해하는 사람들을 위해 기도하라 그래야 하나님 아버지의 아들이 될 것"(마5:43-45)과 "악한 자를 대적하지 말라 오른 뺨을 치거든 왼편도 돌려대라"(마5:39)고 가르치셨다. 바울도 "원수가 배고파하면 먹을 것을 주고 목말라 하면 마실 것을 주라"(롬12:20) 하였고 "악을 악으로 갚지 말라"(살전5:15), "악에게 굴복하지 말고 선으로써 악을 이기라"(롬 12:12), "사랑은 이웃에게 악을 행치 아니하나니 그러므로 사랑은 율법의 완성"(롬13:10)이라 하였다. 이것이 바로 기독교 사랑의 근본이다.

원수를 위해 기도하고 그를 사랑하는 것은 아가페의 사랑이 의례적이고 형식적인 사랑이 아니라 원수를 위해 자신의 모든 것을 줄 수 있는 가장 깊고 가장 궁극적인 사랑임을 보여 준다. 예수님의 이 같은 아가페의 실천 강조는 계명을 의례적으로 지켜 왔던 유대인들에게 있어서는 너무나 충격적인 것이었다. 원수 사랑은 이웃 사랑이 어느 경지에까지 이르러야 하는가를 보여 주고 있다. 교회나 교인은 세상 가운데서 이 같은 사랑을 나타내야 한다.

4) 자기 유익을 구하지 않는 것

사람들은 자기를 사랑한다(딤후3:2). 그러나 진실한 사랑은 자기 유익을 구하지 아니한다(고전13:5). 예수님은 부자 청년에게 자기의 소유를 팔아 가난한 자에게 나누어 주고 나를 좇으라 하였다. 그리스도의 제자가 된다는 것은 자기의 소욕을 포기하는 것임을 의미한다. 바울은 "누구든지 자기의 유익을 구하지 말고 남의 유익을 구하라"(고전10:23,24)고 강조하고 있다. 자기 유익을 구하지 않는 삶, 이것이 바로 그리스도의 삶이자 우리가 따라야 할 삶이다.

5) 겸손과 온유와 오래 참음

바울은 "너희가 부르심을 입은 부름에 합당하게 하여 모든 겸손과 온유로 하고 오래 참음으로 사랑 가운데서 서로 용납하고 평안의 매는 줄로 성령의 하나 되게 하신 것을 힘써 지키라."(엡4:1-3)고 당부하였다. 이것은 사랑이 겸손·온유·오래 참음과 깊게 연관되어 있음을 보여 주고 있다.

겸손이 그리스도의 자아 겸비의 사랑과 밀접하게 연결되어 있음을 강조한 바울은 그리스도가 자기를 내어 주심같이 우리도 자신을 내어 줄 줄 아는 겸손의 자세가 필요하다고 말한다. "자기보다 남을 낮게 여기라"(빌2:3), "높은 데 마음을 두지 말고 도리어 낮은 데 처하라"(롬12:16), "존경하기를 서로 먼저 하라"(롬12:10)는 말씀은 겸손해야 할 것을 가르친다.

온유는 겸손뿐 아니라 그리스도의 사랑과 연관(고후10:1)되어 있다. 용서는 주께서 우리를 용서하신 것과 같이 서로 용납하고 용서하는 것(골3:13)이자 허다한 죄를 덮을 줄 아는 열심 있는 사랑(벧전4:8)이다.

사랑을 겸손·온유·오래 참음과 연관시키는 것은 사랑을 여러 가지 형태의 유기적 관계로 설명하고자 하는 것과 연관되어 있다. 고린도전서 13장 4-7절과 로마서 12장 9-21절에 따르면 사랑은 평화·친절·선·충성·온유·자비·겸손·인내·용서·참됨·경건·옳음·정결·사랑할 만한 것·칭찬할 만한 것·덕이 있는 것 등과 연관되어 있다.

6) 모든 은사들 가운데 더욱 큰 은사

바울은 고린도전서 12장에서 성령의 은사를 사랑·지혜의 말씀·지식·믿음·병 고치는 은사·능력 행함·예언·영분별·방언·방언 통역 등 여러 가지를 들고 "너희는 더욱 큰 은사를 사모하라 내가

또한 제일 좋은 길을 너희에게 보이리라"(고전12:31) 한 뒤 고린도
전서 13장에서 사랑을 강조하고 고린도전서 14장 1절에 "사랑을 따
라 구하라"고 결론을 내렸다.

바울은 고린도전서 12장 31절에서 '더욱 큰 은사'(best spiritual
gifts)를 말하였다. 이에 대해 두 가지 견해가 있다. 하나는 은사는
모두 귀하지만 교회에 큰 유익을 끼치는 은사가 더욱 큰 은사라는
것이다. 다른 하나는 더욱 큰 은사는 바로 사랑이라는 것이다. 이것
은 사랑을 은사로 보아야 하느냐 아니면 여러 은사를 행할 때 사랑
으로 하라는 것이냐 하는 논쟁을 불러일으킨다. 그러나 우리는 사랑
이 은사다 아니다 하는 식의 이분법적 논쟁보다 이 두 견해를 모두
포용하는 것이 바람직하다.

이 원문은 "너희가 더 큰 은사를 사모하고 있지만 제일 좋은 길
을 보여 주리라"이다. 본문을 미루어 볼 때 고린도 교인들은 여러
가지 은사 가운데 몇몇 은사들을 선호하여 더 큰 은사를 사모하는
성향이 있었음을 알 수 있다. 바울은 단도직입적으로 그러한 태도는
옳지 않다고 지적하였다. 무슨 은사를 갖느냐가 중요한 것이 아니라
무슨 은사를 갖든지 사랑으로써 은사를 실천하는 것이 '제일 좋은
길'(a more excellent way)이라는 것이다. 바울은 제일 좋은 길이자
가장 큰 은사는 사랑임을 가르치고 있다.

그다음 이른바 '사랑 장'이라 불리는 고린도전서 13장이 소개되고
있다. 그러므로 사랑 장은 단순히 사랑의 속성을 소개하는 것이 아
니라 사랑의 은사를 소개하고 있다. 바울은 믿음, 소망, 사랑, 이 세
가지는 항상 있을 것인데 그중에 제일은 사랑이라고 말함으로써 사
랑 은사의 중요성을 함축적으로 나타내고 있다. 아무리 방언을 잘하
고 예언을 잘하며 믿음이 좋고 구제를 열심히 한다 해도 사랑이 없

다면 아무 것도 아니라는 것이다(고전13:1-33).

바울은 이 은사를 "사모하라"라고 명령했는데 사모는 '질투심이 날 정도로 열심을 내어라'는 뜻을 담고 있다. 사랑은 은사를 행할 때 가져야 할 가장 기본적인 길(way)이기도 하지만 가장 좋은 은사(gift)이기도 하다.

고린도전서 13장 1-3절에 따르면 사랑이 없을 경우 방언이나 말은 소리 나는 구리(noisy gong, noisy brass)나 울리는 꽹과리(cymbal), 곧 전혀 조화를 이루지 못하고 시끄럽기만 한 악기에 불과하고, 예언이나 지식이나 능력이나 믿음은 아무 것도 아니며(useless, worth nothing), 구제도 아무 유익이 없는 것(no value, no meaning)이 된다. 바울은 "그런즉 믿음, 소망, 사랑 이 세 가지는 항상 있을 것인데 그중에 제일은 사랑이라"(고전13:13) 결론지었다.

나아가 "이 모든 것 위에 사랑을 더하라 이는 온전하게 매는 띠니라"(골3:14)고 당부했다. '이 모든 것 위에'란 '긍휼·자비·겸손·온유·오래 참음·용서보다'라는 뜻을 가지고 있다. '사랑을 더하라'는 말은 '매일 옷을 입듯 입어라'(put on) 또는 사랑이라는 최고의 것(crown)을 입어라는 뜻을 가지고 있다. 그리고 온전하게 매는 띠는 '사랑이 모든 것을 묶어 완전히 조화롭게 만든다.'(RSV), '모든 덕의 황금체인'(Phi), 또는 모두를 묶어 전체를 완전케 한다는 뜻을 담고 있다. 사랑은 이만큼 모든 것을 완전케 하는 힘을 가지고 있다.

7) 주님이 주신 새 계명

요한은 주님께서 우리에게 "서로 사랑하라"(요13:34)는 명령을 새 계명으로 주셨음을 강조하고 있다. 사랑은 율법의 기본 정신이므로 새로울 것이 전혀 없지만 사랑의 정신을 다시 강조함으로써 사랑의 중요성을 다시 일깨우신 것이다. "내가 너희를 사랑한 것같이 너희도 서로 사랑하라." 아가페를 하라는 것이다. 사랑은 지켜야 할 명령이자 주님을 본받아야 할 것에 속한다. 바울도 "온 율법은 네 이웃 사랑하기를 네 몸과 같이 하라 하신 한 말씀에 이루었느니라."(갈 5:14)고 말하고 있다.

✝ 아가페의 모범, 예수 그리스도

아가페의 모범은 예수님이시다. 주님은 우리를 죄로부터 해방시키기 위해 사랑의 손길을 펴 구원을 이루셨다. 즉 구원은 지극한 사랑의 표현인 것이다. 주님의 사랑은 다음과 같은 성격을 띠고 있다.

1) 주님이 먼저 우리를 사랑하셨다

요한에 따르면 우리가 하나님을 사랑한 것이 아니요 오직 하나님이 우리를 사랑하셨고(요일4:10) 우리가 사랑함은 그가 먼저 우리를 사랑하셨음이다(요일4:19). 바울은 우리가 아직 죄인 되었을 때에 그리스도께서 우리를 위해 죽으심으로 우리에 대한 자기의 사랑을 확증하셨다(롬5:8)고 말하고 있다.

2) 사랑은 구원의 가장 위대한 영광이다

구원은 그리스도의 사랑 속에 근거하고 있다. 주님은 지금도 "자기를 힘입어 하나님께 나아가는 자들을 온전히 구원"(히7:25)하신다.

3) 그리스도의 사랑은 세상의 사랑과 본질적으로 성격이 다르다

주님의 사랑은 하나님 나라의 삶을 나타내는 사랑이다. 주님의 사
랑은 조건을 앞세우는 사랑이 아니라 우리가 죄인임에도 불구하고
용서하는 참사랑이다. 그 성격을 표로 나타내면 다음과 같다.

세상의 사랑과 그리스도 사랑의 차이

	세상의 사랑	그리스도의 사랑
조 건	조건적: 때문에	무조건적: 그럼에도 불구하고
시 간	일시적	영 원
중 심	인 간	하나님
심 정	윗사람 자세	함께하는 자세
결 과	인간이 영광받음	주님이 영광받음
삶	세상의 삶 모습	하나님 나라 삶 모습

주님은 사랑이시다. "내가 무궁한 사랑으로 너를 사랑한다"(렘
31:3) 하셨고, "세상에 있는 자기 사람들을 사랑하시되 끝까지 사
랑"(요13:1)하신다. 우리는 하나님이 사랑의 줄로 이끌어도 그것을
알지 못하고(호11:3-4) 있을 뿐이다. 우리는 하나님 나라의 백성이
다. 우리가 본받아야 할 사랑은 세상의 사랑이 아니라 주님께서 그
토록 가르치시고 본을 보이신 하나님 나라의 사랑이다.

제2장 고린도전서 13장의 아가페 구현법

바울은 고린도전서 12장 31절에서 더욱 큰 은사(best spiritual gifts)를 말하였다. 이에 대해 두 가지 견해가 있다. 하나는 은사는 모두 귀하지만 교회에 큰 유익을 끼치는 은사가 더욱 큰 은사라는 것이다. 다른 하나는 더욱 큰 은사는 바로 사랑이라는 것이다. 이것은 사랑을 은사로 보아야 하느냐 아니면 여러 은사를 행할 때 사랑으로 하라는 것이냐 하는 논쟁을 불러일으킨다. 그러나 우리는 사랑이 은사다 아니다 하는 식의 이분법적 논쟁보다 이 두 견해를 모두 포용하는 것이 바람직하다.

이 원문은 "너희가 더 큰 은사를 사모하고 있지만 제일 좋은 길을 보여 주리라"이다. 본문을 미루어 볼 때 고린도 교인들은 여러 가지 은사 가운데 몇몇 은사들을 선호하여 더 큰 은사를 사모하는 성향이 있었음을 알 수 있다. 바울은 단도직입적으로 그러한 태도는 옳지 않다고 지적하였다. 무슨 은사를 갖느냐가 중요한 것이 아니라 무슨 은사를 갖든지 사랑으로써 은사를 실천하는 것이 제일 좋은 길(a more excellent way)이라는 것이다. 바울은 제일 좋은 길이자 가장 큰 은사는 사랑임을 가르치고 있다.

그다음 이른바 사랑장이라 불리는 고린도전서 13장이 소개되고 있다. 그러므로 사랑장은 단순히 사랑의 속성을 소개하는 것이 아니라 사랑의 은사를 소개하고 있다. 바울은 믿음, 소망, 사랑, 이 세 가지는 항상 있을 것인데 그중에 제일은 사랑이라고 말함으로써 사랑 은사의 중요성을 함축적으로 나타내고 있다. 아무리 방언을 잘하고 예언을 잘하며 믿음이 좋고 구제를 열심히 한다 해도 사랑이 없다면 아무 것도 아니라는 것이다(고전13:1-33).

바울은 이 은사를 "사모하라" 명령했다. 사모는 질투심이 날 정도로 열심을 내라는 뜻을 담고 있다. 사랑은 은사를 행할 때 가져야 할 가장 기본적인 길(way)이기도 하지만 가장 좋은 은사(gift)이기도 하다.

고린도전서 13장은 은사 중의 은사인 사랑을 어떻게 구현해 나가야 할 것인가를 다음과 같이 제시하고 있다. 그것을 여러 영어성경과 비교하여 하나씩 살펴보면 다음과 같다.

1) 오래 참음

오래 참음을 여러 영어성경들에서는 고통을 오랫동안 견디는 것(very patient, suffer long, endures), 성질을 급히 내지 않는 것(slow to lose patient)으로 표현하고 있다. 오래 참음의 모범은 죄인에 대한 하나님의 오래 참음 그리고 고난의 십자가 사건에서도 그 입을 열지 않으신 예수님의 오래 참음에서 찾을 수 있다.

2) 온유함

온유함은 친절함(kind), 아주 친절함(very kind) 그리고 건설적으로 생각함(looks for a way of being constructive)으로 나타나 있다.

3) 투기하는 자가 되지 아니함

질투나 시기를 하지 않음(not jealous, envious), 질투로 마음을 끓이지 않음(never boils with jealousy)을 말한다. 사울이나 하만은 투기함으로 망하였다. 이에 반해 요나단은 다윗을 사랑함으로 사랑의 극치를 보여 주었으며 세례요한도 예수님에 대해 그는 흥하여야 하겠고 나는 쇠하여야 하리라고 말함으로써 아가페적인 사랑을 실현했다.

4) 자랑하지 아니함

자만하지 아니함(not proud), 자기를 크게 나타내지 아니함(not boastful)을 뜻한다. 자랑을 나타내는 proud는 우월감보다는 성취감과 정당한 자존심을 강조하는 말인데 종종 태도에 있어서 우월감, 자기찬양을 나타낼 때 사용되기도 한다. 또한 boast는 말하는 사람이 자랑과 만족감을 느낀 나머지 과장하거나(brag) 오만한 태도로 뽐내게 되는(swagger) 것을 의미한다. 자랑은 모두 하나님보다 자기를 내세우는 우를 범하기 쉽다.

5) 교만하지 아니함

교만은 자기의 우월을 주장하며 오만하고 꼴사납게 구는 것(arrogant), 자기를 부풀리는 것(puffed up), 자기의 것을 부풀려 중요하다고 생각하는 것(cherish inflated ideas of its own importance), 뽐내는 것(conceited), 자기의 우월을 의식하고 자기만 못한 것을 경멸하는 것(haughty), 이기적인 것(selfish) 등 겸손과 반대되는 행위를 말한다. 사랑은 겸손에서 나오는 것이지 교만에서 나오지 않는다.

6) 무례히 행치 아니함

무례는 매너가 없음(unmannerly), 버릇이 없음(rude), 본데없음(indecent)을 말한다. 거칠고 추잡하며 졸렬하게 행동하는 것은 하나님 나라의 사랑법이 아니다.

7) 자기의 유익을 구치 아니함

이것은 결코 이기적이지 아니함(never selfish, never self-seeking), 자기주장만을 고집하지 아니함(not insist on its own way), 자기 권리만을 내세우지 아니함(not insist on its right), 이기적인 목적을 추구하지 아니함(not pursue selfish aims)을 말한다.

8) 성내지 아니함

쉽게 노하거나(easily provoked), 신경이 날카로워 하찮은 일에도 곧잘 화를 내거나(irritable), 쉽게 공격적 태도를 나타내거나(quick to take offence), 과민하여 성급함을 나타내거나(touchy), 안달하거나(fretful), 남을 원망하며 골을 잘 내는(resentful) 것은 사랑이 아니다.

9) 악한 것을 생각지 아니함

악한 것(evil)은 모양이라도 버린다. 누가 나에게 대접을 소홀히 한다는 등 섭섭하게 대해도 그것 때문에 앙심을 품지 아니하고(not hold grudges), 누가 나에게 잘못한 일이 있어도 그것이 몇 번 있었다는 것을 셈하지 아니한다(keeps no score of wrongs). 악의나 심술궂음(malice)이 없다.

10) 불의를 기뻐하지 아니함

남의 부정 및 불법행위(iniquity), 불공정하거나 올바르지 못한 행위(injustice), 불의한(unrighteous) 행위, 잘못된 행위(wrong doings), 죄(sins)를 보고 기뻐하거나(glad, rejoice) 고소해하지(gloat) 않는다.

11) 진리와 함께 기뻐함

진리가 승리하는 것을 보고 기뻐하는 것(rejoices at the victory of truth), 기쁜 마음으로 진리 편에 서는 것(joyfully sides with the truth), 진리가 편만할 때 언제나 기뻐하는 것(always glad when truth prevails), 진리 안에서 기뻐하는 것(delights in the truth)은 모두 진리와 함께 기뻐하는 것이다. 진리를 의(righteousness)로 나타내기도 한다.

12) 모든 것을 참음

어떤 상황이 와도 모든 것을 견디는 것(bears up under anything and everything that comes), 어떤 비용이 들더라도 충실한 것(loyal to him no matter what the cost), 상대방의 결점이나 티나 과실 등 완전하다고 하기에는 아직 미흡한 점들을 감쌀 수 있는 것(overlook faults), 한이 없는 참음(no limit to its endurance) 등은 모두 모든 것을 참는 행위에 속한다.

13) 모든 것을 믿음

상대방의 가장 좋은 점을 믿으려고 열심히 노력하는 것(always

eager to believe the best), 모든 것에 믿음을 적용하는 것(exercises faith in everything), 상대방을 끊임없이 신뢰하는 것(no end to its trust), 언제나 모든 사람의 좋은 점들을 믿으려 하는 것(ever ready to believe the best of every person), 언제나 상대방을 믿는 것(always believe in him) 등이 여기에 해당한다. 한이 없는 믿음을 가져야 한다(no limit to its faith). 사랑에는 상대방에 대해 결코 믿음을 잃지 않는 신뢰가 중요하다.

14) 모든 것을 바람

모든 것을 바란다는 것(hopes all things)은 상대방에 대해 항상 희망을 갖는(always hopeful) 것을 의미한다. 어떤 상황이 와도 (under all circumstances) 어떤 일에 있어서도(in everything) 희망을 잃지 않는다. 언제나 상대방의 최선을 기대한다(always expect the best of him). 이것은 맹목적인 낙천주의를 의미하는 것이 아니라 하나님의 은혜로 말미암아 궁극적으로 승리할 것을 믿는 가운데 소망을 가지는 것을 말한다.

15) 모든 것을 견딤

모든 것을 견딘다는 것(endures all things)은 약해지지 않고 모든 것에 인내하는 것(endures everything without weakening), 언제나 참는 것(ever patient), 언제나 굳게 서서 그를 변호하는 것(always stand your ground in defending him), 끊임없이 참는 것(endures without limit)이다.

16) 언제나 떨어지지 아니함

"사랑은 언제까지든지 떨어지지 아니하나"(고전 13:8)의 떨어지지 아니함은 떨어져 살지 말아야 한다는 것이 아니라 사랑은 영원하고 끝이 없다(never ends, goes on forever)는 뜻이다. 사랑은 결코 죽거나 쇠하지 않으며(never pass away), 사라지지 않으며(never fades out, never disappears), 실망시키지 않으며(never fails), 폐물이 되지도 않는다(never obsolete). 사랑은 없어서 못 주는 것이 아니라 주지 않기 때문이다.

바울은 고린도전서 12장 말미에서 사랑의 은사가 가장 큰 은사이자 제일 좋은 길임을 밝혀 주고 13장에서 사랑의 속성을 규명한 다음 14장 첫머리에서는 "사랑을 따라 구하라"고 명령하고 있다. 성령의 은사들을 수행할 때 무엇보다 필요한 것은 사랑이라는 것이다. 사랑을 따라 구하라(follow after charity)는 말씀은 사랑을 계속 추구하라(keep on pursuing love), 사랑을 당신의 목표로 만들어라(make love your aim), 이 사랑을 뜨겁게 실천하라(hotly pursue this love), 사랑을 당신이 위대하게 추구하는 것으로 만들어라(make love your great quest), 이 사랑을 진지하게 추구하라(seek this love earnestly)는 의미를 담고 있다.

사랑은 그리스도인이 처음부터 마지막까지 추구해야 할 최선의 방법이다. 그리스도인의 사랑은 세상 사람의 방법과 달라야 한다. 사랑에 있어서 세상 사람들의 방법과 그리스도인의 방법이 같다고 하면 그것은 잘못된 것이다. 우리는 이 세상 속에 그리스도의 사랑법, 하나님 나라의 사랑법을 심어야 할 책임이 있는 사람들이다.

이 사랑이 이 땅에 심어질 때 하나님 나라는 그만큼 확장되는 것이다. 하나님 나라는 사랑으로 심어지고 사랑으로 자라며 사랑으로 열매를 맺는 나라이다. 그리스도인은 사랑을 통해 하늘나라의 삶을 미리 살아가고 있다. 우리가 이 사랑을 실현할 때 우리는 그만큼 하늘나라의 삶을 연습하는 것이며 그 삶을 실제로 사는 것이다. 하나님 나라는 주어지는 것이 아니라 우리가 만들어 가는 것이다. 그래서 사랑에는 언제나 수고가 따르는 법이다(살전1:3). 아가페를 하나하나 실현함에 있어서는 수고가 따른다. 그러나 그 수고 뒤에는 언제나 하나님 나라의 열매가 주렁주렁 열림을 믿음의 눈으로 볼 수 있어야 한다.

제3장 이 땅에서 아가페 구체적으로 실현하기

그리스도인은 정말로 주님이 가르치신 아가페를 실현하고 있는가? 그리스도인이라면 한 번쯤 반문해야 하는 물음이다. 교회에서 늘 사랑할 것을 가르쳐 왔고 또 서로 사랑하는 것이 마땅하다고 생각하면서도 스스로 돌이켜 보면 언제나 부족하다고 생각되는 것이 바로 사랑하기이다.

몇 년 전 학술모임에서 인하대학교 철학교수 김영진 교수로부터 "기독교인은 사랑이 없다"는 말을 들었다. 말로만 사랑을 말하지 사랑하지도 않고 사랑할 줄 모른다는 것이다. 물론 기독교인 모두를 싸잡아 그렇게 평가하는 것은 무리가 있지만 그런 말 듣지 않을 만큼 기독교인들이 사랑을 잘하고 있는가를 생각하니 더욱 자신이 없었다. 주님은 온몸을 던져 사랑을 하셨고 우리로 하여금 그 같은 사랑을 하라고 명령하셨는데 그의 제자인 우리가 이 문제에 대해 자신 있는 행동을 보여 주지 못하고 있는 것이다.

그 뒤 다른 학술모임에서 아주대학교 사회학과의 이근무 교수님이 신문사 시절의 경험을 들어 말씀하시면서 세상에 사랑 없는 사람 둘을 꼽으라면 선생과 목사라고 말했다. 남에게 사랑하라고 말만 하지 자신들은 사랑하지 않는 사람들이라는 것이다. 나는 이 두 직업 모두에 해당되기 때문에 아주 뜨끔한 마음을 감출 수 없었다. 내가 봉직하고 있는 학교에 일본학생이 있는데 그 학생의 말에 따르면 일본학생들에게 인기 없는 직업 중에 한 그룹이 바로 선생과 종교인인데 그들은 말로는 "하라. 하라." 하면서도 자신들은 하지 않는 위선자이기 때문이라는 것이다.

지어낸 이야기이기는 하지만 하루는 천국에 큰 소동이 났는데 목사가 천당에 들어왔기 때문이었다. 목사님 하면 으레 천국에 다 들어갈 것처럼 보이지만 그동안 한 명도 들어오지 못했는데 이제야 들어왔기 때문에 경사가 났다는 것이다. 이것이 목사에게만 해당된다고 생각하면 잘못이다. 우리 모두가 이러한 지탄을 받고 있기 때문이다. 우리가 이러한 비판을 받는 것은 우리의 사랑에 문제가 있음을 보여 주는 것이다. 무엇이 문제이고 어떻게 사랑해야 하는가?

✝ 그러면 그리스도인의 사랑, 무엇이 문제인가?

1) 이분법적인 사랑을 하고 있다

상당수 그리스도인은 하나님만 열심히 사랑하면 하나님께서 그를 천국에 통과시켜 줄 것으로 착각하고 있다. 즉 하나님만 열심히 믿으면 그것으로 족하다고 생각한다. 그러나 그것은 잘못된 것이다. 사도 바울은 "믿음, 소망, 사랑 이 세 가지는 항상 있을 것인데 그중에 제일은 사랑이라"(고전13:13) 하였다. 믿음만 있고 사랑이 없다든지, 재림 소망만 있고 사랑이 없어서는 안 된다는 것이다. 믿음, 소망, 사랑 이 세 가지는 그리스도인 모두가 필수적으로 갖추어야 할 것인데 그 가운데 제일 중요한 것을 꼽으라면 사랑을 꼽겠다는 것이다. 주님은 "하나님을 온 마음과 목숨과 뜻과 온 힘을 다하여 주 너희 하나님을 사랑하고 네 이웃을 네 몸과 같이 사랑하라"(막12:29-31)고 가르치셨다. 우리는 이 말씀을 하나님 사랑과 이웃 사랑으로 구분하고 그 사랑이 서로 다른 것으로 인식하려 한다. 하지만 주님은 이것을 따로 구분하지 않고 하나의 아가페로 묶으셨다. 하나님을 사랑하고 이웃을 사랑하라는 사랑에 대한 명령은 모두 아가페로 되어 있다. 하나님을 아가페로 사랑하듯 이웃도 아가페로 사랑하라는 것이다.

주님은 이 세상을 떠나가실 무렵 제자들을 향해 "새 계명을 너희에게 주노니 서로 사랑하라 내가 너희를 사랑한 것같이 너희도 서로 사랑하라"(요13:34)고 말씀하셨다. "서로 사랑하라"는 한 말씀으로 묶어 사랑을 가르침으로써 하나님 사랑과 이웃 사랑을 하나로 통일시키신 것이다. 이것은 사랑에 대한 주님의 교훈이 이분법적이 아님을 가르쳐 주고 있다. 이 교훈은 요한에게로 이어져 사도 요한은 "누구든지 하나님을 사랑하노라 하고 그 형제를 미워하면 이는 거짓말하는 자니 보는바 그 형제를 사랑치 아니하는 자가 보지 못하는바 하나님을 사랑할 수가 없느니라."(요일4:20)라고 못 박고 있다.

믿음이 있노라 하면서 이웃을 사랑하지 못한다면 그 믿음은 위선일 수밖에 없다. 외모로는 선해 보이지만 거짓된 선이라는 것이다. 하나님은 사랑은 하지 않으면서 믿음이 있는 체하는 거짓된 믿음을 받으시는 분이 결코 아니시다. 중심을 보시는 하나님은 우리 중심에 진실 된 사랑이 있는가를 보신다.

2) 말로만 사랑하고 있다

미국에서는 가장 고상하게 말하는 사람들 가운데 하나로 목사를 꼽는다. 우리 주변에서도 기독교인들을 가리켜 말을 잘한다고 한다.

내가 신학교에 들어갔을 때 한 가지 이상스러운 과목이 있었다. '설교연습'이라는 과목이었다. 지금도 신학교에서 가르쳐지고 있는데 나는 그러한 과목이 왜 있어야 하는지 이해가 가지 않는다. 설교는 연기가 아니기 때문에 연습이 필요하지 않다는 생각 때문이다. 어느 전도사가 신학교를 졸업하고 어느 교회에 부임했는데 아직 목사가 아니니까 연습 삼아 설교를 한다고 나에게 말했다. 나는 그 말을 듣는 순간 "설교면 설교지 연습이 뭔가"라고 꾸짖어 주었다. 신학교에서 설교연습을 하니까 부임해서도 설교를 연습 정도로 생각하는 것이다. 나는 지금 설교연습과목을 나무라려고 이 말을 하는 것이 결코 아니다. 내가 그 과목을 들으면서 놀란 것은 신학생 가운데 설교를 못 하는 학생이 한 사람도 없다는 것이었다.

그들이 지금껏 웅변연습을 하며 살아온 것도 아닌데 그렇게 잘하는 이유를 알 수 없었다. 나는 하나님께서 세우실 종들이니 하나님께서 힘과 능력을 주신다는 사실을 고백할 수밖에 없었다. 목사뿐 아니라 기독교인 거의 모두가 말 잘한다는 것을 인정받고 있다. 사랑을 하는 데도 이처럼 인정을 받는다면 얼마나 좋을까? 그러나 불행히도 말만 잘하지 사랑은 하지 못한다는 평가를 받고 있다.

사랑은 결코 말 연습이 아니다. 말로만 사랑한다는 것은 사랑이 아니다. 다만 공수표를 남발하는 사기꾼에 불과한 것이다. 사도 요한은 "자녀들아 우리가 말과 혀로만 사랑하지 말고 오직 행함과 진실함으로 하자"(요일3:18)고 말함으로써 사랑은 말에 있지 않고 행함에 있음을 강조하였다. 주님은 굶주린 이웃에게 먹을 것을 주지 않으면서 말로만 좋은 음식 사 먹으라 하고 헐벗은 형제에게 말로만 "좋은 옷 사 입으라." 하면 그것은 사랑이 아니라고 말씀하신다. 그것은 사랑이 아니라 약 올리는 것이다. 말만 하는 그리스도인들은 지금 사랑을 하고 있는 것이 아니라 약을 올리고 있다. 요한은 이렇게 말하고 있다. "누가 이 세상 재물을 가지고 형제의 궁핍함을 보고도 도와줄 마음을 막으면 하나님의 사랑이 어찌 그 속에 거할까 보냐."(요일3:17).

3) 사심에 얽힌 사랑만 하고 있다

주자가 엮은 「소학」에 이런 글이 있다. "형님의 아들이 병이 들어 있을 때 나는 하룻밤에 열 번이나 가 보았으나 돌아와서는 편안히 잊고서 잠을 잘 수 있었다. 내 친자식이 병들어 있을 때 나는 비록 한 번도 가서 살펴보지는 않았지만 밤새도록 잠을 자지 못하였으니 이래가지고 어찌 사심이 없다고 말할 수 있겠는가."

인간에게 사심이 없을 수 없다. 바울도 사람들의 일반적인 특징의 하나를 "사람들은 자기를 사랑한다."(딤후3:2)는 것에서 찾았다. 그러나 바울은 진실한 사랑은 "자기의 유익을 구치 아니한다."(고전13:5)고 말하고 있다. 사심 없는 사랑을 해야 한다는 것이다. 주님도 "너희가 너희를 사랑하는 자를 사랑하면 무슨 상이 있으리요 세리도 이같이 아니 하느냐 또 너희가 너희 형제에게만 문안하면 남보다 더 하는 것이 무엇이냐 이방인들도 이같이 아니하느냐"(마5:46-47)고 말씀하신다.

사람들은 자기를 좋아하는 사람을 더 좋아하고 가깝거나 이해관계를 가진 사람들에게 더 사랑을 주고자 한다. 그리스도인들도 예외는 아니다. 아무리 믿음이 좋다 해도 자기 식구 위주이고 자기 교회 위주이다. 그러나 주님은 그리스도인들은 달라야 한다고 말씀하신다. 아주 극단적인 예가 바로 원수를 사랑하고 선대하며 그들에게 아무 것도 바라지 말고 빌려 주라(눅6:35)는 말씀이다. 원수를 사랑하라

하시는 말씀은 원수까지라도 사심 없이 조건 없이 사랑하라는 것이다. 주님은 하나님과 원수 되었던 우리에게 이 같은 사랑을 주셨다. 그래서 주님은 당당하게 우리에 말씀하실 수 있는 것이다. "그러므로 하늘에 계신 너희 아버지의 온전하심과 같이 너희도 온전하라." (마5:48). '온전하라'는 말씀 속에는 사심 없이 온전한 사랑을 하라는 명령이 담겨 있다.

✝ 그리스도인의 사랑, 어떻게 해야 하나?

1) 아가페 정신을 실현해야(고전13:1-13)

주님은 하나님 사랑과 이웃 사랑에 있어서 아가페를 말씀하셨는데 바울도 고린도전서 13장 전체를 통해 아가페를 말하였다. "사랑은 오래 참고 사랑은 온유하며 투기하는 자가 되지 아니하며 사랑은 자랑하지 아니하며 교만하지 아니하며"의 사랑은 모두 아가페로 표시되어 있다. 이웃 사랑을 할 때 아가페를 하라는 것이다. 일반적으로 사람들은 오래 참지 못하지만 하나님 나라의 백성들은 오래 참을 줄 알아야 하며 사람들은 교만하지만 하나님 나라의 백성들은 교만해서는 안 된다는 것이다.

고린도전서 13장의 사랑은 모두 그리스도인들이 이 땅에서 하나님 나라의 백성으로 살 때 어떠한 사랑의 모습을 보여야 이 땅에 하나님 나라가 임할 수 있는가를 가르쳐 주고 있다. 아무리 믿음이 있고 방언을 말하며 예언능력이 있고 천사처럼 말을 잘한다 해도 사랑이 없으면 그것은 아무런 의미나 가치가 없다는 것이 바울의 가르침이다.

우리는 매 주일 열심히 "하나님 나라가 이 땅에 임하옵시며."라고 주님이 가르쳐 주신 기도를 암송하고 있다. 우리가 아무리 소리 높여 주기도문을 외고 노래로써 아뢴다 해도 우리가 실제 생활에서 사랑을 하지 않으면 그것은 소리 나는 구리와 울리는 꽹과리, 곧 믿음과 생활이 서로 분리되어 도저히 화음을 이루지 못하는 이중인격자일 수밖에 없다. 주님은 그러한 삶을 원치 않으신다. 말로만 하는 사랑이 아니라 정녕 아가페적인 사랑의 실천을 통해 믿음이 생활화되기를 바라신다. 사랑은 말로만 하는 것이 아니라 수고가 따라야 한다.

2) 거짓 없는 사랑을 해야(벧전1:22)

아무리 열심히 사랑을 한다 해도 마음에서 우러난 참다운 사랑이 아니면 그 사랑은 거짓일 수밖에 없다. 사람을 가리켜 '뻬르조나'(persona)라 하는데 이것이 가진 뜻 가운데 하나가 '가면'이다. 인간은 가면을 쓴 사람과 같다는 것이다. 남에게 잘 보이고 인정을 받고 싶어 속은 그렇지 않지만 겉으로는 사랑을 하는 체하며 살아간다. 겉과 속이 다른 것이다. 주님은 겉과 속이 다른 사랑을 아가페라 하지 않으신다.

사도 베드로는 아시아 여러 교회의 교인을 향해 "너희가 진리를 순종함으로 너희 영혼을 깨끗하게 하여 거짓이 없이 사랑을 하기에 이르렀으니 마음으로 뜨겁게 피차 사랑하라"(벧전1:22)고 당부하였다. 그들 가운데 거짓 없는 사랑을 보았는데 그것이 바로 아가페 사랑이요 이 사랑을 계속하라는 것이다. 말로는 용서한다 하면서 계속 바르지 못한 마음을 품고 있다면 그것은 아가페가 아니다. 주홍같이 붉은 죄를 양털처럼, 하얀 눈처럼 희게 용서할 줄 아는 사랑이 바로 거짓 없는 사랑이다. 사도 바울은 사랑엔 거짓이 없다(롬12:9)고 선언했을 뿐 아니라 자기는 환난을 받으면서도 거짓이 없는 사랑(고후 6:6)을 끝까지 했노라고 고백하고 있다.

3) 믿음을 겸한 사랑을 해야(엡6:23)

믿음이 있노라 하면서 사랑을 하지 않는 것도 문제지만 사랑이 넘친다 하면서 믿음이 없는 것도 큰 문제이다. 그래서 바울은 성경 여러 곳에서 믿음을 겸한 사랑을 강조하고 있다. "믿음을 겸한 사랑이 형제들에게 있을지어다."(엡6:23), "믿음의 역사와 사랑의 수고"(살전1:3), "믿음과 사랑의 기쁜 소식"(살전3:6), "믿음과 사랑의 흉배를 붙이고"(살전5:8), "거짓이 없는 믿음으로 나는 사랑"(딤전1:5), "믿음과 사랑과 화평을 좇으라"(딤후2:22) 그 보기는 헤아릴 수 없이 많다. "믿음, 소망, 사랑 이 세 가지는 항상 있어야 할 것"(고전13:13), 곧 서로 떨어져 있어서는 안 될 것에 속한다. 이 사랑 모두가 아가페로 표시되어 있다.

4) 하나님의 사랑(살후3:5), 그리스도의 사랑(롬8:35), 성령의 사랑(롬15:30)

우리가 본받아야 할 아가페적인 사랑은 연약하고 거짓된 인간의 사랑이 아니라 영원하고 참된 하나님의 사랑, 그리스도의 사랑, 성령의 사랑이다. 우리가 성령을 좇아 행하면 성령의 열매를 맺게 되는데 그 열매 가운데 하나가 바로 사랑(갈5:22)이다. 그리스도의 사랑과 하나님의 사랑은 우리가 입으로 말하기에는 너무나 엄청난 사랑이요 모범이다.

우리가 구하고자 하는 이 사랑은 하나님으로부터 얻을 수 있다.

왜냐하면 하나님이 사랑의 원천이시기 때문이다. 사랑의 원천은 하나님이시므로 하나님의 사랑을 체험한 자만이 이 사랑을 할 수 있다. 성령 하나님이 내 안에 충만할수록 사랑도 충만해진다. 그러므로 사랑은 내가 하는 것이 아니라 성령님이 내 안에 임할 때 사랑할 수 있게 된다. 사람은 누구나 사랑하고 싶어 하고 사랑을 받고 싶어 하지만 사랑을 잘 영위하지 못한다. 그러나 우리 안에 성령 하나님이 함께하실 때 우리는 사랑의 삶을 풍성히 누릴 수 있게 된다. 그러므로 하나님은 언제나 우리의 해답이시자 정답 되신다.

사도 바울은 "누가 우리를 그리스도의 사랑에서 끊으리오 사망이나 권세자나 높음이나 깊음이나 아무 피조물이라도 우리를 우리 주 그리스도 예수 안에 있는 하나님의 사랑에서 끊을 수 없으리라"(롬 8:35-39)고 단언하고 있다. 하나님의 사랑, 그리스도의 사랑은 이만큼 위대하고 우리에게 있어서는 어쩌면 생명 못지않게 귀한 것이다. 사도 바울은 "주께서 너희 마음을 인도하여 하나님의 사랑과 그리스도의 인내에 들어가게 하시기를 원하노라"(살후3:5)고 말함으로써 이 사랑을 본받으라고 강조하고 있다. 그리스도인은 이 땅에서 아가페를 실천해야 할 책임 있는 사람들이다.

고린도전서 13장은 아가페를 구체적으로 묘사하고 있다. 즉 인간관계에서 아가페를 어떻게 나타나야 하는가를 구체적으로 보여 주고 있다. 아가페는 그리스도인으로서 실천에 옮겨야 할 하나님 나라의 사랑을 가리킨다. 그러므로 이 사랑은 세상적인 것이 아니라 하나님 나라적인 사랑이다. 그 보기로 세상 사람들은 참지 못한다. 그래서 늘 문제가 발생한다. 그러나 하나님 나라의 사람들은 언제나 참음으로써 그 사랑을 입증한다. 상대가 사랑할 만한 그 무엇을 가지고 있거나 사랑스러운 자이기 때문에 사랑하는 것이 아니라 하나님의 명령에 순종하는 마음에서 무조건적으로 사랑하는 자기희생적인 사랑이다. 십자가 위에서 보여 주신 그리스도의 사랑은 이 사랑의 대표적인 보기에 속한다. 이 사랑은 하나님의 성품 그 자체를 나타내는 것이자 그리스도인의 가장 큰 무기요 인간의 성격을 완성시키는 것이자 우주에서 가장 큰 힘이다.

에스겔 선지자는 백성들이 입으로는 사랑을 말하면서도 마음은 사리사욕을 좇고 있음(겔33:31)을 들어 이스라엘의 잘못됨을 지적하였다. 이 지적은 그들에게만 해당되는 것이 아니라 바로 우리들에게도 똑같이 적용된다.

예수님은 우리를 하나님 나라의 백성으로 삼으시고 그 나라가 요구하는 사랑을 실천하도록 요구하시는데 우리는 천국시민권만 가지려 하지 그 나라의 법을 지키지 않고 있다. 우리가 계속 하나님 나라의 삶을 살지 않을 때 주님은 그 시민권을 박탈하고 추방시키실 것이다. 그때 문밖에 서서 울며 후회해 본들 소용이 없다.

주님은 지금 우리를 향해 이렇게 말씀하실 것 같다. "너에게 마지막 기회를 준다. 말로만 사랑하지 말라. 너는 사랑하지 않으면서 남보고 사랑하라 하지 말라. 나의 사랑을 본받아 하나님 나라의 삶을 살아라. 아가페를 삶에서 나타내라. 정말 마지막 기회다."

제 2 부

이 세대를 향한 예수의 고함

제4장 이 세대, 무엇이 문제인가?

✟ 이 세대에 대해 문제를 제기한 예수님

마태복음 11장은 예수님께서 '이 세대(this generation)'의 문제점을 제기하고 있음을 강하게 보여 주고 있다. 그 문제는 그토록 예수님을 신뢰했던 세례 요한이 자기의 제자들을 보내 "오실 그이가 당신이오니까 우리가 다른 이를 기다리오리이까?"(마11:3)라는 질문으로부터 시작한다. 우리가 아는 대로 세례 요한은 예수님께 세례를 주고 예수님이 하나님의 아들이요(요1:34) 하나님의 어린 양이심을(요1:36) 증거한 사람이다. 그런데 세례 요한은 지금 옥중에서 자기의 흔들리는 믿음, 연약한 믿음을 보여 주고 있는 것이다. 회개의 필요성과 하늘의 메시지를 누구보다 강하게 전해 준 당대 믿음의 용장인 세례 요한의 이 흔들림은 너무나 충격적인 것이었다. 세례 요한의 이 질문은 그 스스로 예수님의 사역에 대해서 매우 회의적이었음을 보여 주었기 때문이다. 이것은 그도 다른 유대인들과 마찬가지로 정치적인 메시야를 갈망하지 않았나 하는 것을 보여 준다.

예수님은 이 세대의 문제를 세례 요한에 국한시키지 않으셨다. 주님은 "이 세대를 무엇으로 비유할꼬." 하시며 당시 사람들을 장터에서 놀이하는 아이들에 비유했다. 한 무리의 아이들이 혼인잔치 놀이를 시작해도 다른 아이들이 호응하지 않고, 장례식 놀이를 해도 역시 호응하지 않았다는 것이다. 혼인잔치 놀이는 구원의 복음을 선포하는 예수님의 사역에 빗대지며 그 놀이를 거부하는 것은 그의 복음을 거부하는 유대인의 상황을 가리킨다. 그리고 장례식 놀이는 유대인의 신앙이 죽은 것과 같은 상황을 가리키며 세례 요한의 회개하라는 가르침에 아무 반응도 보이지 않은 태도와 연관된다. 주님은 이 세대는 마치 아무런 반응도 없는 장터의 아이들과 같다고 말씀하신다. "우리가 너희를 향하여 피리를 불어도 너희가 춤추지 않고 우리가 애곡하여도 너희가 가슴을 치지 아니하였다 함과 같도다."(마 11:17). 이것은 무감각증에 빠진 이 세대의 모습들을 단적으로 나타낸 것이다.

이 무감각은 예수님께서 그토록 수많은 병자를 고치고 가난한 자에게 복음이 전파되는 것을 보고도 그 의미를 도무지 알지 못하는 것에서 더욱 나타난다.

✝ 기적 행하심에도 의미가 있다

예수님은 세례 요한의 제자들에게 다른 말씀보다 기적적인 일들이 일어났음을 언급하였다. "너희가 가서 듣고 보는 것을 요한에게 고하되 소경이 보며 앉은뱅이가 걸으며 문둥이가 깨끗함을 받으며 귀머거리가 들으며 죽은 자가 살아나며 가난한 자에게 복음이 전파된다 하라." 이것은 예수님께서 하나님이 주신 권능을 수행한 것을 말한다. 이것을 요한에게 말하도록 한 것은 예수님께서 권능을 행하는 메시야라는 것을 알도록 한 것이다. 나아가 예수님은 무리들에게

"너희가 무엇을 보려고 광야에 나갔더냐?" 물으시고 흔들리는 갈대가 아니라 선지자였다고 말씀하셨다. 선지자를 보려고 나갔다면 자신은 선지자보다 더 나은 자인데 사람들은 왜 알지 않으려 하는가. 주님은 이 점을 매우 안타깝게 생각하셨다.

나아가 예수님은 권능을 많이 베푼 고을들에서 전혀 회개의 빛을 보이지 않는 것을 책망하셨다(마11:20). 그 고을들은 바로 고라신, 벳세다, 가버나움 등이다. 예수님은 이 고을들에 대해서 "화 있을진저"라고 하셨다. 주님은 이러한 권능들을 두로나 시돈에서 행했더라면 저들이 벌써 베옷을 입고 재에 앉아 회개를 했을 것이라고 말씀하셨으며 만일 소돔에서 행했더라면 소돔이 회개하고 그 성이 지금까지 있었을 것이라고 말씀하셨다.

두로와 시돈은 이스라엘이 아닌 이방도시를 가리킨다. 베옷은 회개나 애곡의 표시로 간주되며, 재는 깊이 회개하거나 슬퍼할 때 재 위에 앉거나 머리에 뿌리는 것을 나타낸다. 이것은 이스라엘 사람들이 얼마나 회개와는 거리가 먼 생활을 하고 있으며 주님이 행하신 권능을 보면서도 하나님의 임재를 두려워하거나 회개하는 모습이 없었음을 읽을 수 있다. 주님은 가버나움의 교만을 책하며 너희의 교만이 지금 하늘 끝까지 닿아 있지만 결국 음부에까지 낮아지게 될 것을 말씀하셨다. 그리고 심판 날에 소돔 땅이 너보다 견디기 쉬우리라 말씀하심으로 그 파국적 결국을 예언하셨다. 이것은 주님의 권능 행하심이 단순한 이적 행함이 아니라 그 이적을 보는 사람들로 하여금 회개를 촉구하시는 데 목적이 있었음을 보여 준다.

✝ 하나님 나라는 힘쓰는 사람들이 차지한다

예수님은 세례 요한에 대해서 말씀하시면서 "세례 요한의 때부터 지금까지 천국은 침노를 당하나니 침노하는 자는 빼앗느니라."(마 11:12) 하셨다. 한글개역성경의 이 번역은 매우 미흡하다. 이 말씀의 원뜻은 "세례 요한 때부터 지금까지 하늘나라는 힘 있게 나아가고 있다. 힘쓰는 사람들이 그 나라를 차지한다."(from the days of John the Baptist until now, the kingdom of heaven has been forcefully advancing, and forceful men lay hold of it)이다. 힘 있게 나아간다는 것은 하나님의 통치가 이전 어느 때보다 강력하게 도래했다는 것을 말하며 힘쓰는 사람은 믿는 자 곧, 자기의 목숨까지라도 미워하면서 그 나라를 사모하는 사람을 가리킨다. 이런 사람이 하나님의 나라에 들어간다는 것이다. 이 말씀은 세례 요한 이후부터 하늘나라의 문이 모든 사람에게 개방되는 은총이 베풀어졌고 믿음만 있으면 들어갈 수 있게 되었음을 가리킨다. 그러나 흔들리는 믿음, 무감각한 믿음, 회개 없는 믿음을 가지고서는 그 나라에 들어갈 수 없다.

✝ 무엇보다 중요한 것은 무엇인가?

1) 천국에 들어가는 것

예수님은 세례 요한을 가리켜 "여자가 낳은 자 중에 세례 요한보다 큰 이가 일어남이 없도다."라고 말씀하심으로써 요한을 사람들 가운데 가장 위대한 인물로 묘사했다. 세례 요한은 주님의 길을 예비한 사람이자 그리스도의 계시를 접한 사람이었기 때문이다. 그럼에도 불구하고 "천국에서는 극히 작은 자라도 저보다 크니라."(마 11:11)라고 말씀함으로써 하나님 나라의 백성 가운데 가장 작은 사람일지라도 주의 길을 준비한 사자보다 더 크다고 하셨다. 천국에 들어가는 것이 악령들을 제어하는 것보다 큰 것처럼(눅10:17 - 20) 가장 위대한 예언자가 되는 것보다 천국에 들어가는 것이 더 중요하다는 것이다. 천국은 오직 그리스도를 믿는 믿음을 가진 자라야 들어갈 수 있기 때문이다.

2) 영적인 말씀에 응답하는 것

세례 요한이 먹지도 않고 마시지도 아니하며 회개할 것을 촉구하는 것을 보고 사람들은 그를 가리켜 귀신 들린 사람이라고 말했다. 이와는 달리 예수님께서 세리나 죄인들과 자리를 함께하며 먹고 마시는 것을 보고 사람들은 먹기를 탐하고 포도주를 즐기는 사람이라고 비웃었다. 그들은 겉만 보고 판단하기를 좋아했다. 영적인 것을 보지 못하고 있는 것이다. 주님은 우리가 보아야 할 것은 영적인 세계임을 말씀하신다. "지혜는 그 행한 일로 인하여 옳다 함을 얻느니라."(마11:19)는 말씀이 바로 그것이다. 이 말씀의 의미는 세례 요한과 예수님을 보내신 하나님의 지혜(진리)는 그 자녀들, 곧 예수님과 요한의 메시지를 듣고 응답한 사람들, 곧 세리와 죄인들에 의해 옳다는 것이 증명된다는 것이다.

3) 아버지의 뜻을 아는 것

예수님은 하나님 아버지의 뜻을 아는 자와 모르는 자를 구별하고 그 뜻을 아는 자를 높이셨다. 주님은 먼저 "지혜롭고 슬기 있는 자들에게는 숨기시고 어린 아이들에게는 나타내심을 감사"했다(마 11:25). 여기서 지혜롭고 슬기 있는 자들이란 그들의 지혜에도 불구하고 하나님의 뜻을 참으로 인식하지 못한 유대 종교지도자들을 가리킨다. 이 세상에서는 이런 사람들을 높이 평가하고 인정해 주고 있다. 반면에 어린 아이들이란 가난하고 단순하며 세상의 잡다한 지식으로 때 묻지 않아 하나님이 기뻐하시는 하나님의 백성들, 곧 겸손한 그의 제자들을 가리킨다. 이들은 지위나 지혜, 또는 물질로 인해 교만하거나 욕심 부리지 않는다.

바리새인과 서기관들과 같은 유대 종교지도자들은 하나님을 알고 섬긴다고 하면서도 하나님의 말씀보다 자기들의 유전을 더 중시함으로써 실상은 하나님 아버지를 알지 못하고 그분의 뜻과는 먼 생활을 했으며 특히 주님이 그들에게 말씀을 주어도 믿지 않았다(요10:25). 예수님은 그러한 사람들을 가리켜 "너희가 내 양이 아니므로 믿지 아니하는 도다."(요10:26)라 하셨다. 이에 반해 그리스도를 따르는 무리들은 주님의 말씀을 받아들였다. 주님은 이런 무리들을 가리켜 '나를 아는 양'(요10:14), '내 음성을 아는 양'(요10:27)이라 하셨다. 복음은 어린 아이와 같이 마음이 깨끗한 자만이 받아들일 수 있다. 유대지도자들과 무리들이 이처럼 구별되는 것을 예수님께서는 아버지의 뜻으로 간주하셨다(마11:26). 그리고 주님은 아버지의 뜻을 아는 사람은 주님과 그 뜻을 알도록 주님이 택하신 사람들뿐임을(마 11:27) 확실히 하셨다.

✟ 누가 안식에 초대되는가?

예수님은 인생을 수고하고 무거운 짐 진 자들이라 규정하고 쉼을 얻기 위해서는 다음과 같은 세 가지 조치가 필요하다고 말씀하신다.

- 내게로 오라
- 나의 멍에를 매라
- 내게 배우라

쉼에는 두 가지가 있다. 28절의 쉼은 주님께 나아오기만 해도 주는 쉼이고, 29절의 쉼은 주님의 멍에를 질 때 얻을 수 있는 영원한 나라의 쉼이다.

주님의 멍에를 맬 때 우리는 주님으로부터 배우게 되는 축복과 주님의 온유하고 겸손한 마음을 소유하는 축복이 있다.

1) 내게로 오라: 안식에의 초대

예수님은 "수고하고 무거운 짐 진 자들아 다 내게로 오라 내가 너희를 쉬게 하리라"(마11:28) 말씀하심으로써 안식에 초대를 하셨다. 초대된 자는 수고하고 무거운 짐 진 자들이다. 수고하고 무거운 짐 진 자들에 대해서는 크게 세 가지로 해석되고 있다.

첫째는 유대민중들이다. 그들은 유대 종교지도자들이 부과한 과중한 율법의 의무를 지고 있었다. 예수님은 자신들은 그 법을 이행하지 않으면서 민중을 율법으로 묶는 유대지도자들을 신랄하게 비판하셨다(눅11:46). 주님은 민중에게 하등 도움을 주지 못하면서 종교법으로 못살게 구는 유대지도자들에게 문제가 있음을 보여 주셨다. 그러므로 이 말씀을 유대인에게 적용할 경우 '의식과 율법의 무거운 짐에 눌려 고통당하는 자'라고 볼 수 있다.

둘째, 일반적인 해석으로 죄의식에 사로잡혀 있거나 어려움에 처해 구원받기를 갈망하는 죄인이나 고통받는 자를 의미한다. 즉 우리 밖에 있는 양들이다. 예수님은 '우리에 들지 아니한 다른 양들'(요 10:16)이 있음을 아시고 그들을 인도하여 한 목자 아래서 한 무리가 되어야 할 것을 말씀하셨다. 이 양들은 목자의 음성을 듣고 안다. 그러므로 안식에 초대된 사람들은 바로 잘못된 지도자들 때문에 억압된 생활을 하고 있는 사람들, 이리에 쫓겨 길을 잃은 주님의 양들임을 알 수 있다.

셋째, 그리스도인이라 할지라도 아직도 세상 짐에서 벗어나지 못한 사람을 일컫는다. 수고는 양심대로 의롭게 살려다 당하는 수고이다. 무거운 짐은 인생의 좌절, 병, 죽음의 짐 등을 포함한다. 이 무거움은 우리를 짓누르는 고통의 무게이다.

2) 나의 멍에를 매라: 그리스도의 멍에와 짐 지는 방법

"나는 마음이 온유하고 겸손하니 나의 멍에를 매고." 예수님이 주시는 쉼을 얻으려면 우리 식으로 짐을 지는 것이 아니라 주님 식으로 멍에를 매는 것이다.

예수님은 안식에 초대를 함과 동시에 과거의 무거운 멍에와 짐 대신에 그리스도의 멍에와 짐을 지라고 말씀하신다.

이 짐은 우리 주님 앞에 내려놓은 짐과는 성격이 다르다. 예수님이 우리에게 지라고 하신 멍에와 짐은 한 단계 높은 삶으로 가게 하는 짐이다. 이 짐을 질 때 이 세상이 주지 못하는 영적인 쉼을 얻을 수 있다. 이 쉼은 주님의 멍에를 질 때 얻는 쉼이다. 멍에(yoke)는 널빤지에 네 개의 구멍을 내어 그곳에 끈을 끼워서 두 마리 소의 목 위에 얹고 끈으로 고정시킨 장치를 말한다.

이 멍에는 한 방향으로 나가도록 한다. 이 멍에를 매면 차원 높은 쉼을 주신다. 순종하면 주님이 원하는 방향으로 나간다. 칼빈은 자아를 버리고 내 마음의 모든 에너지를 주님께 향하는 것이라고 말한다.

주님은 과거의 것과 두 가지 점에서 다르다고 말씀하신다.

첫째, 주님은 유대지도자들과는 다르다. 주님은 자신을 가리켜 '나는 마음이 온유하고 겸손'하다고 하셨다(마11:29). 이 말씀은 교만하고 지시적이며 탄압적인 유대지도자들과는 대조된다. 주님은 우리를 불쌍히 여기시고 쉽게, 아프지 않게 맬 수 있도록 멍에를 다듬어 주신다.

"우리에게 있는 대제사장은 우리 연약함을 체휼하지 아니하는 자가 아니요 모든 일에 우리와 한결같이 시험을 받은 자로되 죄는 없으시니라"(히4:15).

주님은 우리가 당하는 고통을 친히 져 보신 분이므로 우리의 사정을 누구보다 잘 아신다. 가난도 체험해 보시고 아픔도 아신다. 사정을 모르면 냉정해지기 쉽다. 그러나 주님은 누구보다 우리를 아시므로 우리를 어떻게 돕는 것이 좋은가도 알고 계신다.

둘째, 멍에와 짐이 다르다. 유대지도자들은 율법의 멍에를 지는 것이 안식을 가져다주는 것이라고 하였다. 그들은 율법의 수행조항들을 더욱 강화시켜 그 짐을 더욱 무겁게 했고 그 짐을 무겁게 지는 사람이 큰 안식을 얻는다고 가르쳤다. 그러나 주님은 율법의 멍에와 그 무거운 짐이 안식을 가져다주는 것이 아니라 예수님을 믿고 그 말씀에 따라 생활하는 것이 참안식을 주는 것이라고 말씀하셨다.

멍에를 매는 것은 주님이 내 생애의 주인 되심을 선포하는 것이다. 창세기 1장은 내가 하나님께 내 삶의 주권을 내주지 않으면 공허하고 혼란이 일어난다는 것을 보여 준다. 하나님의 말씀에 불순종할 때 우리는 부자유해진다. 우리는 주님의 나의 주인이심을 인정해야 한다. "주님 나를 홀로 주관하여 주옵소서. 나를 다스려 주옵소서." 기도해야 한다.

예수의 멍에는 우리를 자유하게 하는 멍에다. 지면 질수록 가벼워지지만 그렇지 않을수록 무거워진다. 그리스도인이라 할지라도 그 멍에를 거부하면 열정과 능력까지 잃을 수 있다.

예수님의 멍에를 매게 되면 온유하고 겸손한 마음을 주신다. 이것은 주님으로부터 배울 수 있다는 것은 특권이요 축복이다. 온유와 겸손은 우리 내면의 속사람을 가꿔 주는 기둥과 같다. 온유는 예수님의 주권 아래 우리 자신을 두는 힘이요, 겸손은 자아에 대한 고집을 버리는 것이다.

3) 내게 배우라

"내게 배우라" 예수님이 주시는 쉼을 얻기 위해서는 주님께 배우는 것이다. 배움은 순종이다. 우리가 말씀을 읽고 묵상하는 큰 이유는 그 말씀에 순종하기 위함이다. 따라서 그 말씀에 따라 행동하지 않으면 쉼도 없다. "내가 너희에게 행한 것같이 너희도 행하게 하려 하여 본을 보였노라"(요13:15). 주님의 멍에를 매면 주님으로부터 배우게 되는 축복을 얻게 된다. 배우고 할 때 성령의 섬세한 인도를 받게 된다.

"내 멍에는 쉽고 내 짐은 가벼움이라." 주님은 이미 경험하신 분이시므로 우리가 어떻게 매야 하는지를 알고 계신다. 그리스도인이라고 멍에를 매지 않거나 짐을 들지 않는 것은 아니다. 같은 멍에를 맨다 할지라도 그것을 보는 눈이 달라진다. 주님의 멍에는 인생을 과거처럼 보는 것이 아니라 새로운 눈으로 보게 되는 이른바 패러다임의 전환을 의미한다. 이젠 혼자 지는 것이 아니라 주님이 함께 지기 때문에 다르다.

그리스도인이라고 해서 멍에와 짐을 지지 않는 것은 아니다. 그러나 그리스도의 멍에와 짐은 질적으로 다르다. 그 멍에는 그리스도와 함께 지는 멍에이다. 주님은 우리에게 어떻게 짐을 져야 하는가를 가르쳐 주신다. 그 방법은 바로 하나님 나라의 방법이다. 주님이 가르쳐 주신 대로 멍에를 질 때, 더욱이 주님과 함께 멍에를 지고 그를 본받게 될 때 우리는 그 어떤 방법보다 쉽고 가볍게 질 수 있을 뿐 아니라 진정한 해방과 기쁨을 누리게 된다. 우리는 세상적인 방식이 아니라 하나님의 방식대로 살아야 한다.

하나님의 방식은 나의 영광이 아니라 하나님의 영광을 위해 사는 삶이다. 나의 영광을 위해 살면 조금만 뒤틀려도 기쁨이 없고 감사가 없다. 그러나 먹든지 마시든지 하나님의 영광을 위해서 하고, 모든 일에서 하나님 선하신 뜻을 찾게 되면 힘들어도 오히려 감사와 기쁨이 넘친다.

우리가 주님으로부터 배워야 하는 것은 바로 이러한 하나님 나라의 방법이다. 이 방법으로 살 때 주님은 우리에게 참안식을 주신다. 그렇기 때문에 우리의 영혼은 오직 주님을 통해 쉼을 얻을 수 있게 된다.

"그러므로 형제들아 내가 하나님의 모든 자비하심으로 너희를 권하노니 너희 몸을 하나님이 기뻐하시는 거룩한 산제사로 드리라 이는 너희의 드릴 영적 예배니라"(롬12:1).

"항상 기뻐하라 쉬지 말고 기도하라 범사에 감사하라 이는 그리스도 예수 안에서 너희를 향하신 하나님의 뜻이니라."(살전5:16-18).

"내 멍에는 쉽고 내 짐은 가벼움이라." 내 뜻이 아니라 하나님의 뜻을 이뤄드리는 것이 참기쁨이요 참쉼을 얻는 길이다. 섬기면 섬길수록 더 귀한 주님을 느끼며 매일 기쁨이 넘치는 삶을 살아야 한다.

　지금까지 마태복음 11장을 중심으로 '이 세대'의 문제점을 살펴보았다. 이 문제는 이스라엘 사람에게 국한된 것이 아니라 현재를 살아가는 우리에게도 똑같이 적용된다. 주님은 흔들리는 믿음, 무감각, 회개 없음, 남에게 무겁게 짐을 지우는 삶에 대해 비판을 가하신다. 주님은 우리의 태도가 질적으로 달라지지 않으면 안 된다고 말씀하신다. 변화하지 않는 한 우리는 주님의 안식에 초대될 수 없다. 우리는 주님에 대해 흔들리지 않는 확고한 믿음을 가져야 하며 주님이 가르치신 천국의 삶의 방법을 배워 이 땅에서 그분이 원하시는 삶을 살 수 있어야 한다.

제5장 입성의 환희 속에 숨은 예수님의 눈물

예수님의 생애에 있어서 마지막 한 주간을 고난주간이라 한다. 금요일에 베다니에 도착하신 주님은 주일에 예루살렘에 입성하고, 금요일에 잡히시고 십자가에 달리신 후 부활하신다. 그래서 우리는 고난주간에 종려주일과 함께 십자가 고난의 날을 지킨다. 한 주간에 어떻게 이런 대조적인 일이 벌어질 수 있을까 혼란스럽다.

그 혼란은 예수님의 예루살렘 입성에 대한 우리들의 잘못된 생각 때문이다. 겉으로는 환희와 기쁨으로 가득한 것처럼 보인다. 그러나 실상은 그렇지 않다. 그 안에는 주님의 눈물이 있고, 아픔이 있다. 고난의 입성인 것이다. 주님은 고난이 자기를 기다리는 줄 알면서도 예루살렘을 향해 가시었다. 그것은 겸손하신 주님이 아니면 감당할 수 없는 아픔이었다.

하지만 주님의 고난은 결코 실패가 아니다. 그 고난이 우리를 살리기 때문이다. 주님이 당하신 그 고난의 아픔과 눈물이 오히려 우리의 병든 영혼을 치유하고 낫게 한다. 평화를 주시는 것이다.

이처럼 위대한 역설은 없다. 이 역설이 우리로 하여금 주님께 감사하도록 만든다. 이 밖에도 주님의 예루살렘 입성에서 우리가 주님으로부터 배울 점도 한두 가지가 아니다. 주님으로부터 무엇을 배울 수 있는가?

✝ 자신에 대해서는 겸손한 주님

누가복음 19장 28절에서 44절은 예수님의 예루살렘 입성에 대해 기록하고 있다. 운보 김기창 화백이 그린 예수님의 생애 가운데 예루살렘 입성을 소재로 한 그림이 있다. 이 그림은 그가 한국전쟁을 겪으면서 그린 것으로 갓 쓴 예수님이 나귀를 타고 장안의 대문으로 입성하는 모습이다. 백성들은 예수님을 마치 개선장군처럼 맞았다. 입성하는 왕의 표시로 겉옷을 벗어 바닥에 깔고 나뭇가지를 베어 길에 펴고 찬양했다(마21:8-9). 그래서 우리는 주님의 예루살렘 입성을 매우 영광스럽고 환희에 찬 것으로 생각하기 쉽다. 그러나 그 입성은 우리의 생각과는 전혀 다른 입성이다.

백성들은 우선 예루살렘 입성이 주님에게 있어서 영광의 입성이 아니라 고난의 입성이라는 사실을 알지 못하고 있다. 백성들은 이제 예수님이 성에 입성하자마자 내각을 구성하고 백성을 잘살게 할 수 있는 정치적 구도를 마련할 것으로 기대하였다. 주님이 지금까지 보여 주신 이적과 기사가 그들이 그렇게도 소망한 정치에도 나타나기를 기대한 것이다. 이러한 기대는 제자들에게도 나타났다. 제자들이 마지막 순간에도 누가 크냐며 자기를 내세우고자 했던 것도 바로 이런 때에 자기가 높게 기용되리라는 기대감이 작용한 것이다. 무리들이나 제자들 모두 엉뚱한 생각을 하고 있었다.

그러나 그 순간에도 주님은 자신이 가야 할 고난의 순간으로 한 걸음씩 다가가고 있었다. 아마도 이것을 모른 채 소리치는 백성들의 환호가 주님의 마음을 더 아프게 만들었을 것이다. 얼마 있지 않으면 자신을 배반할 저 소리를 들으며 주님은 무슨 생각을 하셨을까?

주님의 입성 모습은 결코 예사 모습이 아니다. 주님은 자기의 나귀를 탄 것도 아니었다. 남의 나귀에다 그것도 다 자란 튼튼한 나귀도 아니고 성숙하지 못한 나귀새끼였다. 그 모습을 상상해 보라. 아마 웃음이 나올지 모른다. 지금 같아선 주님께 가장 고급 차를 제공하고 수많은 군인이 도열한 가운데 당당하게 입성하도록 해도 시원치 않을 것이다. 그런데 성경은 전혀 그런 모습을 보여 주지 않고 있다. 선지자 스가랴는 이미 수백 년 전에 우리가 생각하는 그런 호화로운 입성보다 나귀새끼를 타실 만큼 초라한 입성이 될 것을 예언하였다.

"보라 네 왕이 네게 임하나니 그는 공의로우며 구원을 베풀며 겸손하여서 나귀를 탔나니 나귀의 작은 것 곧 나귀새끼니라"(슥9:9).

성경은 주님의 이런 모습 속에서 겸손을 발견해야 한다고 가르치고 있다. 그 겸손이 오히려 주님을 돋보이게 하고 영광스럽게 한다. 요한복음에 따르면 제자들이 처음에는 이 일을 깨닫지 못했다. 주님이 영광을 얻으신 후에야 이것이 예수님에 대한 기록이며 사람들이 예수께 이같이 한 것인 줄 생각났을 정도였다(요12L16). 사람들은 알지 못했지만 하나님은 그 일을 진행시키셨다. 그리고 주님은 겸손히 그 길을 따르셨다.

우리는 주님의 예루살렘 입성사건을 통해서 무엇보다 주님의 겸손을 배워야 한다. 나귀새끼를 타고 입성을 한다는 것은 주님께서 자신을 철저히 낮추었음을 의미한다. 주님은 하나님의 뜻을 이루기 위해서라면 모든 것을 참기로 하셨다. 우리도 이 땅에서 하나님의 뜻을 이뤄 나가야 할 하나님의 백성들이다. 하나님의 사람은 하나님의 일을 할 때도 참고 철저히 낮아져야 한다. 그렇게 할 때 하나님이 높아지시기 때문이다. 하나님은 높이되 자신을 낮추는 사람이 바로 그리스도인이다. 주님께서 자신을 그만큼 낮추셨다면 우리는 그보다 더 낮출 필요가 있다. 낮아지신 주님을 배우자. 이것이 입성의 사건이 주는 첫 교훈이다.

✝ 하나님의 일에는 적극적인 주님

예수님께서 예루살렘에 달하자 상당수의 제자들이 무리를 지어 함께 목소리를 높였다.

> "찬송하리로다 주의 이름으로 오시는 왕이여 하늘에는 평화요 가장 높은 곳에는 영광이로다."

누가복음에는 제자의 온 무리라고 기록하고 있어 제자들이 모두 힘을 합하여 주님을 찬양한 것으로 보인다. 누가복음 19장 38절에 나오는 무리들의 찬양의 소리는 시편 118편 26절을 인용한 것으로 순례자들이 예루살렘으로 나아가면서 부르던 노래이다.

이 소리를 듣자 바리새인들은 놀라지 않을 수 없었다. 그래서 "선생이여 당신의 제자들을 책망하소서."라며 혼내 줄 것을 주문했다. 주님에 관한 한 제자들과 바리새인들 사이에는 이처럼 넘을 수 없는 장벽이 있었다. 주님은 바리새인들을 향해 말했다. "만일 이 사람들이 잠잠하면 돌들이 소리 지르리라."

이 장면은 여러 면에서 획기적이다. 지금까지 주님은 자신의 정체,

곧 자신이 메시야라는 사실을 숨기도록 하셨다. 베드로가 주님을 가리켜 메시야, 곧 왕이라 고백했을 때 주님은 그 사실을 아무에게도 알리지 않도록 하셨다. 때가 이르지 않았기 때문이다. 그런데 지금은 아주 다르다. 때가 온 것이다. 따라서 이를 적극적으로 알리도록 하셨다. 이것은 예루살렘에서 이뤄져야 할 하나님의 구원사역이 성취될 결정적 순간이 다가왔음을 의미한다. 지금은 "주님의 이름으로 오시는 메시야"라는 사실을 소리 높여 외칠 때라는 것이다.

그러나 바리새인들은 이 사실을 알지 못했다. 그래서 주님을 찬양하는 무리들의 모습을 이해할 수 없었다. 솔직히 말하면 주님이 메시야라는 사실이 노출되는 것조차 싫었다. 하지만 주님은 바리새인들이 무리들의 입을 막으려 한다면 생명이 없는 돌들을 통해서라도 예수님이 바로 하나님이 이 땅에 보낸 메시야라는 것을 찬양으로 증거할 것이라고 말씀하신다. 열심히 찬송하는 무리와 전혀 찬송할 생각이 없는 바리새인의 차디찬 모습은 극명하게 대조를 이루고 있다. 주님은 바리새인들의 차디찬 모습 속에서 그들이 당할 미래의 모습을 보게 된다.

예수님의 생애에서 입성은 결정적 순간이자 행동변화의 전환점이다. 백성들은 주님이 지금까지 보여 준 모든 이적과 기사에 관해 전적인 신뢰를 나타냈지만 주님은 그에 대한 모든 환호를 뒤로 하고 하나님이 자기에게 정하신 일을 겸허히 맞아야 했다. 그 결정적 시기에 더 이상 자신을 감출 이유가 없었다. 자신의 안일보다 하나님의 일이 더 중요하기 때문이다. 더 심한 어려움과 고난이 다가온다는 것을 알면서도 주님은 자신을 적극적으로 드러내고자 하셨다.

이것은 만물의 마지막이 가까워 오는 순간에, 그리고 악해져 가는 이 세대에 우리가 어떤 자세로 믿음생활을 해야 하는가를 보여 준다. 이런 때일수록 그리스도인임을 적극적으로 보이라는 것이다. 그 리스도인임을 나타내야 할 시기에는 자신을 감추기보다 더 적극적으로 나타내야 한다는 것이다.

그리스도인은 자신을 감추어야 할 때가 있고 나타내야 할 때가 있다. 감추어야 할 때는 자신의 공이 있을 때 오히려 드러내지 않는 것이며, 나타낼 때는 바로 하나님의 뜻을 적극적으로, 용감하게 드러낼 때이다. 그리스도인은 자기를 감추고 그리스도를 적극적으로 드러내야 할 사람들이다.

✝ 자기의 고난보다 남의 고난을 먼저 생각하는 주님

누가복음 19장에 나오는 찬송하는 무리들과 우시는 예수님은 매우 대조적이다. 무리들은 주님에 대한 기대에 부풀어 찬송을 했다. 그러나 주님은 무리들의 찬송보다 예루살렘이 장차 받을 고난을 생각하며 우셨다. 주님은 자신이 곧 이어 받을 고난보다 백성이 앞으로 당할 고난을 생각하며 우신 것이다. 여기서 우리는 긍휼히 여기는 주님의 마음을 읽을 수 있다. 그러므로 우리는 무리의 환호보다 주님의 눈물에 주목할 필요가 있다.

예수님은 하나님의 이름으로 오시는 메시야, 곧 왕으로서 예루살렘을 찾아오셨다. 그러나 예루살렘은 주님을 배척하였다. 예수님은 예루살렘 성 앞에 이르자 그 성의 결국을 생각하며 울지 않을 수 없었다. 사람들은 지금 평화를 가져올 주님을 소리 높여 외치고 있지만 예루살렘은 훗날 난리를 치루고 초토화될 것이기 때문이다. 주님은 말씀하셨다. "너도 오늘날 평화에 관한 일을 알았더면 좋을 뻔하였거니와 지금 네 눈에 숨기웠도다."

하나님은 죄인들을 사랑으로 맞이하기 위해 오랫동안 참고 기다리셨다. 하나님은 예루살렘을 위해 선지자들을 보내셨고, 이제 그분의 아들까지 보내 참된 평화를 주고자 하셨다. 성경의 '모든 평화에 관한 일'이란 '평화에 이르는 길'이라는 뜻을 가지고 있다. 하나님은 그 많은 사랑으로 평화에 이르는 길을 가르쳐 주고자 했지만 그들은 그것을 무시하고 그 사랑을 거절했다. 그들은 하나님이 말하는 평화를 진정 알아야 했다. 그러나 그들은 그 평화보다 다른 것에 관심을 두었다. 자기들끼리 어떻게 해보고자 했다. 그것이 문제였다. 하나님의 사랑을 거부한 사람들은 결국 멸망할 수밖에 없다.

지금 예루살렘은 매우 평화스럽고 영광스럽게 보인다. 그러나 그것은 겉으로 그렇게 보일 뿐 절대 그렇지 않다는 것이다. 앞으로 예루살렘은 어떻게 될 것인가? 성경은 이렇게 기록하고 있다.

> "날이 이를지라 네 원수들이 토성을 쌓고 너를 둘러 사면으로 가두고 또 너와 및 그 가운데 있는 네 자식들을 땅에 메어치며 돌 하나도 돌 위에 남기지 아니하리니 이는 권고받는 날을 네가 알지 못함을 인함이니라."(눅19:43 - 44).

예루살렘 사람들은 심판을 알지 못했다. 여기서 '네 원수들'은 주후 70년 티투스 휘하에 예루살렘을 멸망시킨 로마군으로 인식되고 있다. 당시 예수님은 40년을 더 앞서 보시며 이 일의 무서운 결과를 생각하며 우신 것이다. 주님은 이날을 가리켜 '권고받는 날'이라 하셨다. 원래 권고받는 날이란 당신이 방문하시는 때, 곧 하나님께서 구원과 축복을 가져오시는 때를 말한다. 그러나 이 사건을 통해서 볼 때 권고받는 날은 심판의 날을 의미한다. 선지자들을 거절하고 이제 주님마저 거절한 예루살렘에 대해 무서운 심판이 예고된 것이다.

주님은 우셨다. 앞으로 처형당하실 주님이 오히려 자신에게 모독을 가할 예루살렘을 향해 우시는 것이다. 예수님은 앞서서도 예루살렘을 생각하며 "예루살렘아, 예루살렘아, 선지자들을 죽이고 네게 파송된 자들을 도로 치는 자여. 암탉이 제 새끼를 날개 아래 모음같이 내가 너희의 자녀를 모으려 한 일이 몇 번이냐 그러나 너희가 원치 아니하였도다."(눅13:34)라고 말씀하시며 이 성에 대해 안타까운 심정을 보이신 바 있다. 주님은 그때와 같은 심정으로 예루살렘을 보고 우시는 것이다.

예수님은 지금 예루살렘만을 보고 우시는 것이 아니다. 더 정확히 말해서 자기를 거역하는 모든 사람이 당할 심판을 보고 우시는 것이다. 그러므로 그의 우심은 우리를 향한 우심이다. 하나님은 지금도 하나님의 사랑을 받아들이고 돌이켜 참평화를 이룩하라고 말씀하신다. 그 길이 생명의 첩경이 되기 때문이다.

예루살렘을 향해 우시던 주님은 이렇게 결론을 내리셨다. "보라 너희 집이 황폐되어 버린 바 되리라. 내가 너희에게 이르노니 너희가 주의 이름으로 오시는 이를 찬송하리로다 할 때까지는 나를 보지 못하리라"(눅13:35). 황폐될 예루살렘 그리고 재림 때까지 다시 주님을 보지 못하리라는 이 말씀은 우리의 잘못이 깊고, 그로 인해 얼마나 아픈 결과를 초래하게 될 것인가를 보여 주고 있다.

예수님은 예루살렘을 눈앞에 두고 자신이 받을 고난보다 그 성이 장차 받을 고난을 더 아프게 생각하셨다. 자신의 아픔보다 남의 아픔을 더 생각하신 것이다. 주님은 지금 이 순간에도 우리가 당할 고난을 생각하며 우시고 계실 것이다. 따라서 우리는 주님이 왜 우셨는가를 생각해 봐야 한다. 예루살렘이 왜 그토록 처절하게 파괴되지 않으면 안 되는가를 생각하며 우리 자신을 돌아보아야 한다. 우리의 잘못으로 더 심한 파괴가 일어나지 않도록 우리의 믿음을 다시금 점검해야 한다.

이것은 앞으로 우리가 어떤 삶을 살아야 하는가를 보여 준다. 그것은 크게 두 가지이다. 하나는 우리가 새롭게 거듭나 주님이 우리를 향해 더 이상 우시지 않게 하는 일이며, 다른 하나는 이제 우리가 믿지 않는 형제와 이웃을 위해 울 수 있는 사람으로 성숙되어야 한다는 것이다.

주님의 예루살렘 입성은 우리에게 여러 가지 의미에서 교훈을 주고 있다. 자신에 대해서는 철저하게 겸손하신 주님, 하나님의 때가 왔을 때 하나님의 뜻을 나타내는 데는 적극적이신 주님 그리고 자신의 고난보다 남의 고난을 더 아프게 느끼시는 주님의 모습이 바로 그것이다. 이러한 주님의 모습을 보면서 우리도 주님을 닮기 위해 철저히 달라져야 한다는 것을 느낀다. 우리가 달라질 때 주님에게는 기쁨이요 영광이 될 것이다.

제6장 죽은 유두고, 어찌할 것인가?

　　바울 일행은 빌립보에서 배를 탄 지 닷새 만에 터키 이스탄불 근처에 있는 드로아라는 작은 도시에 도착하였다. 트로이 목마로 알려진 트로이가 바로 드로아다. 여간 피곤하지 않았다. 이곳에서 이레를 지나며 집회를 가졌다. 일행은 이곳을 떠나기 전날 마지막 집회를 갖고자 했다. 그날은 안식 후 첫날, 곧 주일이었다. 강사는 물론 사도 바울이었다. 바울은 그날만큼은 말씀도 전하고 성찬식을 거행하고자 했다. 그래서 집회는 길어질 수밖에 없었다. 내일은 이곳을 떠나야 했기 때문에 이 밤의 집회는 매우 의미가 있는 것이었다. 바울의 강론은 밤이 깊은 줄 모르고 이어졌다. 바울 선생을 모시는 일이 결코 쉬운 일이 아니어서 많은 사람들은 시간이 가는 줄 모르고 그분의 말씀을 들었다. 선교보고를 겸한, 그러나 말씀의 중심에는 항상 그리스도 예수의 피가 있는 그런 집회였다.

　　그 집회에 바로 유두고(Eutychus)라는 청년이 참석했다. 청년이 말씀을 듣는다는 것은 예나 지금이나 흔한 일은 아니다. 지금도 많은 청년들이 교회를 찾기보다 세상 낙을 더 즐기기에 바쁘기 때문이다. 그 당시라고 지금 형편과 다르지 않다. 그러므로 최소한 교회를 찾고, 말씀을 듣기 위해 교회에 있었다는 것만으로도 그는 상당히 칭찬을 받아야 할 것 같다.

그런 유두고에게 문제가 없지 않았다는 것을 성경은 보여 준다. 이것은 단순히 그 자신의 문제라기보다 성경에 나오는 한 청년상을 보여 주는 것이어서 이 사건을 통해서 오늘의 한국 청년, 특히 기독교 청년들이 어떤 문제를 가지고 있고, 우리가 그들에게 무엇을 해 주어야 하는가를 가르쳐 주고 있다. 유두고가 가지고 있는 문제점부터 살펴보기로 한다.

✟ 유두고, 그는 무슨 문제를 가지고 있는가?

1) 창에 걸터앉았다

성경은 그가 바울의 말씀을 들을 때 창에 걸터앉아 있었다고 기록하고 있다. 이 말씀은 한마디로 그가 얼마만큼 버릇이 없었는가를 보여 준다. 아무리 덥다고 하지만, 아무리 사람들이 많다고 하지만 바울 선생이 오셔서 특별히 말씀을 전하고 있는데 태연히 창에 걸터앉아 있었다는 것은 누가 보아도 버릇없는 사람이라는 말을 듣지 않을 수 없다.

요즈음 신세대들을 가리켜 버릇이 없다고 한다. 그래서 나이든 사람들은 걱정이 많다. 지금은 신세대들을 X세대, 트윈엑스 세대, P세대 등 여러 말들을 붙여 이해할 수 없는 세대라고 몰아붙이지만 어느 세대나 신세대들은 있었고, 그 신세대들은 기성세대로부터 공격을 받았다. 유두고는 바로 그 시대에 있어서 신세대가 아니었는가 생각된다.

그러나 그의 행동을 단순히 버릇이 없는 것으로만 생각하기에는 다소 석연치 않은 부분이 있다. 왜냐하면 교인들은 모두 의자나 마루에 앉아 있었지만 그는 다른 교인들과 함께 앉아 있지 않았기 때문이다. 이 사실을 미루어 보아 그가 창가에 걸터앉은 것은 기존질서를 거부하는 또 다른 차원의 반항적 표현일 수 있다. 그렇다면 문제는 보다 심각해진다. 그가 이렇게 되기에 이른 것은 그 자신에게 문제도 있지만 어른들에게도 문제가 있다는 것을 간과할 수 없기 때문이다. 성경에는 유두고가 그런 행동을 보일 때 다른 사람들이 그를 향하여 "왜 그곳에 앉았어. 내려와 앉아." 말한 사람이 한 사람도 없었음을 알 수 있다.

젊은이를 선도할 책임은 어른에게 있다. 그럼에도 선도하지 못한 것은 그 책임의 상당 부분이 어른에게 있다는 것을 암시해 주고 있다. 우리 어른들은 젊은이의 행동에 대해서 무관심하거나 방관하고 있다. 어릴 때는 그토록 관심을 가지고, 지도하고, 바르게 행동하도록 가르치면서 나이가 좀 들면 그 관심의 도가 떨어지고, "청년쯤 되면 알아서 하겠지, 자식 이기는 부모 어디 있느냐?"며 거의 포기하기에 이른다. 이것은 어른들의 직무유기에 해당한다. 잘못한 것 있으면 꾸짖고, 사회는 그토록 자기 마음대로 사는 것이 아니라 함께 사는 것이라고 가르칠 필요가 있다. 어떤 사람들은 "우리 어른들도 그런 삶을 살지 못하는데 강요할 수도 없지요."라고 말한다. 그렇다면 문제는 더욱 심각하지 않을 수 없다.

문제를 인식했으면 고치는 일만 남았다. 그리스도인의 삶은 하나님 나라의 삶이다. 하나님 나라의 삶은 독불장군의 삶이 아니라 공동체적인 삶이다. 뒤떨어진 사람에게 손을 뻗혀 올라올 수 있도록 하고, 길을 잘못 든 사람에게 바른길을 제시하며, 함께 힘을 모아 하나님을 향해 나아가는 것이다. 앞서 창틀에 걸터앉은 어른이 있었기

때문에 유두고도 아무런 죄책감 없이 그 자리에 걸터앉았을지 모른
다. 아니면 어른들에 대한 이유 있는 반항이었는지도 모른다. 우리는
젊은이들의 버릇없음에 대해 고개를 돌리고 혀만 찰 것이 아니라 그
자리에서 내려오도록 만들어야 한다. 그리고 함께 동참하는 삶의 기
쁨을 맛보도록 해야 한다.

2) 깊이 졸았다

성경은 유두고가 깊이 졸았다고 적고 있다. 설교가 아무리 길다
해도 설교할 때 교인들이 조는 것을 보는 것만큼 설교자를 실망시키
는 일도 없다. 그것은 한마디로 '졸리는 설교를 하고 있다'는 신호거
나 '전혀 감흥이 없다'는 암시를 주기 때문에 설교할 힘을 잃게 한
다. 설교를 딱 중지했으면 좋겠다는 생각마저 든다.

그래서 어떤 목사님은 교인들에게 "토요일에는 일찍 잠자리에 들
라."고 당부까지 한다. 그럼에도 불구하고 그런 당부를 신경 써 지키
는 교인은 별로 없다. 교인들은 대부분 토요일 밤 늦게까지 텔레비
전 보고, 친구 만나 이야기하고, 결국 주일날 교회에 와서 존다. 어
떤 사람은 설교만 들으면 습관적으로 조는 사람이 있다. 그런 사람
일수록 예배만 마치면 반갑게 뛰쳐나와 "목사님, 은혜 많이 받았습
니다."라고 말한다. 그럴 때 목사는 웃어야 할지 울어야 할지 종잡을
수 없다. 그런 사람일수록 예배 외의 교회행사에는 눈을 크게 뜨고
열심이니 이 또한 어찌 이해해야 할지 알 수 없다.

천성적으로 그런 사람이라 할지라도 그 마음이 하나님 말씀을 향
해 온전히 열려 있으면 졸 수 없다. 일주일 동안 주일에 들어야 할
말씀이 무엇인가 생각하고 그 말씀을 위해 기도하는 성도라면 한마
디 놓치지 않기 위해 눈을 더 크게 뜨고 바라보게 될 것이며 마음의

눈은 말씀을 향해 더 크게 열려 있을 것이다. 이런 사람이 졸 이유
는 없다. 더욱이 유두고는 바울의 말씀을 듣고 있었다. 그럼에도 그
는 깊이 졸고 있었다. 이것은 그가 말씀에 대해 얼마나 사모하는 마
음이 없었는가를 보여 준다.

유두고는 눈을 크게 뜨고 있어야 할 시간에 졸았다. 들어야 할 시
간에 졸았다. 이것은 우리에게 여러 가지 의미를 던져 준다.

그 첫째는 참는 힘, 견디는 힘, 이기는 힘이 부족했다는 점이다. 어
른들은 자기 자녀만큼은 고생을 시키지 않겠다는 생각 때문에 자녀
들에게 최대한 잘 해준다. 그런데 그것이 신세대들에게 많은 병을 안
겨 주었다. 스스로 무엇을 해보려는 의지력을 약화시켰고, 작은 어려
움이 있어도 쉽게 좌절하는 마음을 갖게 했으며, 그저 부모가 알아서
해주겠지라는 의타심만 키워 주었다. 유두고의 이러한 나약함은 유두
고 자신만의 문제가 아니라 오늘을 사는 한국 기독청년들의 문제이
기도 하다. 한국의 교인들은 우리 후손을 위해 모든 것을 다 마련해
주어야 한다는 식의 사고를 버려야 한다. 우리는 그런 생각을 하기에
앞서 그들에게 강한 의지력과 독립심을 키워 주어야 한다. 스스로 개
척하고, 고난을 이겨 나가는 힘이 배양되지 않을 경우 한국 교회의
미래는 암담할 뿐이다. 우리는 그들이 어려운 환경을 스스로 극복해
나갈 수 있는 강한 신념의 일꾼으로 키워 나가야 한다.

둘째, 그는 안목을 가지지 못했다. 그리스도인에게는 세 가지 눈이
필요하다. 하나님을 향한 수직적 눈이요, 역사와 인류를 향한 수평적
인 눈, 그리고 자기 내면을 통하는 내향적인 눈이다. 이 눈이 바로
그리스도인이 가져야 할 안목이다. 한국의 신세대들은 점차로 하나
님을 향한 눈을 잃어 가고 있다. 하나님에 대한 관심보다 즐기는 것
이 더 급하다. 소말리아나 르완다 사람들의 비참한 정경을 보고 잠

시 가슴 아파하지만 그것은 결국 이해할 수 없는 다른 나라의 이야기일 뿐이다. 자기 내면의 아픔을 생각하는 것도 별로 깊지 못하다. 유두고가 최소한 이런 안목 가운데 어느 하나를 가지고 아파했다면 그는 졸지 않았을 것이다. 자기의 문제를 똑바로 바라보고 고민하는 유두고들이 많아져야 한다.

셋째, 비전이나 꿈이 없었다. 만일 유두고가 어떤 꿈을 가지고 있었다면 바울의 설교가 아무리 길다 해도 그 말씀 속에서 자기 삶의 문제에 대한 어떤 실마리를 찾아낼 수 있지 않을까 해서 열심히 귀를 기울였을 것이다. 그러나 그에게서 그런 비전을 찾아볼 수 없다.

비전과 꿈이 없는 사람, 그런 교회, 그런 사회, 그런 국가는 희망이 없다. 그리스도인은 확고한 비전을 가진 사람들이다. 그 비전은 언약의 확실한 비전이요 실패할 수 없는 꿈이다. 예수 그리스도가 우리의 비전이며 그분의 말씀 하나하나가 우리에게는 정금보다 귀하다. 성공한 많은 그리스도인들의 공통되는 특징은 돈을 벌어도 그리스도를 위해 벌겠다는 변함없는 비전을 가지고 있다. 그들은 자기에게 부여된 달란트를 활용해도 그리스도를 위하며, 한 푼의 금전을 사용해도 그리스도를 위해 사용하는 그리스도의 사람들이 되기를 소원한다. 그들은 이 모든 것이 자기의 힘으로 가능하지 않다는 것을 잘 알고 있다. 하나님께서 함께하셔야 하기 때문이다. 그래서 그들은 오늘도 기도하고 하나님을 위해 살기를 다짐한다.

✝ 죽은 유두고에 대한 상반된 태도

유두고는 결국 졸음을 이기지 못하더니 결국 삼층 누에서 떨어지고야 말았다. 사람들이 내려가 일으켜 보니 이미 죽어 있었다. 집회가 중지되고, 모임 전체가 아수라장이 되었다. 한 사람의 실수가 교회 전체에 이렇듯 물의를 일으킨 것이다. 말이 그렇지 집회에서 사람이 떨어져 죽었다는 것은 문제가 되지 않을 수 없다. 지금 같으면 구급차가 오고, 경찰이 와서 조사를 한다며 소란했을 것이다. 교회에 대한 소문은 어찌될 것이며 더욱이 바울이 앞으로도 계속해야 할 선교는 어찌될 것인가. 하나님이 우리에게 주신 선교 사명이 여기서 좌절될 수는 없기 때문이다.

성경은 이런저런 걱정을 차치하고 한 젊은이의 죽음을 놓고 사람들의 태도와 바울의 태도가 달랐음을 비교적으로 소개하고 있다. 이 비교는 우리가 이 세대의 젊은이들에 대해 어떤 태도를 가져야 하는가를 보여 주고 있다.

1) 사람들의 태도

성경은 사람들이 내려와 죽은 젊은이를 보고 이러쿵저러쿵 말이 많았음을 보여 주고 있다. 교인들이 무슨 말을 했을까? "누구냐, 누구 자식이냐, 버릇없이 창문에 걸터앉더니 그럴 줄 알았다", 온갖 말들이 오갔을 것이다. 죽은 유두고에 대한 말들이 별로 좋을 리 없었다. 그 영혼을 위해 기도하는 모습을 찾아볼 수 없다. 그저 청년의 잘못을 비난하기에 바빴다. 오죽하면 바울이 "떠들지 말라"고 하셨을까 상상해 보라. 바울의 이렇듯 지적하는 말은 사람들의 그런 태도는 그리스도인으로서 합당하지 못하다는 것을 보여 준다.

2) 바울의 태도

그러나 바울의 태도는 달랐다. 성경은 청년에 대한 바울의 적극적인 태도를 다음과 같이 소개하고 있다.

첫째, 청년을 사랑했다. 성경은 바울이 즉시 현장에 내려가 자기 몸을 구푸려 유두고의 몸을 안았다고 적고 있다. 이것은 비난만 하고 있는 소극적인 교인들과는 아주 다르다는 것을 보여 주고 있다. 어려움에 처한 사람에게는 사랑이 제일 필요하다. 청년에게 필요한 것은 바로 사랑이다.

미국의 많은 젊은이들이 통일교에 빠져 들었다. 한국인으로서 우리는 그들이 왜 그러는지를 이해하기 어려웠다. 그러나 어느 집을 방문했을 때 마침 그곳에서 일본인 부부를 만났다. 손님 내외는 통일 교인이었다. 통일교에서 만나 부부가 되었노라고 했다. 집주인과 이런저런 이야기를 하는 가운데 매우 의미 있는 말을 들었다. "젊은 이들이 통일교에 빠지는 이유 가운데 하나는 그 속에 사랑이 있기 때문인 것 같아요."라는 말이었다. 집에서 느껴 보지 못한 사랑을, 세상 친구들 속에서 느껴 보지 못한 사랑을 그 집단에서 느끼고, 그래서 빠져나오지 못한다는 것이다. 그 말을 듣고 이 땅의 젊은이들에게 필요한 것이 바로 사랑이구나 하는 점을 새삼스럽게 느꼈다.

사랑은 사람을 만든다. 사람을 변화시키는 것도 사랑이다. 바울은 사랑의 표현이 전혀 없는 교인들을 향해 "떠들지 말라" 선언하고 오히려 사랑을 주기에 인색하지 않았다. 현대교회가 청년들에게 주어야 할 것은 바로 그리스도의 사랑이다. 이 사랑이 아니면 그들을 바로 일으킬 수가 없다.

둘째, 청년에게 희망이 있음을 말했다. 바울은 "생명이 저에게 있다."고 외쳤다. 이것은 유두고가 죽은 것이 아니라 기절한 것이라고 말한 것이 아니다. 유두고는 죽었다. 사람들은 유두고가 죽었다고 말하고 그에게 아무런 희망을 걸지 않았다. 우리들도 젊은 세대들의 죽은 모습을 보고 희망이 없다고 말한다. 그러나 바울은 인간적으로 죽었다고 생각되는 그 사람에게 오히려 생명이 있다고 말했다.

바울의 외침은 하나님을 향해 "이 젊은이에게 희망을 주시옵소서."라고 절규하는 바울의 간절한 소원이기도 하다. 그에게 비난이 아니라 생명과 희망을 주고 싶었기 때문이다. 우리도 젊은 세대들에게 희망을 달라고, 그리스도의 생명이 그 안에서 살아 움직이게 해달라고 기도해야 한다. 이런 순간에 우리가 할 수 있는 일은 오직 기도뿐이다. 전능하신 하나님의 능력만이 그를 살릴 수 있기 때문이다.

우리가 취해야 할 태도는 사람들처럼 우왕좌왕하고 죽은 사람을 놓고 비난할 것이 아니라 바울처럼 그를 안고 희망을 달라고 기도하는 일이다. 이것이 그리스도인으로서 바른 태도이다. 그 순간에 하나님께서 능력으로 그를 죽음 가운데서 일으키신다.

† 우리는 유두고에 대해 어찌해야 하는가?

우리 주변에 유두고들이 많이 있다. 이 젊은 유두고들에 대해서 우리는 어떻게 해야 하는가? 우리가 해야 할 일은 지금까지 우리가 그들에게 보였던 무관심이나 비난의 태도를 벗어 버리고 그들을 사랑으로 끌어안으며 생명의 기운을 불어 넣어 주는 것이다. 그래서 유두고들이 교회에 희망이 되고, 사회의 기둥이 되어야 한다.

이를 위해 교회는 무엇보다 젊은 유두고들에게 희망이 되어야 한다. 마지못한 주일참석이나 형식적인 교회봉사로 만족하지 않고 그 젊은이가 그리스도 안에서 다시 살아나도록 해야 한다. 이를 위해서는 그들에게 비전을 갖게 하고, 그리스도의 사람으로 키우며, 헌신하도록 만들어야 한다.

완전한 헌신(total commitment)은 구약의 제사에서 보여 주는 것처럼 자신을 철저히 죽이고 자기의 모든 것이 하나님께 열납되도록 해야 한다. 하나님께 받쳐지는 동물은 흠 없고 완전한 것이어야 하고 더러운 것이 하나도 없이 깨끗하게 처리되어야 하며 심지어 자기의 몸까지도 조각조각 각을 떠야 했다. 하나님께 바쳐지는 밀도 첫 수확의 좋은 것이야 하고, 으깨어지고 바수어져 고운 가루로 만들어야 한다. 교회는 유두고들이 이와 같은 제물이 될 수 있도록 교육할 책임이 있다. 이를 위해 교인들이 앞서 하나님 앞에 철저히 자신을 깨뜨리는 작업, 하나님 앞에 철저히 낮아지게 하는 작업, 하나님을 향해 온전히 헌신하는 모습을 보여 주어야 한다.

사람들은 유두고가 살아나자 기뻐하였다. 하나님께서도 깨어난 유두고를 기뻐하신다. 역사적으로 보면 깨어난 유두고들이 많다. 그중에 대학은 잠자는 유두고를 깨워 하나님이 기뻐하시는 일꾼으로 삼는 데 열심을 다했다.

1622년 화란의 동인도회사는 라이덴(Leyden) 대학 안에 신학교를 설립하고 선교사를 양성하도록 하였다. 이 일은 12달만 존속했고, 12명의 선교사를 파송하는 것으로 끝났다. 1694년에는 경건주의자들이 할레(Halle) 대학을 세워 경건주의 교육의 센터가 되었고, 18세기 선교활동을 주동하게 되었다. 1705년 이 대학에서 덴마크-할레 선교회가 조직되었고 선교사역을 주도하였다. 요한 웨슬리는 옥스퍼드 대학에서 교수로서 학생모임을 인도했고, 청교도적으로 엄격한 신앙생활을 한 나머지 사람들로부터 'methodist'라는 별명을 얻었다.

1802년 밀스(S. Mills)는 미국에서 선교의 비전을 가졌다. 그는 윌리엄 칼리지에서 공부하고 선교를 위한 기도그룹을 결성했다. 기도하던 중 폭풍우를 만나자 마른 풀 더미로 자리를 옮겨 계속 기도하기도 해 '건초그룹'이라는 별명을 얻기도 했다. 이 건초그룹이 앤도버(Andover) 신학교에 등록하여 선교사 훈련을 받았다. 이 신학교가 선교사의 온상이 되었다. 이 학교는 당시 자유주의적인 하버드 대학과는 반대되는 성격을 가지고 있었다. 또한 이들이 뉴잉글랜드 지방에 선교운동을 일으켰다. 선교문제연구회도 만들었다. 선교운동이 불길처럼 번지기 시작했다. 한국의 최초 선교사로 파송된 아펜젤러나 언더우드도 이 선교연구원 출신들이다. 이 연구원의 많은 사람들이 아시아 및 아프리카 선교운동에 앞장섰다. 오늘날 한국의 복음화는 바로 이들 깨어난 유두고들에서 비롯되었다 해도 과언이 아니다. 그런 의미에서 오늘의 한국교회는 잠자는 유두고를 깨워 세계 선교의 주역이 되도록 양육시킬 필요가 있다. 직접 선교를 할 수 없다 해도 자기가 속한 대학이나 직장에서 평신도선교사가 될 수 있도록 해야 한다.

우리 주변에는 지금도 잠자는 유두고가 많다. 창가에 걸터앉기 위해 걸어 나오는 사람도 있다. 졸다가 떨어질 것이 확실한데도 우리는 그들에게 전혀 관심이 없다. 졸다 떨어진 사람을 보며 "어찌 이런 일이?" 그렇게 말하는 것이 고작이다. 자기의 무관심에 대해서는 전혀 생각지 않고 있다. 로마서는 무심도 죄악이라고 말하고 있다. 우리는 이 유두고를 살려야 한다. 그들을 사랑으로 끌어안고 "저들에게 생명을 주옵소서."라고 간절히 기도해야 한다.

이 어려운 과정을 거치면서도 끊어지지 않는 작업 한 가지가 있다. 그것은 바로 말씀을 전하는 일이다. 성경은 바울이 "바울이 떡을 떼어 먹고 오랫동안 곧 날이 새기까지 이야기하고 떠나니라."고 밝히고 있다. 계획했던 성만찬도 하고 말씀도 계속 전했다. 내일 떠나야 하는데도 불구하고 날이 새는지 모르고 말씀을 전했다. 말씀 전하는 일은 중단할 수 없는 하나님의 일이다.

성경은 사람들이 살아난 유두고를 데리고 와 위로를 적지 않게 받았다고 적고 있다. 유두고는 다시 살아났고, 바울의 말씀을 듣는 사람들 가운데 유두고가 있었음을 알 수 있다. 그리스도 안에서 생명을 얻은 유두고가 다시 창가에 걸터앉지 않고 말씀을 듣는 무리 가운데 있었다는 것은 그가 더 이상 과거의 사람이 아님을 의미한다. 교회는 잠자는 유두고를 깨워야 한다. 그들을 사랑해야 한다. 그리고 그리스도 사람으로 만들어야 한다. 이것 또한 중단할 수 없는 교회의 중요한 사명이다.

제7장 후회 없는 응답과 후회 없는 삶

호스피스들은 임종에 가까운 사람들의 어려움을 돕는다. 말벗이 되어주기도 하고, 밥을 먹여 주기도 하고, 몸을 씻겨 주기도 하고, 옷을 입혀 주기도 한다. 그런 상황에서 도움을 받는 사람들은 한결같이 이렇게 말한다고 한다. "젊었을 때 남에게 좀 더 베풀고 살았으면 좋았을걸." "좀 더 사랑하고 살았으면 좋았을걸." "보다 재미있게 살았으면 좋았을걸." 그래서 사람들은 이것을 가리켜 '3걸'이라고 한다. 사람들은 대부분 이렇듯 후회하면서 산다. 돌이켜 보면 후회스런 일이 한두 가지가 아니기 때문이다.

✝ 하나님도 후회하시는 때가 있다

그러면 "하나님도 후회하시는가?" 궁금할 것이다. 성경은 두 가지로 설명하고 있다. 하나는 후회하지 않으신다는 것이고, 다른 하나는 후회하신다는 것이다.

먼저 후회하지 않으신다는 말씀을 살펴보자. 발람 선지가 발락에게 이렇게 말한다. 하나님에 관한 말씀이다. "하나님은 인생이 아니시니 식언치 않으시고 인자가 아니시니 후회가 없으시도다. 어찌 그 말씀하신 바를 행치 않으시며 하신 말씀을 실행치 않으시랴."(민 23:19). 발람은 하나님을 후회하지 않으시는 분이라고 단언하였다. 사람은 후회하지만 하나님은 사람이 아니므로 후회하지 않으신다는 것이다. 그러나 이 말을 문자적으로 해석해서는 안 된다. 발람이 이렇게 말하는 이유가 있다. 그것은 발락이 선지자를 이용하여 이스라엘을 저주하기를 바랐으나 하나님은 이미 이스라엘을 축복하기로 결정하셨기 때문에 발람이 아무리 그런다고 해서 하나님이 '내가 이스라엘을 축복기로 한 것은 거짓말이다. 그렇게 약속한 것을 후회한다.'고 말씀하실 분이 아니라는 뜻이다. 이미 언약으로 정해졌기 때문에 약속대로 이루실 뿐이다.

이러한 것은 예레미야서에서도 나타난다. 하나님은 "내가 이미 말하였으며 작정하였고 후회하지 아니하였은즉 또한 돌이키지 아니하리라."(렘4:28)라고 말씀하신다. 이미 작정한 것은 추진하며, 그 결정에 대해 후회한 적이 없으므로 되돌리지 않겠다는 말씀이시다. 그러므로 이 말씀은 하나님은 결코 후회하지 않는다기보다 하나님께서 일단 바르게 정하신 일은 후회함이 없이 추진하신다는 뜻을 담고 있다.

하나님은 결코 후회하지 않으시는가? 그렇지 않다. 하나님은 우리가 죄 가운데 있을 때 슬퍼하고 우리가 돌이킴이 없이 완강하게 하나님을 반역할 때 후회하신다. 노아 때 홍수로 인간을 멸망을 시킬 때도 하나님은 인간 지으신 것을 후회하셨다. 영적으로 너무나 타락하여 하나님의 말씀을 듣지 아니하기 때문이다. 성경은 다음과 같이 기록하고 있다.

"여호와께서 사람의 죄악이 세상에 관영함과 그 마음의 생각의 모든 계획이 항상 악할 뿐임을 보시고 땅 위에 사람 지으셨음을 한탄하사 마음에 근심하시고 가라사대 나의 창조된 사람을 내가 지면에서 쓸어버리되 사람으로부터 육축과 기는 것과 공중의 새까지 그리하리니 이는 내가 그것을 지었음을 한탄함이니라."(창6:5-7).

후회는 개인에게도 적용된다. 하루는 하나님께서 사무엘을 찾으시고 이렇게 말씀하셨다. "내가 사울을 세워 왕 삼은 것을 후회하노니 그가 돌이켜서 나를 좇지 아니하며 내 명령을 이루지 아니하였음이니라."(삼상15:11). 사무엘이 그 말씀을 듣고 근심이 가득하였다. 그래서 그 영혼을 위해 밤새도록 주님께 매달려 기도했다. 성경은 사울왕을 위해 온밤을 여호와께 부르짖었다고 적고 있다.

그리고 사울을 찾아가 "왕이 겸손하여 자기를 작게 여길 때 하나님께서 당신을 왕으로 삼으셨는데 이제 하나님의 목소리를 청종치 아니하고 탈취하기에만 급하니 어찌된 것이냐"고 따졌다. 사울은 탈취가 아니라 제사를 위한 것이었다고 자기를 합리화했다. 변명하기에만 급했지 회개하는 모습을 전혀 보이지 아니했다. 사울의 거짓됨과 완악함을 본 사무엘은 그 자리에서 외쳤다. "순종이 제사보다 낫고 듣는 것이 수양의 기름보다 나으니 이는 거역하는 것은 사술의 죄와 같고 완고한 것은 사신 우상에게 절하는 죄와 같음이라. 왕이 여호와의 말씀을 버렸으므로 여호와께서도 왕을 버려 왕이 되지 못하게 하셨나이다."(삼상15:22-23).

성경은 그 후 "사무엘이 죽는 날까지 사울을 다시 보지 아니하였으니 이는 그가 사울을 위하여 슬퍼함이었고 여호와께서는 사울로 이스라엘 왕 삼으신 것을 후회하셨더라."(삼상15:35)고 적고 있다.

이를 미루어 보아 하나님께서 후회하실 때가 있음을 알 수 있다. 부모는 종종 자식이 말을 듣지 않거나 부모의 뜻과는 반대로 나갈 때 "내가 제를 낳고 미역국 먹은 것이 아깝다", "지금까지 키운 것이 후회된다."는 말을 한다. 자식에 대한 부모의 후회는 바로 자식이 부모의 뜻과 다른 길을 간다는 점에서 비롯되고 있는 것이다. 비록 후회의 내용이 세상적인 것이냐 영적인 것이냐는 차이가 있기는 하지만 우리에 대한 하나님의 후회도 마찬가지이다. 말로는 하나님께 전적으로 순종하는 삶을 살겠다고 고백하면서 행동으로는 계속해서 하나님의 뜻을 거역할 뿐 아니라 마음은 날로 완악해지고 있기 때문이다. 이런 일이 계속될 때 하나님은 우리에 대해 후회하신다.

후회는 깊은 배신감에서 나온다. 배신한 것으로 치면 우리는 주님에 대해 할 말이 없는 사람들이다. 우리는 주님을 너무나 그리고 자주 배신했기 때문이다. 우리에게 있어서 이제 중요한 문제는 우리가 주님을 더 이상 후회하도록 만들지 않아야 한다는 것이다. 우리는 자신의 과거와 현재를 깊이 성찰하고 더 이상 하나님을 거역하는 삶을 살지 않도록 해야 한다.

✝ 그리스도인은 근심하는 삶을 살아야

"성령도 우리의 연약함을 도우시나니 우리가 마땅히 빌 바를 알지 못하나 오직 성령이 말할 수 없는 탄식으로 우리를 위하여 친히 간구하시느니라."(롬8:26). 이 말씀은 성령님께서 우리를 위해 순간순간 근심하신다는 것을 보여 주고 있다. 그리스도인도 이웃을 위해 근심할 수 있는 사람이 되어야 한다. 하나님이 노아 때의 사람을 향해 근심하시듯, 사무엘이 사울을 위해 근심하듯 우리도 이웃을 위해 근심해야 한다. 부모가 자식을 위해 근심하고 무릎을 꿇어 기도하는 이상으로 이웃의 영혼, 교회 그리고 우리가 속한 사회가 그리스도 안에 살도록 그들을 위해 무릎을 꿇고 더 열심히 기도해야 한다. 우리의 근심을 통해 그들의 사는 모습이 달라지도록 해야 한다.

그리스도인이 하는 근심은 세상 사람들이 하는 근심과는 차원이 다르다. 성경은 확연히 말하고 있다. "하나님의 뜻대로 하는 근심은 후회할 것이 없는 구원에 이르게 하는 회개를 이루는 것이요, 세상 근심은 사망을 이루는 것이니라."(고후7:10).

성경은 근심을 크게 두 가지로 구분하고 있다. 하나는 세상적인 근심이요, 다른 하나는 영적인 근심이다. 성경은 이 영적인 근심을 가리켜 '하나님의 뜻대로 하는 근심'이라고 말하고 있다. 이 말씀에 따르면 세상적인 근심은 후회를 하게 한다. 그렇게 하고도 얻는 것은 사망뿐이다. 그 근심이나 후회가 하등 도움이 되지 못한다. 하지만 영적인 근심은 다르다. 인간의 뜻보다 하나님의 뜻을 세우고자 하기 때문에 그 결국은 회개와 구원을 낳는다.

바울은 하나님의 뜻대로 근심을 높게 평가하고 있다. 하나님의 뜻대로 근심을 하면 그 영혼을 위해 간절한 마음이 생기고, 열심히 설명(변명)하게 되고, 영혼이 잘못되게 한 것에 대해 분한 마음이 들고, 두렵게 하고, 사모하게 하고, 열심 있게 하고, 잘못되었을 때 벌하게 한다(고후7:11). 이 여러 모양의 근심은 회개하지 않는 자에 대한 그리스도인의 열심을 말한다. 그 근심은 바로 하나님의 뜻을 세우기 위한 열심이다. 그러므로 이 근심은 세상적인 것과는 차원이 다르다. 그 근심은 결국 회개의 열매, 구원의 열매를 얻기 하기 때문에 근심하는 자뿐 아니라 근심의 대상자 모두에게 유익을 준다. 그래서 그리스도인의 근심은 후회할 것이 없다.

우리는 이 순간에 무엇을 위해 살고 있는지 자신의 문제에 대해 근심해야 하는 것은 물론 이웃을 위해 근심을 하는 사람들이 더욱 많이 나와야 한다. 그래서 이 땅에 하나님의 뜻, 하나님의 나라를 널리 그리고 확고하게 세워 나가야 한다. 그리스도인은 남은 생애 모든 열정을 주님을 위해 바침으로써 이웃의 영혼을 살리고 하나님의 사랑을 전하는 주님의 메신저로 다듬어져야 한다.

따뜻한 나라를 찾아 북에서 내려온 김만철 씨 내외가 신학교를 다니며 간증을 했다. 그가 북한을 떠나고자 하는 이유는 두 가지였다. 이밥(쌀밥)에 고깃국을 먹고 싶고, 자유를 찾고 싶었다. 그런데 그토록 먹고 싶었던 쌀밥에 고깃국은 내려오자 하루 만에 해결되었다. 자유문제도 해결되었다. 그 문제들이 해결되자 그에게 다른 욕심이 생기게 되었다. 그것은 앞으로 무엇을 위하여 살아야 하는가, 어떻게 살아야 하는가 하는 것이었다. 그래서 기독교인이 되었고, 기독교인이 되어 남을 위한 삶을 살고자 결심하였다. 우리 주변에 자기의 이기적 욕심을 찾는 그리스도인보다 "주여, 이제 저는 어떻게 살아야 합니까?" 물으며 사는 의식 있는 기독교인이 많아질 때 이 나라가 더 잘사는 나라가 될 것이다.

✝ 하나님의 부르심에 순종함에는 후회함이 없다

로마서에 이런 말씀이 있다. "하나님의 은사와 부르심에는 후회하심이 없느니라."(롬1:29). 이것은 하나님이 이스라엘을 부르신 후에 하신 일을 후회하시고 그들을 버리시는 일이 결코 없음을 뜻한다. 이것을 우리 각 인생에도 얼마든지 적용할 수 있다.

보덴(W. Boden)이라는 사람이 있었다. 그는 1904년 시카고에서 고등학교를 졸업했을 때 큰 농장의 상속인으로 이미 백만장자가 되어 있었다. 그의 부모는 그에게 세계 일주를 시켰다. 그는 아시아, 중동 그리고 유럽을 여행하는 동안 고통받는 사람들을 직접 눈으로 보고 마음으로 결심을 하게 되었다. 그는 집으로 보낸 편지에서 다음과 같이 썼다. "나는 일생을 전도사업과 그 준비에 바치겠습니다." 그는 이런 결심을 하고 성경 뒤표지에 이렇게 썼다. "결코 지체할 수 없다"(No Reserve).

그는 예일대학을 졸업하였다. 졸업과 동시에 좋은 보수가 보장된 일자리가 나왔지만 그는 이를 거절하고 프린스턴 신학교에 입학하였다. 그러면서 그는 성경에 다시 이렇게 썼다. "결코 물러나는 일은 없다"(No Retreat). 신학교에서 공부를 마치고 중국에 있는 회교도들을 전도하기 위해 항해하던 중 몇 가지 준비를 위해 이집트에 들리게 되었다. 그러나 그는 그만 뇌막염이 들어 한 달도 못 되어 죽고 말았다. 그를 아는 사람들은 "하나님의 뜻이 아니었던 게야, 헛일을 했군, 헛일을 했어." 하며 혀를 찼다. 그러나 그의 성경 뒷장에는 위에 썼던 두 번의 결심 밑에 이렇게 쓰여 있었다. "결코 후회는 없다"(No Repentance).

사람들의 눈에 그의 일생은 헛산 것처럼 보일 수 있다. 일도 해보기 전에 죽다니 허무하기 그지없다고 말할 수도 있다. 그러나 주님의 일을 하고자 하는 그 마음에는 항상 '지체할 수 없다', '물러날 수 없다', '후회란 있을 수 없다'는 마음으로 가득 차 있었다. 그는 일찍이 하나님을 알았기에 일평생 주님을 위해 헌신하고자 했고, 비록 빛을 보지 못하고 죽어 갔지만 지금까지 주님과 함께 동행해 온 삶에 대해 "후회 없다"고 말할 수 있었다. 구원받은 자녀는 성공을 하든지 고난을 만나든지 언제라도 우리 하나님이 본향으로 부르실 때 "후회는 없다"고 말할 수 있어야 한다.

신학교에서 한 교수가 이렇게 말했다. "신학교에서 공부를 열심히 하다 죽으면 그것도 순교다." 이 말은 공부를 열심히 하라는 충고에서 나온 말이지만 순교란 으레 반기독교적 세력에 의해 죽임을 당하는 것으로만 생각했던 신학생들에게 순교에 대한 고정관념을 깨는 귀한 순간이었다. 그 뒤부터 주님을 위해 열심히 사는 것 자체가 순교적인 삶이라는 생각을 갖게 되었고, 한순간 한순간이 그렇게 귀중할 수가 없었다.

✝ 하나님의 일을 함에는 후회함이 없다

정말 문제가 되는 것은 얼마나 오래 사느냐 하는 것이 아니라 어떻게 하나님 보시기에 참되게 살았는가 하는 것이다. 그러한 삶이 바로 주님 앞에 후회 없는 삶이다. 윤동주 시인은 '하늘과 별과 바람'을 노래하는 시에서 "하늘을 우러러 한 점 부끄럼 없는" 삶을 살고자 했다. 별을 보고서도 그리했고 바람을 보고서도 자신을 아파했다. 진정 우리가 하나님 앞에서 한 점 부끄럼 없는 신앙의 모습을 갖고자 하고, 우리의 이웃에 대해서도 그렇게 되도록 노력할 때 주님은 우리를 기뻐하실 것이다. 주님도, 우리도 결코 후회하지 않을 것이다.

세상은 악해져 가고 있다. 악의 세력들은 지금도 우리로 하여금 하나님의 일을 하지 못하게 하고 있다. 르완다에서는 죄 없는 난민이 8천 명이나 무참히 살상당했다. 일본에서는 무차별적 살인가스 사건 때문에 공포에 떨었다. 미국 오클라호마시티에서는 연방정부 건물이 강력한 폭탄으로 인해 어린이를 포함한 여러 생명들이 목숨을 잃거나 다쳤다. 테러로 인해 수많은 사람들이 생명을 잃었다.

사탄은 우리를 살인하는 자로 만들고, 거짓말을 하고도 오히려 자랑스럽게 느끼도록 만들고 있다. 사랑대신에 미움을 심어 주고 있다. 밭에 가라지 씨를 뿌리고 있는 것이다. 이러한 때에 그리스도인들은 하나님의 사람들로 나타나야 한다. 비록 우리의 힘이 미약하게 보이지만 하나님이 함께하시면 골리앗의 위세도 단번에 꺾을 수 있다. 중요한 것은 우리가 하나님의 자녀답게 당당히 살아가는 것이다. 당당한 사람만이 이웃을 위해 기도할 수 있다. 우리가 생활 속에서 하나님의 사람으로 당당하게 살아간다면 정녕 후회는 없을 것이다. 하나님의 일에는 후회란 있을 수 없기 때문이다.

어떤 성도가 이런 말을 했다. "나는 그리스도인된 것을 결코 후회하지 않는다. 나에게 더 이상의 보상이 주어지지 않는다 해도 지금까지 주님 믿어 평안을 누린 것만으로도 나는 행복하다." 주님께서는 우리 각자가 주님을 위해 한 것에 비해 넘치도록 풍성한 은혜를 주셨다. 이제 우리가 해야 할 일은 주님이 더 이상 우리로 인해 실망하거나 후회하지 않는 삶을 사는 것이다. 그것은 주님을 믿는 것이며 주님을 믿음으로 우리의 생활이 변화되는 것이다. 그리스도인 모두가 이처럼 변화되어 주님이 원하시는 삶을 산다면 주님에게 있어서나 우리에게 있어서 더 이상 후회라는 말은 없을 것이다.

제 3 부

잃어버린 예수 찾기와
신앙의 업그레이드

제8장 혹시 예수님을 잃어버리지 않으셨나요?

예수님을 생명의 구주로 영접하는 것 못지않게 중요한 것은 그 주님을 내 삶의 중심에 꾸준히 모시며 사는 일이다. 그래서 이런 제목을 붙여 보았다. "혹시 예수님을 잃어버리지 않으셨나요?"

누가복음 2장 41절에서 52절까지는 예수 그리스도의 소년시절에 관해 소개하고 있다. 이 부분은 다른 복음서에 없는 독특한 부분이다. 누가는 예수님의 육신적 부모인 요셉과 마리아가 유월절을 당하여 12살 된 예수님을 데리고 예루살렘 성전에 다녀오다 그를 잃어버린 사건을 중심으로 이야기를 전개하고 있다.

43절에서 45절은 예수님을 잃어버린 것에 대해서, 46절에서 50절까지는 잃어버린 예수를 찾은 것에 대해서, 그리고 51절에서 52절까지는 찾은 예수님을 모시고 같이 가는 것에 대해서 자세히 기록하고 있다. 누가는 이 사건기록을 통해 예수님의 부모도 여느 부모처럼 아이를 잃어버려 애탄 적이 있었음을 사실적으로 보여 주고 있다. 어떻게 보면 한 인간 가족의 모습을 생생하게 읽을 수 있어 아주 친근한 감을 주기까지 한다. 다른 사람도 아니고 예수님이시니까 부모가 그를 잃었다 해도 어떤 신비한 방법으로 찾게 되든가 아니면 능력 많으신 예수님께서 축지법을 사용하여 금방 양친 곁으로 오실 것이라는 것을 기대해 봄직도 한데 이 기록으로는 전혀 그런 구석이 보이지 않는다. 성경은 예수님의 어린 시절을 기록함에 있어서 아주 인간적인 면모를 통해 하나님은 진정 인간의 모습으로 오셨음을 다시금 확인시켜 주고 있다.

그러나 이 사건을 단지 한 사람을 잃었다 다시 찾은 것으로만 이해한다면 어딘가 빈 구석이 남을 것이다. 누가가 이 사건을 기록할 때는 어떤 가르침을 주기 위한 것이리라 생각되기 때문이다. 예수님의 부모만 예수님을 잃었다가 찾은 것이 아니라 우리도 예수님을 잃어버리지 않았는지, 우리가 서로를 잃어버리고 살고 있지는 않는지 다시금 확인할 필요가 있다. 이런 점에서 이 사건은 우리 자신에게도 큰 의미를 던져 주고 있다.

✝ 잃어버린 예수

아파트에서 살면 종종 "잃어버린 아이를 찾습니다."라는 공지사항을 스피커로 듣게 된다. 그때마다 잃어버린 어머니의 안타까운 마음을 금방 읽을 수 있다. 독자들 가운데서 아이를 잃어버렸다든가 사람을 잃어버린 경험을 가진 분도 있을 것이다. 이것을 경험한 사람들은 이 일이 얼마나 당황스럽고 낭패스러운 기분이 드는가를 알 수 있을 것이다. 한국전쟁을 소개하는 영상을 보노라면 그런 생각이 더 든다. 잃어버린 아이가 어릴수록 그 문제는 심각하다.

예수님의 부모는 해마다 유월절이 되면 예루살렘에 올라갔다. 한국인들은 구정이나 추석이 되면 고향을 향해 민족 대이동을 하듯이 당시 유대인들은 유월절이 오면 예루살렘 성전을 향해 민족 대이동을 하였다. 출애굽기 34장에 보면 유월절, 오순절, 장막절 등 3대 절기에는 예루살렘에 가서 지키도록 되어 있다(출34:14-17). 예수의 부모도 절기의 전례를 따라 해마다 예루살렘에 간 것으로 기록된 것으로 보아 율법을 지키려 무척 애를 쓴 사람들이었음을 알 수 있다.

예수의 부모는 여러 날을 예루살렘에 머물면서 모세가 명한바 절기에 따른 율법을 지키는 데 온 정성을 다하고 그들이 살던 나사렛으로 돌아가게 되었다. 부모는 피곤한 몸을 이끌고 내려갔을 것이다. 그러나 예수님은 같이 가지 아니하고 성전에 머물렀다. 부모는 그 사실을 알지 못하고 하룻길을 갔다. 이제 성년의 나이가 됐으니 잘 따라오겠지 하는 생각도 들었을 것이고, 아니면 친척들과 함께 올 것으로 생각하기도 했을 것이다. 그만큼 예수를 믿었다는 증거이기도 하다. 그러나 하루를 가도 보이지 않는 것은 이상할 수밖에 없었다. 부모는 걱정이 되기 시작했다. 아이를 잃은 것이다.

이 말씀에 우리 자신을 비추어 볼 필요가 있다. 예수의 부모는 예수를 잃어버린지도 모르고 하룻길을 갔다. 지금 우리도 예수님은 당연히 우리 가운데 계시겠지 하며 걸어가고 있는지 모른다. 살기에도 피곤한데 그런 것을 꼭 따져 봐야 하느냐고 말하기도 할 것이다. 예수의 양친이 목적지에 하루 빨리 도착하기 위해 걸음만 재촉했던 것처럼 우리도 우리의 일을 위해 걸음을 재촉하고 있는 것이다. 주일날만 그리스도인이 되고 다른 날들은 그리스도인인지 아닌지 구별할 수 없는 것도 그만큼 예수를 잃어버린 것임을 보여 준다. 교회생활을 하다 보면 주님은 어디에 계시는지 아랑곳하지 않고 교회 일에 매달릴 때가 많다. 아무려면 교회 일을 하는데 주님을 잃었을까 생각하기 쉽지만 그렇지가 않다. 교회의 프로그램에 매달리고, 교회가 하고자 하는 일에 매달려 주님을 잃는다. 심지어 목사들도 심방, 설교준비 등에 매달려 주님을 잃을 때가 많다고 고백한다. 신학생들은 이런저런 공부, 과제, 시험 등에 매달리다 주님을 잃는다. 말씀보다 어떤 사상 속에 깊이 빠지다가 예수를 잃는다. 신학에도 그리스도가 없는 신학도 많다.

예수님의 부모가 열심히 신앙생활을 하는 가운데 그리스도를 잃었던 것처럼 우리도 열심히 교회생활을 하면서 실상은 그리스도를 잃는 경우가 있다. 우리는 매일 매일의 순간에서 우리 자신을 점검하고 예수님을 잃지 않았는지 살펴보아야 한다. 많은 사람들이 예배를 드리고 있지만 그 속에 그리스도가 없는 예배도 많다는 것을 인식하지 않으면 안 된다. 우리는 그리스도가 없는 종교의식을 경계해야 한다. 우리의 예배 속에, 우리의 신앙 속에, 우리의 교회에 그리스도가 있는지 살펴보고 잃어버린 그리스도를 찾아야 한다.

✟ 찾은 예수

예수의 부모는 찾기 시작했다. 친척들 속에 예수가 있는지 수소문하고, 친지들 속에 있는지 찾아보았다. 그러나 찾을 수가 없었다. 장소를 잘못 찾은 것이다. 그들은 예수님이 어디에 계시는지 알 수 없었다. 그래서 찾고 찾다가 결국 예루살렘 성전에서 함께 있었던 것을 기억하고 그곳까지 가게 되었다. 그들이 가야 할 원점을 발견한 것이다.

어떤 교회의 성가대원들이 유럽교회 순방을 갔다. 찬양으로 함께 영광을 돌리기 위함이었다. 일행이 한 도시를 방문하고 버스를 이용하여 다른 곳으로 이동하고 있는 중이었는데 목사님이 혹시나 싶어 인원을 점검하게 되었다. 혹시나 했는데 아니나 다를까 한 사람이 부족했다. 일행을 인도한 목사는 당황하지 않을 수 없었다. 중간 중간

에 여러 곳을 들렀기 때문에 그가 있으리라고 생각한 곳을 찾아보았
으나 도무지 찾을 수가 없었다. 그래서 여러 사람들이 어디에서 그를
잃게 되었는가, 어디에서부터 그가 없었는가를 따져 보기 시작했다.
혹시 점심을 먹었던 식당에서 잃지 않았을까 생각하고 그 식당엘 가
보았다. 아니나 다를까 그 사람이 식당 앞 벤치에 앉아 일행을 기다
리고 있었다. 그에 따르면 식사를 마치고 변소에 들러 밖에 나와 보
니 버스는 이미 가고 없었다는 것이다. 그 뒤부터 목사는 차를 타고
떠날 때마다 인원을 점검하고 떠나는 습관이 생기게 되었다.

　사람을 잃어버렸을 경우에는 어디서 잃어버렸는가 생각하고 그곳
엘 찾아가야 한다. 신앙생활에서도 마찬가지이다. 그리스도를 잃어버
렸으면 어디서 잃어버렸는지 곰곰이 생각할 필요가 있다. 어디서,
왜, 어떻게 잃게 되었는지 따져 보아야 한다. 예수의 부모는 친척 속
에 예수가 있는지 살피고, 친지 속에 혹시 있는지 살폈다. 그러다가
성전을 생각하고 예루살렘을 향해 내려간 것처럼 우리도 그 근원을
찾아가야 한다. 그래야 예수 그리스도를 만날 수 있다.

　우리는 예수님은 장엄한 의식을 갖춘 예배 속에 함께 계실 것이
라고 생각한다. 그래서 장엄하고 아름답고 거대한 교회와 예배의식
을 선호한다. 물질축복을 받아 재물이 많은 사람이나 교회 속에 예
수님이 계실 것이라고 생각한다. 반면에 가난하고 병에 시달리는 사
람이나 교회를 보면 그 속에 예수님이 계시지 않을 것이라고 생각한
다. 이러한 생각은 편협한 생각이다. 주님은 오히려 가난한 자와 병
든 자들 속에서 나를 찾으라고 말씀하신다. 예수님이 계시는 곳은
우리가 생각하는 것과 다를 수 있다.

　예수의 부모는 예수님을 성전에서 찾았다. 사흘 만에 만난 예수님
이었다. 예수님은 랍비들과 자리를 같이하면서 듣기도 하고 묻기도

하셨다. 오고 가는 대화 속에 지혜가 넘쳐 예수님의 말씀을 듣는 사람들이 모두 놀랄 지경이었다. 그 광경을 목격한 부모는 놀라 어쩔 줄 몰라 했다. 그래서 모든 부모가 그런 것처럼 마리아는 "아이야 어찌하여 우리에게 이렇게 하였느냐 네 아버지와 내가 근심하여 너를 찾았노라"고 가볍게 책망하였다. 그러나 주님의 대답은 의외였다. "어찌하여 나를 찾으셨나이까? 내가 내 아버지 집에 있어야 할 줄을 알지 못하셨나이까?" 예수님의 이 말씀은 우리가 생각하기에 공손치 못한 것으로 들리지만 말씀의 초점은 공손 여부에 있는 것이 아니라 예수님이 하나님의 아들 됨을 드러낸 데 있다. 예수님은 하나님을 아버지라 부름으로써 스스로 하나님의 아들임을 말씀하셨다. 이 말씀은 본문 가운데 가장 중요한 부분이다. 우리는 잃어버린 예수에 관한 이 모든 에피소드의 초점이 바로 "예수님이 누구신가?"를 몸소 밝히신 점에 있다는 것을 잊어서는 안 된다.

우리는 무엇보다 예수님을 하나님과의 관계에서 찾아야 한다. 하나님이 아닌 다른 곳에서 예수님을 만날 수 없기 때문이다. 그럼에도 불구하고 우리는 지금도 하나님이 아닌 다른 것에서 예수님을 찾으려 하고 있다. 프로그램에서, 일에서, 물질축복에서, 웅장하게 큰 교회의 건물에서 찾고자 한다. 그러나 주님은 그런 것보다 하나님에서 찾으라고 명령하신다. 내가 내 아버지 집에 있어야 될 줄을 알지 못하셨나이까라는 주님의 되물음은 하나님과의 관계 속에서 그리스도를 찾으라는 명령이다.

예수의 부모는 주님의 말씀을 이해하지 못했다. 부모는 예수님을 가진 이후 여러 사건을 접하고 그에 관해 여러 말씀을 듣기도 했지만 아직도 주님을 이해하지 못하고 나에게 어찌하여 이렇게 했느냐고 인습적인 질문을 던졌고, 주님이 말씀하셔도 그 말씀을 바로 이해할 수 없었다. 율법을 지키는 데는 열심이었지만 주님을 아직도 하나님과의 관계에서 이해하지 못한 것이다. 그러면 부모는 예수님의 이 말씀을 무시했는가? 답은 그렇지 않다는 것이다. 성경은 마리아가 "이 모든 말을 마음에 두니라"(눅2:51)고 적고 있다. 지금 당장은 이해할 수 없지만 그 깊은 의미를 마음에 두고 새겼다는 것이다. 우리도 성경을 읽을 때 당장 이해할 수 없을 경우 마음에 두고 새기면 어느 날 성령님께서 우리의 영안을 열어 하나님 안에서 그 비밀을 알게 하신다. 우리는 주님을 우리의 인간적인 계산속에서 찾을 것이 아니라 하나님과의 관계 속에서 바로 찾아야 한다.

✝ 동행하는 예수

51절은 예수님께서 부모와 함께 나사렛으로 내려갔음을 밝혀 주고 있다. 양친은 예수를 찾은 것에 만족하고 함께 집을 향해 떠났다. 성경은 한가지로 내려가서라고 적고 있다. 한가지로란 함께라는 뜻이다. 한가지로 내려간 것은 단순히 같이 갔다는 것을 강조하기보다 생활의 면면 속에서 부모의 뜻을 순종하고 기쁘게 하며 살았음을 의미한다. 부모에 대한 예수님의 순종적인 태도는 성경에서 아주 크게 나타난다. 성경은 예수께서 나사렛에 내려가 부모를 "순종하여 받드시더라."고 밝히고 있다. 영어성경은 순종했음을 '복종했다'고 표현하고 있다. 이 말은 예수님과 그 부모의 관계가 아주 좋았음을 입증한다.

나아가 52절은 예수는 그 지혜와 그 키가 자라 가며 "하나님과 사람에게 더 사랑스러워 가시더라."고 말하고 있다. 이러한 사실은 예수님을 중심으로 그 부모와의 관계, 하나님과 이웃과의 모든 관계가 아주 원만하고 긍정적이었음을 보여 준다. 예수님이 부모와 같이 가고, 부모도 예수님과 함께 가는 생활을 한 것이다. 이것은 우리가 신앙생활을 하면서 가정 속에서 하나님의 나라를 이루어야 한다는 것을 보여 준다. 주님과 같이 간다는 것은 하나님과 동행하는 삶을 의미한다. 하나님과 동행하는 삶은 한마디로 '하나님과 사람에게 사랑스러운 것'이어야 한다. 신앙생활을 하면서 부모에게 불순종한다면 그것은 하나님과 사람에게 사랑스러운 태도일 수 없다. 신앙은 항상 생활 속에서 나타나야 한다.

대학교 주변에는 학생들을 노리는 이상한 집단들이 많다. 그것도 기독교라는 이름 아래 자행된다. 어떤 의대생이 그 집단에 빠져 들어 학업마저 포기하게 되었다. 그 소식을 들은 부모가 그를 찾아와 설득을 했으나 듣지 않았다. 그의 어머니는 "어머니로서 마지막 소원이니 3개월간만 집에 가 있자."고 하였다. 3개월간 정성을 들여 잘 해주면 돌아올 것으로 생각한 것이었다. 그러나 3개월 후 그 아들은 담을 타고 도망해 버렸다. 책상 위에는 다음과 같은 쪽지가 남겨져 있었다. "어머니, 어머니 소원대로 3개월 동안 집에 있었습니다. 이제는 저를 찾지 말아 주세요." 이러한 잘못된 믿음은 하나님과 사람에게 사랑스러운 것이 아니다.

예수님은 공생애까지 가정 속에서 평범한 생활을 하셨다. 하나님은 어떤 기적 속에서만 우리와 함께 계시는 것이 아니다. 평범함 속에서도 하나님이 우리와 함께 계신다. 하나님은 우리의 평범한 일상생활 속에 계시며 우리의 삶 속에서 기쁨과 슬픔을 함께 나누신다. 우리가 가정이나 직장에서 바른 신앙을 나타낼 때 기뻐하실 것이며 그렇지 못할 때 슬퍼하실 것이다. 우리가 가정의 질서를 지켜 나가는 것은 아주 당연하고 평범한 것처럼 보이지만 그것도 하나님의 은총이 함께하지 않으면 불가능한 것이다. 그리스도인은 생활 속에서 하나님과 사람에게 더 사랑스러워 가는 모습을 보여 주어야 한다. 이것이 바로 주님과 동행하는 사람들이 해야 할 일이다.

예수님께서 부모님에게 순종하신 모습 그리고 하나님과 사람 앞에 사랑스러워 가신 모습은 한마디로 우리 주님을 찾고 만나기만 하면 주님은 우리 안에 충만히 거하시며 우리의 삶의 모습을 충성스럽게 만들고, 하나님과 사람 앞에 사랑스럽게 만든다는 것을 보여 준다. 이것이 바로 그리스도인의 삶의 긍정성과 적극성이다. 이 긍정성과 적극성은 나의 힘으로 된 것이 아니라 주님께서 나와 함께 하심으로 가능한 것이다. 문제는 우리가 주님을 찾느냐 찾지 않느냐에 달려 있다. 우리가 주님만 찾고 기어이 만나고자 하면 주님은 우리를 기쁘게 마지하며 우리 안에 들어오시고, 우리를 그리스도의 사람으로 만드신다.

✝ 당신의 삶에서 잃어버린 예수는 없는가?

부모들은 여러 가지 점에서 자녀들을 잃고 있다. 자녀들은 부모들에 대해 자기들을 이해하지 못하고 매일 닦달만 하는 부모, 잔소리만 하는 부모로 생각하고 있다. 통계에 따르면 부모들은 "공부해라, TV보지 말라."는 말을 제일 많이 한다. 그런데 자녀들은 그 말을 제일 듣기 싫어한다. 그 말을 듣고 나서 열심히 공부한 사람은 별로 없다. 그저 불만만 쌓여 간다. 그래서 부모가 싫어지고, 가정이 싫어지게 된다. 부모들이 자녀를 잃어 가고 있는 것이다. 아울러 부모는 이러한 자녀에 대해 섭섭함을 금할 수 없다. 이 모두는 부모가 자녀를 잃는 것뿐 아니라 자녀가 부모를 잃는 것이 되어 서로 잃게 되는 현상을 빚는다.

한신대학의 정태기 교수의 고백이다. 미국에 4년간 거주하다 돌아온 딸아이의 성적이 최하위권에 머물고 있었다. 60명 가운데 60등을 하던 딸이 한 번은 59등을 했다. 다소 반가워 이유를 물으니 늘 자기 앞서 59등을 하던 학생이 아파서 자기보다 뒤지게 되었다는 것이다. 그런데도 딸이 TV만 보고 있자 답답했던 어머니가 "공부가 그렇게 뒤져 있는데." 하며 안타까움을 표시했다. 그 말이 떨어지자마자 딸아이는 알 수 없는 말로 고함을 질렀다. 알고 보니 "그 문제는 내가 더 잘 알아"라는 것이었다. 딸의 고함에 부모는 할 말을 잃었다. 정 교수는 그다음부터 "공부해라"는 말을 다시는 하지 않았다. 그 대신 매일 밤 잠든 딸의 머리에 손을 얹고 "우리 딸이 오늘도 공부를 열심히 하느라 이렇게 곤하게 잠들어 있습니다. 하나님, 이 딸에게 힘을 주옵소서."라고 기도했다. 그 뒤 딸은 열심히 공부하는 모습을 보였고, 성적은 자연 오르기 시작했다. 당시 딸은 대학을 졸업하고 유학을 준비 중에 있다고 했다. 잃었던 딸을 기도로 회복한 것이다.

자녀를 가진 크리스천 부모들의 문제 가운데 하나는 공부 때문이라면 신앙생활쯤 유보해도 좋다는 생각이다. 특히 고등학교 3학년이면 더욱 심하다. 아예 교회와 담을 쌓기도 한다. 이러한 태도는 자녀들에게 신앙생활에 예외가 있다는 생각을 심어 준다. 그 기간에 가장 주님이 필요한 시기인데 주님을 잃고 있는 것이다. 주님은 우리가 한가할 때만 필요한 분이시고 바쁠 때는 젖혀 두어도 좋은 분이 아니시다. 언제 어디서나 필요하신 분이 주님이시다. 우리는 그 잃어버린 예수님을 찾아야 한다.

어느 교회 권사님 이야기다. 하루는 믿지 않는 어머니께서 권사님을 부르시더니 다음과 같은 말씀을 하셨다. "내가 너를 잘 아는데 지금까지 넌 안 해본 것이 없지. 그러나 다 중도에서 포기했다. 그런데 지금까지 중도에서 포기하지 않는 것 두 가지 있다. 첫째는 네 남편이고, 둘째는 예수님이다." 당신의 식구들은 당신을 잘 알고 있다. 당신은 지금 어떤 삶을 살고 있는가? 이 말을 들으면서 생각이 난다. 신앙적으로 우리가 지켜야 할 것은 바로 예수님이라는 사실을.

우리는 모두 열심히 신앙생활을 하고 있다. 적어도 그렇게 보이고 싶어 한다. 그러나 무엇보다 중요한 것은 우리 안에 예수님이 계시는가 하는 것이다. 라오디게아 교회는 예수님을 문밖에 세워 두었다. 교인들이 부요해지자 예수님을 멀리한 것이다. 그래서 그 주님은 지금도 문밖에 서서 우리 안에 들어가고 싶다고 노크하고 계신다. 예수님을 어디서 놓쳤는가, 어디서 잃었는가 생각하고 예수님을 더듬어 찾아가야 한다. 오늘도 우리는 "예수님이 있는 곳에 나도 있게 하옵소서. 예수님이 계신 곳에 나도 함께할 수 있도록 하옵소서."라고 기도할 수 있어야 한다. 그리스도인은 예수 그리스도와 함께 하는 삶을 살아야 한다. 예수님은 다른 곳에 계시지 않는다. 오직 하나님 속에 계신다. 거기에서 주님을 찾아야 한다. 그리고 그 주님과 함께 동행하는 생활을 해야 한다.

예수님이 없는 부모의 하룻길은 어떤 길이었을까? 여러 가지로 생각할 수 있지만 무책임의 길, 착각의 길, 허송세월의 길로 살펴볼 수 있다.

예수님이 없는 부모의 하룻길은 무엇보다 확인조차 하지 않은 무책임의 길이었다. 부모는 확인조차 없이 계속 길을 갔다. 부모는 출발 전에, 아니면 중간에라도 확인했어야 했다. 주님이 나와 동행 중이라는 생각만으로 확인 없이 신앙생활을 할 때 우리는 착각에 빠지게 된다. 우리는 매일 매 순간 주님과 동행하는지 확인하며 점검해야 한다. 모든 일마다 주님과 의논하고 그분의 의견을 들어야 한다.

그것은 또한 착각하며 살아간 길이었다. 부모는 예수가 동행 중에 있는 것으로 착각했다. 우리도 착각의 신앙생활을 하고 있는 것은 아닌지 깊이 생각해 보아야 한다. 예수 없는 신앙생활을 하고 있음에도 주님이 있는 것으로 착각하고 있는 것은 아닐까? 나의 영광을 구하고 있음에도 주님의 영광을 위해 일한다고 착각하고 있는 것은 아닐까? 주님은 이미 나를 떠났음에도 불구하고 아직 주님이 나와 함께 있다고 착각하고 있는 것은 아닐까?

예수님이 없이 간 하룻길은 결국 허송세월의 길이었다. 부모는 예루살렘으로 다시 돌아와야 했다. 예수가 함께하지 않는 신앙생활은 결국 헛된 것이다. 예수님이 나와 함께 하시는 진실 위에 기초한 신앙생활을 해야 한다. 나의 오늘 하룻길이 진정 예수님을 모신 길인가 생각해 봐야 할 것이다.

제9장 그리스도의 빛으로 우리 삶이 변화될 때

✞ 두 가지 형태의 삶의 모습

사람이 사는 모습을 둘로 나누라면 하나는 살아 있는 모습(modus vivendi), 곧 생동감이 넘치는 긍정적인 삶의 모습이요 다른 하나는 죽어 있는 모습(modus moriendi), 곧 부정적인 삶의 모습이다. 성경은 살아 있는 모습을 빛의 삶이라 말하고, 죽어 있는 모습을 어두움의 삶이라 부른다.

창세기의 천지창조에서 요한계시록의 끝장까지 성경은 한마디로 빛의 삶을 강조한다. 천지창조는 혼돈(chaos) 속에 빛을 창조하는 것으로부터 시작된다. 공허와 깊은 어두움 속에 하나님의 질서(cosmos)를 불어넣는 힘 있는 작업이 바로 창조이다. 민족이 어두움에 살면 빛의 삶을 살도록 경고하시고, 개인이나 교회가 잘못된 삶을 살면 고치도록 하신다. 하나님은 빛의 세계와 어두움의 세계를 구분하시고 우리로 하여금 빛에서 살도록 하신다.

빛 가운데 산다는 것은 그저 태양 볕 아래 일광욕을 즐기며 안일하게 살라는 말이 아니다. 우리의 마음과 생활의 태도가 과감하게 변화되어 우리의 삶의 모습이 진정 빛처럼 밝고 맑고, 순수하고 깨끗해야 한다는 것을 가르쳐 준다. 이를 위하여 우리의 삶의 태도는 능동적이고 적극적이어야 한다.

이스라엘 사람들은 어두운(dark) 색을 싫어한다. 어두움의 세계는 죄의 세계요 마귀가 지배하는 세계요 죽음의 세계이다. 사람들은 어두움을 두려워하고 그것을 피하고자 한다. 이에 반해 흰(white)색을 좋아한다. 성경은 하나님, 천사 그리고 성도들을 표현할 때 흰색을 사용한다. 계시록만 보아도 하나님은 빛으로 둘러싸여 있고, 천당은 날빛(태양빛)보다 더 밝으며, 성도는 빛나고 깨끗한 세마포 옷을 입고 있다.

그들은 붉은색이라 할지라도 명랑한 색에 속하는 붉은색을 좋아한다. 우리가 죄를 가리켜 주홍같이 붉다고 말하는데 이 색은 dark red, 곧 검고 어두운 색에 속한다. 그러나 희고 붉은색, 곧 밝고 명랑한 색은 선호성이 높다. 아가서에 보면 "나의 사랑하는 자는 희고도 붉어 만 사람에 뛰어난다"(아5:10) 하였다. 희고도 붉다는 것은 '내 애인이 최고'다는 뜻이다. 또 신부는 아침(빛)같이 붉고 태양과 보름달같이 희게 빛난다(아6:10). 존귀한 자의 몸은 눈보다 깨끗하고 젖보다 희며 산호보다 붉다(애4:7).

희고 밝은 빛은 단지 밝고 아름다운 모습만 나타내는 것이 아니다. 그리스도인이라면 과연 어떤 삶을 살아야 마땅한가를 보여 준다. 성경은 그리스도인들을 가리켜 빛의 자녀라 부른다. 하나님의 자녀는 어두움 속에서 사는 존재가 아니라 언제나 환한 빛 속에서 어두움을 물리치며 힘 있게 살아야 할 것을 강조하고 있다. 빛만 받고 사는 것이 아니라 빛으로서의 역할을 적극적으로 수행해야 한다. 한국인들은 빛의 삶이나 백색의 삶은 아주 정적인 것으로 이해한다. 흰옷 입은 양반처럼 얌전히 있어야 하는 것처럼 여겨지기도 한다.

그러나 성경이 말하는 빛의 삶은 죄를 가까이하기보다 멀리하고, 미워하기보다 사랑하며, 부정적이라기보다 긍정적이고, 소극적이라기보다 적극적이다. 빛이 살균작용을 하는 것처럼 우리 속에 있는 욕심과 미움과 시기와 죄악 된 속성의 모든 것을 주님의 빛으로 살균한다. 그리스도인의 삶은 이처럼 다르다. 구름이 흰색을 띠는 이유는 빛의 반사 때문이다. 빛을 받지 않으면 구름이 흰색을 띨 수 없다. 우리가 흰색을 띠려면 주님의 빛이 필요하며, 세상이 하해지려면 그리스도인이 먼저 빛 된 삶을 살아야 한다.

✝ 빛으로 사신 예수 그리스도

빛이신 하나님이 우리를 위해 육신을 입어 오신 분이 바로 예수님이시다. 죄 가운데서 벗어나지 못하는 것을 보시고 우리를 어두움에서 구하시려고 오신 것이다. 성경은 주님이 이 세상에 계시는 동안 우리에게 빛이 되셨고 또한 빛의 삶을 사셨음을 강조하고 있다. 그 대표적인 보기로 요한복음 9장을 볼 수 있다. 9장은 단지 날 때부터 소경을 고친 기적의 사건만으로 이해해서는 안 된다. 그 속에서 우리는 어떤 삶이 빛의 삶이요 어두움의 삶인가를 구분할 수 있어야 한다.

우선 예수님은 소경을 보는 태도가 긍정적이다. 사람들은 날 때부터 소경이 된 것은 부모의 죄가 아니면 자기의 죄 때문이라고 부정적으로 생각했다. 특히 바리새인들은 그렇게 생각했다. 같은 장 34절에 바리새인들이 소경을 가리켜 "네가 온전히 죄 가운데서 나서"(요 9:34)라고 말하는 것을 보면 소경에 대한 바리새인들의 생각과 태도가 얼마나 부정적인가를 보여 준다. 그러나 예수님은 "이 사람이나 그 부모가 죄를 범한 것이 아니라 그에게서 하나님의 하시는 일을 나타내고자 하심이니라"(요9:3)고 말씀하심으로 소경에 대해 아주 긍정적인 태도를 보이셨다. 그리스도인은 어떤 사람을 대하든지 그를 긍정적으로 볼 필요가 있다. 이것이 바로 빛이 있는 자의 밝은 태도이다.

예수님은 안식일인데도 불구하고 소경의 눈을 뜨게 하는 적극성을 보이셨다. 바리새인들은 안식일에 병자를 고치는 것을 부정적으로 보았다. 안식일을 거룩히 지키지 않았으니 하나님의 사람이 아니라는 것이다. 그들은 율법을 어겼다며 예수님을 죄인 취급하려 하였다. 이에 반해 예수님은 "때가 아직 낮이매 나를 보내신 이의 일을 우리가 하여야 하리라 밤이 오리니 그때는 아무도 일할 수 없느니라. 내가 세상에 있는 동안에는 세상의 빛이로다."(요9:5) 하신 다음 바리새인들이 어떻게 생각하든 상관하지 않으시고 어두움에서 살고 있는 소경의 눈을 밝혀 밝은 세상으로 인도하셨다. 바리새인들에게 있어서 안식일을 거룩하게 지키는 방법은 율법을 지키는 것이며, 예수님에게 있어서 안식일을 거룩하게 지키는 것은 율법의 형식에 매달리는 것이 아니라 하나님의 일을 실질적으로 하는 것이다. 율법을 지키는 일도 중요하지만 더 중요한 것은 하나님의 일을 하는 것이다. 따라서 주님은 우리로 하여금 하나님의 일을 하도록 하셨다.

그리스도인은 우리의 규범을 내세우며 하나님의 일을 막을 것이 아니라 적극적으로 하나님의 능력을 나타내 어두움을 물리치고 세상에 빛을 가져와야 한다. 안식일을 거룩히 지키는 것은 아무 일도 하지 않고 가만히 앉아 있는 것이 아니다. 그날은 오히려 힘써 하나님이 기뻐하시는 일을 해야 한다. 주중에 찾아볼 수 없었던 환자를 찾아 말씀으로 위로하고, 고난당한 형제를 위해 기도하며, 그들을 어두움의 자리에서 일어나도록 해야 한다. 이것이 바로 안식일에 그리스도인들이 해야 할 일이다. 그리스도인은 이런 적극성이 필요하다. 그리스도인으로서 빛의 삶을 산다는 것은 바로 이런 것이다.

예수님은 우리로 하여금 빛들로 나타나라고 말씀하신다. 보다 생각을 밝게 가지고 적극적으로 행동하며 살아야 한다는 것이다. 우리가 육체적 질병이나 사고나 사업의 어려움이나 어떤 고난에 처해 있다 할지라도 그 고난의 순간을 오히려 하나님의 일을 나타낼 수 있는 기회로 생각하고 이겨야 한다. 좌절하기보다는 용기를 가지고 주님 안에서 그 고난을 극복해 나간다. 순간순간 자신의 연약함을 깨닫고 하나님을 의지하며 나아갈 때 우리의 아버지 하나님은 우리에게 힘을 주신다. 그래서 우리는 그 어려운 순간을 주님과 함께 승리의 삶으로 바꿀 수 있다. 그러므로 그리스도인에게 있어서 고난과 어려움은 오히려 축복이다. 고난을 고난으로 생각하지 않고 오히려 그 고난으로부터 자유로울 수 있는 것이 바로 그리스도인만이 가질 수 있는 거룩한 신비이다.

바울에 따르면 하나님께서는 자기의 기쁜 뜻을 위하여 우리 안에 소원을 두고 행하게 하신다(빌2:13). 이렇게 하는 이유가 있다. "이는 너희가 흠이 없고 순전하여 어그러지고 거스리는 세대 가운데서 하나님의 흠 없는 자녀로 세상에서 그들 가운데 빛들로 나타내며"(빌2:15). 세상 속에서 하나님의 자녀로서 빛을 나타내기 위해서다.

그리스도인이 빛을 가지고 있는 것은 자기만 편하기 위해서나 자기의 아름다움을 자랑하기 위한 것이 아니라 세상을 밝히기 위한 것이다. 예수님은 말씀하신다. "사람이 등불을 켜서 말 아래 두지 아니하고 등경 위에 두나니 이러므로 집안 모든 사람에게 비취느니라. 이같이 너희 빛을 사람 앞에 비취게 하여 저희로 너희 착한 행실을 보고 하늘에 계신 너희 아버지께 영광을 돌리게 하라"(마5:15-16).
우리는 어두운 데서 빛이 있으라 하신 하나님의 뜻을 바로 알아야
한다. 우리의 빛 된 행동으로써 하나님께 영광을 돌려야 한다.

✝ 변화된 사도들

사도행전 5장 12-16절은 성령을 체험한 사람들이 어떻게 변화되
었는가를 보여 주고 있다. 그들은 무엇보다 성령을 충만히 받았다.
성령 충만했다는 것은 그들의 가슴속에 하나님의 빛이 가득했음을
보여 준다. 불같이 임한 주님의 능력이, 복음의 광채가 그들을 붙들
고 변화시켰다. 그들은 자신의 힘이 아니라 주님에 의해 능력의 사
람이 되었다. 혹시 들킬까 봐 숨어 지내던 그들이 오히려 밖으로 나
와 말씀을 담대히 전할 수 있게 되었다.

그들의 변화는 이것만이 아니다. 그들의 삶의 모습이 달라지기 시
작했다. 가난한 이웃이 보이기 시작했다. 이웃을 사랑하는 눈이 뜨였
다. 이웃에 대한 그들의 눈이 긍정적으로 변화된 것이다. 이웃관이
달라지자 물질관도 달라지기 시작했다. 내가 가진 물질이 나의 것이
아니라 하나님의 것임을 알게 되었다. 자기만 생각하던 인색한 사람
이 이웃을 생각하는 사람으로 변화되었다. 자기 것이라 하지 않고
너도나도 이웃을 위해 내놓기 시작했다. 지금까지 귀로만 들어왔던
말씀을 이제 온몸으로 실천하는 생활로 변화되었다. 깨달아 아는 것
만으로 그치지 아니하고 실천함으로써 빛의 사람이 된 것이다.

그 결과 표적과 기사가 일어났다. 주님의 능력이 그들을 통해 강
하게 역사하였다. 많은 사람들이 그들 주변으로 모이기 시작했고 백
성들이 그들을 칭송하기 시작했다. 인정을 받은 것이다. 심지어 병든

사람을 메고 거리에 나가 침대와 요위에 뉘이고 베드로가 지나갈 때 '혹 그 그림자라도' 뉘게 덮일까 바랄 정도였다(행5:15). 예수님의 옷 가라도 만져 낫기를 바라는 여인처럼 많은 사람들이 그들을 통해 하나님의 역사가 일어나기를 소원했다. 그 능력은 인간의 능력이 아니라 하나님의 능력이다. 이런 가운데 예루살렘 교회는 양적으로 성장하고 질적으로 달라졌다.

'혹 그 그림자라도'라는 말은 하나님의 빛이 우리를 통해 강하게 역사하고 있음을 보여 준다. 그림자는 빛이 있어야 나타날 수 있기 때문이다. 주님의 강한 역사에 의해 우리의 생활이 변하고 믿음의 모습이 달라질 때 많은 사람들은 우리의 그림자를 보게 될 것이다. 그 그림자가 사람들에게 능력 있게 보이느냐 무능력하게 보이느냐 하는 것은 우리가 어떤 모습으로 신앙생활을 하느냐에 달려 있다.

✟ 우리의 삶의 모습도 달라져야

우리는 지금까지 우리 자신을 가리켜 빛의 자녀라 말해 왔다. 그러나 얼마나 빛을 발해 왔는가 하는 점에서는 회의적이지 않을 수 없다. 이제 우리도 달라져야 한다.

먼저, 우리 안에 하나님의 형상을 회복할 필요가 있다. 바울은 그리스도는 하나님의 형상이라(고후4:4) 말하고, 계속해서 "하나님께서 예수 그리스도의 얼굴에 있는 하나님의 영광을 아는 빛을 우리 마음에 비취셨느니라."(고후4:6)고 했다. 이 말씀은 그 빛을 받은 우리는 삶의 모습이 달라야 한다는 것을 의미한다. 우리 마음에 비친 빛은 사단의 것이 아니다. 우리가 회복해야 할 바로 그 하나님의 빛, 예수 그리스도의 빛이다. 그 빛을 받은 사람은 삶의 모습이 달라야 한다.

나아가 하나님과의 의미 있는 사귐이 계속 되어야 한다. 사도 요한
은 "저가 빛 가운데 계신 것같이 우리도 빛 가운데 행하면 우리가 서
로 사귐이 있고 그 아들의 피가 우리를 모든 죄에서 깨끗하게 하실
것이요"(요일1:7)라고 말한다. 이때 사귐은 코이노니아(koinonia)로
교통, 교제를 의미한다. 이것은 그리스도 안에서 성도들끼리의 교제
뿐 아니라 성도와 하나님과의 교제도 포함된다.

　하나님과 사귐이 있는 사람은 무엇보다 행동이 달라야 한다. "만
일 우리가 하나님과 사귐이 있다 하고 어두운 가운데 행하면 거짓말
을 하고 진리를 행치 아니함이어니와"(요일1:6). 하나님이 기뻐하는
데로 행하지 아니하면서 하나님과 사귐이 있다, 빛의 자녀라고 말한
다면 그것은 거짓이라는 것이다. 성경은 욥을 가리켜 순전하고 정직
하여 하나님을 경외하며 악에서 떠난 자라고 기록하고 있다. 이것은
평소에 그가 얼마나 빛의 생활을 했으며 그것으로 하나님을 기쁘시
게 했는가를 보여 준다. 우리는 이 말씀을 통하여 하나님의 형상, 곧
빛의 자녀인 우리가 생활에서 어떤 모습을 보여야 하는가를 깊게 생
각할 필요가 있다. 빛의 자녀는 달라야 한다.

　빛의 자녀들은 삶의 방식이 다르다. 부정적이라기보다 긍정적으로
사고하고, 소극적이라기보다 적극적으로 행동한다. 그리스도께서 우
리를 사랑하신 것같이 우리도 서로 사랑(빛) 가운데 행하고, 음행과
온갖 더러운 것과 탐욕(어두움의 것)은 그 이름이라도 부르지 않는
다. 이것이 바로 하나님을 본받는 자의 삶이다(엡5:1-3).

　바울은 "하나님의 은혜를 헛되이 받지 말라"(고후6:1) 경고하였
다. 거하든지 떠나든지, 곧 집에 있든지 집 밖에 있든지 주님을 기쁘
시게 하는 자 되기를 힘쓰라(고후5:9) 하였다. 하나님의 은혜를 깨
달은 자는 하나님의 뜻을 세워 나가야 한다. 믿음은 하나님을 기쁘

시게 할 때 효력을 발휘한다. 그 믿음은 말씀을 행함으로 나타나야 하고, 우리를 위해 자신을 버리신 주님처럼 이웃을 위해 희생적 삶을 살 때 더 빛이 난다. 그리스도인의 순종적 섬김과 베풂은 바로 아름다운 빛들이다.

왜 교회에 나오느냐고 물으면 상당수가 상처를 치유받기 위해서라고 말한다. 치유도 중요하지만 이제 우리는 자기중심적 삶의 태도에서 벗어나 받은 은혜를 하나님과 이웃을 위해 사용할 수 있어야 한다. 은혜를 받은 자는 그 은혜를 빛으로 나타내야 한다. 세상이 그 빛을 받아 생명력과 생동감을 갖도록 우리의 삶에 변화가 있어야 한다. 그리스도인의 모습은 부정적인 모습, 죽어 있는 모습이 아니라 살아 있는 모습, 생동감이 넘치는 빛의 모습이 되어야 한다.

제10장 당신 안에 하나님이 탄생하는 신비가 일어나야

✝ 믿음은 신비로 시작한다

먼저 이 글의 제목을 '마리아가 엘리사벳을 만났을 때.'로 해보았다. 이 제목을 달고 보니 영화 '해리가 샐리를 만났을 때'가 생각났다. 그러나 뉴욕의 카페 이야기를 하려는 것이 아니다. 성경에 있는 구속사적인 만남의 이야기다. 삶은 만남의 연속이다. 만나면 서로를 확인할 수 있고, 명확하지 못한 것이 분명해질 수 있다. 하나님을 만나면 나를 향한 그분의 뜻과 섭리가 무엇인가도 알 수 있다. 무엇보다 그 안에 하나님의 신비가 담겨 있다.

성경은 여러 만남을 그려 내고 있다. 인류의 역사를 가르는 대표적인 만남의 보기로 마리아와 엘리사벳의 만남을 들 수 있다. 두 사람은 친척 사이지만 성육신, 곧 예수님이 그리스도로 오시는 사건 앞에서 극적으로 등장하는 만남이라는 점에서 의미가 있다.

누가는 천사 가브리엘이 마리아를 통해 예수가 탄생하게 될 것을 예고했다. 탄생될 아이가 어떤 인물인가도 확실히 했고, 성령으로 잉태될 것도 선언했다. 문제는 정혼한 마리아가 어떻게 그 큰일을 감

당할 수 있느냐 하는 것이다. 그러나 마리아는 기꺼이 "주의 계집종
이오니 말씀대로 내게 이루어지이다"며 하나님이 주신 사명에 헌신
하기로 작정했다. 어떤 이는 이 말씀을 바탕으로 마리아가 계집종의
영성, 말씀대로의 영성, 아멘(이루어지이다)의 영성 그리고 헌신(내
게)의 영성 등 4가지 영성을 가졌다고 말한다.

천사는 마리아의 귀를 놀라게 한 말도 했다. "보라 네 친족 엘리
사벳도 늙어서 아들을 배었느니라. 본래 수태하지 못한다 하던 이가
이미 여섯 달이 되었나니." 천사가 떠난 후 마리아는 갑자기 엘리사
벳을 만나고 싶어졌다. "지금 그에게 무엇이 일어난 것일까."

마리아는 산중의 엘리사벳 집을 서둘러 방문한다. 그 산동네는 헤
브론일 것으로 추정하기도 한다. 그동안 엘리사벳 집에 무슨 일이
일어난 것인가? 하나님께서는 임신이 불가능한 것으로 생각했던 남
편 사가랴를 잠시 벙어리로 만들어 하나님의 지엄하심과 능력의 넘
치심을 보여 주셨다. 엘리사벳은 임신했다. 엘리사벳의 임신은 불가
능을 가능케 하시는 징표가 되었다. 이제 마리아가 징표를 확인하고
싶어 한 것은 당연하다. 마리아는 가브리엘의 말을 듣자 '일어나 빨
리'(눅1:39) 그 집을 향한다. 천사의 말을 빨리 확인하고 싶었진 것
이다.

엘리사벳이 임신했다면 그를 임신케 한 하나님의 능력이 곧 자신
에게 임할 것이다. 개인적으로는 두렵다. 하지만 하나님이 하시는 일
을 누가 막겠는가. 이미 헌신하기로 서약한 몸이다. 이젠 두려움 너
머에 숨겨져 있는 하나님의 놀라운 뜻을 생각할 때다. 엘리사벳의
임신은 인간의 생각을 뛰어넘는 것이고, 하나님의 전적인 개입 없이
는 불가능한 일이다. 이제 불가능을 가능케 하시는 하나님의 능력을
보게 될 것이다. 내게 임할 그 능력을.

사가랴의 집에 들어서자 마리아는 엘리사벳에게 문안을 드렸다. 만남이 이루어진 것이다. 여기서 잊어서는 안 될 것은 그 만남이 마리아의 호기심에서만 이뤄진 것이 아니라는 사실이다. 그 속에는 성령님의 보이지 않는 역사가 있다. 성령 하나님이 그들 만남에 함께하시고, 마음을 움직이셨다. 하나님은 이 만남이 얼마나 중요한가를 잘 알고 계셨다. 자신의 뜻을 이루기 위해 이 두 여인의 역할이 얼마나 큰가도 아셨다. 그러니 두 사람이 서로 나누는 기쁨 못지않게 하나님의 기쁨도 컸으리라. 그리스도인의 삶에는 이 같은 신비가 있다.

✝ 믿음은 성령과 함께 한다

성경은 엘리사벳이 성령 충만했다고 기록하고 있다(눅1:41). 하나님은 사가랴에게 세례 요한이 출생하게 될 것과 그가 모태로부터 성령의 충만함을 입을 것(눅1:15)을 말씀해 주셨다. 엘리사벳의 특성 가운데 하나가 바로 성령 충만이다. 이 기록은 성령의 충만한 임재가 오순절 사건 이전에도 있었음을 보여 준다. 구약시대에도 선지자들이 성령 충만한 가운데 예언을 했다. 오순절 성령강림 사건이 독특하듯 엘리사벳에 임한 성령 충만 또한 나름대로 독특한 의미를 가지고 있다.

엘리사벳의 성령 충만한 모습은 어떤 것일까? 마리아의 문안을 받는 순간 엘리사벳은 '큰소리로'(눅1:42) 예언을 했다. 엘리사벳은 성령의 감동함을 받아 형식과 격식을 벗어난 그러나 기쁨에 찬 행동을 보였다. 이것은 평상시의 모습이 아니며, 마리아의 방문이 매우 의미 있음을 보여 준다. 성령님이 함께하시므로 그 의미의 깊음과 기쁨이 더해진다.

엘리사벳이 마리아를 향해 큰소리로 외친 말은 "여자 중에 네가 복이 있으며 네 태중의 아이도 복이 있도다. 내 주의 모친이 내게 나아오니 이 어찌된 일인고"(눅1:43)였다. 이 외침은 예언이기도 하고 자신의 신앙고백이기도 하다. 마리아를 통해 오실 분이 그리스도라는 예언이자 고백이다. 이 고백은 성령의 감동이 없다면 불가능하다.

엘리사벳은 마리아의 태중에 있는 아이를 가리켜 '주'(Lord)라고 했다. 예수님을 주라고 표현하는 것은 누가복음의 특징이기도 하다. 이것은 예수님이 메시야로 오신다는 것을 말해 준다. 사람은 그 사실을 알 수 없다. 오직 성령께서 가르쳐 주셨기에 가능한 일이다. 성경은 다음과 같이 말하고 있다. "그러므로 내가 너희에게 알게 하노니 하나님의 영으로 말하는 자는 누구든지 예수를 저주할 자라 하지 않고 또 성령으로 아니하고는 누구든지 예수를 주시라 할 수 없느니라."(고전12:3).

그러나 인간적으로 보면 정말 샘이 날 일이 아닌가. 자기보다 훨씬 어린 마리아가 주님의 어머니가 되고, 자신의 아이는 그보다 훨씬 못한 존재로 태어나다니. 비록 그토록 기다려 온 임신이지만 지금 어찌 마리아를 부러워하지 않을 수 있겠는가. 그러나 성경에는 그러한 시기나 부러워함이 조금도 없다. 그 대신 기쁨이 충만하다. 하나님이 자신의 목적을 이루기 위해 그 목적에 가장 적합한 인물을 자신의 방법으로 택하고 사용하시는데 내가 덧붙일 말이 무엇인가. 성령 충만한 사람은 이렇듯 질적으로 다르다.

"어찌된 일인고"라는 엘리사벳의 물음은 메시야의 어머니가 자신을 찾아준 것이 감당할 수 없는 일임을 천명하는 것이다. 그러니 어찌 마리아를 귀빈으로 영접하지 않을 수 있는가. 이러한 영접에 마리아는 한편 놀라워하면서도, 다른 한편 믿음을 더 굳게 하는 계기

가 되었을 것이다. 천사가 성령으로 잉태할 것이라 말했을 때 인간
적으로는 불가능하리라 생각하지 않았는가. 하지만 이제 엘리사벳을
보고 하나님의 신실하심을 확신하게 된 것이다.

엘리사벳의 선언은 마리아 개인으로는 자신의 임신 사실을 공식
적으로 확인시켜 주는 일이기도 하다. 마리아도 자신의 임신 사실에
놀랐을 것이다. 엘리사벳의 임신을 보러 온 것인데 정작 내가 임신
을 했다니. 기막힌 드라마가 아닐 수 없다.

엘리사벳은 집안의 어른이다. 정혼은 했지만 아직 시집을 안 간
마리아가 임신을 했다면 나무랄 일이요 집안의 수치며 파혼의 위험
과 최악의 경우 죽임을 당할 수 있는 사건이다. 당시 두 남녀가 정
혼을 하면 약 1년이 지나 결혼을 하게 되며, 그 기간 양쪽 모두 순
결을 지킬 의무가 있다. 정혼은 양가에서 서로 인정하는 것으로, 법
적 효력을 지닌다.

그럼에도 불구하고 엘리사벳은 그것과는 전혀 상관없이 오히려
마리아의 임신사실을 크게 외치며 기뻐했다. "내 주의 모친이 내게
나아오니 이 어찌된 일인고." 그 말을 들었을 때 마리아가 얼마나
놀랐을까. 그러나 이 모두 하나님의 일이다. 더 이상 임신공개가 두
렵지 않았다.

이 사건에서 남을 배려하는 엘리사벳의 아름다움을 보라. 그녀는
엄청난 충격을 받은 마리아가 찾아갈 수 있는 쉼터였고, 그의 임신
을 크게 기뻐하고 반겨 동반자가 되어 주었다. 성령의 사람이 아니
면 불가능한 일이다. 마리아는 석 달 동안 엘리사벳의 집에 머물렀
다. 당신은 고난당하는 자의 이웃이 되고 있는가.

✝ 믿음은 사명으로 마무리한다

마리아와 엘리사벳의 만남은 단지 두 사람의 만남으로 끝나지 않는다. 태중이기는 하지만 그것은 예수님과 세례 요한의 만남이라는 점에서 기록할 만한 사건이다. 그 두 인물이 기독교 공동체를 탄생시키는 데 주역을 담당했기 때문에 교회로서도 매우 깊은 의미를 가지고 있다.

인간은 모두 하나님이 각자에게 주신 사명을 가지고 태어난다. 우리 모두 사명자인 것이다. 사명에 충실한 삶을 살면 성공하며, 그렇지 않으면 그 인생은 문제가 있다. 세례 요한은 주의 길을 예비하러 이 땅에 오는 사명을 가지고 태어나고, 예수님은 인류를 구원하시기 위해 이 땅에 오신다. 모두 험난한 사명이다. 이 두 사명자가 태중에 만나는 것이다.

그 만남은 복중의 아이가 기쁨으로 뛰놀았다는 사실에서 출발한다. "네 문안하는 소리가 내 귀에 들릴 때에 아이가 내 복중에서 기쁨으로 뛰놀았도다." 이것은 그가 감당해야 할 사명을 알고 있음이다. 인간적으로 보면 그가 걸어야 할 길은 고난이다. 기쁠 수 없다. 그러나 하나님 나라의 관점에서 보면 구원사역에 참여하는 일이므로 기쁜 일이다.

누가는 이 사실을 41절과 44절을 통해 두 차례나 언급하였다. 이것은 누가가 의사로서의 관심을 나타내 보여 주는 것이기도 하지만 이 사실 속에 여러 가지 깊은 의미가 담겨 있음을 말해 준다. 복중에서 뛰노는 것은 단지 발차기 정도의 태아의 일반적 움직임을 표현한 것이 아니다.

첫째, 이것은 태중의 아이가 가지는 감정을 기적적으로 드러낸 것이다. 주의 길을 예비하는 자가 처음으로 주님을 만나는 기쁨이다. 이것은 예수님과 요한의 탄생이 하나님의 오묘하신 손길에 의한 것이요 이 만남과 탄생은 하나님의 때, 곧 카이로스에 맞춰 절묘하게 이뤄진다.

둘째, 엘리사벳의 기쁨이 그만큼 컸음을 보여 준다. 그 기쁨은 앞으로 있을 놀라운 구속사건에 대해 엘리사벳의 기대가 얼마나 컸는가를 일러 준다.

셋째, 특히 복중의 아이가 다른 복중의 아이를 알아보고 기쁨으로 뛰놀았다는 것은 성령의 감동과 교통하심이 없으면 불가능하다. 태속에 있는 요한이 태속에 있는 예수님을 맞으며 기뻐했다는 사실은 그의 나심과 그의 고통이 인류에게 있어서 얼마나 소망의 큰 기쁨이 되는가를 보여 준다.

엘리사벳은 마리아를 축복하고 일이 반드시 이루어질 것을 예언했다. "믿은 여자에게 복이 있도다. 주께서 그에게 하신 말씀이 반드시 이루리라."(눅1:45). '믿은 여자'란 마리아가 사가랴와는 달리 하나님의 말씀을 믿었다는 것을 말하며, 엘리사벳은 마리아의 이 같은 믿음을 축복하고 있다. 엘리사벳이 이 사실을 마리아의 입을 통해 안 것이 아니라면 그것은 성령의 감동이 있었으리라.

나아가 그는 이 일이 '반드시 이루리라'고 예언했다. 사명의 완수다. 이 예언은 주님오심과 십자가에 달리심으로 성취되었다. 엘리사벳이 성취될 사건을 미리 예언한 것 또한 성령님의 작용이 있었음을 보여 준다. 이 예언은 약속의 성취일 뿐 아니라 하나님을 향한 마리아의 믿음의 성취이기도 하다. 그가 믿은 여자가 되었기 때문이다. 이런 의미에서 마리아는 온 인류를 위한 축복의 통로가 되었다.

✟ 당신 안에 하나님이 탄생하는 신비가 일어나야

나는 단지 마리아와 엘리사벳의 만남을 소개하기 위해 이 글을 쓰는 것이 아니다. 이 사건을 통해 우리 자신을 돌아보고, 영적인 교훈을 얻기에 충분한 근거가 있다고 보기 때문이다. 우리도 이 사건에서 예외가 될 수 없다.

첫째, 모든 그리스도인은 예수님을 우리 영혼 깊숙이 품고 살아야 한다. 레너드 스윗(L. Sweet)은 "우리 안에 하나님이 탄생하는 신비가 일어나야 한다. 예수님을 따른다는 것은 모험을 살고 믿음의 신비를 경험하는 것"이라 했다. 마리아가 예수를, 엘리사벳이 세례 요한을 품었듯 우리도 마음속 깊이 주님을 품고 산다. 다른 사람이 어딘가에 관심을 두는 것도 필요하지만 당신 자신이 어떻게 그 주님을 품고 있는가가 더 중요하다. 품지 않으면서 품은 것처럼 살아가는 형식적인 그리스도인이 되어서는 안 된다.

둘째, 우리는 늘 성령의 인도하심을 받고 있다는 것을 잊어서는 안 된다. 하나님은 마리아와 엘리사벳에게만 성령 충만과 성령의 인도하심을 허락하지 않았다. 하나님은 오늘도 모든 하나님의 자녀에게 성령님을 보내시고, 그 인도함을 받도록 하신다. 문제는 우리가 얼마나 그것을 심각하게 인식하며 사는가 하는 것이다. 삶의 순간마다 성령님의 임재를 느끼고, 성령님과 대화할 때 우리의 영이 날로 풍성해진다.

셋째, 모든 만남을 통해 그리스도를 드러내야 한다. 그리스도인의 만남은 주님과 연결되어 있다. 인간 엘리사벳이라면 질시와 부러움의 말을 했을 것이다. 그러나 그는 이런 말을 입 밖에도 내지 않았다. 그 대신 기쁨과 환희 그리고 구속에 대한 기대로 가득 채웠다.

우리는 자그만 말에도 주님을 담을 수 있고, 그 속에서 그 나라의 기쁨과 환희를 드러낼 수 있다. 우리는 우리 자신이 아니라 주님을 드러내는 그리스도인이다. 엘리사벳은 성령의 언어를 통해 마리아에게 큰 위안과 평안을 심어 주었다. 우리는 작은 말에서도 그리스도의 빛을 드러내고, 작은 행동에서도 그리스도의 향기가 드러나도록 해야 한다. 우리의 입이 성령의 언어로 바뀌고, 우리의 행동이 성령의 능력을 옷 입어야 가능하다.

끝으로, 우리는 모두 주님이 주신 사명을 가지고 이 땅에 태어났고, 그 사명을 다 이루어야 한다는 것이다. 우리는 하나님을 통해 우리 각자에게 부여한 사명을 알아 가고, 성령을 통해 우리를 통해 이루실 하나님의 뜻을 확인해 나가는 그리스도인이다. 그리스도인은 하나님이 정한 카이로스의 시간에 정확히 사명의 실천을 요구할 때 지체하지 아니하고 우리의 마지막까지 다 드릴 수 있어야 한다. 그래야 우리를 이 땅에 보내신 주님의 뜻에 부합된 자로서 온전한 삶을 살 수 있다. 우리는 주님의 부르심을 입은 자요 사명자다. 그 사명에 철저할 때 하늘의 위로가 넘치고 복을 받는다.

제11장 내 눈이 주의 구원을 보았사오니

믿음의 신비는 계속된다. 그 신비는 엘리사벳과 마리아로 끝나지 않는다. 이어 사가랴의 찬송 속에서, 시므온과 안나의 증거 속에서, 그리고 지금 우리의 믿음 속에서 그 신비가 나타난다.

✝ 사가랴의 찬송과 신비

사가랴는 세례 요한 출생의 전 과정을 지켜보고 하나님의 임재, 곧 하나님이 함께하심을 깨달았다. 하나님의 임재는 하나님의 현존하심이며 우리에게는 구원의 사건으로 임하신다. 그는 성령이 충만한 가운데 찬양을 올린다. 이 찬양을 예언이라고 말하고 있는데 예언이라는 말은 그의 찬양 내용 가운데 구약예언의 성취와 오실이의 구원에 관한 내용이 담겨 있기 때문이다.

사가랴는 "찬송하리로다."라고 선언한 후 찬송의 이유를 맨 먼저 이스라엘의 백성을 돌아보시고 속량하셨기 때문이라고 말한다(눅 1:68). 돌아봄, 속량은 하나님께서 인간의 역사에 오셔서 하신 구원 사역을 가리킨다. 구약에서의 속량은 현세적이고 정치적인 성격이 강하며, 신약에서의 속량은 그리스도를 통한 구원을 가리킨다. 여기서 속량 또는 구원은 영적인 해방과 육적인 해방 모두를 포함하고 있다. 하나님은 역사적으로 볼 때 애굽과 바벨론으로부터 그들을 구원하셨다. 그들이 억압 사슬에서 벗어날 수 있게 된 것은 하나님께서 이처럼 돌아보심이 있었기 때문이다.

우리는 구원을 내세에만 있는 것으로 착각할 때가 많다. 예수를 믿음으로 구원에 이르는 열차의 티켓을 받아 놓았으니 안심이라고 말한다. 구원에 대한 우리의 인식은 현재와 상관없는 것처럼 보인다. 그런데 사가랴는 하나님께서 이 땅에서 그들과 함께 하신 것을 말하고 있다. 우리의 현실적 삶과 직결되어 있다는 것이다. 예수를 믿어 죄의 사슬에서 벗어날 수 있게 된 것, 일상에서 순간순간 일어나는 위험으로부터 구원을 받은 것, 병 나음을 입은 것 등은 구원의 사건이요 하나님의 손길이 임하신 것임을 알 수 있다. 하나님은 우리를 통해 구원을 완성해 가신다. 사가랴는 이스라엘 역사를 통해서 이 점을 너무나 잘 알고 있었다. 그래서 그 구원에 대한 감격 때문에 찬양하지 않을 수 없는 것이다.

우리는 그의 이러한 찬양을 통해 찬양은 본질적으로 감사에서 출발한다는 것을 인식할 수 있다. 구원에 대한 깊은 감사와 감격이 찬양으로 나타나는 것이다. 우리는 교회 안에서 찬양을 드림에 있어서 먼저 복음찬송 등으로 감정을 유발시키고, 불붙이기 식의 찬양을 하는 것을 쉽게 볼 수 있다. 사가랴의 찬양의 모습과 우리의 이러한 모습을 비교해 볼 때 우리의 찬양의 모습은 잘못된 것임을 금방 알 수 있다. 우리는 매일의 생활 속에서 찬양해야 하며 하나님의 구원을 잠잠히 생각하며 그 구원을 감사해야 한다.

누가복음 1장 69절부터 75절까지의 말씀은 하나님께서 언약을 기억하시고 그 언약에 따라 다윗의 집을 통해 구원의 뿔을 일으키신 것을 감사하고 있다. 구원의 뿔이란 구원의 능력을 가리킨다(눅 1:69). 유대사람들은 짐승의 힘이 뿔에 집중되어 있다고 생각했다. 미켈란젤로의 모세 상을 보면 뿔이 나 있는데 그것은 하나님의 능력이 그를 통해서 나타났음을 상징한다. 사가랴가 다윗의 집에서 그 뿔이 났음을 말하는 것은 하나님께서 다윗의 집을 통해 하나님의 능력이 나타나시기까지 하나님의 침묵의 기간이 있었음을 의미하며 이제 이스라엘에 대한 약속을 하나님이 잊지 않으셨음을 말한다.

70절은 이 약속은 하나님께서 예로부터 거룩한 선지자의 입을 통해 말씀하신 바임을 분명히 하고 있다. 그 옛날의 약속을 지금 이루심이다. 약속과 이루심의 사이에는 간격이 있으나 하나님은 그 약속을 이루셨다. 이 간격은 인간으로서는 알 수 없는 하나님의 시간이다.

사가랴는 이 구원이 "원수와 우리를 미워하는 모든 자의 손에서 구원하시는 구원"(71절)이라고 말함으로써 구원은 속박에서의 해방임을 보여 주고 있다. 이 속박은 역사적 현실 속의 속박이기도 하고 죄의 속박이기도 하다. 여기서 원수는 하나님의 말씀을 대적하는 사단의 세력을 가리키며, 우리를 미워하는 자는 하나님의 말씀을 지키고 전하려는 사람을 방해하는 사람들을 말한다. 영적으로나 육적으로 해방된 상태에서만이 우리는 하나님을 신실하게 섬기고 바르게 증거할 수 있다. 사가랴는 하나님께서 우리 조상을 긍휼히 여기사 그 거룩한 언약을 기억하셨음을 특히 감사한다. 그가 여기서 조상을 언급하는 것은 자기, 곧 현재가 전대의 조상과 밀접히 관계가 있음, 곧 역사성이 있음을 말한다. 나아가 그는 하나님께서 그 언약을 잊지 않으신 것을 강조하고 있다. 그 언약은 하나님께서 아브라함에게 맹세하시면서까지 주신 것(73절)이다. 하나님은 우리를 원수의 손으로부터 건지시며, 그 구원으로 인하여 우리는 종신토록 주님 앞에서 성결과 의로 그리고 두려움 없이 섬기게 하신다. 우리의 섬김은 바로 하나님을 찬양하고 경배로 나타난다(75절).

지금까지는 일반적 구원에 대한 감사라면 76절부터 79절까지는 세례 요한에 관한 사가랴의 감사 찬송이다. 개인적인 사건과 관련된 것이다.

76절은 태어난 이 아이의 역할에 대해 언급하고 있다. 사가랴는 요한이 선지자로서 주님 앞에 가서 그 길을 예비하는 역할을 담당할 것을 예언적으로 말하고 있으며 77절은 그가 주님의 백성으로 하여금 죄 사함으로 인해 구원을 받게 되는 것을 알게 할 것이라고 말하고 있다. 그 길을 예비한다는 것은 그가 준비하는 자로서의 삶을 살게 될 것임을 의미한다. 그 준비는 죄 사함으로 구원을 알게 하는 그 일을 가리킨다. 그것은 회개의 역사를 동반하는 준비이다. 죄 사함은 곧 구원이다. 그 구원으로 인해 우리가 원수의 손에서 풀려난다. 구원은 하나님의 현존하시는 역사이며, 회개는 하나님의 구원사역에 대한 우리 심령의 깊은 인지이자 감사이다.

78절은 이 모든 것이 하나님의 긍휼이라고 결론적으로 말하고 있다. 그 긍휼로 인해 돋는 해가 위로부터 우리에게 임하여 어두움과 죽음의 그늘에 앉은 자에게 비취고 우리 발을 평강의 길로 인도하신다(79절). '돋는 해'는 메시야 시대의 도래를 은유적으로 표현한 것이다. 긍휼의 결과는 이처럼 크다. 어두움은 평강과 반대된다. 우리를 어두움의 자리에서 일으키고 평강의 자리로 인도하시는 것이다. 구원의 사건은 바로 빛과 같다. 어두움의 백성으로 하여금 바른길을 찾아가게 하기 때문이다. 예수를 믿는다는 것은 단지 고난이나 질병으로부터의 해방을 의미하는 것이 아니라 빛으로 인도함을 받는 것을 의미한다. 주님의 빛을 받으면 우리의 이성판단이 바르고, 감정을 올바르게 갖게 되며, 바로 보게 된다. 요한이 하나님의 백성들로 하여금 바로 이런 구원의 길을 걷도록 준비하는 일을 하게 된다는 것이다.

80절은 세례 요한이 어떻게 성장하는가를 한마디로 표현하고 있다. 자라면서 심령이 강하여지고, 그가 이스라엘에 나타나는 날까지 빈들에 거하였다는 것이다. 빈들에서 생활했다는 점을 들어 어떤 이는 요한을 쿰란공동체의 일원일 것으로 판단하기도 하고, 어떤 금욕주의적 유대계열에 속한 사람으로 생각하기도 한다. 그러나 누가는 여기서 빈들이라는 말을 사용함으로써 그 어떤 것보다 그가 하나님의 특별한 은혜 가운데 준비된 삶을 살았음을 보여 주고자 하였다. 주의 성령이 함께하심으로 새로이 준비된 삶을 살고, 하나님의 그릇으로 준비된 사람이 되었다는 것을 가르쳐 주고 있다.

✝ 시므온과 안나의 증거와 신비

예수님께서 나신지 8일, 곧 할례의 날이 되자 이름을 얻게 되었다. '8일이 되매'(눅2:21)라는 말에 주목하기 바란다. 성경은 자주 "─이 되매"라는 말을 사용한다. 이 말은 그때가 차게 되었음을 의미하는데 이것은 하나님의 일은 때가 있으며 그때가 차야 성취됨을 보여준다. 때가 차서 얻은 이름은 바로 예수이다. 이 이름은 이미 마리아가 예수를 가지기 전에 천사를 통해 얻은 것이었다. 요셉과 마리아는 천사의 말대로 아이에게 예수라는 이름을 부여했다. 하나님의 말씀대로 따른 것이다.

누가복음 2장 22절에도 '결례의 날이 차매'라고 되어 있다. 마리아와 요셉은 결례의 법에 따라 때를 기다려 의식을 행하고자 하였다.

부모가 이 의식을 위해 예루살렘 성전에 올라가게 된 것은 크게 두 가지가 있다.

첫째, 부모는 율법이 정한 바에 따라 결례의식, 곧 정결의식을 행하고자 했다. 결례의 날은 마리아와 연관되어 있다. 산모가 남자 아이를 낳게 되면 산후 40일간은 부정한 것으로 간주된다. 더 정확히 말해 산후 7일간 부정하며 그 뒤 33일간을 집안에 머물러 있어야 한다. 부정하므로 그 기간은 거룩한 것을 만지거나 거룩한 곳에 들어갈 수 없도록 되어 있다. 40일이 되면 하나님 앞에 번제를 드려 정결케 되는 의식을 갖게 된다. 여자 아이를 낳게 되면 남자의 두 배인 80일간을 부정한 것으로 간주된다.

둘째, 마리아가 아기 예수를 안고 예루살렘 성전에 가게 된 또 하나의 이유는 아기를 하나님께 드리고자 한 데 있다. 이 이유가 앞의 것보다 더 의미가 있을 것이다. 이것도 율법에 따른 것인데 율법은 "첫 때에 난 남자마다 주의 거룩한 자라 하리라."(눅2:23)고 하였다. 하나님은 처음 난 것은 '내 것'이라 하셨다. 사실 처음 난 것뿐 아니라 모든 것이 하나님의 것이지만 특별히 처음 난 것이라 말씀하신 것은 하나를 구별하여 드림으로 모든 것이 하나님의 것임을 인식시키도록 하신 것이다. 하나님께서 그 하나를 받으시는 것은 전체를 받으시는 것과 같다. 우리가 십일조를 바치는 것도 그것을 구별하여 드림으로 인해 전체를 바치는 것임을 인식하게 한다.

누가는 마리아가 제사에 드려지는 제물로 비둘기 한 쌍이나 어린 반구(집비둘기) 둘로 드리려 했다고 적고 있다. 이 가운데 어떤 것으로 드려졌는지는 기록되어 있지 않지만 성경학자들은 여러 가지 제물들 가운데서 이런 정도의 것을 드리는 것은 가난한 경우에 해당한다고 보고 있다. 그러나 다른 한편으로는 비둘기가 가지고 있는 의미이다. 비둘기는 순결과 평화의 상징이라는 점에서 의미가 깊다.

　예수의 부모가 아기 예수를 안고 성전에 들어가자 시므온이 아기를 보자 그 아기를 안고 하나님을 찬송하며 부모에게 아기에 대해 기이한 말을 했다.

　성경은 시므온을 가리켜 의롭고 경건하며 이스라엘의 위로를 기다리는 자라고 기록하고 있다. 이러한 표현 때문에 그는 제사장이 아닌가 하는 생각을 갖기에 충분하다. 그에 대해 특이한 기록은 "주 그리스도를 보기 전에 죽지 아니하리라."는 성령의 지시를 받았다는 점이다. 이로 보아 그는 성령이 충만한 인물이었으며 매우 나이 많은 사람임을 알 수 있다. 약 80세에 가까운 인물로 추정하고 있다. 그는 성령의 지시를 기다리고 있었다. 그런 가운데 그는 그날따라 크게 성령의 감동함을 입어 성전에 들어갔었다. 아기의 부모가 율법대로 하고자 아기를 데리고 오는 것을 보고 단번에 아기가 바로 그가 그토록 기다리던 그리스도였음을 알게 되었다. 성령의 감동으로 알아보게 된 것이다. 이제 예수 그리스도를 만남으로 그 오랜 기다림이 성취된 것이다. 그 성취를 위해 그는 생애라는 기간이 필요했다.

　그는 아기를 안고 다음과 같이 찬송하였다. "이제는 말씀하신 대로 종을 평안히 놓아 주시는 도다. 내 눈이 주의 구원을 보았사오니 이는 만민 앞에 예비하신 것이요 이방을 비추는 빛이요 주의 백성 이스라엘의 영광이니이다." 이 모든 것의 특징은 예수가 성전에서 공적으로 드러나는 것이다. '종을 놓아 주시는 도다.'라는 말은 그리스도를 보고 그를 그리스도라 증거하는 무거운 임무로부터 벗어나는 것을 말한다. 그는 그리스도를 증거하기 위해 생애를 기다려야 했다. 이제 그 완성기에 도달한 것이다. 하나님은 이 증거를 위해 한 인간의 생애를 요구하시기도 하신다. 그러나 인간적인 눈으로 볼 때 그

역할은 보잘것없고 순간적인 것으로 보이지만 그는 주를 위해 그만큼 중요한 일을 담당한 것이다.

가톨릭에서는 피정(避靜)이라는 것이 있다. '속세를 피하고 고요함을 추구한다'는 의미의 避俗追靜의 줄임말이다. 이 기간 동안에는 술을 입에 대지 아니하고 경건하며 혼신의 노력을 다한다. 시므온도 성령의 지시를 받는 동안 구별된 생활을 했을 것으로 추정된다. 그는 주의 구원을 보았다고 고백한다. 이 구원은 하나님의 구원계획을 말한다. 이것은 만민을 위한 것이다. 이방을 위한 것일 뿐 아니라 이스라엘에게도 영광된 일이다.

마리아와 요셉은 시므온의 이 같은 말을 듣고 기이하게 여겼다. 이것은 그들의 태도가 어떠했는가를 보여 준다. 부모는 그 뜻을 바로 이해할 수 없었지만 마음에 깊이 간직하고, 깊이 생각하게 만들었다. 이것은 하나님의 말씀을 어떻게 묵상해야 하는가를 보여 준다.

나아가 시므온이 아기 부모에게 축복한 다음 마리아를 향해 이 아이의 역할을 더욱 구체적으로 설명하여 주었다. 그 역할은 바로 세움을 입었다는 사실이다. 세움을 입은 목적은 이스라엘 중 많은 사람의 흥하고 패함을 위함과 비방을 받는 표적이 되기 위함이다. 패함과 흥함은 주님이 오심으로 인해 발생하는 멸망과 구원에 관한 것이다. 멸망받는 자와 구원받을 자로 나뉘게 된다는 것이다. 예수님은 멸망하는 자들에게는 사람들을 넘어지게 하는 걸림돌(롬9:32-33)이 되지만 구원을 받는 자들에게는 하나님의 집을 세우는 기초석이 된다(고전3:11;벧전2:7-8). 비방을 받는 표적이 된다는 것은 예수님이 사람들로부터 미움과 배척을 받아 고난을 당하게 될 것을 의미한다.

시므온은 이로 인해 "칼이 네 마음을 찌르듯 하리라."고 말하였다. '찌르듯 하리라'는 것에 대해서는 두 가지 해석이 있다. 하나는 십자

가 사건을 염두에 둔 것으로 마리아가 고통을 체험하게 될 것을 의
미하고 있다. 다른 하나는 누가복음 2장 34절에 관련된 것으로 비방
의 표적, 곧 예수님이 사람들의 배척을 받게 됨으로 인해 마리아가
고통과 아픔을 받게 될 것을 의미한다. 누가는 이 '마음의 찌름'은 사
람들 속에 있는 마음의 생각을 드러내게 하는 효과가 있다고(눅
2:36) 적고 있다. 이 생각은 '디아로기스모스'로서 '나쁜 생각'들이다.
그리스도로 인해 이러한 생각들의 정체가 드러나 판단을 받게 된다.
'이스라엘 중 많은 사람이 패하고 흥함'이 있게 되는 것은 그리스도
의 오심으로 하나님의 빛에 따라 이렇듯 심판을 받게 되기 때문이다.

　누가는 시므온에 이어 안나의 고백을 통해 예수님을 구속자로 오
셨음을 기록함으로써 예수님이 어떤 분이신가를 밝히 드러내었다.
즉 시므온과 안나는 예수님이 참된 구주이심을 증거하였다. 이로써
두 증인의 증거는 참되도다(신19:15)는 성경의 말씀대로 예수님은
성전에서 두 사람의 증거를 받으신 것이다.

　안나는 나이든 과부이자 선지자로 소개되고 있다. 그는 아셀지파
의 사람으로 아셀지파는 여러 왕비나 대제사장의 아내를 배출했다.
그는 결혼생활 7년 만에 남편을 잃고 84년을 과부로서 살아온 사람
이었다. 그는 외로움과 슬픔 때문에 인생에 대해 염증을 느끼고, 삶
의 의욕을 잃을 수 있었던 사람이었다. 그러나 그는 자신의 슬픔을
신앙으로 극복하고 주야로 하나님을 섬기며 기도하며 살았다.

　이런 가운데 하나님은 위로자이신 예수님을 만나게 하셨다. 안나
가 예수님를 만나게 된 사건은 그에게 있어서는 큰 위로요 생애를
기다려 얻은 최고의 성취의 사건이었다. 안나는 하나님께 감사하고
예루살렘의 구속을 바라는 모든 사람들에게 이 아기 예수가 참구속
자이심을 증거하였다(눅2:38).

아기 예수의 성전방문 사건은 두 가지 점에서 의미가 있다. 이것은 우리가 어떠한 삶을 살아야 하는가를 보여 준다.

첫째, 하나님이 이루시는 성취의 사건 속에는 항상 때가 있다는 점이다. 결례의 때가 있으며, 아기 예수가 하나님께 드려질 때가 있으며, 시므온과 안나처럼 그 오랜 기다림과 소망 가운데서 이루어질 때가 있다는 점이다. 이런 점에서 기독교는 때를 기다리는, 소망 가운데 약속하신 미래를 기다리는 종교임을 알 수 있다. 기독교는 과거 지향적이 아니라 미래지향적이고, 부정적이 아니라 적극적이며, 절망이 아니라 희망이다.

둘째, 그리스도에 관한 증거가 있다는 점이다. 성전을 중심으로 구속자 그리스도를 대망하고, 그의 오심을 기뻐하며, 평생 그것을 증거하는 것을 사명으로 삼은 사람들이 있다는 점이다. 그들은 주님을 보는 순간 성령의 감동함을 받아 주님을 그리스도로 증거하였다. 예수님은 하나님을 경외하며 순전한 마음으로 기다리며 살아온 목자들뿐 아니라 이스라엘의 구속자를 기다리며 인내의 삶을 살아온 시므온과 안나에게도 나타나셨다. 당신은 주님과 관계에서 어떤 신비를 안고 살아가는가?

하나님의 나라는 그 나라를 기다리며 소망하는 사람들의 것이다. 소망하며 기다릴 때 주님은 찾아오신다. 그리고 그들은 신비 가운데 주님을 마지하고 증거한다. 그리스도인은 하나님을 바라고 기다리며 살아야 한다. 우리는 항상 하나님중심이어야 하고 하나님 나라 중심이어야 한다. 교회도 하나님을 향해 나아가야 한다. 교회도 교회를 주체로 삼을 것이 아니라 항상 그 주체는 하나님이 되어야 한다. 하나님이 아니라 인간이 주체인 교회는 희망이 없다. 하나님은 이런 교회나 목회자들을 원치 않으신다. 항상 하나님 중심으로 우리의 소망이신 주님을 기다리고, 그 주님을 열심히 증거하는 삶을 살아야 한다.

아기 예수의 부모는 율법을 따라 모든 결례의식을 행하고 갈릴리 나사렛으로 돌아갔다. 부모는 예루살렘 나들이를 통해 아기 예수에 관한 여러 가지 말들을 마음에 두었을 것이다. 성경은 그 뒤 예수의 성장을 다음과 같이 요약하고 있다. "아기가 자라며 강하여지고 지혜가 충만하며 하나님의 은혜가 그 위에 있더라." '강하여지고'는 정신적으로나 육체적으로 강한 것을 의미한다. 이것이 강할수록 모든 죄의 유혹을 이길 수 있는 힘이 있다. 예수님은 자라면서 지혜뿐 아니라 은혜가 충만했음을 보여 주고 있다. 이것은 한마디로 하나님과 함께 한 생활이었음을 보여 주고 있다. 우리가 어떤 생활을 해야 하는가는 물어 볼 필요도 없다.

제12장 백부장의 '이만한 믿음' 본받기

　예수님이 개인의 신앙을 보고 감동한 경우가 두 번 있었다. 하나
는 로마의 백부장(마8:10;눅7:10)이고, 다른 하나는 수로보니게 여
인(마15:28)이다. 두 사람 모두 이방인이었다. 이에 반해 이스라엘
백성은 대조적으로 믿음이 없음을 보여 주어 주님을 당혹하게 만들
었다. 백부장의 감동적인 사건은 거꾸로 말해 유대인들 가운데 믿음
이 없는 이들이 많은 것에 대한 주님의 비판이기도 하다. 왜냐하면
주님은 믿음이 있는 많은 이방인들이 천국에서 믿음의 조상 아브라
함과 함께 있음에 비해 많은 유대인들이 지옥에서 슬피 울게 될 것
을 말씀하시고, 나아가 믿음이 없는 '이 세대 사람들'을 가차 없이
비판하셨기(눅7:31 - 35) 때문이다.

　백부장(centurion)은 휘하에 100명의 부하를 거느린 로마의 한 지
휘관으로 지금의 중대장 급에 해당한다. 그는 헤롯 안디바에 소속된
것으로 간주되고 있다. 유대인으로 보아 그는 이방인이었다. 그러나
그는 보통 군인이 아니었다. 그는 사람을 사랑하고 하나님을 사랑한
사람이었다. 유대인이 아니면서도 유대인보다 유대인다웠고 회당을
짓는 데도 열심이었다. 무엇보다 그는 예수님을 존경하고 신뢰한 사
람이었다. 누가는 이 사람의 놀라운 믿음을 소개함으로써 우리가 주

님에 대해 어떤 믿음을 가져야 하는가를 가르쳐 주고 있다.

✝ 마태복음과 누가복음의 기록은 왜 다른가?

마태복음과 누가복음에는 자기의 하인을 고쳐 주기를 원하는 백부장의 믿음에 관해 소개하고 있다. 마태는 백부장이 예수님께 직접 나온 것으로 기록하고 있고, 누가는 유대장로들과 자기의 친구들을 보내어 간구한 것으로 기록되어 있다. 기록이 이처럼 다른 것은 기록의 목적 차이 때문인 것으로 보고 있으며, 누가의 기록이 더 객관적이라는 평가를 받고 있다. 마태가 이방인인 백부장이 유대인인 예수님께 나온 것으로 기록하고 있는 것은 그의 기록이 유대인 중심임을 보여 주고 있다. 이에 반해 누가는 이방인인 백부장이 직접 나서지 않은 것은 자기는 이방인으로서 어떻게 처신해야 하는가를 잘 알고 있었고, 예수님을 존경하고 그분의 능력을 신뢰하였으며, 특히 유대인이든 이방인이든 믿음으로 구원을 얻는다는 것을 보여 주고자 했다. 그러므로 누가의 기록은 믿음보다 혈통을 중시하는 유대인에 대한 경종이기도 하다.

✝ 백부장의 무엇이 예수님을 감동시켰는가?

1) 그 사람의 사랑이었다

역사가 플라비우스의 글에 따르면 백부장은 지휘관으로서 만용을 부리지 않고 침착성과 믿음직함을 가지고 있어야 하며 위기에 처할 때 자기의 목숨을 거는 사람이어야 한다. 본문에 나오는 백부장은 이러한 사나이다움에 너그러운 마음씨를 가진 사람임을 보여 주고 있다. 왜냐하면 종을 인간적으로 사랑했기 때문이다. 누가는 '백부장의 사랑하는 종'이라 표시함으로써 그가 종을 얼마나 사랑했는가를 보여 주었다.

당시에 종은 노예를 뜻한다. 그들은 인간 취급을 받기보다 가산의 일부로 취급되었다. 그들은 살아 있는 물건에 불과했으며, 주인이 학대하거나 죽여도 인간의 권리를 주장할 수 없었다. 당시 군인들은 전쟁에 나가 사람을 잡아 왔다. 잡혀 온 사람들은 사람취급을 받지 못했다. 죽이든지 살리든지 그것은 주인의 뜻에 달렸다. 재산목록의 일부에 불과한 이러한 종에 대해서 백부장의 태도는 달랐다. 종을 값지고 귀하게 여기고 진정으로 종의 병이 낫기를 바랐다. 사람을 여러 번 주님께 보낸 것을 보면 그가 얼마나 이 문제에 대해 진지했는가를 알 수 있다. 예수님에 대한 그의 신앙이 탁월한 것도 그의 성품이 이렇듯 뛰어났기 때문이다.

2) 그 사람의 겸손이었다

백부장은 이방인이기는 하지만 로마의 장교였다. 따라서 그는 보다 당당하게 굴 수도 있었다. "내 하인이 아팠으니 능력이 있는 사람으로 하여금 고쳐 내라."고 명령할 수도 있었다. 그러나 그는 전적으로 겸손함을 보였다. 그는 아무리 로마의 지휘관이라 할지라도 이방인이 함부로 유대인들의 일에 끼어들거나 유대인의 선생을 만나 그분의 능력을 빌린다는 것이 얼마나 유대인을 자극할 수 있는지를 어느 누구보다 잘 알고 있었다. 그리하여 그는 그가 잘 아는 유대의 장로들을 먼저 보냈다. 여기서 유대 장로들은 현대 교회의 장로들이라기보다 유대인의 원로나 산헤드린의 회원을 가리킨다. 장로들을 보내는 선에서 끝날 줄 알았는데 예수님이 자기 집 가까이 온다는 소식을 들었을 때 그는 자기의 친구들을 내어 보내 주님이 오시는 것뿐 아니라 자신이 주님 앞에 나아감조차 감당치 못하겠다는 심경을 조심스럽게 피력했다. 이 모두는 그가 얼마나 겸손한 사람인가를 보여 준다.

3) 그 사람의 신뢰였다

백부장은 예수님에 대해 전적인 신뢰를 보여 주었다. 우리는 성경을 읽으며 백부장이 예수님에 대해 얼마나 조심스럽고 공손함을 보였는가를 느낄 수 있다. 백부장은 예수님이 자기 집으로 온다는 소식에 접하자 자기의 친구 몇 사람을 보내 "주여 수고하시지 마옵소서. 내 집에 들어오는 것을 나는 감당치 못하겠나이다 내가 주께 나아가기도 감당치 못할 줄을 알았나이다."라고 말한다. 그는 집에 있으면서도 위대하신 예수님이 자기 집에 찾아오시는 것을 오히려 송구스럽게 생각하고 어찌할 바를 모르고 있었다. 백부장의 이 공손한 태도는 예수님이 하나님의 권위를 지닌 분임을 확실히 믿고 신뢰한 데서 나온 것이라는 데 주목할 필요가 있다. 그는 세례 요한처럼 예수님에 신적인 권위를 느끼고 자신을 부족하게 여겼다. 주님은 이처럼 자신을 믿고 경외하는 사람에게 은혜를 베푸셨다.

4) 결론적으로 그 사람의 믿음이었다

지금까지 말한 것은 백부장이 어떤 사람인가를 드러내는 것이라면 백부장이 얼마나 큰 믿음을 가졌는가를 보여 주는 이 부분은 바로 예수님을 감동시킨 놀라운 부분이다. 우리는 이 부분에서 보다 자세한, 그리고 성찰적인 접근이 필요하다.

백부장의 청탁을 받고 예수님을 찾아온 유대 장로들은 아주 진지한 자세로 백부장의 하인을 구하여 주실 것을 부탁하였다. 성경은 그들이 '간절히' 구하였다고 적고 있다. 그리스도인의 생활 속에 필요한 것은 바로 이 간절한 태도이다. 우리가 주님을 향해 간절한 마음을 가진다는 것은 우리 스스로가 하나님 앞에 낮아졌음을 의미한다. 성령님이 우리 마음속에 작용하지 않고서는 불가능한 일이다. 낮아진 사람이어야 하나님 앞에 간절히 구할 수 있게 된다. 우리가 하나님 앞에 구할 때 악을 쓰는 태도를 취하는 것은 낮아지지 않았음을 의미한다. 그 마음에 철저히 낮아진 마음이 없을 때 주로 악을 쓰기 때문이다. 그러므로 장로들이 간절한 태도를 보였다는 것에 대해 하등 나무랄 이유가 없다. 하지만 그 같은 간절함이 내면적인 것이 아니라 자신들의 경건한 행위를 보여 주기 위한 것이었거나 다른 것에 이유가 있었다면 문제가 된다.

그런데 그 같은 우려가 실제로 나타났다. 장로들은 예수님이 백부장을 도와주어야 할 이유를 말할 때 상당히 문제가 있는 발언을 하였다. 그들은 이유를 말함에 있어서 크게 두 가지를 들었다. 하나는 백부장이 유대 민족을 사랑하기 때문이요 다른 하나는 백부장이 자기들을 위해 회당을 지어 주었기 때문이라는 것이다. 그 후 장로들은 이 백부장 건을 두고 "이 일을 하시는 것이 이 사람에게 합당하니이다."라고 말했다. 유대 민족주의적 사고를 깊이 가지고 있던 장로들이 이렇게 말한 것을 보면 그들이 얼마나 물질적으로 많은 도움을 받았는가를 보여 준다. 도움을 받은 그들로서는 매우 당연한 말이겠지만 예수님으로 봐서는 크게 문제 되는 말이 아닐 수 없다. 그가 유대 민족을 사랑하고 더욱이 회당을 짓는 데 도움을 주었기 때문에 고쳐 주셔야 한다는 것은 말이 되지 않기 때문이다. 보기를 들어 어떤 교인이 "주님, 제가 연보를 얼마나 했으니까 이 병은 꼭 낫게 해주셔야 합니다."라고 말했다면 그것은 믿음이라기보다 흥정과 거래로 바꾸는 것이다.

예수님은 장로들의 이 같은 말 때문에 백부장의 집을 찾은 것은 결코 아니다. 왜냐하면 백부장이 회당을 지어 주었기 때문에 간 것이 아니기 때문이다. 예수님은 오히려 백부장의 다른 면이 있었음을 알았다. 이런 면에서 볼 때 장로들은 백부장의 외면적인 것을 강조한 반면 예수님은 달랐음을 알 수 있다.

예수님이 보고자 한 백부장의 또 다른 면, 곧 그의 내면적인 믿음이 이내 드러나게 되었다. 예수님이 장로들과 함께 그의 집으로 가고 있을 때 다시 몇 사람과 부닥뜨리게 되었다. 백부장이 보낸 친구들이었다. 친구들은 백부장의 말을 그대로 전했다. "말씀만 하사 내 하인을 낫게 하소서. 저도 남의 수하에 든 사람이요 제 아래에도 군병이 있으니 이더러 가라하면 가고 저더러 오라하면 오고 제 종더러 이것을 하라 하면 하나이다." 수고스럽게 오시기보다 그저 말씀 한마디만 하시면 족하겠다는 것이다. 이것은 그가 예수님의 권위와 능력을 얼마나 신뢰하고 있는가를 보여 주고 있다. 그는 예수님에 대해 자신의 신중한 태도를 보이면서 아울러 주님에 대한 자신의 확고한 신뢰를 더욱 드러냈다.

예수님은 자신을 전적으로 신뢰하는 백부장의 이 같은 가상한 믿음을 보시고 사람들을 향해 이렇게 말씀하셨다. "내가 너희에게 이르노니 이스라엘 중에서도 이만한 믿음(such a great faith)을 만나 보지 못하였노라." 백부장이 보여 준 믿음에 주님이 감동하고 놀란 것이다. 마태는 이스라엘 중 아무에게서도 이만한 믿음을 만나 보지 못하였다고 적고 있다. 이만한 믿음이란 백부장이 예수님을 향해서 가지고 있는 깊은 확신과 이해와 신뢰를 뜻한다. 아울러 이만한 믿음은 작은 믿음이 아니라 아주 큰 믿음이다. 주님은 백부장의 이런 믿음을 기이히 여기고 칭찬하셨다.

누가는 백부장이 보낸 사람들이 백부장의 집에 돌아와 보니 '종이 이미 강건하여졌더라.'고 적고 있다. 이에 비해 마태는 백부장을 향해 "가라 네 믿은 대로 될 찌어다." 하시니 그 시로 하인이 나았다고 적었다. 백부장의 종이 결정적으로 나은 것은 백부장이 회당을 짓는 데 연보를 많이 했기 때문이 아니라 예수님을 향한 온전한 믿음 때문이다. 이 믿음의 원리야말로 종족이나 출신성분이 가져다주는 어떤 특권보다 뛰어나다는 것을 이 사건은 보여 주고 있다. 마태는 "동서로부터 많은 사람이 이르러 아브라함과 이삭과 야곱과 함께 천국에 앉으려니와 나라의 본 자손들은 바깥 어두운 데 쫓겨나 거기서 울며 이를 갊이 있으리라."(마8:11, 12) 기록하고 있다. 이방인들이라 할지라도 믿음이 좋으면 이처럼 천국잔치에 초대되지만 유대인일지라도 믿음이 없으면 뒤늦게 후회할 수밖에 없다는 것이다.

✟ 주님을 감동시킬 믿음을 소유해야

우리도 주님을 감동시킬 수 있는 믿음을 소유해야 한다. 자식도 여러 종류이지만 부모의 마음을 감동시키는 자식을 향해 부모가 가지는 느낌은 다르다. 그런 자식에게 더 은혜를 베풀고 싶을 것이다. 누가는 백부장의 사건을 통해 우리로 하여금 주님을 감동시키는 믿음을 가지도록 촉구하고 있다. 이 사건은 단순히 종의 병이 나은 것을 강조하는 데 있는 것이 아니다. 이 사건을 통해 우리로 하여금 하나님의 구원의 역사를 보게 하고 어떻게 하면 우리도 그 구원을 체험할 수 있는가를 말하고자 한다. 왜냐하면 하나님 나라에 들어갈 수 있는 사람은 믿음, 곧 하나님에 대한 깊은 신뢰를 가지고 있어야 하기 때문이다.

성경적으로 볼 때 아브라함이 의롭다 함을 얻은 것도 하나님을 향해 깊은 신뢰가 있었기 때문이었다. 그가 하나님을 신뢰하지 않았다면 이삭을 제단에 바칠 수 없었을 것이다. 노년에 이르러 그는 이삭의 배필을 정하는 가정의 중대한 일에 종 엘리에셀에게 맡겨 모든 일을 처리하도록 하였다. 하나님께서 다 알아서 해결해 주시리라 믿었기 때문이다. 우리 부모들 같으면 내가 봐야 한다고 말할 것이다. 그러나 그는 그렇게 하지 않았다. 우리가 주님을 전적으로 믿고 이해하며 신뢰할 때 주님의 마음은 우리에 대한 깊은 감동으로 쌓인다. 우리의 마음을 읽으시고 기뻐하신다. 우리가 이러한 태도를 가지고 있을 때 주님은 우리의 소원을 아시고 그 소원을 향해 그분만이 가지신 전능하신 능력을 발휘하신다. 그때 하나님의 손이 우리의 심령 깊은 곳에 터치되고 우리의 어려움은 하나님 안에서 해결된다.

하나님의 나라는 하나님을 믿는 믿음으로 간다. 그곳에서는 교파가 필요 없다. 그렇다고 지금부터 교파 상관하지 않고 아무 교회나 가겠다고 말한다면 문제다. 잘못된 것을 가르치는 교회를 택하면 그 나라에 가지도 못하고 망하기 때문이다. 그 나라에서는 장로다 목사다 하는 위계도 통하지 않는다. 그 나라에서는 모두가 같다. 그렇다고 지금부터 맞먹자고 말하는 것도 좋지 않다. 장로나 목사는 이 땅에서 교인들의 양육을 위해 필요하고 더욱이 질서를 존중할 필요가 있기 때문이다. 그렇다고 장로다 목사다 하며 우월감을 가져서는 안된다. 하나님은 이 땅에서도 하나님의 나라를 세우기를 바라시기 때문이다. 하나님의 나라는 수평적인 형제애를 실현하는 곳이다.

중요한 것은 일상생활을 통해 우리의 믿음을 키워 가는 것이다. 아브라함도 처음부터 믿음이 뛰어난 사람이 아니었다. 아브라함의 과정을 보면 실패한 적도 한두 번이 아니었다. 하나님이 원하시는 방법보다 자주 인간적인 방법을 사용하기도 했다. 몸종을 통해 이스마엘을 가진 것이나 흉년이 들었다고 애굽으로 내려간 것이나 그곳에서 애굽 왕에게 자기의 부인을 누이라고 속인 사건 등은 그의 신앙이 얼마나 약했는가를 보여 준다. 그러나 그는 이런 과정을 거치면서 믿음을 키워 갔다. 여러 사건을 경험하면서 '하나님은 이런 분이시구나.' 하는 것을 느꼈다. 하나님에 대한 깨달음이 새로워진 것이다. 누가는 백부장의 사건을 통해 우리의 믿음도 주님께서 칭찬하신 바로 '이만한 믿음'까지 성장할 것을 바라고 있다. 우리가 비록 지금 주님을 감동시킬 수 있는 '이만한 믿음'을 가지고 있지 않다 하더라도 그만한 믿음에 이르기까지 자라도록 노력해야 하겠다.

제13장 신앙의 업그레이드와 영적인 삶의 변화

업그레이드(downgrade)가 있다면 다운그레이드(downgrade)가 있다. 이것은 컴퓨터에만 적용되지 않는다. 우리의 신앙생활에서도 업그레이드와 다운그레이드가 있다. 신앙적으로 볼 때 업그레이드는 좋은 의미의 것이지만 다운그레이드는 나쁜 의미다. 업그레이드는 지금의 나쁜 생활양식을 좋은 쪽으로 변환시키는 것인 반면 다운그레이드는 나쁜 쪽으로 전락하는 것(downfall)이다. 우리 각자의 삶에서 날마다 업그레이드가 일어나야 한다.

✞ 어느 중학생의 잘못된 다운그레이드

어느 전도자가 고속버스 정류장에서 27, 28세 되는 청년에게 전도를 하게 되었다. 여러 말로 그리스도를 소개하자 기독교에 대해서 잘 알고 있노라 했다. 원래는 모태신앙출신이지만 술중독에 빠져 신앙생활을 할 수 없는 형편임을 고백하였다. 여주가 고향이라고 밝힌 그는 중학교 2학년 때 믿은 지 2개월밖에 되지 않은 친구가 방언을 하는 것에 쇼크를 받았다. 그래서 자기도 방언을 하게 해달라고 열심히 기도했다. 그러나 방언을 하지 못하게 되자 의문에 빠졌다. 방

언을 하는 친구로 말하자면 못된 짓을 골라하는 녀석인데 하나님은
착하게 사는 자기에게는 방언을 허락지 않으시고 왜 그 친구에게만
허락하신가 하는 것이었다. 방언을 하려면 그 친구처럼 못된 짓을
해야 하나님께서 은혜를 주실 것이라고 스스로 결론을 내리고 그 뒤
부터 못된 짓은 가려 하게 되었고, 결국 방언은커녕 술중독자로 전
락되었고 교회로부터 멀어졌을 뿐 아니라 집에서도 쫓겨난 신세가
되었다. 기막힌 다운그레이드였다.

✝ 하버드대학의 다운그레이드

신앙적 다운그레이드는 개인에게만 있는 것이 아니다. 하버드대학
도 빼놓을 수 없다. 이 대학은 1636년에 영국에서 건너온 청교도들이
세운 학교이다. 이 학교의 창설자 가운데 한 분인 하버드(J. Harvard,
1607-1638) 목사의 유산이 학교재정에 크게 도움이 되어 그분을 기
리는 뜻으로 학교이름을 하버드대학이라 하였다. 이 대학은 기업운영
을 통해 돈을 벌어 신학교에 기증함으로써 기증자의 이름을 딴 밴더
빌트대학이나 드류대학과는 달리 목사의 유산으로 학교가 세워졌다
는 점에서 차이가 있다.

지금도 하버드대학의 정문을 들어서면 먼저 눈에 띄는 것이 바로
하버드 목사의 동상이다. 하버드대학에서 무엇보다 중요한 것은 이
대학의 건학정신이 '크리스토 에트 에클레시에'(Christo et Ecclesiae),
즉 '그리스도와 교회를 위하여'에 있다는 것이다. 하버드대학은 이 건
학정신 아래 학교를 운영하는 원리를 채택했는데 그 원리 가운데 하
나가 바로 "누구든지 그의 생과 학문의 주된 목적은 영생이신 하나님
과 예수 그리스도를 아는 것으로 여겨야 할 것이다"는 것이었다. 영

생이신 하나님과 예수 그리스도를 아는 것이라는 말씀은 요한복음 17장 3절에 바탕을 둔 것이다. 하버드대학은 이처럼 하나님의 말씀에 근거한 대학으로 시작했고 따라서 신앙적으로 명성이 자자했다.

그러나 지금 하버드대학은 그 본래의 영적 목적을 유지하지 못하고 있다. 세상 학문적으로는 세계 제일이라는 이름을 얻고 있지만 신앙적으로는 문제되고 있는 것이다. 이제는 많은 하버드 신학대학 교수들까지도 그 그리스도 중심의 목표가 편협하고 고루하다고 여기고 있다. 얼마 전에는 상당수 하버드대학생들이 신학대학을 통과하며 가장행렬을 벌렸다. 그들은 관을 메고 가며 "우리 하나님 아버지는 죽었다"고 선언했다. 그 학생들은 동이 서에서 먼 것같이 진리에서 멀리 떨어져 있다. 신앙적으로 볼 때 나쁜 쪽으로 다운그레이드 된 것이다.[1]

그러나 하버드대학이 회복되어야 할 것은 청교도정신이다. 그 정신은 설립된 지 350년이 지난 이 시점에도 삶의 으뜸 되는 목적이요 그것은 아직도 그리고 앞으로도 언제나 청교도들의 말처럼 '영생이신 하나님과 예수 그리스도를 아는 것'이다. 그것이 바로 우리 삶의 주된 목표이다. 잃어버린 정신을 회복해야 한다는 점에서 지금 하버드대학이 필요한 것은 영적인 업그레이드이다.

✝ 사울왕의 다운그레이드

성경은 여러 곳에서 신앙의 다운그레이드 장면을 소개하고 있다. 믿음이 있노라 하던 사람도 순식간에 넘어진다. 그 보기 가운데 하나가 사울왕이다. 그는 원래 신앙적으로 모범이 되는 사람이었다. 그

---

1) "Main Goal of Life", *Our Daily Bread*, Sept. 1995.

는 팽창하는 블레셋에 맞서야 할 어려움이 있었다. 그러나 그는 하나님을 의지함으로 문제를 해결해 나아갔다. 원래 하나님은 왕을 세우는 제도를 좋아하시지 않았지만 사울왕의 믿음을 가상히 여기사 그와 함께 하심으로써 왕으로서의 초기 출발은 매우 성공적이었다(삼상11:6). 하지만 그는 점점 하나님보다 자신을 과시하고 사람을 더 의식하는 사람으로 변하였다. 신앙적으로 타락의 길을 걷게 된 것이다. 그는 결국 여러 차례 결정적인 실수를 범하게 된다.

그 첫 번째 사건이 바로 번제 사건이었다. 사울은 전쟁을 앞두고 마음이 조급해졌다. 전쟁에 앞서 하나님의 도움을 요청하기 위해 번제를 드리기로 한 그는 제사장이요 선지자인 사무엘이 오기까지 기다리지 못하고 스스로 집례함으로써 자신의 위치를 벗어나 월권을 하고 말았다. 결국 사울왕은 사무엘로부터 그의 통치가 종말을 고하게 될 것을 예고받기에 이른다.

두 번째 사건은 하나님의 명령을 무시한 사건이었다. 하나님은 사울이 아말렉을 칠 때 그 족속에게 속한 모든 것을 도륙하도록 명령하셨다. 그러나 사울왕은 불순종했다(삼상15장). 좋은 것을 골라 자신의 전리품으로 삼고자 했다. 그럼에도 불구하고 오히려 하나님께 드리기 위해 그랬노라고 거짓말까지 했다. 하나님까지 속이고자 한 것이다.

세 번째 사건은 다윗을 질투한 사건이었다. 청년 다윗은 블레셋에 시달리고 있는 사울 편을 들어 용감하게 싸웠다. 블레셋장군 골리앗을 죽인 다윗은 이스라엘의 영웅으로 부각되었다. 자신을 위해 싸운 용사에 대하여 사울은 오히려 여러 차례나 죽이고자 했다. 선을 악으로 갚고자 한 것이다.

네 번째 사건은 사무엘에 죽고 없는 가운데 블레셋이 자기를 치

려 하자 두려워진 사울은 신접한 여인을 방문하여 사무엘의 영으로
부터 하나님의 말씀을 듣고 도움을 얻고자 하였다. 사울이란 이름은
원래 '묻다'라는 뜻을 가지고 있다. 하나님을 향하여 물어야 할 사람
이 신접한 여인을 통해 물으려 한 것은 근본적으로 잘못된 것이다.

결국 이 사건을 통해 성경은 하나님의 신이 사울을 떠났다고 기
록하고 있다. 한때는 하나님의 신에 크게 감동되어 예언하기도 했던
그가 하나님을 떠난 결과 그는 전쟁에 패배하고 전사보다는 일종의
자살로 막을 내리게 된다. 신앙적으로 볼 때 진정 그가 찾아야 할
것은 하나님이었다. 그러나 그는 하나님보다 사람의 인기에 연연함
으로써 결국 자멸의 길을 걷게 되었다. 그가 해야 할 일은 신앙적인
업그레이드였다.

✝ 중풍병자의 업그레이드

누가복음 5장 17 – 26절에는 중풍병자(the paralytic)를 고치신 예
수님에 관한 기사가 소개되어 있다. 여기에서 소개되는 중풍병자는
전신이 마비된 환자이다. 그 사람은 스스로 자기의 몸을 움직일 수
없었다. 전적으로 친구의 도움을 받고 있었다. 이 사람은 비록 육체
적으로 병들어 있었지만 우리의 경우 영적으로 전신이 마비된 채 신
앙 생활하는 사람의 수가 적지 않다. 수십 년간 하나님의 말씀을 들
어도 조금도 변한 모습을 보이지 않는다면, 아직도 자신의 신앙보다
다른 사람의 권유나 체면에 못 이겨 할 수 없이 신앙생활을 하고 있
다면 그 사람은 영적으로 전신마비 상태에 있는 사람이다. 부분적으
로 마비된 사람은 수를 헤아릴 수 없을 정도이다. 신앙생활을 잘하
는 것 같으면서 때로는 엉뚱한 행동을 한다. 때로는 지도자급에서도

자기를 영의 아버지나 어머니, 불의 사자, 심지어 자칭 메시야로 승화시키기까지 한다. 영적 마비는 육적 마비보다 더 문제가 심각하다.

그런 중풍병자가 주님으로부터 은혜를 입어 고침을 받았다. 그 이유는 바로 그 친구들이 주님을 향해 가지고 있던 강한 믿음이었다. 주님은 무엇보다 믿음을 보셨다. 20절은 명확하게 예수께서 저희 믿음을 보시고라고 기록하고 있다. 이 믿음은 주님을 향한 친구들의 믿음을 가리킨다. 그것은 어느 누구보다 주님께서 고쳐 주실 수 있다는 확신이었다. 주님을 100% 믿고 나아간 것이다. 그것은 그들의 행동을 통해 입증되고 있다.

환자를 주님 앞으로 데려가고자 했으나 이미 많은 사람들로 꽉 차 있어 그들 사이로 비집고 들어간다는 것은 불가능하다고 판단한 친구들은 지붕에 올라가 천정을 벗기고 병자를 침상 채 예수님 앞에 달아 내렸다. 당시 환자는 스스로는 아무것도 할 수 없었다. 그저 가만히 누어 친구들의 도움을 받고 있을 뿐이었다. 이런 사람이 나았다는 것은 주변사람들의 신앙과 열심이 얼마나 중요한가를 보여 준다. 이 사건은 믿지 않는 친구가 있을 경우 그의 구원을 위해 다른 친구들이 확신을 가지고 전도하면 주님은 결국 저들의 믿음을 보기도 하신다는 것을 가르쳐 준다. 전도하기가 얼마나 어려운가? 그 어려움을 하나씩 극복하는 것은 지붕의 기와를 벗기는 작업과 같다.

환자는 이런 일이 벌어지고 있는 동안에도 아무 것도 할 수 없었다. 주님께서 자기를 향해 "네 죄 사함을 받았느니라."고 말씀을 하실 때에도 그는 어떤 행동도 취할 수 없었다. 그러나 주님은 그를 향해 놀라운 말씀을 하셨다. "일어나 네 침상을 가지고 집으로 가라." 그 말씀은 얼마나 바라던 것이었는가? 인간적으로 생각할 때 그것은 불가능한 일이었지만 그는 주님이 자기를 향해 말씀하신 바대로 정확히 따라 행했다. 그러자 그에게 놀라운 일이 일어나게 되었다. 중요한 것은 우리가 어떤 처지에 있다 할지라도 주님의 말씀에 따라 순종하고 살면 변화된 삶을 살 수 있다는 것이다. 말씀에 순종하지 않고 그대로 누워 있었다면 그에게는 아무런 변화도 일어나지 않았을 것이다.

어떤 화가는 고침을 받은 중풍병자가 집으로 걸어가는 그림을 그렸다. '다락방'(The Upper Room)지 1995년 7-8월호는 이 그림을 겉표지에 실었다. 병자는 금방 넘어질듯 허약한 모습이 아니라 팔과 다리에 아주 튼튼한 근육으로 누가 보아도 힘이 있어 보이는 아주 달라진 모습이었다. 그의 강한 두 손은 그가 지금까지 누워 있었던 침상, 곧 담요와 이불과 베개 모두를 힘 있게 둘러매고 있었다. 이것은 조금 전까지만 해도 불가능한 일이었다. 침상은 지금까지 그를 받쳐 주고 있었다. 그러나 이제 그 자신이 침상을 받쳐 주고 있다. 전신마비 환자가 이렇듯 고침을 받을 수 있었던 것은 주님의 지시를 믿고 따랐기 때문이다. 우리는 여기서 중풍병자의 달라진 모습, 곧 업그레이드를 볼 수 있다.[2]

신앙적으로 중풍병자인 우리에게 필요한 것이 바로 이러한 변화이다. 이 변화를 위해서는 자신의 믿음도 중요하지만 그 스스로 어찌할 수 없는 상황에 처한 경우 주변의 신앙도 매우 큰 역할을 할 수 있다. 그런 사람을 돕는 것은 그리스도인으로서 해야 할 마땅한 일이다. 그러나 무엇보다 중요한 것은 지금까지 자리에 누워 남의 도움만 받고 있었던 사람이 주님의 힘을 입어 일어설 뿐 아니라 자기의 짐을 지고 걸어갈 수 있어야 한다는 사실이다.

그것은 도움을 받는 자리에서 일어나 자기의 짐뿐 아니라 남의

---

2) "The Healing of the Paralytic", *The Upper Room*, July-Aug. 1995, 3쪽.

짐도 들어줄 수 있을 만큼 성숙해야 한다는 것을 의미한다. 그리스도인은 자기만 잘살면 되거나 자기만 도움을 받으면 끝나는 사람들이 아니다. 가난한 자, 병든 자, 어려움에 처한 자를 자신의 일처럼 생각하고 돕는 데서 오늘도 그리스도가 우리 가운데 살아 계시고 역사하심을 느끼게 된다. 이것이 바로 하나님께서 우리와 함께 하심이다. 하나님은 죽은 것이 아니라 지금도 우리를 통해 일하고 계신다. 따라서 주님의 일꾼인 그리스도인은 변화된 삶의 모습을 보여 주어야 한다.

✝ 모세의 업그레이드

모세가 40세가 되었을 때 잠시 애굽에서 노예처럼 시달리고 있는 이스라엘 백성의 편을 들다 애굽인을 쳐 죽인 사건이 일어났다. 그 후 허겁지겁 도망쳐 미디안 광야에서 양을 치는 목자로 40년간의 은둔생활에 들어갔다. 바로왕은 이스라엘 백성을 더욱 괴롭혔다. 그 괴로움은 날로 커지고 고통의 목소리는 하늘 끝까지 닿았지만 모세는 그들의 고통과는 멀리 떨어져 있었다. 이스라엘 백성을 위해 어떤 일도 할 수 없었던, 자포자기했던 그를 하나님은 부르셨다. 그리고 "내 백성을 애굽에서 이끌어 내라"는 명령을 내리셨다.

그 명령은 그의 약점을 찌르는 말씀이었다. 지금 그로서는 차마 감내할 수 없는 일이었고, 인간적으로 불가능한 일이었다. 그는 사양할 수밖에 없었다. 사양도 여러 차례 하였다. 그러나 결국 주님의 부르심에 응답할 수밖에 없었다. 철저한 무기력과 무관심 상태에 빠졌던 자리에서 하나님만 의지하여 일어난 것이다. 양 치던 목자가 이제 백성을 이끄는 목자가 되었다. 이것은 바로 모세의 업그레이드이다.

로마서 1장에 보면 우리가 죄의 상태에 있을 때 여러 모양의 죄상들이 드러난다. 모든 불의·추악·탐욕·시기·분쟁·살인·사기·악독·교만·자랑·비방·무정·무자비 등 헤아릴 수 없이 많다(롬 1:29-31). 이 가운데 무정한 것도 그리스도인으로서 합당치 못하다는 것을 인식하지 않으면 안 된다. 신앙적으로 업그레이드를 하는 사람은 이런 것으로부터 벗어나야 한다.

✟ 바울의 업그레이드

바울은 원래 율법주의자로 바리새인 가운데 바리새인이었다. 그는 자기의 가문과 학식과 유대교의 열심을 생명처럼 생각하고 산 사람이었다. 그가 당시 예수 믿는 사람을 잡는 데 그토록 앞장섰던 것도 이러한 열심과 연관된다. 그는 예수를 하나님으로 믿는 사람들을 증오하였다. 그러나 그가 다메섹 도상에서 주님을 만난 후 완전히 변화되었다. 그는 그의 남은 생애 모두를 예수님은 하나님이시요 그가 십자가를 지심은 우리의 죄 때문이며 그의 부활은 우리의 소망이라는 것을 소개하는 일에 바쳤다. 그리고 예수를 구주로 고백하는 사람은 달라야 한다고 가르쳤다.

그는 더 이상 율법을 자랑하지 않았다. 오히려 주님을 자랑했다. 그는 더 이상 자기의 가문과 학식을 자랑하지 않았다. 오히려 하나님의 백성된 것과 조금이라도 하나님을 더 아는 것을 자랑하였다. 자기의 물질적 소유를 자랑하기보다 주님을 소유한 것을 자랑하였다. 자신은 주님 외에 더 큰 재산이 없음을 자랑했다. 자기 자신을 자랑한 것이 아니라 오직 주님을 자랑하는 삶으로 바뀌어졌다. 그리고 하나라도 더 많은 사람을 그리스도의 품 안으로 인도하는 데 시간을 바쳤다. 자기만 생각했던 과거의 바울이 아니었다. 이것은 바울의 업그레이드이자 그리스도인으로서 본받아야 할 업그레이드이다.

업그레이드는 개인에게만 적용되는 것이 아니다. 가정도 달라져야 하고, 교회도 달라져야 하고, 기업도 사회도 국가도 달라져야 한다. 주님을 모시고 사는 곳이라면 그 속에 인간의 추악한 모습이 아니라 주님의 모습이 나타나야 한다. 전신이 마비된 중풍병자가 일어나 침상을 들고 걸어간 것처럼 우리의 영적인 생활에 변화가 있어야 한다. 주님으로부터 힘을 얻고 더 얻어 우리 생활 속에 하나라도 주님이 기뻐하시는 삶의 모습을 나타내야 한다.

제**4**부

*아*가페 제자도와 속사람 강건하기

제14장 그리스도인의 삶의 형식과 자유

　주님의 제자인 그리스도인은 비록 이 땅에 살지만 하나님 나라의 백성으로서 삶을 살고 있다. 이 땅에 있으면서도 그 나라의 삶을 미리 경험하며 산다는 점이 다르다. 그러나 이 땅에서 그 나라의 삶의 양식에 따라 산다는 것은 결코 쉬운 일이 아니다. 세상의 그것과는 속성이 다르기 때문이다. 따라서 그리스도인이라면 제자도를 확실히 할 이유가 충분하다.

　갈라디아서 3장 23절에서 29절까지는 속박과 자유에 관한 내용을 비교적으로 담고 있다. 이것은 그리스도인인 우리가 속박의 삶을 살아야 할 것인지 아니면 자유의 삶을 살아야 할 것인지를 가르쳐 주고 있다. 이것은 삶의 형식과 연관된 것으로 우리가 그리스도 안에서 어떤 삶의 형식을 가지고 생활해야 하는가를 보여 준다.

✝ 두 가지 종류의 삶의 형식

　생물의 생태를 나타낸 기록을 보면 동식물들은 나름대로 삶의 형식이 있는 것을 알 수 있다. 그 형식들이 너무 차이가 나고 재미가 있어 우리의 주목을 받는다. 동물들은 태어나자마자 그 삶의 형식을 배워 나가기만 하면 어지간한 문제는 해결된다.

동물들의 삶의 형식은 매우 구체적이어서 배우기도 쉽고 이해하기도 쉽다. 그러나 사람의 삶의 형식은 동물의 그것과는 달리 숨겨져 있어서 알기도 어렵고 혼란스럽다. 하지만 자세히 들여다보면 사람이 어떤 삶의 형식을 중시하고 있는가를 알 수 있다. 대체로 자기의 명성을 중시하고 자신의 미모나 인기에 연연하며 업적 쌓기를 좋아한다. 스타들이나 정치인, 종교인 할 것 없이 이것을 중시한다. 사람들은 이것에 자신을 일치시키고 이것으로 인기를 유지하며 이것이 무너지지 않기 위해서 노심초사한다. 남으로부터 인정을 받기 위해서, 그 사람들로부터 사랑을 받기 위해서 가면을 쓰고, 있지도 않은 자신을 허위로 나타낸다.

이 모두는 자신에게 집중되어 있다. 자신에 대한 이 모든 것들이 무너질까 봐 불안하고 초조하다. 괴롭기도 하고 허무하기도 하다. 인기, 사람들의 박수 뒤에는 항상 삶에 대한 공허가 따르기 마련이다. 그래도 계속해서 그런 것에 대한 미련을 버리지 못하고 집착하게 된다. 이런 삶을 가리켜 율법주의적 삶의 형식이라 말한다. 율법주의는 율법에만 국한된 것이 아니다. 삶에 있어서 우리를 그것에 매이게 하고 결국 그것이 우리를 자유롭지 못하게 만드는 것은 모두 율법주의적인 것이다. 명성, 인기, 업적 등에 매여 있는 사람, 이것으로부터 헤어나지 못하는 사람이 바로 이러한 삶을 살고 있는 것이다.

이러한 율법주의적 삶의 형식은 우리로 하여금 "인간이란 무엇인가?", "인간의 삶이란 이것뿐이란 말인가?", "우리는 어떻게 살아가야 하는가?"를 자문하게 만든다. 율법이 몽학선생이 되는 것은 이 때문이다.

몽학선생은 헬라어로 '파이다고고스'(paidagogos)로서 그 의미는 아동 교육자이다. 이것은 오늘 날의 학교 교사와는 다른 것으로 로마 가정에 태어난 아이를 돌보는 노예 또는 하인을 지칭한다. 그는 그 가정의 아들을 먹여 주고 옷을 입혀 주고 걸음마 연습을 시켜 주며 그 아이가 학교에 갈 나이가 되면 아이의 손을 잡고 학교에 데리고 갔다. 그래서 아동 인도자라 불리게 된 것이다. 몽학선생은 노예 가정교사로 불리기도 한다. 때로 학덕이 겸비한 자가 있어 상속을 받을 주인의 아들에게 세상의 지식을 가르치고 지도하였다. 그러나 그 아들이 상속을 받으면 전혀 간섭할 수 없고 철저히 복종해야 했다. 몽학선생은 율법을 상징한다. 율법은 몽학선생과 같은 역할을 하였다. 우리의 손을 잡아 그리스도의 십자가로 인도하며 이제 너에게는 그리스도가 필요하다고 말해 준다. 율법은 우리를 그리스도에게로 향하게 한다. 율법은 이만큼 역할이 한정되어 있다. 그러므로 그리스도 안에 사는 우리는 이제 율법이 아니라 그리스도 아래에 있는 것이다.

성경은 우리로 하여금 이러한 율법주의적 삶으로부터 자유 하여 그리스도인의 삶의 형식으로 돌아오도록 가르치고 있다. 이 세상에는 율법주의적 삶의 형식과 그리스도인의 삶의 형식 등 두 가지 삶의 형식이 있다. 성경은 우리를 향해 이 두 가지 형식 가운데 율법주의적 삶의 형식에 매달려 노예처럼 고생하지 말고 그리스도인의 삶의 형식을 택하여 자유 하도록 가르치고 있는 것이다.

✝ 그리스도인의 삶의 형식은 과연 어떤 삶을 말하는가?

1) 그리스도께 속해 있다

맥스 루케이도의 「비밀의 책」에 소개되는 세 번째 비밀은 승리 (victory)다. 기초되는 말씀은 고린도전서 16장 13절의 말씀이다. "깨어 굳게 서서 남자답게 강건하여라." 이 비밀 속에는 왕의 노래를 따라가도록 하는 이야기가 담겨 있다. 그 노래를 따라가려 하지만 수천 개의 피리소리가 왕의 피리소리를 바로 듣지 못하게 방해한다. 그래서 왕자의 피리소리를 따라간다. 왕자는 왕의 소리를 낼 수 있으리라 믿고. 결국 따라가는 데 성공한다. 왕이 묻는다. "어떻게 해서 따라올 수 있었느냐?"고. 세상은 우리가 하나님을 따르지 못하도록 유혹한다. 그러나 우리는 따라야 하고, 들어야 할 소리가 있다. 그것은 주님의 소리다. 그 소리를 따라가면 하나님이 기뻐하신다. 그리고 우리는 믿음에 승리할 수 있다.

사람은 누구나 생명에 대해 6가지 질문을 받고 이 질문에 계속 대답하며 살아간다고 한다.

그 질문의 첫째는 왜 사느냐(why of life)는 것이다. 이 질문은 매우 철학적인 질문으로서 삶의 목적이 무엇인가, 그 의미는 무엇인가를 따지며 사는 것을 말한다.

둘째는 나는 누구냐(who of life) 하는 것이다. 이 질문은 자기정체에 관한 질문으로 분류학적 또는 생물학적 질문이기도 하다.

셋째는 삶이란 무엇이냐(what of life) 하는 것으로 삶의 특성, 성격, 질에 관한 질문이다.

넷째는 생명이 어디에 놓여 있느냐(where of life) 하는 것으로 주변과의 관계로 보아 그 존재는 어떤 의미를 가지는지 그 생명이 환경에 어떤 영향을 주고 있는가를 따지며 사는 것이다.

다섯째는 어느 시점에 생명이 존재하는지 그 생명이 얼마나 살아갈 것인지(when of life)를 묻는 것이다.

여섯째는 생명이 어떻게 존재하고 있는지(how of life) 존재양식을 묻는 것이다.

사람들은 대부분 이 여섯 가지 질문에 한정된 삶을 산다. 그러나 이보다 더 중요한 질문은 "내 생명은 누구의 것이냐", "나는 어디에 속해야 하는가"(whose of life) 하는 질문이다. 이것은 속성을 묻는 가장 근본적인 질문으로 기독교에서는 이 질문을 가장 중하게 여긴다.

나는 어디에 속해 있는가? 세상 사람들은 대부분 돈, 명예, 인기에 속해 있다. 돈에 속해 있는 사람은 조금만 돈에 손해를 보아도 속상해하고 크게 손해를 보면 자살까지 마다하지 않는다. 변변찮은 명예와 지위에 목을 매달고 있다가 그것 떨어져 나가면 삶의 의미가 없는 것처럼 살아가는 사람도 있다. 성경은 우리로 하여금 이러한 세상적인 것에 속하기보다 그리스도께 속한 자가 되어야 한다고 말하고 있다. 바울이 우리를 향해 "그리스도와 합하여 세례를 받은 자는"(갈3:27), "너희가 그리스도께 속한 자면"(갈3:29)이라 말하는 것이나 "너희가 그리스도 예수 안에서 하나님의 아들이 되었으니"(갈3:26)라고 말하는 것은 모두 이러한 의미를 담고 있다.

우리가 그리스도께 속했다는 것은 율법을 벗어나 자유인이 된다는 것을 의미한다. 이것은 어떤 다른 것에 의해 되는 것이 아니고 그리스도에 의해서 그리고 그리스도 안에서 이루어진다. 그리스도 안에서만이 하나님의 사랑을 발견할 수 있고 하나님을 신뢰할 수 있기 때문이다. 이것은 우리의 의 때문이 아니라 오직 우리를 향한 하나님의 사랑과 그분의 의로 인해 가능한 것이고 그로 인해 우리는 율법을 벗어나 자유로운 삶을 살 수 있게 되었다.

2) 믿음으로 산다

성경은 '믿음이 오기 전'(갈3:23)과 '믿음이 온 후'(갈3:25)의 삶이 다르게 되었다고 말한다. 즉 전에는 우리가 율법 아래 매인 바 되었지만 후에는 더 이상 그런 것에 매이지 않게 되었다는 것이다. 전에는 속박의 삶이었지만 후에는 자유의 삶이라는 것이다. 그러므로 우리가 믿음을 가졌는지 아니 가졌는지는 삶의 형식이 달라지는 중요한 관건이 됨을 알 수 있다.

바울이 여기서 말하는 믿음이란 역사적 그리스도에 대한 믿음을 말한다. 이 믿음이 오기 전에는 아브라함의 자손, 곧 믿음의 자녀라 할지라도 율법에 갇혀 있었다. 그러나 역사적 그리스도에 대한 믿음이 온 후로는 율법 아래 놓이지 않게 되었다. 율법시대에는 하나님의 상속자인 믿음의 자녀라 할지라도 율법이 명하는 제사나 정결의식과 날들에 관한 규례를 지켜야 했다. 그러나 신약시대의 경우 그리스도의 구속 안에서 믿음의 자녀가 되면 엄격한 몽학선생의 통제에서 벗어나 주인의 아들처럼 당당하게 행세할 수 있다. 각종 제사제도, 정결의식, 유대주의자들이 주장하는 할례, 날과 달과 해와 절기에 관한 각종 규례로부터 자유하게 된다. 그러므로 신약시대의 믿음의 자녀는 구약시대와는 다른 많은 축복을 누리고 살고 있는 것이다. 이렇다고 해서 바울이 구약시대의 백성들이 믿음에 의해 구원을 받았다는 것을 부인하는 것은 아니다.

오늘날 믿음 안에서 사는 자도 마땅히 자유가 충만한 삶을 살 수 있고 또 그래야 한다. 오직 믿음으로 사는 사람은 자기에 대한 관심보다 다른 사람에 대한 관심으로 이동하게 된다. 자기에 대한 명성이나 인기도 불필요한 것으로 여긴다. 존경받고자 하는 욕구, 다른 사람보다 낫고자 하는 욕구, 다른 사람으로부터 호감을 얻고자 하는 욕구, 칭찬을 받고자 하는 욕구로부터 해방된다. 오히려 형제를 존중하게 되고 이웃을 생각하게 된다. 자유의 삶을 살게 되는 것이다. 그리스도인의 삶의 형식에 들어와야 세상적인 것을 분토와 같이 여길 수 있다. 이러한 사람이 바로 그리스도의 옷을 입은 자이다.

미국에 사는 상당수 그리스도인들이 한국에 교수로 나온다. "왜 나왔느냐?"고 물으면 그들은 이런 말을 한다. "하나님의 신세를 너무 많이 지고 보니 미국 가 교수일 하면서 편안히 살기가 괴로워 잠을 잘 수가 없었습니다." 그리스도인들은 이처럼 나보다 이웃을 생각하며 살게 된다. 더욱이 믿음으로 살면 자기의 세상의 부요나 편안함이 오히려 짐스럽다. 그것이 중하지 않기 때문이다.

3) 차별하지 않는다

성경은 "유대인이나 헬라인이나 종이나 자주자나 남자나 여자 없이 다 그리스도 예수 안에서 하나이니라."고 말하고 있다. 이것은 당시 로마세계의 풍속을 반영한다. 당시 사람들은 인종 및 종교적으로 유대인과 헬라인으로 구분되고, 사회 계급적 측면에서는 자유인과 노예로 구분되며, 성적 측면에서는 남자와 여자로 구별되어 차별을 받았다. 그러나 누구든지 그리스도와 연합하면 그리스도 안에서 모두 한 형제가 되기 때문에 민족·종교·사회·성적 차별이 철폐된다. 하나님 앞에서는 누구나 평등하고 영적으로 하나가 된다. 따라서 그러한 차이들이 사귐에 장애가 될 수 없다. 그리스도인들은 모든 차이를 초월할 수 있기 때문이다. 그리스도 안에서는 이처럼 근본적으로 차별이 없다.

사람들은 학벌·지방·이념·도덕성 등에 따라 구별을 지으려 한다. 이것으로 우월감을 가지거나 긍지를 가지기도 한다. 이것 때문에 파당을 짓고 분열하기도 한다. 사람들은 누구나 나는 너와 다르다고 말하고 싶어 한다. 그러나 성경은 그리스도 안에서는 어느 지방 사람이든 종족이 다르든 교회가 크든 작든 배운 자든 못 배운 자든 차별하지 않는 것이라고 가르친다. 따라서 그리스도 안에서 사는 사람들은 이러한 차별을 한심스럽게 생각한다.

그럼에도 불구하고 우리의 모습을 보면 그렇지가 않다. 교인들은 지방에 따라 차별하고, 교역자나 교직자들을 세울 때 이것저것을 따진다. 심지어 큰 교회의 목사는 작은 교회의 목사와는 다르다고 자만하고, 사모들마저 그렇게 생각한다. 따지고 보면 별 차이도 없으면서 다르다고 생각한다. 이런 생각들은 모두 율법주의적 생각들이다. 나이가 들어가면서 조금씩 달라짐을 보게 된다. 늦게나마 철이 들어 다행이지만 그 나이쯤 되면 하나님 앞에 갈 날이 멀지 않아 아쉬움을 남긴다. 실천을 많이 했다면 이런 아쉬움은 그리 남지 않을 것이다.

4) 소망의 삶을 산다

성경은 "너희가 그리스도께 속한 자면 곧 아브라함의 자손이요 약속대로 유업을 이을 자니라."고 말하고 있다. 노예에게는 유업의 약속이 없다. 그러나 하나님의 자녀들에게는 하나님으로부터 유업이 약속되어 있다. 신자들은 의롭다 함을 받고 하나님의 아들, 곧 양자가 됨으로 상속자로서의 권리와 특권을 갖게 된다. 시간이 갈수록 그 유업의 약속은 더 확실해진다. 세상적인 인기에 연연하는 사람은 노예 신분의 삶을 사는 사람들이다. 그러나 그리스도인의 삶을 사는 사람은 약속의 자녀들이다. 약속의 자녀들은 현재의 가치 지평을 넘어서야 한다. 노예 신분의 삶의 형식을 벗어나 하나님의 자녀로서 당당한 삶의 형식을 가지고 살아야 한다.

일본 젊은이들을 상대로 한 의식조사에 따르면 그들은 탈렌트와 같은 연기인들의 삶을 싫어한다. 일본 젊은이들이 그 같은 직종을 선호하지 않는 것은 그것은 자신의 삶이 아니라 남의 삶을 연기하는 것에 불과하며 그것을 얼마나 잘 재연했느냐에 따라 평가를 받고 그에 따라 인기가 달라진다는 것은 더더욱 잘못되었다고 생각하기 때문이었다. 스타에 대한 열망이 강한 우리 젊은이들의 유행에 비하면 상당한 차이가 있다. 그런데 성경은 우리가 그리스도에 속한 삶을 살면 삶의 형식이 달라진다고 말한다. 한마디로 세상 기준으로 삶을 살지 않기 때문이다.

바울은 이를 위해서는 우리에게 예수 그리스도에 속하고, 그와 연합하며, 그의 옷을 입어야 한다고 말한다. 이것은 인기나 명예에 연연하여 그것의 노예가 되어 살 것이 아니라 오히려 그로부터 자유하는 삶을 살아야 한다는 것이다. 이것은 삶의 형식이 달라져야 한다는 말과 같다. 우리는 율법의 노예로서 이 땅의 삶을 살아서는 안 된다. 약속된 자로서 소망을 가지고 하나님이 원하시고 기뻐하시는 삶을 살아야 한다. 예수 그리스도는 우리로 하여금 바로 이러한 삶을 살도록 하기 위해서 이 땅에 오셨다. 따라서 우리의 삶의 형식이 달라져야 하는 것은 당연하다.

제15장 잊지 마세요,
당신은 주님의 제자라는 사실을

제자 중 한 사람인 배형규 목사가 아프간 피랍사건의 제물이 되었다. 그는 늘 책상 앞에 "온전한 헌신은 마지막 것을 드리는 것이다."라는 기도문을 앞에 두고 생활해 왔고, 그리스도의 제자를 키우며 사랑을 실천하는 데 앞장서 왔다. 한양대에서 그를 기리는 예배를 드릴 때 그의 유품도 함께 전시되었다. 그는 칼빈의 「기독교강요」를 통독하고 나름대로 기독교강요 교육을 위한 책도 내놓았다. 아직도 그가 줄쳐 놓은 책을 바라보며 나름대로 얼마나 치열하게 주님을 섬기고자 했는가를 알 수 있었다.

한 제자는 아직 대학을 졸업하지 않았는데도 탄자니아를 사랑하여, 아프리카 영혼을 끌어안고 기도하고 있는 모습을 내게 보였다. 영국에서 훈련을 받기도 하고, 그곳에 단기선교를 다녀오기도 하며, 어떻게 하면 그들을 위해 자신을 준비할까 열심이다. 그런 가운데 격간지 「아름다운 동행」은 미국에 사는 60대 교포부부가 탄자니아 의료선교사로 남은 생애를 바치기로 했다는 소식을 전한다.

이런저런 모습을 보면서 곰곰이 생각하며 결론을 내렸다. "주님은 지금도 참다운 제자를 찾으시는구나." 과거에도 제자를 찾으셨던 주님, 그리고 지금도 제자를 찾으시는 주님. 인터서브 총재 폴 벤더 사무엘 선교사에 따르면 과거에는 한 지역에서 선교사를 찾으셨으나 지금은 세계 곳곳에서 선교사를 부르신다. 이런 때 진정 주님을 사랑하는 제자라면 어떻게 할 것인가. 특히 바로 당신은.

✝ 결코 잊지 마세요, 당신은 하나님 왕국의 비밀 요원

원저 공(Duke of Windsor)은 1936년 에드워드 8세로 즉위했지만 미국인 이혼녀 심슨 부인과의 사랑으로 반대에 부딪혀 10개월 만에 왕위를 버리고 원저 공이 되었다. 그가 아버지 조지 5세로부터 매일 들은 말이 있다. 그것은 짧은 한마디였다. "절대 잊지 마라. 네가 누구인가를"(Never forget who you are). 그는 그 말을 늘 새기면서 살았을 것이다.

리젠트 칼리지 폴 스티븐스 교수는 그리스도인들에게 특별히 주문하는 말이 있다. "결코 잊지 마세요. 당신이 누구에게 속해 있는지를"(Never forget whose you are). 그거야 당연히 우리는 주님께 속해 있다. 그처럼 감사한 일이 또 있을까. 교회(church)도 바로 '주님께 속해 있다'(kuriokos)는 뜻을 가지고 있지 않은가.

스티븐스 교수는 에스더서를 설교하면서 깨달아야 할 것이 다섯 가지가 있다고 말한다.

그 첫째는 "알라. 당신이 어디에 있는지"(Know where you are). 월요일마다 하나님은 당신을 직장과 가정의 선교사로 보내신다. 학생은 학교로 보내 학원 선교사가 되게 하신다. 친구를 만나 그의 선교사가 되게 하신다. 왜, 당신은 하나님의 사람이니까.

둘째는 "알라. 당신이 무엇을 하고 있는지를"(Know what you

do). 당신은 그 속에서 계속 하나님의 일을 하고 있다. 이보다 귀한 일이 더 있을까.

셋째, "알라. 당신이 누구와 함께 하고 있는가를."(Know with who you are). 하나님은 어디서든 당신과 함께 하신다.

넷째, "알라. 당신이 어디로 가고 있는가를."(Know where you go). 모르드게가 에스더에게 말한다. "네가 하지 않으면 구원은 다른 곳으로부터 올 것이다." 당신은 하나님이 원하시는 길로 가고 있는가?

끝으로, "알라. 당신이 누구인가를."(Know who you are). 당신은 아는가. 당신이 누구인지를. 당신은 하나님 왕국의 비밀요원이다. 하나님은 매일 당신에게 하나님 자녀로 있을 수 있는 특권을 주셨다. 그러니 매일 하나님께 감사하지 않을 수 없고, 그분을 사랑하지 않을 수 없다.

✝ 제자, 제자의 길

내가 누구인가를 가장 잘 드러내는 단어가 있다면 그것은 우리가 주님의 '제자'라는 사실이다. 옥한흠 목사는 평신도를 주님의 제자로 일깨우는 데 평생을 바친 분이다. 그는 연변과기대 채플 설교에서 '제자관'에 대해 설명하면서 듣는 이로 하여금 예수의 제자로 살 것을 거듭 당부했다. 그에 따르면 제자화는 예수님의 브랜드이다. 성경의 여러 곳에서 우리로 하여금 "제자를 삼으라." 명령하셨다. C. S. 루이스는 "예수 제자를 만들기 위해 교회가 존재한다." 하였다.

제자화란 무엇인가? 헨리 나우웬은 우리를 향해 "오늘을 살고 있는 작은 예수가 되라."고 말한다. 릭 워렌은 "그리스도와 같은 인격을 갖는 것이 그리스도인의 목표"라 하였다. 제자화는 선생을 배우는 것이다. 예수 제자화는 예수님 자신을 배우고 본받는 것이다. 예수님은 "나를 본받으라", "너를 부인하고 나를 따르라." 하셨다. 제자에 관한 말씀은 마태복음에서 사도행전까지 250번 등장한다. 그만큼 제자화가 중요하다는 말씀이다.

그런데 로마서부터는 이 단어들이 나타나지 않는다. 그러나 "본받는 자, 온전한 자"로 단어가 바뀌어 등장한다. 제자라는 단어가 새로운 옷을 입고 등장하는 것이다. 에베소서 4장을 보자. 11절에서 14절까지 보면 우리로 하여금 믿는 것과 아는 일에 하나 되어 온전한 사람을 이루어 자라라고 하신다. 온전한 사람은 예수를 닮은 제자가 되는 것이다. 그리스도의 장성한 분량한 데까지. 12절은 먼저 성도를 온전케 하고 그다음 일을 하게 한다. 제자를 삼는다는 것은 예수의 사람을 만드는 것이다. 변화된 사람이다. 결코 옛사람이 아니다.

제자화는 한마디로 예수처럼 살며, 예수님처럼 되는 것이다. 나의 목표도 그것으로 귀결된다. 이것은 결코 쉬운 목표가 아니다. 내 스스로 그 경지에 도달하려면 불가능할 수 있다. 그러나 성령께서 함께하시면 가능하다. 완전할 수 없는데 우리를 완전하라 하시는 이유는 하나님은 우리를 그만큼 사랑하시기 때문이다. 사랑하기 때문에 최고를 기대한다. 이것 깨달을 때 감사하게 된다.

교회는 단지 교회는 설교 들으러 오는 곳이 아니다. 삶의 목적을 새롭게 정립하고, 그 목적에 따라 삶의 질을 달라지게 하는 곳이다. 예수님은 제자들에게 "가서, 세례를 주고, 분부한 것을 가르쳐 지키게 하라." 하셨다. 이 말은 "지킬 때까지 가르치라"는 말씀이다.

예수의 제자가 되는 것은 우리가 주님 앞에 갈 때까지 끝없이 진행되는 작업이다. 이 작업을 통해 온전한 사람이 되어 간다. 제자훈련이 어렵고, 완전한 사람이 안 될 줄 아는데 되어야 한다고 말해야 할 때

부담감을 느낄 것이다. 이로 인해 우울증이 걸릴 수도 있다. 그러나 그것은 상대를 새로운 피조물로 만들기 위한 거룩한 작업이다.

주님은 지금 사람을 찾고 있다. 에즈라 바운드의 말을 빌리면 "세상은 가장 좋은 방법을 찾고 있지만 하나님은 가장 좋은 사람을 찾고 있다." 준비된 사람, 그 사람을 통해 세상을 바꿀 사람을 찾으신다. 그 사람을 통해 역사하기를 기뻐하시기 때문이다. 그 사람이 바로 당신일 수 있다. 그래서 사람 하나하나가 중요하다. 그 한 사람 때문에 세상이 달라질 수 있다면 하나님은 아주 멋진 분이시다. 우리로 하여금 그 멋진 사역에 동참하도록 하신 하나님께 감사하지 않을 수 없다.

✝ 차원이 다른 제자가 되라

제자는 제자다워야 한다. 당신이 제자다울 때 세상은 달라진다. 지금 사람들은 한국교회에 대해 좋은 말을 하지 않는다. 비판의 목소리가 높다. 교인은 많지만 제자다운 제자가 보이지 않기 때문이다. 이것은 그리스도인이 되는 것과 그리스도인으로서 사는 것이 얼마나 다른가를 보여 준다. 사단이 이 사실을 더 잘 안다.

이제 우리가 해야 할 일은 제자다운 면모를 더 드러내는 것이다. 그래야 세상이 보다 밝아지고, 살맛이 나게 된다. 당신은 어떤 제자가 되고자 하는가? 제자가 되고자 한다면 남다른 제자가 되라 말하고 싶다. 영국의 극작가 버나드 쇼 묘비에 "우물쭈물하다가 내 이럴 줄 알았지."라는 글이 쓰여 있다고 한다. 우리는 이처럼 후회하는 글을 남기기보다 차원이 다른 제자로서 하나님을 드러내라. 그러면 어떻게 과거와 다를 수 있을까?

첫째, 차원이 다른 인격(high being), 곧 그리스도의 인격으로 바뀌어져야 한다. 우리는 하나님의 나라 자녀답게, 주님을 닮은 제자로서 남다른 인격을 소유해야 한다. 바나바는 사람들로부터 '착한 사람'이라는 칭호를 받았다. 다르게 살면 사람들이 먼저 알아본다. 안디옥 교인들이 그리스도인이라는 칭호를 얻지 않았던가.

둘째, 차원이 다른 희생(high sacrificing), 곧 자기부인의 삶을 살아야 한다. 사람들은 빛과 소금의 역할에 대해 말을 많이 한다. 하지만 실제로 그 역할을 하려 드는 사람은 드물다. 그리스도인은 자기를 부인하는 사람이다. 자기를 부인하려면 먼저 희생이 따른다. 희생 없이 자기부인의 삶으로 들어갈 수 없다. 우리가 희생할 때 소금은 짠맛이 나고, 빛은 어둠을 비춘다. 바울은 자기의 몸을 관제로 드리노라 했다. 관제란 제물 위에 포도주를 뿌리는 것이다. 자신을 다 드리는 순교자적인 삶으로 삶을 마감하겠다는 뜻이다. 곧 자신을 희생함으로써 하나님의 영광을 드러내는 것이다. 우리가 이렇듯 차원이 다른 희생을 할 때 사람들은 기독교를 다시 보게 될 것이다.

셋째, 차원이 다른 행실(high acting), 곧 그리스도의 가르침을 행동으로 드러내야 한다. 그리스도인은 행동으로 하나님을 드러내는 사람이다. "너희 착한 행실을 보고 하늘에 계신 너희 아버지께 영광을 돌리게 하라."(마5:16). 우리의 행실이 어떠냐에 따라 하나님이 영광을 받으시기도 하고, 비난을 받으시기도 한다는 것을 기억하라. 우리는 그분의 자녀이기 때문이다. 우리가 행동으로 그 선하심을 드러낼 때 하나님은 기뻐하신다.

차원이 다른 행동을 보이려면 지금까지 받기만 했던 삶에서 주는 삶으로 전환하면 된다. "받는 자보다 주는 자가 복되다" 하지 않았는가. 주는 것은 섬기는 것이다. 넉넉한 마음과 믿음으로 섬길 때 그 섬김이 빛을 낸다. 나중에 여유 있으면 하지 미루지 말자. 주님은 지금 우리를 필요로 하신다. 선하심을 행할 기회는 자주 오지 않는다. 그 기회가 우리를 기다려 주지 않을 수 있다. 풍부하지 않다 할지라도 조금씩 섬기라. 신시내티에 있는 빈야드 교회는 작은 실천을 강조한다. 한 달에 2시간, 20불. 하나님의 친절을 조건 없이 보여 주는 20-2 운동이 그 보기다. 그 작은 시간, 작은 돈이 세상을 바꿀 수 있다. 예수님의 제자가 되고자 한다면 차원이 다른 제자가 되라.

✝ 가가와, 윌리엄 캐리, 허드슨 테일러

가가와 도요히코는 귀족이며 부유한 사업가이자 천황의 자문역이었던 아버지와 기생이었던 어머니 사이에 태어났다. 그가 겨우 4살이었을 때 양친 모두 죽어 그는 가족농장으로 보내졌다. 그는 학대받고 사랑받지 못하는 아이가 되었다. 외로움이라는 상처를 안고 지냈다.

그가 도쿠시마 학교에 다닐 때 미국 장로교 선교사 몇 명을 소개받았고, 그중 해리 마이어스 박사가 그의 멘토가 되었다. 가가와는 예수님의 가르침과 모범에 감명을 받아 산상수훈을 암기하고 날마다 기도하는 사람이 되었다.

"오. 하나님. 저를 그리스도와 같이 만들어 주옵소서."는 그의 기도제목이었다. 15살에 세례를 받았다. 친척들은 이로 인해 의절했고, 삼촌은 그의 상속권을 박탈했다.

가가와는 21살 되던 해 크리스마스경 그의 모든 재산을 손수레에 싣고 나왔다. 빈민가에서 가난한 사람들과 함께 살기 위해서였다. 그는 누구든 보살핌과 쉼터가 필요한 사람과 함께 살았고, 하루에 죽두 그릇만 먹고 살았다. 그는 때로 병들고, 오해를 받고, 헐뜯음을 당했지만 굴복하지 않고 병자들을 돌봤다. 그에게 있어서 십자가는 사랑의 결정체였다. 그 사랑을 더 알기 위해 애쓰고, 그 사랑을 나누기 위해 노력했다.

선교의 아버지 윌리엄 캐리는 옥스퍼드 대학 앞에서 구두수선을 하는 사람이었다. 그는 학생들이 그를 어떻게 생각하든 위대하신 하나님을 믿고 그분의 뜻에 따라 살기로 했다. 당시만 해도 선교는 사람들이 택하기 싫어하는 험난한 길이었다. 그는 가난한 나라 인도를 택했다. 당시 인도는 영국인에게 있어 착취의 대상이었고, 인도인은 사람 취급을 받지 못했다. 그러나 그는 인도인의 영혼을 사랑했다. 그는 인도로 가 선교를 하며 최초로 인도어 신문을 낸 인물이 되었다. 그는 말한다. "하나님은 위대하시다. 하나님으로부터 위대한 일을 기대하라. 그리고 위대한 일을 하라."

허드슨 테일러가 중국 선교사로 간 것도 마찬가지다. 날마다 주님께 기도를 드리던 테일러에게 하나님은 중국을 부탁하셨고, 하나님은 그를 통해 위대한 일을 하셨다. 당시 영국인들은 중국을 존중하지 않았다. 하지만 그는 달랐다. 그는 자신을 중국인과 동일시했다. 그는 중국인과 똑같은 옷을 입고, 머리 모양도 그들처럼 했다. 외모뿐 아니라 내면에서 중국인이 되었다. 그는 중국인과 똑같은 입장에서 하나님을 전했고, 중국 내지 선교회(Chinese Inland Mission)를 만들어 온 중국 온 땅에 하나님의 말씀을 전했다.

✝ 하나님 나라의 비전을 품고 자신을 훈련하라

이제 당신이 그리스도의 제자가 되기를 소원한다면 자신을 훈련시켜라. 하나님 나라의 비전을 품고.

첫째, 영성훈련을 하라. 믿음은 영과 깊은 관계가 있다. 영성을 위해서는 성령님과의 깊은 교제가 필요하다. 먼저 성령님께 의존하라. 그러면 그가 모든 진리로 인도하실 것이다. 그 인도하심에 따라 주님을 깊이 체험하라. 무엇보다 주님과 더 나은 관계를 목표로 삼으라.

둘째, 인격(성)훈련이다. 균형 잡힌 인격이 되도록 훈련하라. 믿음이 삶에 나타나도록 하고, 섬김을 사랑하라. 우리가 생활에서 성숙함을 드러내는 것은 하나님이 우리에게 주신 하늘나라 숙제이다. 이 숙제를 잘 해 나가야 하나님으로부터 인정을 받을 수 있다.

셋째, 지성훈련이다. 우리는 하나님의 형상을 가졌다. 주님의 제자인 우리는 지식에까지 새로워지도록 노력해야 한다. "하나님을 아는 지식을 주옵소서. 학자의 입을 주옵소서." 기도하라. 세상 사람은 지식을 가지면 교만해지지만 그리스도인은 지성을 가질수록 겸손해진다.

맥스 루케이도의 「비밀의 책」에서 네 번째 비밀은 성숙(growth)이다. 욥기 23장 10절의 말씀이 그 기초다. "나의 길을 오직 그가 아시나니 그가 나를 단련하신 후에는 내가 정금같이 되어 나오리라."

이 비밀은 다음과 같은 수수께끼로 시작된다.

"내가 가고 나면 다시 오기를 바랄 거예요.

하지만 내가 있을 때는 내가 떠나기를 바라겠지요.

내가 도와줄 때는 고통스러울 거예요.

나는 힘을 얻으면 뻗어가게 되지요.

나는 누구일까요?"

그 답은 '성숙'이다.

진흙 덩어리, 나무토막 그리고 어린 망아지 같은 재갈이 있다. 보기엔 별 쓸모없는 물건들이다. 그러나 그것을 도예사, 조각가, 조련

사의 손에 맡기면 그들의 손에 의해 쓸모없는 물건들이 유용한 물건
으로 만들어져 간다. 우리 모두도 그런 쓸모없는 존재들이다. 그러나
하나님은 우리가 자랄 수 있도록 무엇이든 어떤 방법이든 활용하실
수 있다.

앞으로 어떤 일이 잘 안될 때마다 당신은 하나님 손 안에 있다는
사실을 기억하라. 하나님 안에서 다듬어 가라. 하나님께 우리 자신을
의탁하면 하나님은 당신을 아주 특별한 제자로 만들어 가실 것이다.
하나님은 절대 실수하지 않으시는 분이다.

✝ 오늘 당신의 가슴을 하나님께 닿게 하라

우리는 그리스도의 제자다. 우리는 모두 열방에 속한 하나님의 자
녀이며, 주님의 백성은 모두 그의 제자로서 하나이고, 함께 가는 사
람이다. 이제 당신은 주님을 닮은 자로서 이 세상에 섰다. 당신이 해
야 할 일은 계속 페달을 밟고 앞으로 나가는 일이다. 당신이 주님을
위해 쓰임 받을 때 당신은 세상이 주지 못하는 기쁨을 안고 일하게
될 것이고, 당신의 가슴은 감사로 넘칠 것이다. "주님, 사랑합니다.
주님. 감사합니다."

영국 요그셔주 반슬리를 기도로 수놓았던 테일러처럼 당신의 기
도가 당신의 자리에서 흘러넘치게 하라. 오늘 당신의 가슴을 하나님
께 닿게 하라. 당신이 주님의 제자로서 주님을 위해 일하고자 하는
마음을 가질 때 주님은 당신을 위해 더 크게 일하실 것이다. 중요한
것은 주님을 향한 당신의 마음이다. 하나님은 당신 제자들의 아름다
운 결단과 헌신을 원하신다. 내일의 감사는 오늘 당신의 결단에 달
려 있다.

제16장 당신은 주님의 준비된 제자인가?

선생이 한 학기 힘껏 가르치고 난 다음 시험을 치게 했을 때 학생이 답안을 아주 잘 쓴 경우 선생의 마음이 기쁘지만 답안이 기대 이하일 때 선생의 실망은 아주 크다. 주님은 그의 제자들을 통해서 바로 이런 실망감을 체험했다. 제자들은 주님이 잡히시는 순간뿐 아니라 잡히신 후까지도 주님께 실망을 안겨 주었다. 그 주된 이유는 제자들이 영적이기보다는 세상적이었기 때문이다. 어떤 학자들은 이 점을 들어 예수님께서 제자양성에 실패했다고 말한다. 이것은 제자를 바로 양성한다는 것이 얼마나 어려운 것인가를 보여 준다.

누가복음22:35-38의 말씀은 제자들이 예수님의 말씀을 바로 이해하지 못하고 있음을 적나라하게 보여 주고 있다. 예수님은 제자들에게 35, 36, 37절의 말씀을 주셨다. 이 말씀은 이제 주님이 잡히겠으며 지금까지는 주님이 직접 그들과 함께 하시어 문제를 해결해 주셨지만 이제부터는 주님이 그들을 떠나 있게 되므로 정신을 바짝 차리라는 경고의 말씀이었다. 이 말씀은 주님이 잡히시기 전이었고 감람산에서 기도하시기 전이었으며 제자들끼리 서로 누가 크냐고 다툼이 있은 후였다. 더 정확히는 "베드로야 네가 오늘 닭 울기 전에 세 번 나를 모른다고 부인하리라."는 말씀이 있은 다음의 일이었다.

예수님은 그들의 다툼 속에서 그들이 아직도 얼마나 세속적인가를 알 수 있었고 앞으로 있을 베드로의 부인을 생각하며 그들의 믿음이 아주 나락에 떨어져 있을 것을 내다보고 있었다. 예수님은 다가올 죽음을 예견하며 매우 심각한 말씀을 하고 계시는데 제자들은 이 말씀을 바로 이해하지 못하고 방황하고 있는 모습을 드러내고만 것이다. 이것은 그들이 얼마만큼 주님의 뜻을 바로 헤아리지 못하고 있는가를 보여 주고 있다. 이것만 보아도 그들이 핍박 앞에서 왜 좌절하고 흩어지고 심지어 주님을 모른다고 부인하기에 이르렀는가를 쉽게 가늠할 수 있다. 우리는 주님의 말씀을 바로 이해하고 흔들리지 않는 보다 확고한 믿음 위에 서 있어야 한다.

✝ 주님이 함께 계실 때는 부족함이 없어

주님은 제자들에게 "내가 너희를 전대와 주머니와 신도 없이 보내었을 때에 부족한 것이 있더냐?"고 물었다. 전도여행에 관한 물음이었다. 그들은 없었다고 대답했다(눅22:35). 주님은 전도여행 때 아무것도 가지지 말라고 명령했다. 지팡이나 주머니나 양식이나 돈이나 두벌 옷도 가지지 말라고 했다(눅9:3-6). 소유를 최소한으로 줄이고 전적으로 하나님을 신뢰하라는 것이다.

주머니를 가지지 말라는 것은 당시 헬라교사들이나 유대 선지자들이 주머니를 가지고 다니면서 부를 축적했기 때문이다. 전도는 복음전도 그 자체에 목적이 있는 것이지 부 축적에 목적이 있는 것이 아니다. 그럼에도 불구하고 우리 주변에는 아직도 금전에 혈안이 되어 있는 삯꾼목자들이 있음을 지적하지 않을 수 없다. 제자들이 주님의 명령에 순종했을 때 그들의 전도여행은 성공을 거둘 수 있었다. 각 촌에 두루 다니며 복음을 전하고 회개할 것을 촉구했다. 병을 고치며 능력을 행할 때 그들의 가슴속에는 기쁨이 넘쳤다. 그들이 성공하게 된 이유는 무엇인가? 그것은 그들이 일편단심 하나님을 신뢰했으며 가난하고 병들고 죄에 빠진 사람들 편에 서서 복음을 전파했기 때문이었다. 우리는 지금 하나님을 전적으로 신뢰하고 있는가? 세상염려 때문에 지팡이, 돈주머니, 양식, 여러 벌의 옷과 여러 벌의 신발을 준비하고 있지는 않는가?

✝ 이제는 정신 차릴 때가 되었다

주님은 "이제는 전대 있는 자는 가질 것이요 주머니도 그리하고 검 없는 자는 겉옷을 팔아 살지어다."(눅22:36)라고 말씀하셨다. '이제는'이라는 말씀은 매우 중요하다. 이제부터 상황이 아주 달라진다는 것이다. 그들과 함께 먹고 눕고 말씀하시던 주님이 이제는 잡혀가시게 되므로 그들과 함께 할 수 없기 때문이다. 전대, 주머니, 검을 가지라는 것은 문자적인 것이 아니라 새로이 펼쳐지게 될 어려운 상황에 대비하여 믿음의 각오를 단단히 하라는 말씀이다. 정신 차릴 때가 되었다는 것이다. 이제부터 제자들이 맞을 상황은 일찍이 전도여행을 떠났을 때와는 판이하게 다르기 때문이다.

우리는 지금 상황이 아주 달라진 제자들의 처한 모습 속에 들어와 있다. 세상이 하루가 다르게 나빠지고 있다. 향락, 사치, 부의 이기적 축적, 세상의 성공에 대한 열망 등 세상은 우리를 세상 속으로 자꾸만 잡아끌고 있다. 주님을 향한 보다 강한 믿음과 정절이 없다면 우리는 쉽게 파선할 수밖에 없다. 사단은 언제나 우리의 믿음이 파선되도록 올무를 놓고 있다. 주님은 베드로를 향해 "사단이 밀 까 부르듯 하려고 너희를 청구하고 있다"고 말하고 그러나 "내가 너를 위하여 네 믿음이 떨어지지 않기를 기도하였으며 그러므로 너는 돌이킨 후에 네 형제를 굳게 하라."(눅22:31-32)고 하셨다. 베드로는 사단의 시험을 이기지 못하고 세 번이나 주님을 부인하였다. 사단은 욥을 청구한 것처럼 지금도 "아무개 신앙 좋다 하지만 이 시험 한 번으로 넘어집니다. 보시지오." 하면서 시험을 청구하고 있다. 주님을 향한 믿음의 전신갑주를 입지 않으면 우리는 실패할 수밖에 없다.

바울은 우리를 가리켜 그리스도의 군사라고 말하고 있다. 우리는 주와 함께 죽고 주와 함께 사는 영광스러운 그리스도를 위한, 그리스도의 군사들이다. 우리는 진리를 위해 싸우는 사람들이다. 마음을 온전히 주님께 드리고 주님과 합한 심령으로 살아야 하는 믿음의 역군들 이어야 한다. 우리는 지금 악의 세력과 대결하고 있다. 주님은 이제 정신 차릴 때가 되었다 깨어나라 잘 때가 아니다 결코 평안한 때가 아니다 서 있다고 생각하느냐 넘어질까 조심하라고 말씀하신다.

✝ 고난당할 시기가 온다

주님은 "내가 너희에게 말하노니 기록된바 저는 불법자의 동류로 여김을 받았다 한 말이 내게 이루어져야 하리니 내게 관한 일이 이루어감이니라"(눅22:37)고 하셨다. 고난당할 시기가 임박하고 있음을 말씀하신 것이다. 불법자의 동류란 예수님이 강도나 악한 자처럼 취급되었음을 의미한다. 예수를 잡으러 온 사람들이 강도를 잡는 것 같이 검과 몽치를 가지고 왔기 때문이다. 강도처럼 잡히시고 강도들과 함께 못 박히신 것은 모두 예언의 말씀이 성취되었음을 의미한다. 이사야53:12의 말씀에 따르면 그는 범죄자 중 하나로 헤아림을 입었으나 실상은 그가 많은 사람의 죄를 지며 범죄자를 위하여 기도 했다. 범죄자란 죄인 된 우리를 가리킨다. 우리의 믿음과 변화를 위해 기도하신 것이다.

주님을 따르는 백성에게도 고난은 찾아온다. 바울은 전도하면서 "우리가 말로 표현할 수 없는 핍박을 받고 죽는 줄로 알았다."고 고백하고 있다. 계시록은 짐승들과 짐승인 맞은 자들(666)의 교회 및 성도들에 대한 끈질긴 공격과 핍박이 있을 것을 기록하고 있다. 그리스도인에게 있을 핍박, 고난, 순교는 이미 예언되어 있는 것이다. 성도란 결코 쉽게 될 수 있는 것이 아니다. 수많은 환난과 고난의 터널을 뚫고 나와야 영광스런 빛을 볼 수 있다. 주님은 우리에게 경고하고 있다. "고난의 시기가 온다. 믿음으로 준비를 하라 주님으로 이 고난을 이겨라."

✝ 제자들의 준비는 바람직하지 못했다

제자들은 주님께 "주여 보소서 여기 검 둘이 있나이다."(눅22:38)라고 대답했다. 칼을 사고 전대와 주머니를 가지라는 주님의 말씀은 주님이 체포되실 때 그들과 대항해서 싸우라는 것은 아니었다. 고난의 상황에 대비해서 믿음준비를 단단히 하라는 은유적인 표현이었다. 그러나 제자들은 이 말씀을 바로 이해하지 못하고 여기 칼 두 자루가 있다고 말하고 있는 것이다. 주님은 마음을 새롭게 하고 믿음으로 이 어려움을 이기라고 말씀하시는데 칼 두 자루 있음을 말하고 있다. 이것으로 어찌하겠다는 것인가. 그들은 주님이 말씀하시고자 하는 뜻을 바로 이해하지 못했다.

이에 대한 주님의 반응은 "족하다"(눅22:38)는 것이었다. 이 말씀은 해석하기 매우 어려운 부분이다. 이 말씀은 칼 두 자루만 있으면 충분하다는 뜻이 결코 아니다. "That's enough", 곧 너희들과의 대화는 이것으로 끝내자 그만 두자는 것이다. 이것은 제자들이 주님의 뜻을 충분히 이해하고 있지 못함을 자탄하시는 말씀이다. 3년간이나 함께 있으면서 가르쳐 왔음에도 불구하고 그들의 영적 이해가 이 정도에 지나지 않는가에 대한 자탄이다.

✝ 우리는 과연 어떠한가?

우리는 지금 제자들처럼 주님의 뜻을 헤아리지 못하고 여기 칼 두 자루가 있다고 말하고 있지는 않는가? "나는 이만큼 부자입니다 우리교회는 크고 재정도 넉넉합니다." 하며 세상적인 것을 내놓고 자랑하고 있지는 않는가? 어리석은 부자 어리석은 교회일 뿐이다. 주님은 "나는 그런 것을 원치 않는다. 나는 너희가 온전히 나를 따르고 말씀에 순종하며 믿음생활하기를 원한다."고 말씀하실 것이다. 자기를 부인하고 전적으로 주님을 의지하고 따르는 100% 신자 100% 교회를 원하신다. 고난의 시기에 믿음의 정절을 잃지 않고 주님만을 바라봄으로써 신앙의 뿌리를 보전할 것을 바라신다.

우리는 칼 두 자루에 자신을 의지할 것이 아니라 주님을 의지해야 한다. 자기를 내세울 때 실패할 수밖에 없지만 주님을 믿고 나아갈 때 승리한다. 베드로는 결국 칼을 빼어 들다가 주님으로부터 핀잔을 받았다. 칼을 의지하는 자보다는 주님 편에 서는 자가 승리한다. 레위족속이 하나님의 족속이 된 것은 이 때문이다.

주님은 지금도 우리를 찾아 오셔서 이제는 달라져야 한다고 말씀

하신다. 이제는 칼을 사고 전대와 주머니를 장만하라고 하신다. 믿음
을 철저히 준비하지 않으면 환난을 이길 수 없다고 말씀하신다. 세
상적인 칼로서는 이 환난을 이길 수 없다. 주님이 주시는 성령의 검,
말씀의 칼, 믿음으로 연단된 칼로서만 이길 수 있다. 이제는 달라진
모습, 믿음으로 성숙된 모습을 주님께 보여 주어야 한다. 주님은 그
만큼 우리의 변화된 모습을 보고 싶어 하신다. 주님이 그만큼 우리
를 사랑하시기 때문이다.

제17장 신앙은 시험과 유혹과의 전쟁

✝ 여기 저기 널려 있는 덫

제이슨 베리(J. Berry)가 쓴 책으로 「시험에 들게 하지 마옵시고」 (Lead not into Temptation)이란 책이 있다. 그는 이 책에서 가톨릭이나 루터란 교회 사제들의 죄를 다루고 있다. 특히 사제들의 성적으로 잘못된 행위, 동성애, 성희롱 문제를 지적하고 있다. 사람은 누구나 완전하지 않다. 그리스도인이라 할지라도 조금만 상황이 달라지면 지금까지 쌓아 온 믿음과는 전혀 다른 행동을 할 가능성이 있다. 목회자는 물론이고 신학생, 크리스천 대학생 등도 사건기사의 주인공이 되어 매스 미디어에 오르내리는 것을 심심찮게 볼 수 있다. 어떻게 그럴 수 있을까 생각하지만 그것이 현실이다. 그만큼 우리는 약하다.

사단은 그리스도인을 넘어뜨리기 위해 끊임없이 우리를 공격하고 있다. 사단은 갑자기 큰소리를 치면서 "예수를 거역하라!" 말하지 않는다. 그렇게 하면 알아차리고 피할 것이다. 오히려 조용히 찾아와 우리의 생각을 누그러뜨리고, 가볍게 여기게 함으로써 하나님의 생각을 잠시 접어두고 세상을 받아들이도록 한다. 사단이 인간을 파탄시킬 때 대수롭지 않게 여기게 하는 일곱 가지 덫이 있다.

- 누구나 하는 것인데 내가 했다고 죄가 될까?
- 아직 젊으니까 신앙은 나중에 나이가 들어서 갖자.
- 아주 미미한 것은 양심에 큰 가책이 없다.
- 이번이 딱 한 번이니까 괜찮겠지.
- 그동안 너무 힘들게 살았으니까 이 정도는 보상 측면에서 괜찮겠지.
- 이것이 나에게 주어진 좋은 기회가 아닐까?
- 아무도 보지 않으니까 문제없겠지.

이런 것들은 어찌 보면 대수롭지 않을 수도 있다. 그러나 그 미끼에 물리거나 덫에 걸리면 쉽게 빠져나오기 어렵다. 이미 사단은 당신을 전리품 목록에 올려놓았다.

✝ 비록 불같은 시험은 아닐지라도

성경은 그리스도인에게 불같은 시험이 있으리라 말하고 있다. 성경이 말하는 시험은 순교를 요구할 정도의 환난을 상정하고 있다. 당시의 시험은 그리스도인이 쉽게 당할 수 있는 것이었다. 세례를 받는다는 자체도 죽음을 각오한 것이었다.

베드로는 말한다. "너희 믿음의 시련이 불로 연단하여도 없어질 금보다 더 귀하여 예수 그리스도의 나타나실 때에 칭찬과 영광과 존귀를 얻게 하려 함이라."(벧전1:7). "사랑하는 자들아 너희를 시련하려고 오는 불 시험을 이상한 일 당하는 것같이 이상히 여기지 말고 오직 너희가 그리스도의 고난에 참예하는 것으로 즐거워하라."(벧전 4:12, 13a). 베드로는 그 시련, 그 불 시험을 그리스도인이 당연히 받아야 하는 것으로 알고, 기뻐하며 이기라고 말한다.

지금은 초대교회 시대에 겪었던 시련은 우리 주변에서 찾아보기 어렵다. 무슬림 지역에서 그리스도인이 때로 참혹한 일을 당하기도 하지만 우리가 그곳을 부러 찾아가 그들을 공개적으로 개종시키려 하지 않는 한 위험성은 아주 낮다. 그렇다고 안심할 일은 아니다. 사단은 오히려 우리 주변을 맴돌며 교묘한 방법과 전술로 우리를 무너뜨리고 있다.

✝ 우리를 시험에 들게 하지 마옵시고

예수님은 제자들에게 기도하는 법을 가르쳐 주셨다. 기도 중의 기도라 할 수 있는 주기도문이다. 모든 기도의 표준이 되는 기도다. 주님은 이 기도에서도 우리로 하여금 "우리를 시험에 들게 하지 마옵시고 다만 악에서 구하옵소서." 기도하게 하신다. 예수님도 우리가 시험에 들 일이 많음을 이미 아셨다.

시험은 우리 밖에 있는 것들이 우리를 시험하기도 한다. 외적인 시험이다. 하지만 우리 안에 있는 우리 자신의 악의 욕망이 우리 스스로를 유혹하기도 한다. 우리 자신이 유혹자(tempter)가 될 수 있다는 말이다. 내적인 유혹이다. 외적인 유혹보다 내적인 유혹을 다스리기 어려울 때가 많다. 시험에 들 때 우리는 속으로 "그만 둬(Just stop do it)"라고 말한다. 그러나 그 말이 통할 리 없다. 그렇게 말하기는 쉬워도 행하기 어렵다. 이미 우리의 마음과 생각이 그쪽으로 기울어 있기 때문이다.

우리는 자신의 의지력(willpower)으로 이길 수 있다고 믿는다. 그러나 우리의 의지력은 과도하게 평가되어 있다. 자기훈련(self-discipline)으로도 죄를 이길 수 없다. 사단은 우리의 약한 부분을 잘 알고 있다. 그래서 사단은 시험거리를 통해 우리의 가장 약한 부분을 치고 들어온다. 사단의 시험은 공정한 게임을 하지 않는다. 남은 것은 이제 어떻게 할 것인가 하는 것이다.

우리에게 남은 것은 하나님을 의지하고 기도하는 것뿐이다. 사단은 어떻게든 염려를 더 키워 우리의 기도를 막을 것이고, 하나님보다 어떤 다른 것을 의지하게 만들 것이다. 그러나 주님은 이러한 시험에서 벗어날 수 있는 길은 기도라고 말씀하신다.

✝ 다만 악에서 구하옵소서

"다만 악에서 구하옵소서."는 주님을 향한 우리의 절규이다. 여기서 왜 갑자기 '악'이란 단어가 나올까? 사단과 연관된 것은 모두 악과 관련이 있기 때문이다. 사단이 우리를 하나님으로부터 끊어 놓으려 하는 것, 그래서 우리가 그 꼬임에 빠지는 것 자체가 악이다.

미국의 부흥사 빌리 선데이는 이렇게 외치며 살았다. "나는 죄와 싸우겠다. 발이 있는 한 죄를 차 버리겠고, 주먹을 가지고 있는 한 죄를 쳐 버리겠고, 머리를 가지고 있는 한 죄를 받아 버리겠고, 이를 가지고 있는 한 죄를 물어뜯겠다. 내가 늙어서 주먹도 발도 이도 힘도 없을 때라도 영광의 집에 들어가기까지 잇몸으로라도 죄를 이기겠다." 죄와 싸워 이기겠다는 그의 각오와 결단이 얼마나 자랑스러운가. 요한 웨슬리도 "하나님을 두려워하고 죄 외에는 아무것도 두려워하지 않는 사람 100명만 주옵소서. 영국을 바꿔 놓겠습니다." 했다.

사단의 시험과 유혹 앞에서 하나님을 의지하고, 자신에게 몰려오는 죄악과 결연히 싸우겠다는 사람들이 있는 한 하나님은 언제나 우리 편이다.

하나님은 말씀하신다. "너는 두려워 말라 내가 너를 구속하였고 내가 너를 지명하여 불렀나니 너는 내 것이라 네가 물 가운데로 지날 때에 내가 함께할 것이라 강을 건널 때에 물이 너를 침몰치 못할 것이며 불꽃이 너를 사르지도 못하리니"(사43:1b-2). 물과 강과 불꽃은 그리스도인이 당할 수 있는 시험과 환난이다. 그런데 하나님은 자신의 자녀를 이것들로부터 확고히 보장하겠다고 하신다. 우리가 하나님을 의지하는 한 주님은 우리의 피할 바위가 되신다.

"오직 하나님은 미쁘사 너희가 감당치 못할 시험당함을 허락지 아니하시고 시험당할 즈음에 또한 피할 길을 내사 너희로 능히 감당하게 하시느니라."(고전10:13). 시험이 있다 해도 피할 길을 마련해 주시는 하나님, 이 하나님 외에 우리가 누구를 의지하겠는가.

✝ 우리를 향하신 하나님의 본심

예레미야애가에 따르면 인생을 향한 하나님의 본심은 선하다. "이는 주께서 영원히 버리지 않으실 것임이며 비록 근심케 하나 풍부한 자비로 긍휼히 여기실 것임이라 주께서 인생으로 고생하며 근심하게 하심이 본심이 아니시로다."(애3:31-33).

그러나 하나님은 종종 우리에게 멍에를 메게 하신다. 예레미야는 이렇게 말한다. "사람이 젊었을 때 멍에를 메는 것이 좋으니 혼자 앉아 잠잠할 것은 하나님이 그것을 메우셨음이라(애3:27, 28). 그때마다 우리를 연단하시려는 하나님의 본뜻을 이해하지 않으면 안 된다.

"여호와가 말하노라 이 온 땅에서 삼분지 이는 멸절하고 삼분지 일은 거기 남으리니 내가 그 삼분지 일을 불 가운데 던져 은같이 연단하며, 금같이 시험할 것이라 그들이 내 이름을 부르리니 내가 들을 것이며 나는 말하기를 이는 내 백성이라 할 것이요 그들은 말하기를 여호와는 내 하나님이시라 하리라"(슥13:8,9).

예수님도 공생애를 시작하기 전 광야에서 시험을 받으셨다. 사단은 예수를 넘어뜨리고자 했지만 예수님은 말씀으로 이기셨다. 마태복음 4장과 누가복음 4장은 이 사건을 잘 기록하고 있다. 하나님은 왜 주님을 시험받게 하셨을까? 하나님 말씀에 더 확고히 서게 하기 위해서다. 그리고 우리로 하여금 세상의 어떤 유혹과 시험에도 이기도록 하기 위함이다.

✝ 하나님께 피하라

시험에 들지 않기 위해 우리는 어떻게 해야 하는가? 그리스도인이 취할 유일한 방법은 하나님께 피하는 것이다. 문제가 생기면 종종 사람들의 도움을 받고 싶어 한다. 가까운 사람의 도움을 받아 유혹을 이기는 것도 하나의 방법이다. 규칙적으로 만나는 친구, 밤중에도 걸 수 있는 친구를 가지는 것도 좋다. 그러나 궁극적으로 우리가 필요한 분은 하나님이다. 사람들이 모여 서로 죄를 고백하고 서로를 위해 기도하면서 고침도 받고(약5:16) 위로도 받을 수 있다. 그러나 그보다 더 중요한 것은 우리에게 은혜를 주시는 하나님께 다시 연결되어야 한다는 것이다. 생명의 목적은 사는 것이다. 유혹의 궁극적인 목적은 우리를 하나님으로부터 단절시키고 하나님의 방식이 아니라 우리 방식대로 살도록 하는 데 있다. 사단은 육체는 물론 우리 영혼까지 고사시키고자 한다.

하나님을 의지하고 유혹으로부터 도피하라. 젊은이는 육욕을 자극하는 그 어떤 것으로부터 도피한다(딤후2:22). 유혹은 우리보다 더 강하다. 우리가 약할 때 하나님께 도망하는 것이 사는 길이다.

여기에서 대표적인 인물이 요셉이다. 그는 보디발 아내의 유혹 앞에서 하나님을 생각하며 도망쳤다. 집요한 유혹 앞에서 요셉은 "내가 어찌 큰 악을 행하여 득죄하리요" 하고 맞섰다. 어떤 말에 따르면 여인은 벗은 옷을 애굽 신상에 걸어 놓으며 이제 신은 보지 않는다고 계속 유혹했다. 그러자 요셉은 "당신의 신은 보지 못하겠지만 나의 하나님은 보십니다." 외치며 뛰쳐나왔다. 요셉을 기억하라.

우리가 요셉처럼 할 수만 있다면 무슨 문제가 되겠는가? 오히려 삼손처럼 행동할 가능성이 더 높다. 삼손은 유혹을 피할 수 있는 기회가 있었음에도 불구하고 놓쳤다. 사사기 6장 16절을 보면 드릴라로 인해 '번뇌하여 죽을 지경'이라 했다. 이것은 그가 갈등했음을 보여 준다. 갈등하는 마음에 하나님의 음성이 들린다. 양심에 가책을 느낀다. 갈등은 신앙이 제 기능을 하고 있다는 것을 보여 준다. 이때 하나님께 부르짖어야 한다. 그러나 삼손은 이 기회를 이용하지 않았다.

돌아설 수 있는 기회에 하나님께 구하면 하나님은 우리를 도와주신다. 신실하신 하나님은 우리 각자가 감당할 만한 시험을 주시고 감당케 하신다. 피할 길도 만들어 주신다. 문제는 우리가 하나님 앞에 바로 서고, 하나님이 우리를 위해 만드신 그 길(the way)을 따라 걷느냐 하는 것이다. 그 길을 따라가는 한 우리는 이길 수 있다.

✟ 당신의 영혼을 회복하라

유혹에 지면 비참해진다. 머리가 밀리면 거룩의 힘이 떠나고 눈도 뽑힌다. 영적 봉사가 된다. 그토록 소중히 여기던 거룩한 모습은 찾을 수 없다. 삼손은 맷돌을 돌리는 존재로 전락했다. 맷돌 위에는 더욱 무거운 짐이 얹힌다.

현대인은 죄짓는 것을 심각하게 여기지 않는다. 안토니오 반델라스 주연의 영화 '팜므파탈'(Femme Fetale)에서는 범죄를 유쾌하고 섹시하며 에로틱하게 표현하여 범죄의 스릴을 맛보게 한다. 청소년들 사이에서는 절도행위마저 용기로 인정하려는 일마저 발생한다. 남의 가정을 파괴해 놓고서도 죄의식을 느끼지 않는다. 하나님은 우리에게 선한 양심을 주셨다. 양심을 가진 자라면 하나님을 두려워하고, 죄를 무서워해야 한다. 그래야 우리의 영이 바로 선다.

하나님은 우리의 영혼이 회복되기를 바라신다. 시험은 하나님이 우리를 고치고자 하는 곳이 무엇인가를 진단하는 것과 같다. 약한 부분이 발견되면 그것을 강하게 한다.

삼손의 밀린 머리털이 자란 것에 주목하라. 삼손은 감옥에서 철저히 회개했다. 하나님이 그의 눈물을 보시고 기도를 들으셨다. "다시 일어나라." 하나님은 그를 회복시키셨다. 그리고 깎인 머리털을 자라게 하셨다. 치유받은 것이다.

"만일 우리가 우리 죄를 자백하면 저는 미쁘시고 의로우사 우리 죄를 사하시며 모든 불의에서 우리를 깨끗게 하실 것이요."(요일 1:9). 우리 모두는 회복된 전과자이다. 재범가능성이 있는 감시대상자이다. 그러므로 매사에 삼가 조심할 필요가 있다.

✟ 성령의 힘으로 세상을 제압하라

하나님의 사람으로 '이 시대의 선지자'라 불리던 에이든 토저(A. W. Tozer). 호소력 넘치는 설교와 책으로 시대를 질타하고, 많은 사람을 하나님 앞으로 이끈 목사. 그래서 "앞으로 토저 같은 인물이

나올 수 있을까" 할 정도로 교회갱신을 외쳐 온 인물이다.

토저는 부패한 현대교회에 대해 결코 쓴 소리를 아끼지 않았다. 특히 죄를 합리화하고 죄를 가볍게 여기도록 만드는 심리학을 거부하고, 대기업의 경영방식을 무차별적으로 교회에 차용하는 행위를 경계하며, 할리우드 엔터테인먼트 방식이 예배에 도입되는 것에 대해 "예배인가 쇼인가" 하며 통렬하게 비판했다.

그는 우리가 유혹과 시험을 이기기 위해 세상과 충돌하라 말한다. 그는 「세상과 충돌하라」는 책을 썼다. 이 책은 1950년대 초반 휘튼 대학 학생들에게 한 설교 중 11편을 엮은 것이다. 원 제목은 '토저가 학생들에게 말하다'(Tozer Speaks to Students). 그는 이 대학의 교수는 아니었지만 에드먼 학장과의 인연으로 자주 대학 채플에서 설교를 했으며, 놀위치의 줄리안 등 교회사에서도 찾기 어려운 인물들의 영성을 소개하며 학생들에게 심령의 변화를 가져다주었다.

토저는 이 책에서 더 이상 세상을 의지하지 말고 "성령의 힘으로 세상을 제압하라", "세상과 구별된 참그리스도인으로 거듭나라"고 말한다. 이 책의 키워드는 한마디로 '성령'이다. 성령의 힘으로 거듭나고 세상을 변화시키라는 것이 주된 메시지다.

모든 그리스도인에게 성령이 계시지만 성령의 충만 정도는 각자 다르다. 하나님의 뜻은 성령님이 우리 안에 거하는 정도가 아니라 충만해지는 것이다. 그래서 그는 성령 충만을 갈망하되 마음속에서 불이 날 정도로 갈망하라 한다. 왜 성령 충만을 갈망하는가? 그것은 내 힘이 아니라 주님이 주시는 힘으로 세상을 이기기 위함이다. 성령의 기름부음을 받아 변화된 이만큼 아름다운 사람은 없다.

성령 충만을 위해서는 무엇보다 자기를 비워야 한다. '자기 비움'을 위해 그는 무디가 자주 사용했던 유리병 예화를 꺼냈다. 두 유리

병이 있다. 하나는 비워 있고, 다른 하나는 물로 채워 있다. 빈 잔에 물을 채우려면 잔이 비어 있어야 한다. 비워진 만큼 더 물을 채울 수 있다. 마찬가지로 내 안이 깨끗이 비어 있어야 주님을 가득 채울 수 있다. 나를 비우고 또 비울수록 성령이 충만히 채워진다.

기독교의 능력은 성령의 능력이다. 세상의 잡된 사상과 잘못된 종교적 관습이 세상을 변화시킬 수는 없다. 바하이교(Bahaism)도 아니고 신사상(New Thought)도 아니고 로자리오 묵주도 아니다. 성령의 능력만이 우리 삶의 뿌리까지 찾아와 변화시킬 수 있다. 성령님만이 '페네트랄리아'(penetralia), 곧 우리 내면의 '가장 깊은 곳'까지 찾아와 부흥을 일으키고 하나님과 동행하게 하신다.

깨끗한 인격으로 성령과 동행하는 사람은 세상과 충돌하게 되어 있다. 세상은 당신에게 거칠게 저항할 것이다. 그러나 세상을 두려워하지 말라. 당신은 성령의 사람이다. 주님이 함께하신다. 모든 것은 그리스도 안에 있다. 세상은 또 당신을 미쳤다고 말할 것이다. 그러나 오히려 기뻐하라. 성령에 취해 있는 기쁨을 세상이 어찌 알겠는가.

성령 충만한 자는 하나님으로부터 난 자들이다. 그들은 삶이 다르다. 영적 성장을 중단시키는 사람들과의 관계도 과감히 끊고, 신앙의 진보를 가로막는 습관도 끊는다. 토저는 요금을 내지 않고 기차를 탔던 일, 참지 못하고 화냈던 과거를 끄집어내며 회개했다. 그는 "사람들과의 관계를 바로 할 뿐 아니라 하나님과의 관계도 바로 하라. 미지근한 영성에서 벗어나 하나님의 불꽃같은 사랑으로 들어가라. 마음과 생활과 행위를 말씀의 빛에 정직하게 비추어 영적 성장을 방해하는 요소를 과감히 제거하라." 계속 주문한다. 그는 우리를 음란의 호수로 인도하는 소설을 거부하도록 한다. 존 스타인벡은 외설의 원액을 묻혀 책을 쓴 사람으로 비판당한다. 그는 그 원액에 열광하는 사람들로 인해 유명해진 인물일 뿐이라는 것이다. 자아(self)를 거꾸로 써 h를 붙이면 육신(flesh)이 된다. 아담이 자아 중심적 선택을 해 하나님께 불순종했을 때 육신(정욕)의 지배를 받았던 것을 잊지 말라.

어떤 사람은 토저를 가리켜 신비주의자가 아니냐고 말한다. 그러나 성령의 능력을 믿는 자에게는 어느 정도 신비주의적인 요소가 있음을 부인하지 않는다. 또 토저의 글은 이미 다 아는 것이 아니냐고 말할 수 있다. 그러나 중요한 것은 아는 것이 아니라 실천이다. 아직도 내 안에 도사리고 있는 반역의 뿌리를 뽑지 못하고 세상과 구별된 삶을 살지 못하기 때문에 그는 성령님이 필요하다 역설하고 있다. 하나님의 사람으로 태어나라. 오직 성령으로. 기독교는 세상의 비위를 맞추려고 아첨하지 않는다. 오히려 세상과 충돌하라.

유혹은 마귀의 시험이다. 마귀의 유혹을 면죄받은 사람은 아무도 없다. 미국 범죄의 99%가 돈, 섹스, 권력과 연관되어 있다. 누가 이 문제로부터 자유로울까. 사단은 아담은 물론 예수님까지 유혹했다. 유혹 그 자체가 죄는 아니지만 유혹은 나를 전쟁으로 불러내는 것과 같다. 신앙은 유혹과의 전쟁이다. 셰익스피어는 말한다. "유혹은 내 팔꿈치에 있는 마귀다." 그렇게 가깝다. 유혹, 반드시 이겨야 한다. 지면 당신의 거룩함은 물론 모든 것을 잃어버린다.

히브리서 기자는 이렇게 당부한다. "오직 오늘이라 일컫는 동안에 매일 피차 권면하여 너희 중에 누구든지 죄의 유혹으로 강퍅게 됨을 면하라."(히3:13). "두려워할지니 그의 안식에 들어갈 약속이 남아 있을지라도 너희 중에 혹 미치지 못할 자가 있을까 함이라."(히4:1). "그러므로 우리가 긍휼하심을 받고 때를 따라 돕는 은혜를 얻기 위하여 은혜의 보좌 앞에 담대히 나아갈 것이니라."(히4:16).

제18장 속사람 강건하게 만들기와
온 마음으로 주님 모시기

그리스도인은 자신을 위해 사는 사람이 아니다. 무엇보다 하나님을 위해 사는 마음을 가져야 하고, 아울러 이웃을 위한 마음을 가져야 한다. 이를 위해서는 우리 마음과 영을 새롭게 해야 한다. 겉 사람보다 속사람이 달라져야 하며, 온 마음으로 주님을 모시고 살아야 한다.

에베소서에는 바울의 위대한 기도 두 개가 소개되어 있다. 하나는 1장 15절에서 23절이고, 다른 하나는 3장 14절에서 21절이다. 1장에서는 하나님께서 교인들의 마음의 눈을 밝혀 하나님의 놀라운 능력을 알게 하시기를 기원했다. 그리고 3장에서는 교인들의 마음을 위해 기도한다.

바울은 이방에 하나님의 비밀, 곧 복음의 비밀을 전하는 사도가 된 이래 그 복음을 받은 사람들에게 하나님의 구원계획과 함께 복음에 대해 확신을 심어 주는 것이 무엇보다 중요하다고 생각하였다. 바울은 비록 지금 영어의 몸으로 이 일을 위해 믿음의 형제들에게 달려갈 수는 없지만 편지로라도 그들의 심령을 강하게 만드는 것이 중요하다고 생각하였다. 특히 그들을 위해 기도하는 일이 무엇보다 중요하다고 생각한 바울은 편지 속에 자기의 간구를 담았다. 자기가 기도하는 한 교회나 교인이 약해지지 않으리라는 확신을 하게 된 것이다. 이러한 확신이 그로 하여금 감옥에서도 기도하게 만들었을 것이다. 그는 아버지 앞에 무릎을 꿇고 빈다고(엡3:15) 말함으로써 그의 간절함을 나타내었다. 3장에 기록된 그의 기도 내용을 살펴보기로 한다.

✝ 속사람을 강건케 하옵소서

그의 첫 기도내용은 16절에 소개되고 있는 바와 같이 속사람(inner man)을 강건하게 해달라는 것이었다. 속사람은 겉 사람과는 반대되는 말로 외모의 변화가 아니라 내면의 변화가 있는 사람을 말한다. 겉 사람이 육적이며 일시적인 데 반하여 속사람은 영적이고 참되고 영원하다.

속사람의 속은 영혼·양심·의지·인격·이성 등 여러 가지로 표현된다. 영혼·양심·인격의 주체가 되는 내적 자아를 소유해야 한다는 것이다. 이것은 영적으로 달라져야 한다는 것을 의미한다. 겉 사람은 악을 행하고자 하는 육적 본능을 가지고 있기 때문이다. 아우구스티누스는 사람을 향내 사람과 향외 사람으로 나누고 진리는 속사람, 곧 향내 사람 속에 깃든다고 말했다.

바울은 에베소 교인들이 영적으로 변화된 삶 살기를 소원했다. 그는 교인들이 무엇보다 성령의 능력으로 말미암아 날로 새로워지기를 바랐다. 속사람의 변화가 자기 자신의 의지가 아니라 성령 하나님이 함께하심으로 이루어져야 하기 때문이다. 그리스도인은 자기 자신보다 성령의 능력을 힘입는 사람이어야 한다. 바울은 속사람이 강건해

지기를 바라면서 바로 이 점을 강조하고 있다. 우리가 아무리 속사
람을 지향한다 할지라도 이 땅에 사는 한 완전한 상태는 아니다. 거
듭남으로써 새 사람이 되고(엡4:24), 하나님의 풍성하신 은혜의 공
급을 받아 성장해 나가야 한다. 이런 의미에서 16절의 '그 영광의 풍
성을 따라'는 말씀은 매우 깊은 의미를 가지고 있다. 풍성을 의미하
는 헬라어 '프로우토스'(ploutos)는 주시는 분이 하나님이시며, 그분
의 영광스러운 능력과 은혜가 우리에게 미친다는 것을 암시하고 있
다. 그 풍성한 은혜는 성령을 통해 나타난다.

　성령의 능력을 힘입는 방법에는 크게 두 가지가 있다. 하나는 소
극적인 방법이요, 다른 하나는 적극적인 방법이다. 소극적인 방법에
는 성령을 근심시키지 않는 방법과 성령을 소멸시키지 않는 방법이
있다. 하나님이 하지 말라는 것을 할 때 우리는 성령을 근심시킨다.
그러므로 하지 말라는 것은 하지 않는 방법이 바로 성령을 근심시키
지 않는 방법이다.

　또 하나님이 하라는 것을 하지 않을 때 성령은 소멸된다. 그러므
로 하라는 것은 하는 것이 성령을 소멸시키지 않는 방법에 속한다.
그러나 성령을 근심시키지 않는 선이나 성령을 소멸시키지 않는 선
에서 행동하는 것은 소극적인 방법에 속한다. 적극적인 방법은 우리
가 무시로 기도하고, 날마다 기쁨으로 전진하는 삶을 사는 것이다.
말씀하신 이상으로 노력하고 성령의 열매를 풍성히 맺는 것이다. 속
사람이 강건해지려면 소극적인 방법보다 이처럼 적극적인 삶을 살아
야 한다.

✝ 그리스도께서 너희 마음에 계시게 하옵소서

바울은 17절에 "그리스도께서 너희 마음에 계시게 하옵시고."라고 기도하였다. 이것은 그리스도의 영이 영원히 내주해 있으면 좋겠다는 간구의 기도이다. 우리의 몸은 성전과 같다. 따라서 주님이 내주해 있어야 하는 것은 당연하다. 그러나 손님 각자에 대해 우리의 태도가 다르듯이 주님에 대한 우리의 태도도 천차만별일 수가 있다. 찰스 핫지(C. Hodge)에 따르면 성도들에 따라서 성령의 충만 정도나 내주 정도가 다르다.

우리는 여기서 '계시게'라는 말에 주목할 필요가 있다. 계신다는 것은 거주한다, 상주한다는 뜻을 가지고 있다. 성경에 계신다는 말에는 크게 두 가지가 있다. 하나는 나그네같이 산다는 의미의 '파로이케오'(paroikeo)이다. 이것은 낯선 곳에 사는 사람이 언제나 떠날 준비를 모습으로, 마치 이 땅 위에 사는 우리가 곧 떠나야 할 것처럼 사는 것을 말한다. 다른 하나는 영원히 그 집의 주인으로 머물러 산다는 의미의 '카토이케오'(katoikeo)이다. 바울은 여기서 길손처럼 머무는 것이 아니라 영원한 주인으로 계시게 하옵소서라는 의미의 기도를 드리고 있다. 바울은 이에 앞서 믿음으로 라는 것을 강조했다. 주님의 내주하심이 믿음에 바탕을 두어야 한다는 것이다.

✝ 사랑 가운데 뿌리가 박히게 하옵소서

바울은 17절 하반 절에 "너희가 사랑 가운데서 뿌리가 박히고 (rooted) 터가 굳어져서(grounded)"라는 기도를 올리고 있다. 하나님은 사랑이시다. 그리스도인은 그 사랑을 본받는 사람이 되어야 한다. 식물은 땅에 뿌리가 깊게 내려야 튼튼하게 자랄 수 있다. 건물도 터가 견고한 데 서야 튼튼하다 말할 수 있다. 그리스도인은 사랑을 실천함으로써 그 뿌리를 더 깊게 내릴 수 있다. 그리스도인의 사랑은 믿음 가운데 있어야 튼튼하다. 그래서 바울은 이 사랑을 말함에 있어서도 믿음을 강조하고 있다. 그리스도인의 사랑은 얕은 사랑이 아니라 믿음 가운데 날마다 뿌리를 깊게 내리는 사랑이라는 점에서 다르다.

✝ 그리스도의 사랑을 알게 하옵소서

바울은 18절과 19절에 "능히 모든 성도와 함께 지식에 넘치는 그리스도의 사랑을 알아 그 넓이와 길이와 높이와 깊이가 어떠함을 깨달아"라고 기도하고 있다. 그리스도의 사랑을 알고 깨닫게 되기를 기도하고 있는 것이다. '지식에 넘치는 그리스도의 사랑'이란 모든 지식, 곧 인간의 상상을 뛰어넘는 그리스도의 사랑을 의미한다. 주님의 사랑이 너무 크고 신비하기 때문에 우리의 지적 능력으로 깨닫기 어려움을 보여 준다. 그러나 바울은 교인들로 하여금 그 사랑의 본질을 깨달아 알기를 소원했다.

바울은 그리스도의 사랑을 잘 깨달아 아는 성도가 되기 위해서 그 사랑의 넓이와 길이와 높이와 깊이를 말함으로써 사랑을 기하학적으로 설명하고 있다. 학자에 따라서는 이것을 그리스도의 사차원적 사랑이라 말하기도 한다. 사랑의 넓이·길이·높이·깊이는 우리를 향하신 주님의 사랑이 그만큼 넓고, 길고, 높고, 깊다는 것을 의미한다.

지금까지 여러 사람들은 소망·겸손·용서라는 개념을 통해 그 사랑의 너비·길이·높이·깊이에 대해 설명하고자 하였다. 그러나 성경은 그 자체로서도 그 사랑의 너비·길이·높이·깊이에 대해 말씀하고 있다.

사랑의 너비에 관한 말씀으로 요한복음 3장 16절의 말씀을 들 수 있다. 하나님이 이 세상을 이처럼 사랑하사 독생자를 주셨을 만큼 사랑이 넓다는 것이다. '하나님이 이 세상을'은 하해와 같이 열린 하나님의 마음을, '이처럼 사랑하사'는 끊임없는 사랑과 그 넓은 사랑을, '독생자를 주셨으니'는 아낌없는 사랑을, 그리고 '누구든지 믿는 자마다 영생을 얻으리라'는 말씀은 우리를 구원하는 사랑, 살리는 사랑임을 말해 주고 있다. 우리는 어린 자녀들을 향해 얼마만큼 사랑하느냐고 묻곤 한다. 그때 아이는 이만큼 하며 팔을 힘껏 벌린다. 아주 많이 사랑한다는 뜻이다. 이 표현이 바로 '이처럼'이다. 주님은 죄인은 우리를 이만큼 사랑하신다. 그리스도의 사랑은 모든 것을 포용하고 용서할 수 있을 만큼 넓다.

사랑의 길이에 대해서는 여러 말씀이 있다. 주로 시간적 길이로 설명하고 있다. 즉 하나님께서는 창세전부터 사랑하셨으며(요17:24), 지금도 우리를 사랑하시고(계1:5), 세상에 있는 자기 사람들을 사랑하시되 끝까지 사랑하신다(요13:1).

주님의 사랑은 깊다. 자기를 힘입어 하나님께 나아가는 자들을 온전히 구하실 수 있는(히7:25) 주님은 나를 기가 막힐 웅덩이와 수렁에서 끌어올리신다(시40:2). 땅의 깊은 곳이 주님의 손에 있고(시95:4), 성령은 모든 곳, 곧 깊은 곳이라도 통달하시므로 아무리 죄와 타락의 극한 깊이에서라도 우리를 구하실 수 있다. 구원은 예수의 사랑 속에 근거하고 있으며, 사랑은 구원의 가장 위대한 영광이다.

사랑의 높이에 관한 말씀으로 시편의 말씀이 있다. 시편저자는

"주님이 사랑이 너무 높아서 내가 능히 미치지 못하나이다."라고 고백하고 있다. 주님의 사랑은 이처럼 높다. 그러나 우리가 이 땅에서 사랑을 하면 할수록 하늘의 보좌에까지 올릴 수 있는 것이 바로 사랑이다.

이외에도 성경은 사랑의 많음에 대해 말하고 있다. 시편저자는 "여호와 나의 하나님이여 주의 행하신 기적이 많고 우리를 향하신 생각도 많도소이다 내가 들어 말하고자 하나 주의 앞에 베풀 수도 없고 그 수를 셀 수도 없나이다."(시40:5)라고 하였다.

프롬은 사랑의 기술에서 사랑을 관심 · 책임 · 존중 · 이해 · 주는 것이라 하였다. 사랑은 주는 것이기도 하지만 받는 것이기도 하다. 사랑을 받고 있다는 것을 느끼는 사람은 행복을 느낀다. 우리는 주님으로부터 이렇듯 깊고 넓고 많은 사랑을 받고 있음에도 불구하고 기쁨도 없고, 소망도 없이 살아간다. 안타까운 일이 아닐 수 없다. 바울은 소망도 기쁨도 없이 살아가는 오늘의 교인을 향해 그리스도의 사랑을 깨닫게 해달라고 기도하고 있다.

✝ 하나님이 저들 가운데 충만하게 하옵소서

우리는 성령 충만을 주로 말한다. 그러나 성경에는 그리스도 충만과 하나님 충만을 아울러 말하고 있다. 바울은 19절 하반 절에서 "하나님의 모든 충만하신 것으로 너희에게 충만하시기를 구하노라"고 기도하였다. 리빙 바이블은 이 대목에서 어느 다른 것보다 "하나님으로 가득 채우라"(filled up with God himself)고 말한다. 하나님 충만하라는 것이다. 하나님의 모든 충만하신 것이란 여러모로 해석이 가능하지만 쉽게 말하여 하나님이 모든 일에 온전하신 것처럼 너

희도 온전하라는 뜻을 담고 있다. 내가 거룩하니 너희도 거룩하라는
것이다.

✝ 하나님께 영광 돌리는 삶 살게 하옵소서

바울은 20절과 21절을 통하여 마지막 기도를 올리고 있다. 그 기
도의 요점은 하나님에게 영광이 대대로 영원무궁하기를 바라는 것으
로, 이는 우리가 하나님께 영광 돌리는 삶을 살아야 한다는 것을 의
미한다.

바울은 이 기도에서 하나님을 가리켜 "우리 가운데 역사하는 능
력대로 우리의 온갖 구하는 것이나 생각하는 것에 더 넘치도록 능히
하실 이"라고 표현하고 있다. 하나님은 멀리 계시는 분이 아니라 우
리와 가까이 계시는 분이며 우리가 구하는 이상으로 더 주실 수 있
고, 또 실제로 주시는 분이라는 것이다. 우리를 위해 자신의 것을 아
낌없이 주시는 이 하나님께 교회 안에서뿐 아니라 그리스도 예수 안
에서 영원히 영광을 돌려야 하며, 또 돌리는 삶을 살아야 한다고 말
하고 있다. 영광 돌리는 삶이 바로 주는 삶이다.

제19장 차원이 다른 감사

골로새서 속에서 가장 중요한 단어 두 가지를 고르라면 첫째는 그리스도요 둘째는 감사다. 바울은 이 서신을 통해 그리스도인은 마땅히 차원이 다른 감사생활을 해야 한다는 것을 가르치고 있다. 우리는 곧잘 나 자신의 형편만을 생각한 감사생활을 하고 있다. 내 형편이 나아지면 감사할 일이 있지만 형편이 조금만 못해지면 짜증이 나고 감사할 것이 없다고 생각한다. 감사할 조건을 나에게서 찾는 차원이 낮은 감사를 하기 때문이다.

그러나 바울은 감사의 조건을 그리스도에게서 찾는 차원 높은 감사를 하라고 말하고 나 자신이 아니라 그리스도 안에서 그리스도를 중심으로 생활하게 되면 감사가 넘치지 않을 수 없다고 가르친다. 이 글은 골로새서를 중심으로 바울이 무엇을, 그리고 어떻게 감사하도록 하는가를 살펴보기로 한다.

✝ 무엇을 감사해야 하는가?

바울은 골로새서를 통해 다음과 같은 이유에서 감사해야 한다고 말한다. 그 이유는 우리가 왜 그리고 무엇을 감사해야 하는가를 가르쳐 준다.

첫째, 부족한 우리에게 성도의 기업을 주신 것에 대해 감사해야 한다. 골로새서 1장 12절은 다음과 같이 가르친다. "우리로 하여금 빛 가운데서 성도의 기업(基業)의 부분을 얻기에 합당하게 하신 아버지께 감사하게 하시기를 원하노라." 여기서 기업이란 상속을 뜻하는데 그 상속이 다름 아닌 그리스도를 통해 이루어진 상속이라는 점에서 특이하다. 본문 가운데 '빛 가운데서'라고 언급되어 있는 것은 바로 그 상속이 그리스도 속에서 이루어진 것을 강조한다.

성경에서 빛은 거룩, 사랑, 진리, 생명 등을 상징한다. 사도 요한에 따르면 그 빛은 성부 하나님(요일1:5) 그리고 그리스도(요일1:4, 9)를 가리킨다. 그러나 바울은 하나님과 그리스도의 빛의 속성을 이어받은 그리스도인들이 바로 빛이라고 말한다(엡5:8). "성도의 기업의 부분을 얻기에'라는 말씀은 '성도들이 누릴 기업에 참여하는 자가 되기에"라는 의미를 가지고 있다. 죄의 어두움 속에 사는 우리를 그리스도의 보혈을 통해 하나님의 빛의 세계로 이끌어 주시고 성도로서 그 빛을 상속받아 우리로 하여금 그 빛을 발하게 해주신 것이다. 이것이 바로 빛의 상속이다.

그러기에 빛 되신 그리스도의 통치를 받는 그의 나라는 빛의 나라이며 그 나라에 속한 모든 백성은 빛의 자녀들이 된다. 지금까지 어두움의 자식들이었던 우리들을 빛의 자녀로 삼으시고 그 빛을 기업으로 이어받아 상속토록 했으니 어찌 감사하지 않을 수 있겠느냐는 것이 바로 바울의 가르침이다. 그리스도인의 감사는 무엇보다 거룩한 성도로서 빛을 상속했다는 감격이 있어야 한다는 것이다. 이러한 감사는 물질에 바탕을 둔 인간의 감사와는 차원이 다른 감사이다. 그래서 바울은 "너희가 그리스도와 함께 다시 살리심을 받았으면 위엣 것을 찾으라."(골3:1), "땅에 있는 지체를 죽이라"(골3:5)라고 강조한다. 감사의 조건이 아래에 있는 것이 아니라 위에 있기 때문이다.

그리스도를 믿고 나서 그동안 나 자신만을 생각했던 사람이 남을 위하는 삶을 살 수 있다면 그것은 그만큼 빛의 세계로 들어선 것이다. 삶을 부정적으로 생각했던 사람이 보다 긍정적으로 살게 되었다면 그는 그만큼 빛의 세계로 들어선 것이다. 우리는 이것을 감사해야 한다. 그리스도 때문이기에 더욱 그러하다.

둘째, 그리스도 안에서 평강 누릴 수 있게 된 것을 감사해야 한다. 바울은 그의 서신에서 다음과 같이 말한다. "그리스도의 평강이 너희 마음을 주장하게 하라 평강을 위하여 너희가 한 몸으로 부르심을 받았나니 또한 너희는 감사하는 자가 되라"(골3:15). 그리스도의 평강을 누림으로써 감사함을 넘치게 하라는 것이다. 정욕과 탐심과 다툼이 들끓는 우리의 마음을 변화시키며 하나님의 평강을 주실 수 있는 분은 오직 그리스도이시다. 그래서 그리스도의 평강은 어느 누구로부터도 얻을 수 없고 빼앗길 수도 없는 생명처럼 중한 평강이다. 주님이 주신 평강은 너무나 크고 넓어 헤아릴 수조차 없다.

찬송가 404장 '그 크신 하나님의 사랑'은 레만(F. M. Lehman) 목사가 작사 작곡한 것이다. 그 찬송 속에 '그 크신 하나님의 사랑 말로 다 형용 못하네 하늘을 두루마리 삼고 바다를 먹물 삼아도 한없는 하나님의 사랑 다 기록할 수 없겠네.'라는 가사가 있다. 당시 레만 목사는 한 시골에서 목회를 하고 있었는데 작은 교회라 거의 보수를 받지 못했다. 그는 가족의 생계를 위해 닥치는 대로 일을 해야 했다. 그가 한때 치즈공장에서 일을 했는데 이 찬송은 바로 이때 영감을 얻어 짓게 된 것이다. 부인은 때로 좋은 시를 발견하거나 좋은 문구가 있으면 이를 모아 두거나 적어 두는 습관이 있었다.

하루는 출근하는 목사님 도시락에 바로 '하늘을 두루마리 삼고 바다를 먹물로 삼아도'라는 시구를 적어 넣어 주었다. 도시락을 열고 그 시를 접한 레만 목사의 가슴은 갑자기 뜨거워졌다. 시 내용에 크게 자극을 받은 것이다. 그는 그날 밤 집에 돌아와 늦게까지 이 시를 바탕으로 찬송시를 쓰고 곡을 붙였다. 또 하나의 위대한 찬송가가 탄생하게 된 것이다. 이 찬송은 바로 하나님의 사랑을 감사한 것이다. 그는 어려운 생활 가운데서도 그리스도의 넓으신 사랑과 주님이 주시는 평강을 노래할 수 있었다. 그리스도인은 이처럼 생활의 어려움 속에서도 오히려 하나님께 감사할 줄 아는 사람들이다.

셋째, 그리스도의 말씀이 우리 안에 넘치는 것을 감사해야 한다. 바울은 말한다. "그리스도의 말씀이 너희 속에 풍성히 거하여 모든 지혜로 피차 가르치며 권면하고 시와 찬미와 신령한 노래를 부르며 마음에 감사함으로 하나님을 찬양하고"(골3:16). 하나님께서는 우리에게 말씀을 주시고 또 그 말씀이 우리 안에서 살아 움직이도록 만드셨다. 하나님의 말씀은 어두움에 처한 자에게 등불이 되며 길 잃은 자에게 그 방향을 확실히 알도록 한다. 우리에게 말씀이 주어지지 않았다면 우리는 지금도 방황하고 있을 것이다. 그러므로 우리는 하나님께서 우리에게 말씀을 주신 것에 대해 언제나 감사한 마음을 잊어서는 안 된다.

넷째, 무엇을 하든지 감사해야 한다. 바울은 "무엇을 하든지 말에나 일에나 다 주 예수 이름으로 하고 그를 힘입어 하나님 아버지께 감사하라"(골3:17) 말한다. 우리는 우리의 이기적인 욕심 때문에 자기의 것에 해당되지 않으면 감사하지 않는 나쁜 버릇을 가지고 있다. 따라서 우리의 감사는 매우 한정되어 있다. 그런데 바울은 '무엇을 하든지' 감사할 것을 가르치고 있다. 이것은 다시 말하여 모든 것이 다 감사하다는 말이다. 감사치 아니한 것이 없다는 것이다.

감사할 줄 아는 사람은 삶을 그만큼 긍정적으로 살 수 있다. 손양원 목사는 두 아들을 공산당에게 잃는 슬픔을 당하고서도 오히려 감사하는 설교를 했다. 순교의 삶 살기를 기도했는데 순교하게 된 것 감사하고, 한 사람 순교하는 것만도 축복인데 두 사람 모두 순교하게 되었으니 더더욱 감사하다는 것이었다. 그리스도 안에서의 삶은 이처럼 아픔과 고난까지도 감사할 줄 아는 긍정적인 삶으로 변한다.

옥에 갇힌 바울은 골로새 교인들을 향해 이렇게 말하고 있다. "내가 이제 너희를 위하여 받는 괴로움을 기뻐하고 그리스도의 남은 고난을 그의 몸 된 교회를 위하여 내 육체에 채우노라"(골1:24). 괴로움마저 기뻐하고 감사하는 삶, 그리스도인의 삶은 이처럼 차원이 높다. 욥은 극심한 고난 가운데서도 하나님께 감사를 드렸다. "주신 이도 여호와시요 취하신 이도 여호와시니 여호와께서 찬양을 받으실지로다."라고 하였다. 어리석은 자처럼 입을 열어 하나님을 원망하지 않았다. 그러자 참소하던 마귀는 물러가고 그는 갑절의 복을 받았다. 하박국 선지자는 포도나무에 열매가 없고 감람나무에 소출이 없고 밭에 식물이 없고 외양간에 소가 없을지라도 여호와를 인하여 감사했다. 그가 감사할 때 하나님은 그에게 힘을 주셨고 그는 힘을 얻어 사슴처럼 높은 경지로 그의 인생길을 달릴 수 있었다.

✞ 어떻게 감사해야 하는가?

바울은 골로새서를 통해 세 가지 감사방법을 가르쳐 주고 있다.

첫 번째 방법은 마음으로 감사하는 것이다. 바울은 마음에 감사함으로 하나님을 찬양할 것을(골3:16) 말하였다. '마음에'라는 말씀은 '마음속 깊이', '진정으로'라는 뜻을 담고 있다. 겉으로나 명목적으로 하는 감사가 아니라 속 깊이 감사하라는 것이다. 깊은 회개와 감사, 철저한 깨달음과 감사, 이 모두는 하나님께서 참으로 기뻐하시는 것이다.

두 번째 방법은 기도로 감사하는 것이다. 바울은 "기도를 항상 힘쓰고 기도에 감사함으로 깨어 있으라."(골4:2)고 말하고 있다. 우리의 기도 속에 언제나 있어야 할 것은 감사라는 뜻이다. 우리의 기도의 대부분은 간구이다. 감사는 매우 형식적일 뿐이다. 그런데 바울은 감사가 더 많아야 할 것을 가르치고 있다. 하나님은 자꾸만 더 달라고 조르는 사람의 기도보다 조그마한 것일지라도 감사할 줄 아는 사람의 기도를 더 기뻐 받으신다. 원망하는 기도보다 감사하는 기도를 해야 한다.

믿음이 좋다는 한 농부가 몸이 불편해 병원을 찾았다. 불행히도 위암판정을 받았다. 더는 살 길이 없다고 했다. 농부는 하나님을 원망하기 시작했다. "남보다 깨끗하고 정직하게 살려고 애를 썼는데 왜 내가 위암에 걸려야 합니까? 세상에 못된 놈도 많은데 왜 접니까?" 그때에 하나님은 성령을 통해 말씀하셨다. "하나님께서는 원망의 기도는 듣지 않으십니다. 감사의 기도만 들으십니다."

농부는 원망의 기도를 멈추고 감사의 기도를 하기 시작했다. "하나님, 아무리 생각해도 감사할 일은 없습니다만 좌우지간 감사합니다."로부터 시작해서 오늘까지 건강한 것, 오늘까지 농사지은 것, 내가 죄지을 때에 하나님께서 참아 주신 것, 내가 잘못된 길을 갈 때에 하나님께서 계속 은혜를 베풀어 주신 것, 가정에 대한 것, 믿음에 대한 것 등 감사할 조건이 생각나면 기도했다. 그는 낫게 해주십사하는 기도도 잊어버린 채 열심히 감사의 기도를 드렸다. 그러자 온 마음과 몸이 불덩이처럼 달아오르더니 결국 병이 나았다. 원망을 멈추고, 감사해야 달라질 수 있다.

세 번째 방법은 감사를 넘치게 해야 한다는 것이다. 바울은 골로새 교인들에게 "믿음에 굳게 서서 감사함을 넘치게 하라"(골2:7) 당부하였다. "너희가 그리스도 예수를 주로 받았으니 그 안에서 행하되 그 안에 뿌리를 박으며 세움을 입어 교훈을 받은 대로 믿음에 굳게 서서 감사함을 넘치게 하라"는 것이다. '감사함을 넘치게 하라'는 말은 단지 감사하는 마음을 가지는 것만으로는 부족하고 보다 적극적으로 나타내고 으로 표출되는 감사 생활을 하라는 것이다.

감사가 넘칠 때 그것은 예배로 나타나고 전도로 나타나고 봉사로 나타난다. 예배는 감사의 적극적인 표현이다. 우리의 믿음의 선진들도 그들의 감사를 예배로 표현하였다. 노아는 방주에서 나오자 구원에 대해 감격하여 감사의 제사를 드렸고, 아브라함은 가나안 이곳저곳을 옮겨 다닐 때마다 하나님의 은혜가 너무 감사하여 제단을 쌓았다. 야곱은 가나안으로 돌아와서 벧엘에 올라가 감사의 제단을 쌓기보다 세겜에 안주하려 했다. 하나님은 그의 가정에 문제를 안겨 주었다. 야곱은 그의 가정이 "망하게 되었도다."라며 크게 한탄하였다. 그때 하나님은 그에게 벧엘에 올라가 제단을 쌓을 것을 명령하셨고 그 명령을 따른 후 그의 가정은 크게 달라졌다. 전도와 봉사도 마찬가지이다. 바울은 우리를 향해 이처럼 감사가 넘치는 생활을 하도록 당부하고 있다.

✤ 바울의 감사와 우리의 태도

바울의 골로새서는 로마의 옥중에서 쓴 것으로 알려져 있다. 바울이 골로새서 맨 마지막절인 4장 18절에서 "나의 매인 것을 생각하라"라고 한 것은 이 글이 옥중에서 썼음을 분명히 입증하고 있다. 그는 비록 옥중에 갇혀 있기는 했지만 골로새 교인들을 생각하면 기쁠 뿐이었다. 바울은 이 서신의 서두를 감사의 글로 채우면서 이렇게 말하였다. "우리가 너희를 위하여 기도할 때마다 하나님 곧 우리 주 예수 그리스도의 아버지께 감사하노라"(골 1:3). 눈물겨운 모습이 아닐 수 없다.

그리스도인들은 이처럼 세상이 생각할 수 없는 일들 속에서 감사를 한다. 그는 처음부터 감사를 잊지 않았고 계속해서 그 교인들로 하여금 하나님에 대한 감사를 잊지 않도록 했다. 우리는 그가 옥중에서 이처럼 감사를 했고 또한 감사를 가르쳤음을 기억하지 않으면 안 된다. 그는 결코 세상적인 성취에 대해 감사한 일은 한 번도 없었다. 오히려 그리스도인으로서 당하는 고난을 크게 기뻐하고 감사했다. 우리도 바울처럼 감사생활을 통해서도 세상이 감당할 수 없는 그리스도인들로 변화되어야 한다.

당신은 지금 어떤 생활을 하고 있는가? 지금도 이 세상 것에 매달려 그것만 바라보고 그것이 이루어졌을 때만 감사하는 차원 낮은 감사를 하고 있지 않는가. 바울은 우리에게 말하고 있다. 우리가 바라볼 것은 아랫것이 아니라 위엣 것이다. 차원 높은 감사를 하라. 그리스도인의 감사는 달라야 한다는 것이다.

시편 기자는 하나님께 감사생활을 하는 사람에게는 다음과 같은 약속이 주어졌다고 말한다. 감사로 제사를 드리는 자가 나를 영화롭게 하나니 그 행위를 옳게 하는 자에게 내가 하나님의 구원을 보이리라(시50:23). 우리의 감사가 하나님을 영화롭게 한다는 사실 그리고 그 감사가 구원에 이르는 약속 있는 감사라는 사실을 우리는 잊어서는 안 된다.

우리는 모두 하나님 나라에 들어가기를 소원한다. 그러나 우리가 기억해야 할 것은 하나님 나라에는 감사와 찬송이 넘치는 세계라는 사실이다. 따라서 감사하지 않는 자는 그 나라에 들어갈 수 없을 뿐 아니라 그 나라에서 살 수조차 없다. 하나님 나라의 공용어는 바로 하나님에 대한 감사요 찬송이기 때문이다.

그리스도인의 감사는 세상적인 감사와는 차원이 다르다. 우리는 아름답고 생동력 있는 하나님 나라의 감사 생활을 인간의 이기적인 감사 모습과 혼동해서는 안 된다. 그리스도인이 간직하고 지켜 나가야 할 감사생활은 세상방식이 아니라 하나님 나라의 방식이다. 우리가 이 땅에 살면서 하나님 나라를 이루기 위해서는 무엇보다 감사의 태도가 달라져야 한다. 우리는 골로새서의 말씀을 통해 우리가 진정 무엇을 감사해야 하고 어떻게 감사해야 하는가를 깨닫고 생활에 그대로 옮겨야 한다. 우리의 입에 진정 하나님에 대한 감사가 넘칠 때 내가 달라지고 가정이 달라지고 교회가 달라지고 사회가 달라진다. 하나님은 지금도 우리의 감사하는 모습을 지켜보고 계신다.

제 5 부

아가페 선교, 예수 생명 전하기

제20장 짐 엘리엇,
왜 그는 자신의 생명을 내놓았는가?

선교는 아가페다. 사랑할 수 없는 사람까지 안고 가는 것이 선교다. 그들이 예수를 인정하든 인정하지 않든 그들을 구원의 자리로 인도하고, 변화시키기 위해 죽음의 위험을 무릅쓰고 간다. 수단 북부에서 선교하던 이집트 출신 선교사가 총격을 받고 죽어 가며 말했다. "저의 부모님께 전해 주세요. 저는 예수 그리스도를 위해 죽었노라고." 바울은 말한다. "뿌리는 씨가 죽지 않으면 살아나지 못하겠고"(고전15:36). 죽음을 통해 그리스도의 생명이 나타난다. 우리가 그들을 위해 썩는 밀알이 되지 않으면 그대로 있다. 터툴리안은 순교자의 피가 교회의 씨가 되었다고 말한다. 하나님은 오늘도 변혁시키는 사역에 헌신하시고, 자신의 제자들을 필요한 곳에 투입하신다.

여러 선교사가 있지만 짐 엘리엇(J. Elliot)은 주님을 위해 하나의 밀알이 되고자 했다. 짐 엘리엇이 죽기 두 달 전쯤 그의 편지와 일기를 읽다가 아내 엘리자베스는 문득 이런 말을 했다. "짐, 이런 글들이 있어서 다행이에요. 내가 당신의 전기를 쓸 때 필요한 거예요." 짐은 쓸데없는 걱정 말라고 했지만 이것은 현실이 되었다. 그들에게는 딸 발레리가 있었고, 아이는 막 걸음마를 배우고 있었다. 엘리엇

선교사. 그는 아우카(Aucas)족을 위한 선교의 씨앗이 되었다. 주님
으로부터 받은 아가페를 혼자 간직할 수 없어서. 그 아가페를 엘리
자베스가 쓴 「전능자의 그늘」을 통해 보기로 한다.

✝ 영원한 것의 추구

"영원한 것을 얻고자 영원할 수 없는 것을 버리는 자는 바보가 아
니다."는 이 유명한 말은 에콰도르에서 순교한 짐 엘리엇 선교사가
1949년 휘튼 대학생 때 한 것이다. 그로부터 7년 후 그는 다른 네 젊
은이와 함께 쿠라라이강 흰 모래톱에서 야만적 원시 살인 족 아우카
족에게 무참히 살해되었다. 아우카족은 백인들에 대한 의심과 오랜
두려움으로 외지인에 대한 접근을 허용하지 않았다. 그들 주머니에
권총이 있었지만 사용하지 않았다. 엘리엇의 나이 스무 여덟이었다.

휘튼을 최우등으로 졸업한 뒤 선교사로서의 꿈을 키울 때 그는
일기에 이렇게 적었다. "하나님이 젊은 생명을 취하신다 해도 나는
이상하게 생각해서는 안 된다. 나라면 젊은 사람들을 나이들 때까지
이 땅에 두고 싶겠지만 말이다. 하나님은 영원의 나라로 사람들을
이주시키고 계신다. 내가 그분의 이주대상을 나이든 사람들로 국한
해서는 안 된다." 그는 이미 순교를 각오했다.

엘리엇의 부인 엘리자베스는 그의 일기 등 여러 자료를 모아 「전
능자의 그늘」을 펴냈다. 이 책의 제목은 "지존자의 은밀한 곳에 거
하는 자는 전능하신 자의 그늘 아래 거하리로다."(시91:1)에서 따온
것이다. 엘리자베스는 휘튼에서 함께 투키디데스를 공부한 학우요
믿음의 동료였다. 그는 헌사에서 그들 사이에서 태어난 발레리가 훗
날 이 책을 읽고 아버지를 알 뿐 아니라 아버지가 사랑했던 하나님

을 사랑하고 신실하게 따르기를 기원했다.

엘리엇 선교사의 삶은 이미 우리에게 널리 알려져 있다. 「전능자의 그늘」은 그의 생애사일 뿐 아니라 선교사로서 얼마나 치열하게 준비된 삶을 살았는가를 보여 준다. 스무 살 때 그는 이렇게 기도했다. "주님, 성공하게 하소서. 높은 자리에 오른다는 뜻이 아니라 제 삶이 하나님을 아는 가치를 드러내는 전시품이 되게 하소서."

✝ 성경중심의 삶

이 책을 읽으면서 느낀 것 가운데 하나는 그의 성경중심의 삶이었다. 엘리엇은 1927년 뿌리 깊은 신앙의 집안의 둘째로 태어났다. 아버지는 자녀들에게 성경을 읽어 주었고, 엘리엇 집안은 생후 6주부터 교회에 출석했다. 엘리엇은 고등학교 때부터 교과서 외에 성경책을 가지고 다니며 몇 사람만 있으면 성경을 펴고 전도하기 시작했다. 그는 휘튼을 헌신을 위한 훈련장으로 생각해 지원했다. 성경을 보느라 성적이 떨어질 때면 '하나님이 인정하는'(딤후2:15) 학위를 받고 싶다 말했다.

그는 성경을 많이 읽고 묵상하며 새로운 진리를 찾고자 했다. 간절히 찾았지만 때론 아무것도 얻지 못한 때도 있었다. 그때마다 "내 묵상과 기도시간은 아직도 멀었다. 주님, 듣는 법을 가르쳐 주소서. 아직 주님께서 열어 주시지 않는 말씀에서 늘 진리를 짜내려 하지 않게 하소서" 기도했다. 그리곤 "저는 영원히 주님을 섬기렵니다. 주님을 사랑하기 때문입니다. 제 귀를 뚫으소서. 주님의 음성에만 반응하게 하소서" 기도했다.

강한 확신에도 불구하고 의구심이 드는 순간도 있었다. 마음에 갈

등도 있었고, 정리되지 않은 죄도 있었고, 상황에 대한 낙심도 있었다. "영혼에 일어나는 갈증은 하나님의 물을 원한다. 오늘 아침, 버림받은 기분이었다. 안에 사람들이 하도 북적거려 전혀 기도할 수 없었다." 말씀의 원리가 실천되는 모습을 기대하는 것이 부질없는 일로 보일 때도 있었다. 그때마다 일기를 쓰며 다짐했다. "여호와께서는 뭇 마음을 감찰하사 모든 사상을 아시나니."(역상28:9). 그는 결국 말씀으로 위로를 얻었다. 또한 에이미 카마이클의 고백을 자신의 일기에 적기도 했다. "주님 여태 내게 실망 주신 일 없고 앞으로도 그 사랑 나를 잊지 않으리. 오, 두려워하거나 염려하지 말라. 네 마음에 근심하지 말라." 대학을 졸업한 뒤 포틀랜드에 머물며 힘닿는 대로 교회를 도우며 집중적으로 성경공부를 통해 자신의 영혼을 준비했다. 자신의 삶을 주님께 묻고, 주님으로부터 본을 삼고자 했다.

✝ 주님께 집중하기

휘튼 대학 시절 그는 주님께 집중했다. 그리고 자신의 삶을 주님께 드리고자 했다. 1948년의 글을 보자. "보배도 하나, 시선도 하나, 주님도 하나면 된다. 마른 막대기 같은 내 삶에 불을 붙이사 주님을 위해 온전히 소멸하게 하소서."

짐은 하나님이 자신을 휘튼으로 인도하셨다고 믿었다. 스포츠클럽에 가담하면 그리스도 군사로서 훈련에 도움이 되리라 믿고 1학년 때 레슬링을 했다. 2학년 때 "가서 복음을 전하라"는 주님의 명령을 자신을 향한 것이라 결론을 지었다. 그는 선교사로 헌신한 사람 가운데 90퍼센트가 선교지에 나가지 않았다며 "주님, 보내 주옵소서, 제가 가겠습니다!" 이상의 것이 필요하다고 생각했다. 그리고 해외

선교지로 나갈 계획을 세웠다.

그는 자신의 습관적인 삶에서 벗어나고자 했다. 2월 3일의 일기를 보자. "오 하나님, 형식적 도덕습관을 따르는 불모의 삶에서 저를 건져 주소서. 생명이신 주님이 다시 한 번 그리스도의 메시지와 사역의 최종증거로 드러나게 하소서."

그는 허드슨 테일러의 생애를 그려낸 「한 영혼의 성장」에 감명을 받았다. 그리고 엘리자베스에게 편지를 썼다. "양의 운명은 결국 제단으로 가는 것입니다. 그러므로 그분의 제단에 합당하게 여김 받은 것에 감사하십시오. 찬양으로 사역에 들어가십시오."

"나는 거룩한 방식으로 움직여야 한다. 보상이나 외관 때문이 아니라 하나님의 성품 때문에 해야 한다." 그는 최후의 결단을 내린다. "주님께서 나를 에콰도르로 보내신다는 확신을 느낀다. 이곳 국내에는 이미 너무 많은 사람들이 너무 많은 진리를 소유하고 있기 때문에 더 이상 있을 곳이 없다." 포틀랜드에서 집에 돌아온 엘리엇은 에콰도르로 가기 위한 준비를 했다.

✝ 선하시고 온전하시고 기쁘신 그의 뜻을 따르기

이 책을 읽고 난 뒤에도 잊히지 않는 장면은 에콰도르로 가는 배를 탔을 때이다. 주님께서 자신을 에콰도르로 보내신다는 확신을 얻은 그는 1952년 2월 4일 캘리포니아 샌 페드로 외항부두에서 배를 탔다. 배가 선착장을 빠져 나갈 때 시편60편 12절이 생각나 부모님을 향해 소리쳤다. "우리가 하나님을 의지하고 용감히 행하리니." 부모님은 우셨다. 그는 배에서 부모님께 편지를 썼다. "꿋꿋한 모습으로 저를 보내신 어머니와 아버지를 인해 진정 하나님을 찬양했습니다. 아들을 떠나보내시는 두 분의 심정을 제가 어찌 알겠습니까. 하나님의 뜻은 언제나 우리가 생각하는 것보다 큽니다. 어떤 결과가 따를지라도 그 뜻이 선하시고 온전하시고 기뻐하신 뜻임을 믿어야 합니다. 저를 위해 울지 마세요." 그리고 마음속으로 다짐했다. "이 죽음의 땅은 내 집이 아니니 오직 주의 나라 영원무궁하리."

에콰도르에 온 엘리엇은 스페인어 공부에 열중했다. 그는 부모에게 편지를 쓰면서 스페인어 공부에 진보가 느려 아주 고민이 된다고 했다. 하지만 5개월 후에는 스페인어로 설교해 '발음이 좋다'는 평가를 받기도 했다. 그만큼 최선을 다한 것이다. 1952년 그는 이런 일기를 남겼다. "영적 용기와 좋은 스페인어 실력과 확실한 기적적 인도하심을 구하며 이전 어느 때보다 분명하게 아우카족 사역에 나를 드렸다." "제게 이런 믿음을 주소서. 두려움을 다 떨치고 찬송할 수 있는 믿음을 주옵소서. 아버지, 아우카족을 생각하며 찬송하기 원합니다."

✟ 가슴에는 기도를 품고

순교 당시 다섯 선교사들은 찬송을 불렀다고 한다.

"우리를 지키시는 방패, 주님을 의지해.
적과 싸우러 갈 때 우리 홀로 아니네.
주 능력으로 우리를 안전히 지키시니
주님만 의지하고 주 이름으로 나가네.

구원의 머리 되신, 오, 주의 이름으로
우리는 심히 약해도 믿음으로 나가네.
날마다 주님의 은혜 더욱 사모하면서

　　영광의 진주 문 우리 들어가는 날
　　승리한 우리 영원히 주님만 의지하리."

　아우카족에 관심을 가지고 그들을 찾아 나섰던 선교사들. 그들은 아우카족들이 밭을 개간하는 일을 돕고, 학교를 열어 교육을 시키며, 함께 예배하기를 고대했다. 웰멜라 선교사 비행협회의 도움을 받아 경비행기로 정글을 탐사하고, 무전장비를 담아 왔던 나무상자 조각으로 자신의 관을 만들어 보기도 하지 않았는가. 아우카족은 외부인과 잘 지낸다는 개념이 전혀 없었다. 낯선 사람을 보면 무조건 죽였다.

　짐은 경비행기에서 아내에게 편지를 썼다. "이제 내려갑니다. 주머니에 권총과 선물과 신기한 물건을 가지고. 가슴에는 기도를 품고." 이것이 짐의 마지막 글이었다.

　비행기에서 내려 짐은 한 아우카 사람의 손을 잡았다. 다섯 명의 미국인과 세 명의 벌거벗은 미개인. 드디어 그들이 만난 것이다. 그러나 이틀 후인 1956년 1월 8일 주일. 엘리엇과 그의 네 동료 선교사는 짐이 6년간 위해서 기도해 왔던 사람들의 손에 목숨을 잃었다.

　그는 죽을 때 세상에서 말하는 값나가는 것을 거의 남기지 않았다. 보험도 들지 않았다. 엘리엇 내외는 재물을 하늘에 쌓았고, 주님이 주신 것은 자기들 손에 있는 한 나누었다. 그렇다면 유산이 없는 것인가? 그렇지 않다. 엘리엇의 모본에 마음이 움직여 그리스도를 따르기로 결단한 인디언들이 늘어 가고 있는 것이다. 세상유산이 아니라 천국유산이다.

　"예수께서 가라사대 내가 진실로 너희에게 이르노니 나와 및 복음을 위하여 집이나 형제나 자매나 어미나 아비나 자식이나 전토를 버린 자는 금세에 있어 집과 형제와 자매와 모친과 자식과 전토를 백배나 받되 핍박을 겸하여 받고 내세에 영생을 얻지 못할 자가 없느니라."(막10:29-30).

✝ 순종의 삶

엘리자베스도 엘리엇 못지않은 신앙인이다. 그는 이 책에서 이렇게 주장한다. "짐의 목표는 하나님을 아는 것이다. 그의 길은 순종이다. 순종은 그 목표를 이룰 수 있는 유일한 길이다. 사람들은 짐의 죽음을 특별한 죽음이라 말하지만 짐은 하나님께 순종하다 죽었다고 말할 것이다. 사람들은 그와 함께 죽은 이들을 영웅으로, 순교자로 칭송하지만 나는 동의하지 않는다. 그들도 동의하지 않을 것이다." 겸손함이 보인다. 그리곤 이렇게 맺는다. "하나님을 위한 삶은 바울의 말대로 '날마다' 죽는 것이다. 그리스도를 얻기 위해 모든 것을 잃는 것이다. 그렇게 우리 목숨을 버릴 때 우리는 그것을 도로 얻는다."

엘리엇의 삶의 핵심은 요한일서 2장 3-6절이다. 순종을 하면 그분을 아는 것이다. 순종은 하나님께 대한 사랑의 표현이다. 순종한다는 것은 우리가 하나님 안에 거한다는 뜻이다. 그분 안에 거하면 우리도 예수님이 행하시는 대로 행하게 된다. 엘리엇의 목표는 하나님을 아는 것이다. 그의 길은 순종이다. 순종은 그 목표를 이룰 수 있는 유일한 길이다. 그리스도를 알고자 하는 사람은 그분과 같은 길을 걸어야 한다. 성경적 의미의 순교란 그런 것이다. 순교자란 단순히 증인이라는 뜻이다. 살던 죽든 우리는 증인으로 부름을 받았다. '그의 행하시는 대로' 우리도 행하는 자가 되어야 한다.

순종은 큰 대가를 수반하지만 순종의 삶은 값으로 따질 수 없다. 엘리엇의 표현대로 "우리가 잃을 수 없는 몇 안 되는 것 가운데 하나가 바로 그것이다." 그는 그 삶을 살았다.

우리 모두가 엘리엇처럼 극적인 삶을 살 수는 없다. 그러나 그의 삶은 우리가 이 땅에서 어떻게 살아야 하는가를 가르쳐 준다. 벨파스트의 한 젊은 경찰은 위험지역에 들어갈 때마다 이 「전능자의 그늘」을 생각한다. "나는 아내와 어린 자식들이 있습니다. 내가 무서운 것은 그들 때문입니다. 그때 누가 「전능자의 그늘」을 주었습니다. 그 책을 읽는 동안 울며 기도했습니다. 이 책은 내 믿음을 굳게 해주었습니다. 짐 엘리엇이 하나님을 위해 어둠 속에 뛰어들 수 있었다면 '나도 할 있다'는 생각이 들었습니다." 우리가 이런 각오로 하나님을 알고, 그의 선하신 뜻을 추구한다면 정녕 우리 삶은 달라질 것이다. 우리가 주님을 사랑하기에.

제21장 선교명령

✝ 지옥의 의미

사람들은 지옥에 대해 이런저런 말들을 하는데 다음의 예화들은 예수를 믿는 사람들의 삶이 지옥의 삶과 얼마나 만큼 다른가를 보여준다.

밀턴의 「실락원」에 따르면 지옥에 간 영혼들이 뜨거운 불구덩이 속에서 고통스럽게 지내는데 거기에 사단이 함께 있었다. 그중 한 사람이 너무 고통스러워 울면서 "이럴 줄 알았으면 나도 예수를 믿을걸."하고 말했다. 그때 사단이 그 사람을 향해 큰소리로 "이놈아 울지 마라. 이를 갈아라. 네가 눈물을 흘리면 하나님이 기뻐한다."라고 윽박질렀다. 밀턴은 평소 예수를 믿지 않은 사람들이 한, 원망, 증오로 마음을 끓으며 슬픔과 후회로 울며 이를 가는 불구덩이 속이 바로 지옥이라고 말하고 있다.

제2차세계대전 말기 영국에서 한 교인이 폭격으로 폐허가 된 장소를 보고 목사에게 말했다. "이것 정말 지옥과 같습니다." 그러자 목사는 웃으며 다음과 같이 말했다. "고생은 되지만 이곳은 지옥이 아니오. 여기에 예수 믿는 사람이 있지 않소. 지옥에는 예수 믿는 사람이 없습니다."

이 두 예화에서 우리는 예수를 믿는다는 사실 하나로 지옥과 같은 삶을 벗어날 수 있으며 예수를 믿는 사람은 상황이 아무리 어려워도 좌절하지 않는다는 것을 배울 수 있다. 예수 그리스도는 복음의 말씀을 통해 지옥과 전혀 반대되는 삶, 곧 하나님 나라의 삶을 가르쳐 주셨다. 그리스도를 영접하면 그 순간부터 우리는 하나님 나라로 옮겨지고 그 나라의 시민권을 받아 살기 때문에 지옥의 삶을 벗어날 수 있다. 더 이상 지옥의 백성이 아니기 때문이다. 그리스도를 영접한다는 것은 이처럼 삶의 형태가 달라진다는 것을 가르쳐 준다. 주님을 영접했으면서도 아직도 지옥과 같은 삶을 산다면 그 사람은 하나님 나라를 완전히 소유한 것이 아니다.

✝ 주님의 명령

주님은 우리로 하여금 천국시민으로서 살기를 원하시고 그 나라의 삶이 지옥의 삶과 얼마나 다른가를 체험하도록 하시며 나아가 체험한 사람들로 하여금 이 나라의 삶이 얼마나 좋은가를 증거하고 선전하여 다른 모든 사람들도 예수를 믿음으로써 하나님 나라의 백성이 되도록 전도하라고 명령하셨다. 주님은 먼저 하나님 나라가 가까워 왔으니 회개하라고 선포하셨고 그다음 제자들을 보내셨다.

부활하신 후에도 "너희는 온 천하에 다니며 만민에게 복음을 전파하라 믿고 세례를 받는 사람은 구원을 얻을 것이요 믿지 않는 사람은 정죄를 받으리라."(막16:15-16)는 말씀을 통해 제자들에게 위대한 사명(great mission)을 주셨다. 승천하시면서도 "오직 성령이 너희에게 임하시면 너희가 권능을 받고 예루살렘과 온 유대와 사마리아와 땅 끝까지 이르러 내 증인이 되리라."(행1:8)는 말씀을 주셨다. 주님이 우리에게 주신 명령은 바로 '온 천하에 다니며 땅 끝까지' 하나님 나라에 관한 복된 말씀을 전하는 것이다. 우리가 온 천하에 다니며 땅 끝까지 복음을 전하여 모든 사람이 그리스도를 영접하게 되는 순간이 바로 이 땅에 하나님의 나라가 완성되는 순간이 되는 것이다. 주님은 이 순간을 고대하고 있다.

주님은 우리에게 기도를 가르쳐 주실 때도 "하나님의 나라가 하늘에서 이룬 것같이 이 땅에서 이루어지이다."라고 간구하도록 하실 만큼 하나님의 나라를 이루어 나가는 것이 무엇보다 중요함을 가르치셨다. 그리스도인이라 하면서 우리의 생활 속에 하나님 나라를 이루지 못한다면 우리는 하나님 나라를 증거하거나 소개할 수 없을 것이다. 우리가 자랑스럽게 하나님의 나라를 소개하기 위해서는 우리가 사랑과 평화가 넘치는 하나님 나라의 자랑스러운 백성임을 보여 주고 이 나라에 들어오도록 해야 할 것이다. 지옥과 같은 삶을 살면서 전도하면 누가 믿겠는가. 그러므로 우리의 책임은 막중한 것이다.

✝ 바울의 엄한 명령

바울은 디모데에게 두 가지 엄한 명령을 내렸는데 그중에 하나는 아무 일에나 불공평하게 하지 말 것(딤전5:21)이며 다른 하나는 말씀을 전할 것(딤후4:1)에 관한 것이다. 바울이 엄하게 명령을 내렸다는 것은 그 명령을 내리는 서두에 잘 나타나 있다. 앞의 명령을 내릴 때는 "하나님과 그리스도 예수와 택하심을 받은 천사들 앞에서 내가 엄히 명하노니."라 하였고, 뒤의 명령을 내릴 때는 "하나님 앞과 산 자와 죽은 자를 심판하실 그리스도 예수 앞에서 그의 나타나실 것과 그의 나라를 두고 엄히 명하노니."라 하였다.

명령들 앞에 하나님과 예수님이 언급되는 것은 하나님과 예수님
께서도 그리 원하시니 꼭 지켜야 한다는 강한 의미를 담고 있다. 앞
의 명령에 천사가 언급되는 것은 이 명령을 지킴에 있어서 천사처럼
순종해야 할 것(고전11:10)을 말하고 있고, 뒤의 명령에 심판을 언
급하고 있는 것은 전도자의 사명은 전도이므로 전도명령에 대한 준
수여부는 심판의 한 조목에 해당된다는 것을 보여 주고 있다.

특히 뒤의 명령 가운데 유념해야 하는 부분은 그의 나라, 곧 하나
님의 나라를 두고 엄히 명한다는 대목이다. 전도는 하나님과 주 예
수 그리스도의 세계, 곧 하나님 나라를 소개하는 복음의 말씀인데
이것을 두고 엄히 명령한다는 것은 이 전도명령이 하나님 나라의 확
장과 깊이 연관되어 있음을 보여 주고 있다. 그러므로 이 명령의 정
황을 살펴볼 때 전도는 하지 않으면 안 될 그리스도인의 의무라는
것을 알 수 있다.

✝ 세계 복음화

땅 끝까지 복음을 전파하라는 주님의 명령에 따라 그리스도인들
은 수많은 순교자를 내면서까지 흑암의 세력들과 싸우며 주님의 말
씀을 전파했다. 복음전파는 단순한 사실의 전파에 그치지 않는다. 그
것은 하나님 나라의 확장이다. 그리스도의 군사들은 그 나라의 확장
을 위해 기꺼이 자신을 드린 것이다. 세계 복음화는 전 세계를 하나
님의 말씀이 지배하는 세계로 만드는 것이며 이 땅에 하나님의 나라
를 확고히 건설하기 위해서는 우리들 속에 파고드는 집요한 사단의
공략을 주 예수의 힘을 의지하여 무찌르는 것이다.

사단은 지금도 이 세계를 자기들이 지배할 수 있는 나라로 만들기 위해 안간힘을 쓰고 있다. 요한계시록에 나타난 하나님의 군사와 사단의 세력과의 맞붙음은 앞으로 발생할 사건이 아니라 이미 치열하게 이 땅에서 일어나고 있는 것이다. 주님은 자기 제자들을 이 전쟁마당에 파견하였고 그들은 순교에 이르기까지 충성을 바쳤다. 바울도 그의 제자들에게 엄히 명하여 전도하는 열사로 만들었다. 이런 전쟁마당에서 아무런 일이 없다는 듯 나만 잘 살면 된다고 안일하게 생각하는 것은 그리스도인의 태도가 결코 아니다.

세계 복음화는 바로 그리스도인들이 나라와 민족을 초월하여 사단의 세력에 대항하는 전투에 참여하는 것이다. 선교의 역사는 바로 전투의 역사임을 일깨워 주고 있다. 많은 싸움이 있었고 많은 그리스도인들이 핍박을 당하여 목숨을 잃었다. 어떤 이는 그리스도인이라는 단지 그 이유만으로 죽어야 했고 어떤 이는 전도하다가 어떤 이는 예수를 부인하지 않는다는 이유로 죄인취급을 당하기도 했다. 우리나라의 역사를 보면 예수쟁이를 붙잡기 위해 사람이 건너야 하는 다리목에 십자가를 놓아두고 밟고 지나가게 하였다. 만일 그 십자가를 밟고 지나가지 않으면 예수쟁이라는 죄를 씌워 투옥하고 끝내 죽이기까지 한 역사를 가지고 있다.

지금도 이 세상에는 예수를 거부하는 수많은 민족들이 있다. 몇년 전 미국의 신학교수가 신학교에 들러 말씀을 전하는 가운데 예수를 모르는 족속들 가운데 가장 척박한 땅(most barren)은 회교도족속(Muslim)이요 보다 덜 척박한 땅(barren)은 인도요 비옥한 땅(fertile soil)은 아프리카라는 말씀을 하였다. 그리스도인들이 땅 끝까지 복음을 전함에 있어서 아직도 가야 할 길은 멀고 험하다는 것을 보여 준다.

이슬람은 예수님을 의인이나 선지자 가운데 한 사람 정도로밖에 믿지 않는다. 주님의 신성이나 그의 대속적 죽음을 믿지 않고 있다. 따라서 기독교인들이 선교를 하려고 하면 비난부터 시작한다. 그늘에 침을 뱉고 심지어 죽이기까지 한다. 카라치에서 선교하던 여인이 죽임을 당한 것도 이 보기에 해당한다. 한 선교사가 이러한 냉대를 무릅쓰고 40년간 선교하여 기껏 여섯 명의 신자를 얻을 수 있었다. 회교도가 기독교신자로 바뀌면 그 사회에서는 사람취급을 받지 못한다. 공식적으로는 선거권 등 시민으로서의 권리를 포기해야 한다.

총신대학을 졸업하고 지금은 다른 나라에서 회교도들을 대상으로 선교하고 있는 이집트인이 있다. 이집트의 한국인 선교사의 전도로 그리스도를 영접하고 신학교육을 위해 한국의 신학대학에 유학을 왔는데 신학을 공부한다 하면 그곳에서 유학을 허가해 주지 않음으로 신학이 아닌 다른 것을 공부하는 것으로 하여 정부로부터 허가를 얻어냈고 연장을 할 때도 그랬다. 그에 따르면 회교도가 기독교인이 되면 집안과도 단절된다고 하였다. 그는 이러한 위험을 무릅쓰고 신학교를 졸업하고 같은 대학의 한국인 학생과 결혼했으며 지금은 부부 선교사로 사역하고 있다. 회교규범에 남자가 여자를 선교할 수 없어 선교사 부인이 부인들의 선교를 위해 열심히 영어를 배우고 있다는 소식이다.

인도는 우리 고래의 양반계급의식 못지않은 카스트제도를 가지고 있다. 목공 예수나 어부 제자는 그들의 카스트제도에 비춰 볼 경우 가장 낮은 지위에 속하는 네 번째에 속한다. 그래서 가장 높은 지위를 누리고 있는 브라만계급에 속하는 사람들은 무엇보다 예수님이 온 세계인의 구주된다는 사실을 믿기 어렵다고 말하고 있으며 나아가 계급이 낮은 사람들과 함께 예배드리기 어렵다고 말한다. 이것은 마치 우리의 경우 옛 승동교회에서 당시 천민이었던 백정들이 예배 드리러 오자 사대부 양반들이 함께 예배드릴 수 없다 하여 안국동에 따로 교회를 세운 것과 같다. 선교사들이 인도에 와서 우리는 모두 죄인들이라고 가르치자 간디는 우리는 지체 높은 사람들(noblemen) 이지 죄인이 아니라고 주장하며 우리 모두가 죄인이라 말하지 말라 할 정도로 기독교를 이해하려 들지 않았다. 인도선교에는 지금도 카 스트제도에 따른 이 같은 어려움들이 존재하고 있다.

아프리카는 예수의 복음을 잘 받아들이고 있다. 하루에도 수백 명 씩 주님을 영접하고 있어 복음전파에 있어서 가장 비옥한 땅이요 황 금어장으로 통하고 있다. 하나님께서 지금 이 땅에 대한 전도의 문 을 활짝 열어 놓으신 것이다. 그래서 지금 선교활동의 대부분이 아 프리카 땅에서 활발하게 전개되고 있다. 버지니아 주 스프링필드 침 례교회 윌레스(Wheeless) 목사는 매년 나이지리아의 선교현장을 방 문한다. 다녀온 다음 설교에서 그곳의 모습을 감동 있게 전한다. 전 하는 내용은 고생스런 부분이 없지 않으나 무엇보다 기쁜 사실은 그 들이 예수를 구주로 영접한 후 전혀 다른 삶의 태도로 생활하고 있 으며 해마다 삶의 모습이 달라져 가고 있다는 희망적인 것이었다. 그리스도의 복음을 통해 그곳이 하나님의 나라로 하루하루 달라져 가고 있음을 보는 것이다.

✝ 엄한 명령 앞에 선 우리

우리는 지금 주님으로부터 엄한 명령을 받아 살고 있다. 그것은 바로 땅 끝까지 전도하라는 명령이다. 그런데 우리는 나나 우리 가 족만 믿어 구원받으면 된다든가 전도는 전도사나 선교사가 하는 일쯤으로 여기고 쉽게 신앙생활을 하려는 잘못을 범하고 있다. 전도는 가까운 주변에서부터 해외에 이르기까지 하나님의 나라를 확장하는 중요한 사업이다. 우리는 자신의 아파트 평수를 늘려 나가는 데는 열심이지만 하나님의 나라를 넓혀 가는 데는 손을 뒤로 하고 있다. 이것은 주님의 명령을 받은 자의 올바른 태도가 아니다.

지금 여러 선교현장에서는 "와서 우리를 도우라."는 목소리를 높이고 있다. 직접 뛰쳐나갈 수 있는 사람은 그 현장으로 뛰쳐나가야 하고 그럴 수 없는 사람은 기도로든 물질로든 어떤 형태로든 도울 수 있어야 한다. 멀리 갈 수 없는 사람은 아직도 어두움 속에 살고 있는 우리 주변의 수많은 영혼들을 위해 일할 수 있어야 한다. 왜냐하면 우리의 주변부터 하나님의 나라를 확고히 이루어 나가야 하기 때문이다. 주님은 지금 이 순간에도 바울의 입을 빌려 말씀하시고 있다. "하나님 앞과 산 자와 죽은 자를 심판하실 그리스도 예수 앞에서 그의 나타나실 것과 그의 나라를 두고 엄히 명하노니 너는 말씀을 전파하라 때를 얻든지 못 얻든지 항상 힘쓰라 범사에 오래 참음과 가르침으로 경책하며 경계하며 권하라 너는 모든 일에 근신하여 고난을 참으며 전도인의 일을 하며 네 직무를 다하라."

나는 지금도 잊을 수 없는 장면이 있다. 신학교 졸업식 때 한 목사님은 졸업하는 학생들에게 볼멘 목소리로 다음과 같이 말하였다. "주님은 지금 이 순간 여러분에게 금 옷이나 은 옷을 주시지 않습니다. 나도 여러분에게 그러한 옷을 줄 수는 없습니다. 그러나 주님의 복음을 짊어지고 나갈 전도자의 피 묻은 옷을 드립니다. 그러나 주님은 우리가 주 앞에 사는 날 그 옷을 영광의 옷으로 바꾸어 주실 것입니다." 여러분도 바로 이러한 대열에 동참할 수 있기를 기도한다.

제22장 선교마인드와 전도자의 비전

예수님은 우리를 이 시대에 추수일꾼으로 세우시고자 하신다. 그럼에도 우리는 선뜻 나서지도 못하고 사실 준비되어 있지도 못한 매우 어중간한 상태에 있다. 전도를 해야 한다고 생각하면서도 그 성적은 너무나 형편없다. 우리가 일하지 않는다고 해서 하나님이 일하지 않으시는 것은 아니다. 하나님은 지금도 한 생명이라도 건지기 위해서 너무나 열심히 일하신다. 그럼에도 불구하고 그 주님을 바라다보고만 있다는 것은 문제가 아닐 수 없다. 우리는 전도에 대해 어떤 태도를 가져야 하는가, 그리고 어떤 선교비전을 가지고 살아야 하는가를 생각해 보기로 한다.

✝ 전하는 자의 태도

1) 선교마인드를 가져야

예수님의 가장 큰 특징 가운데 하나는 항상 선교마인드를 가지고 사람을 대했다는 사실이다. 어느 누구를 만나든지 하나님의 나라를 소개하고 그 나라의 백성이 되도록 하셨다. 주님은 하나님 나라를 전하시기 위해서 직접 이 땅에 오셨다고 해도 과언이 아니다. 주님은 우리로 하여금 이 땅에서 그 나라의 삶을 살도록 하셨다. 이것을 위해 우리가 변해야 한다고 하셨고, 더욱이 그 삶을 다른 사람에게도 전하도록 하셨다. "아버지께서 나를 보내신 것같이 나도 너희를 보내노라"(요20:21)고 말씀하셨다. 그것은 바로 우리 모두에게 좋은 소식, 곧 복된 소식을 전하는 것이다.

전도는 바로 그리스도를 믿으면 우리의 생각이 달라지고, 생활이 달라지며, 삶의 결과가 달라진다는 것, 곧 구원을 확신 있게 제시하는 것이다. 주님은 제자들에게만 복음 전하는 자로 세우셨을 뿐 아니라 지금을 사는 우리 그리고 후대의 사람 모두에게 이 소식을 전하게 하셨다. 이것은 우리 모두가 선교마인드를 가지고 이 세상을 살아야 한다는 것을 보여 준다. 바울은 우리를 향해 "너는 말씀을 전파하라. 때를 얻든지 못 얻든지 항상 힘쓰라"(딤후4:2)라고 하였다.

우리는 왜 전도를 해야 하는가? 그것은 무엇보다 하나님의 나라의 백성이 되는 것처럼 복된 것이 없기 때문이고, 더욱이 주님께서 우리를 향해 구원받은 자로서 사명을 다하라고 명령하셨기 때문이다. 특히 우리나라는 여러 나라들로부터 복음의 빚을 졌다. 그러므로 그 빚을 선교로 갚아야 하는 것은 당연하다.

2) 무리에 대한 깊은 연민이 필요

전도할 때 필요한 것은 무리에 대한 깊은 연민이다. 예수님도 무리들이 목자 없는 양처럼 방황하고 유리하는 것을 보면서 안타깝게 생각하셨다. 무리를 보시고 슬퍼하시고 우시며 마음이 찢어지는 듯 아파하셨다. 무리에 대한 주님의 연민과 사랑을 가리켜 '창자가 끊어지는 아픔'이라고 말한다. 그만큼 그들을 사랑하셨다. 무리가 배고파

할 때 주님은 기적을 행하여 먹을 것을 주셨으며 말씀 하나라도 더 그들에게 주시고자 했다. 사랑했기 때문이었다. 우리도 이러한 심정을 가지고 전도할 필요가 있다. 어느 전도 단에서는 전도할 때 상대를 향해 무릎을 꿇고 그 영혼을 위해 눈물을 흘리며 기도하고 전도한다. 그 영혼을 불쌍히 여기는 마음에서이다.

왜 우리가 그들을 불쌍히 여기는가? 그것은 전도자가 그리스도의 마음을 가졌기 때문이요 그 마음을 가지면 가질수록 그리스도의 사랑이 우리를 강권하기 때문이다. 그리스도의 사랑이 전도를 하지 않고서는 견딜 수 없도록 만든다. 세상이 되어 가는 것을 볼 때 전도자는 그 고통과 신음소리를 더 크게 듣는다. 어둔 세상에서의 부르짖음, 그것을 벗어나야 한다는 부르짖음이 크기 때문이다. 그래서 전도자는 어떠한 고난도 감수하겠다는 각오를 하게 된다.

전도, 말하기는 쉬워도 행하기는 어렵다. 입이 떨어지지 않고 부끄럽고 창피하게 느껴지기까지 한다. 하나님께서 왜 이런 방법을 택하셨을까 하는 생각이 들기도 한다. 단번에 믿지 않으면 안 되도록 강력한 방법을 택하셨으면 얼마나 좋을까. 하지만 하나님은 전도라는 방법을 통해 우리로 하여금 하나님 나라의 삶과 그리스도의 사랑을 적극적으로 보여 주도록 하셨다. 하나님의 생각과 사람의 생각은 이처럼 다르다. 이런 의미에서 볼 때 전도 자체가 고난이다. 그러나 고난의 정도로 보아 이것은 가장 낮은 수준이다. 우리는 가장 낮은 수준조차 감내하지 못한다. 성경은 "고난을 받으라."고 말씀하고 있다. 이 고난은 온갖 핍박은 물론 심지어 죽음을 감수해야 하는 고난까지 말씀하고 있다. 수많은 전도자들이 전도를 위해 목숨을 바쳤다. 전도는 전쟁과도 같다. 특히 해외선교는 더욱 그렇다. 그러나 전도는 그리스도의 남은 고난에 동참하는 일이므로 이보다 더 보람된 일은 없다.

3) 입으로만 아니라 몸 전체로 전도해야

전도는 단지 "예수 믿으세요. 구원을 받으려면 예수를 믿어야 합니다."고 말하는 것에 그쳐서는 안 된다. 이와 같은 전도도 좋은 소식을 전하는 것이기는 하지만 단지 입으로 말했다고 해서 전도를 다 했다고 생각하면 오산이다. 입도 중요하지만 우리 몸 전체로 전도를 해야 한다.

로마서 10장 15절은 '좋은 소식을 전하는 자의 발'에 대하여 언급하고 이 발이 아름답다 하였다. 아름답다는 것은 복되다는 뜻을 담고 있다. 복음전하는 발을 복된 발로 본 것이다. 이것은 단지 발만 의미하는 것이 아니라 우리 행동 전체를 의미하고 있다. 성경을 보면 안식일을 거룩하게 지키기 위하여 발을 금하여 오락을 구하지 아니하고 사사로운 말을 하지 아니하는 사람을 복되다 하였고(사 58:13), 죄의 길에 들어서지 아니하는 발을 복되다 하였다. 이때 발은 단지 육체적인 발에 그치는 것이 아니라 우리 몸 전체를 의미한다. 우리가 행동으로 보여 줄 때 아름답고 복되다는 것이다. 이것은 전도할 때 입으로만 하는 것이 아니라 우리의 몸 전체로 복음을 전해야 한다는 것을 의미한다. 그래야 복된 삶을 살 수 있다고 본 것이다. 그러므로 행동으로 보여 주는 것처럼 효과적인 전도는 없다. 그리스도인은 입으로만 복음을 전하지 않는다. 발로도 하고 손으로도 하고 마음으로도 한다. 행동이 곧 전도인 것이다.

4) 차별을 해서는 안 돼

전도자는 차별이 없어야 한다. 대상이 가난하든지 부하든지, 자기 민족이든지 외국인이든지 차별하지 않는다. 모두다 하나님의 나라에 들어와야 할 백성이기 때문이다. 예수님은 가난한 사람에게 더 관심이 컸다는 것을 상기하지 않으면 안 된다. 이런 점에서 부자, 권력이 있는 사람에게 더 관심을 크게 두는 목회행태는 크게 비판받아 마땅하다.

외국인에 대해서도 마찬가지이다. 그리스도 안에서는 외국인이다 내국인이다, 내 민족이다 이방인이라는 구별이 없다. 모두가 주님 안에서 하나이다. 로마서 10장에 이런 말씀이 있다. "성경에 이르되 누구든지 저를 믿는 자는 부끄러움을 당하지 아니하리라 하니 유대인이나 헬라인이나 차별이 없음이라 한 주께서 모든 사람의 주가 되사 저를 부르는 모든 사람에게 부요하시도다. 누구든지 주의 이름을 부르는 자는 구원을 얻으리라. 그런즉 저희가 믿지 아니하는 이를 어찌 부르리요 듣지도 못한 이를 어찌 믿으리요 전파하는 자가 없이 어찌 들으리요. 보내심을 받지 아니하였으면 어찌 전파하리요 기록된바 아름답도다 좋은 소식을 전하는 자들의 발이여 함과 같으니라."(롬10:11-15). 어느 민족 어느 누구에게나 전도가 필요하다는 것이다.

칼빈은 "땅 끝까지 이르러 내 증인이 되라"는 선교에 대한 사명은 사도들을 향한 예수님의 명령이지 일반성도들에게 해당되는 것이 아니라고 말함으로써 선교에 대한 열의를 식혔다. 칼빈은 여러모로 칭송을 받았지만 선교문제에 있어서만큼은 비판을 받고 있다. 그렇다고 그가 외지선교에 대한 관심이 없었던 것은 아니다. 몇몇 외지에 선교사를 파송할 만큼 열의도 보였다. 최초 독일선교사 지겐발크가 1705년에 인도에 갔을 때 동료들은 광신자, 보냄을 받지 않은 사도라 불렀다. 1796년 스코틀랜드교회 총회에서는 선교운동을 폐기했다. 그 이유는 남아프리카 등 미개지역과 같은 이방문화가 향상되기 전에 복음을 전하는 것은 이치에 불합리하다고 생각했다. 이것은 선교에 대해 교회가 얼마나 차별적이고 편견에 치우친 생각을 가졌는가를 역사적으로 보여 준다. 이것은 크게 잘못된 것이다.

요한계시록에 "새 노래를 노래하며 가로되 책을 가지시고 그 인봉을 떼기에 합당하시도다. 일찍 죽임을 당하사 각 족속과 방언과 백성과 나라 가운데서 사람들을 피로 사서 하나님께 드리고"(계5:9)라는 말씀이 있다. 새 노래란 구속된 사람들이 부르는 노래이다. 이 말씀은 언어, 민족의 구별이 없이 하나님 앞에 연합한 모습을 보여 주고 있다. 전도 없이 이 찬송이, 이 환상이 실현될 수 있는가.

요한복음 21장 1-11절은 예수님이 십자가 위에서 돌아가신 후 그리고 예수님이 부활하신 것을 확인했음에도 불구하고 낙망하고 모든 것을 포기하고 고기나 잡으러 간 제자들을 다시 불러 사람을 낚는 어부가 되도록 사명을 주시는 장면이 소개되어 있다. 주님은 오른 쪽에 그물을 던지라고 하셨다. 오른 쪽이란 고기를 잡을 때 안 좋은 쪽을 말한다. 어부들이었던 그들의 판단에 따르면 고기가 잡히지 않아야 했다. 그러나 많은 고기가 잡혔다. 일반적인 생각을 뒤집은 것이다. 제자들은 그제야 말씀하시는 분이 주님임을 깨달았다.

고기는 모두 153마리였다. 이 숫자를 놓고 지금까지 논의가 분분하였다. 어거스틴은 1에서 17까지 합한 수라 하고 특히 17의 수를 강조하였다. 17은 10과 7을 합한 것으로 10은 십계명을 가리키고, 7은 성령의 7가지 열매를 가리킨다는 것이다. 어떤 이는 천사의 숫자라고 하였다. 또 어떤 이는 153의 100은 이방인의 수를, 50은 이스라엘의 수를, 그리고 3은 3위를 가리킨다고 하였다. 성경을 라틴어로 번역한 제롬은 153은 세상에 153종류의 물고기가 있었다는 것을 보여 주는 것으로 한 마리 한 마리가 세상고기의 종류를 나타낸다는 것이다. 이 생각은 후에 사도들이 세상에 나가 전도함으로써 세상의 여러 종류의 백성, 곧 세상의 모든 백성을 구원하는 것과 연결되는 것으로 발전하였다.

프린스턴 신학교의 길레스피(T. W. Gillespie) 학장은 이 학교에서 있었던 일을 감동적으로 소개하였다. 이 신학교에는 각국에서 온 신학생들이 많았다. 이 학생들이 성찬식에 참여를 했는데 그때 그는 153마리의 물고기를 생각했다고 했다. 학생들의 모습은 각기 달랐지만 각국을 대표한 것처럼 생각되었고, 이것은 마치 모든 민족이 성찬에 초대받아 천국잔치(great banquet)에 참여한 느낌을 받았다고 하였다. 그에게 있어서 153은 모든 것 중에 하나(one of every kind)였다. 이 모두는 세계를 향한 선교, 모든 나라와 민족을 향한 선교가 요구된다는 것을 보여 준다.

5) 이해적 태도가 필요

전도는 단시간에 모든 것이 이루어지는 작업이 아니다. 보다 장기적인 안목과 이해하는 태도가 필요하다. 먼저 믿은 그리스도인이 가지고 있는 문제 가운데 하나는 남을 판단하려는 태도를 가졌다는 것이다.

성경은 남을 판단하는 것을 엄금했음에도 불구하고 우리는 즐겨 남을 도마 위에 놓는다. 그리곤 아무렇게나 요리해댄다. 요리로 즐겨 등장하는 것 가운데 옛 습관문제가 있다. 특히 누구는 술 담배를 하느니 어쩌니 한다. 그래서 술 담배 때문에 못 나오겠다는 사람이 의외로 많다. 우리는 술 담배 하는 사람을 비판하기보다 차라리 술 담배를 하더라도 교회에 나오는 것이 더 중요하다는 것을 인식할 필요가 있다.

그리스도인으로 할 일은 한 생명이라도 하나님 나라로 끌어들이는 것이지 그 나라로부터 밀어내는 것이 아니다. 그렇다고 옛것을 그대로 간직하라는 것은 더더욱 아니다(엡4:20-28; 골3:1-10). 우리는 그것을 버릴 수 있을 만큼 하루빨리 그들의 믿음이 성숙하도록 기도하고 후원해야 한다.

✝ 전하는 자가 가져야 할 비전

성경은 처음부터 우리의 눈을 세계로 돌리도록 하고 있다. 지금 그리스도인의 수는 많다. 그런데 전도하는 사람이나 그 열의는 적어지고 있다. 로마가톨릭에서도 신부 지망생이 줄어들고 있어 문제라고 말한다. 추수할 것은 많은데 일꾼은 적다고 안타까워하시는 주님의 안타까움은 예나 지금이나 마찬가지다. 추수기인 지금이 오히려 더 문제가 되고 있다. 따라서 전도자는 더 강한 열심을 가질 뿐 아니라 전도의 비전을 보다 세계로 넓혀야 한다.

1) 위도전도

요사이 10/40 창문(window)전도에 관한 관심이 부쩍 늘고 있다. 대부분의 미전도 종족은 서부 아프리카에서 아시아에 걸친 북위 10도에서 40도 사이에 있다. 이 지역은 세계에서 가장 복음화되지 않은 55개국 30억 인구 가운데 97%가 살고 있다. 땅덩이는 지구의 삼분의 일이지만 인구는 삼분의 이를 차지하고 있다. 이곳 사람들의 10분의 8은 가장 빈곤한 생활을 하고 있다. 한국도 이 지역에 해당하지만 이 가운데서 가장 예외적인 곳이다. 이 지역의 위도 상의 특성을 고려해 우리는 이곳을 10/40 창문이라고 부른다.

최근 이 창문에 관심이 높아져 10/40 창문전도라는 말까지 나오고 있다. 과거 이 지역에 대한 선교의 관심이 없었던 것은 아니지만 시간이 지날수록 이 지역에 대한 선교의 필요성이 높아졌기 때문이다. 이 지역은 한마디로 영적인 혼돈과 무지상태에 있다. 이 지역은 이슬람교, 힌두교, 불교의 세력권에 있어서 이들 종교가 그들의 정신적, 영적 지주가 되어 있으며 기독교에 대하여 관심이 없고 복음에 대하여 강하게 저항하고 있다. 특히 이 지역은 영적으로 황폐화된 인구 100만 이상의 대도시들과 다수의 미전도종족들이 산재해 있다. 이곳은 세계 어느 곳보다 사단의 역사가 강하게 일어나고 있어 복음이 긴급하게 요청되고 있다. 위도전도에 대한 그리스도인의 관심이 커졌다는 것은 그만큼 전도에 대한 우리의 시야가 넓어지고 있다는 것을 보여 준다.

2) 전략적이고 공격적인 전도

전도에는 보다 전략이 필요하다. 전쟁에서 전략과 전술이 필요하듯이 전도에도 전략과 전술이 필요하다. 전술은 각자 그리고 각 교회의 특수사정과 연관된 단기적 그리고 소국적인 것이 대부분이지만 전략은 보다 장기적이고 대국적이다. 전도에 전략개념을 도입하는 것은 그만큼 전도가 적극적이고 공격적이지 않으면 안 된다는 것을 보여 준다. 기업에서는 생존전략에 몰두하고 있다. 사느냐 죽느냐 위기에 처해 있다고 생각하고 보다 공격적인 경영을 해야 한다고 말하고 있다.

공격적이어야 한다고 말하니 생각나는 이야기가 있다. 빌리 그래햄 목사가 암스텔담의 종교회의에 참석했을 때 이야기다. 점심시간에 앞에 앉은 어떤 흑인과 함께 이야기를 나누게 되었다. 흑인을 보아 하니 전도자 같아 혹시 전도하는 분이 아니냐고 물었다. 그러자 아프리카 모 지역에서 전도한다고 했다. 듣자 하니 별로 알려지지 않은 곳이었고 신학교도 있지 않은 듯했다. 그 흑인 전도자는 옥스포드에서 석사학위를 받은 사람이었지만 신학적 훈련은 받진 않았다. 궁금한 그래햄 목사는 "당신은 어떤 식으로 전도하느냐?"고 물었다. 그러자 그는 "우리 지방에서는 힘센 사람이 제일이지요. 그래서 사람이 지나가면 무조건 때려눕힙니다. 그 사람이 무릎을 꿇으면 그때 예수를 믿으라고 말합니다. 제가 힘은 세지요"라고 말했다. "그렇게 해도 전도가 됩니까?" 묻자 "그렇게 해도 주님을 영접합니다."라고 자신 있게 말했다.

우리나라에서 이런 식으로 전도를 했다간 전도자들이 다 몰매를 맞게 되거나 고소를 당하게 될 것이다. 그러나 이 이야기는 전도방법이 나라마다 다를 수 있다는 것과 우리가 전도를 함에 있어서 때로는 보다 공격적 자세가 필요하다는 것을 일깨워준다. 그렇지 않으면 모두 놓치고 말기 때문이다. 한국의 여러 교회들이 북방선교나 회교권선교, 인도 및 방글라데시선교에 관심을 가지는 것은 바람직한 일이다. 이 지역에 대한 선교는 매우 어렵다. 어려울수록 보다 필요한 것은 전략적이고 공격적인 선교이다. 입으로만 전도하는 것에 그치지 않고 전도와 함께 그들의 필요를 힘써 도우는 일과 말씀을 통한 양육에 힘쓰는 것도 공격적인 전도에 해당한다. 지금까지 소극적인 전도를 해 왔다면 보다 적극적인 자세로 전환하는 것이 중요하다. 이것이 바로 전략이다.

3) 말씀에 바탕을 둔 전도

전도가 어려울수록 말씀에 바탕을 두어야 한다. 말씀에 바탕을 둔다는 것은 성경의 가르침에 철저해야 한다는 것을 의미한다.

성경은 첫째, 능력을 받아야 한다고 말한다. "오직 성령이 너희에게 임하시면 너희가 권능을 받고 예루살렘과 유대와 사마리아와 땅 끝까지 이르러 내 증인이 되리라"(행1:8). 특히 '성령이 임하시면'이라는 말씀은 전도는 자신의 힘으로 하는 것이 아니라 하나님과 함께하는 일이라는 것을 가르치고 있다. 왜냐하면 전도는 기본적으로 하나님의 일이기 때문이다. 우리는 그 일에 참여하는 것이다. 그러므로 전도의 주인은 하나님이 되셔야 한다. 하나님을 밀어내고 내가 어떻게 하려고 한다면 그것은 처음부터 잘못된 것이다.

둘째, 믿음으로 해야 한다. 전도는 예수님께만 고정된 신앙의 눈으로 하는 믿음사업, 하나님의 사업, 영원한 사업이다. 전도는 땅의 것이나 자기의 것을 전하는 것이 아니라 하늘나라로의 것을 전하는 것이다.

셋째, 보혈의 피가 증거되어야 한다. 보혈의 피, 곧 우리를 향한 하나님의 사랑이 증거되지 않는 전도는 사실상 무의미하다. 보혈은 전도의 핵심이다. 보혈은 신앙 안에서의 사랑의 증거요 화해와 용서의 약속이다. 보혈로 죄인의 두꺼운 휘장이 파괴된다. 보혈은 전도자에게 용기를 주고, 전함을 받는 자에게 깨달음을 준다. 그리고 그 보혈이 사랑의 목적을 나타낸다.

끝으로, 계속적인 기도가 필요하다. 기도는 하나님께 의지하는 것이다. 나의 힘이 아니라 하나님의 도우심이 필요하고 그분의 능력을 힘입어야 한다. 기도와 전도는 뗄 수 없다.

전도하는 자에게는 여러 가지로 복을 받게 된다. 교사가 가르치기 위해 준비하면서 내용을 더 확실히 알게 되는 것처럼 전하다 보면 말씀이 더 명확해지고 믿음도 확고해진다. 남을 사랑하는 마음도 커진다. 이것은 복음 전하는 자가 얻게 되는 보이지 않는 복들이다. 성경은 그 외에도 여러 가지 복을 받게 된다고 말씀하고 있다. 영원히 빛나는 존재가 된다(단12:3). 많은 사람을 빛 가운데로 인도했기 때문이다. 허다한 죄를 덮는다(약5:20). 그리스도의 피가 그를 용서하고 그의 죄를 기억하지 않기 때문이다. 현세와 내세에 많은 상급을 받는다(마16:27;단12:3;마25:21). 나 자신뿐 아니라 가족, 국가, 민족이 복을 받는다.

이제 일꾼을 찾는 주님을 향해 "주여, 나를 보내주소서"라고 응답해야 할 차례이다. 전도는 입으로만 자원할 것에 그쳐서는 안 된다. 신학교를 나와야 꼭 전도자가 되는 것도 아니다. 멀리만 가야 하는 것도 아니다. 지금부터 우리의 생활 속에서 조금씩, 그러나 꾸준하게 전도자의 삶을 나타내야 한다. 주님은 우리의 변화된 모습을 기뻐하신다.

제23장 스티븐 룽구, "전도, 내 평생소원 이것뿐"

✝ 슬픈 아프리카

일곱 살 때 부모에게 버림받아 부랑자 생활을 해 왔고, 가출한 또래들과 '검은 그림자'라는 갱단을 만들어 사회불안을 조성하고 교회를 핍박했던 스티븐 룽구(Stephen Lungu). 하나님은 그를 극적으로 변화시켜 지금 아프리카의 바울로 사용하고 계신다.

짐바브웨 룽구 선교사가 쓴 「예수를 얹고 가는 아프리카 당나귀」는 자신의 자서전이자 신앙고백서. 아프리카 하면 아직도 낯선 한국인들에게 이 책은 그 땅에서 일하시는 성령님과 그 성령님께 붙잡힌 아프리카 사람들의 헌신적인 이야기를 담고 있다. 나아가 독자로 하여금 강한 선교 마인드를 갖게 하기에 충분하다.

룽구에게는 자신을 두고 "내 새끼가 아니다"며 입버릇처럼 말하던 아버지와 술로 세월을 보내던 어머니가 있었다. 장로로 지역교회에서 설교도 하시던 아버지는 결국 가족을 버렸다. 시내에 데려가 "여기서 움직이지 말고 있거라." 하신 어머니마저 돌아오지 않았다. 철저히 버림받은 것이다. 그는 쓰레기통을 뒤져 끼니를 때우고, 밤이 되면 다리 밑에서 잠을 자는 거지로 전락했다. 그에게 남은 것은 미움과 원한뿐이었다.

그는 10대에 도시갱단 '검은 그림자'에 가입해 절도와 강도 행각으로 세상에 대한 복수를 꿈꿨다. 또한 국민민주당 청년(좌파)동맹에 가입해 백인 음식점, 공공집회장소, 각종 시설에 폭탄을 터뜨리는 방법으로 사회불안을 조성하는 데 앞장섰다. 테러리스트가 된 것이다.

✟ 하나님의 계획

1962년 초 어느 일요일 밤 그는 생의 전환을 맞게 된다. 쇼핑센터에 있는 은행을 폭파하러 가다가 전도 집회가 열리고 있는 대규모 천막을 보게 되었다. 그는 은행보다는 예수쟁이들이 꽉 들어찬 천막을 폭파하는 것이 낫다고 생각했다. 하지만 하나님은 그를 변화시킬 계획을 하셨다.

출입구 곳곳에 부하를 배치하고, 천막 안에 화염병을 집어넣은 다음 뛰쳐나오는 사람들을 해치우고자 약속하고, 그는 천막 속의 사람들이 무엇을 하나 보기 위해 들어갔다. 그러나 그는 남아공에서 온 리베카 음퐁고세의 간증과 샤드락 말로카 흑인 선교사의 말씀에 고꾸라졌다. "죄의 값은 사망이요 하나님의 선물은 예수 그리스도이십니다. 이 예수 안에 영원한 생명이 있습니다. 여러분은 예수 그리스도의 은혜를 얻고 있습니다. 그리스도께서는 부요하시나 여러분을 위해 가난하게 되셨습니다. 그분의 가난하심은 여러분을 부요하게 하시려는 것입니다." 룽구는 여기서 자기가 생각해 온 기독교와 다르다는 것을 깨닫게 되었다.

밖에서 룽구를 기다리던 친구들은 그가 나오지 않자 천막 안에 화염병을 던져 소규모 폭발이 일어났고, 불이 나 장내 여기저기서 비명소리가 났다. 연단 쪽으로 몰려든 선교단원들은 찬송을 부르기 시작했다. "능력, 능력, 어린 양의 보혈 가운데 신비한 능력 있네."

룽구는 경찰서에 가서 자수하며 말했다. "저는 주님에게 체포당했어요. 주님이 사랑으로 제 마음을 체포했거든요. 밖의 소용돌이와는 달리 평화롭고 잔잔한 찬송이 울려 퍼졌습니다. 그래서 자수하러 왔습니다." 이 책의 영문제목처럼 '검은 그림자에서 나온 것'이다.

✝ 아프리카의 나귀

그 뒤 룽구는 달라졌다. 천막집회를 찾아다니며 믿음을 키웠고, 전도에도 열심을 내었다. 다니다가 만난 갱단 친구들은 그를 비웃으며 말했다. "앞으로 2주다. 천막집회만 끝나면 네 신앙도 함께 사라질 것이다. 그러면 즉시 돌아와야 한다." 그럴 때마다 그는 다짐했다. "그럴 순 없어. 절대로 돌아가지 않을 거야."

전도활동을 시작하면서 그는 문맹이라는 벽에 부닥쳤다. 그동안 그는 교육을 받지 못해 글을 읽고 쓸 줄 몰랐기 때문이다. 그는 하나님께 기도했다. "하나님, 제 눈을 열어 성경을 읽을 수 있게 해주시면 평생토록 하나님을 섬기겠습니다." 하나님은 주베르(J. Joubert) 선교사를 만나게 하고, 그가 세운 소테리아(Soteria) 성경학교의 첫 학생이 되게 하셨다. '소테리아'는 구원을 뜻한다. 그 후 룽구는 완전히 아프리카를 하나님께 드리는 구원선의 주인공이 되었다. 그는 위험을 무릅쓰고 전도에 나섰으며, 샤드락은 남자답게 겁내지 말자며 격려했다. 도로씨아 선교회에 이어 아프리카 선교회에 몸담으면서 그의 활동영역은 계속 넓어졌다. 지금은 아프리카뿐 아니라 미국, 캐나다, 독일, 남미 등 세계를 품에 안고 전도하면서 세계적인 선교사로 활동하고 있다.

어느 천막집회에서 그는 20년 전 자기를 버렸던 어머니를 만나게 되었고, 그 후 어머니는 잠비아 선교사로 파송되는 기적적인 일이 이뤄졌다. 다시 만난 아버지도 독실한 크리스천이 되어 8년간 룽구 내외와 함께 살다 하늘의 부르심을 받았다. 룽구가 열심히 전도할 때 하나님은 깨졌던 그의 가정을 완전히 회복시켜 주셨다.

룽구는 말한다. "나는 전도하러 가는 곳마다 하나님이 어떻게 역사하실지에 대한 기대감으로 온몸이 짜릿해진다. 진실로 이 세상에는 전도자가 되어 사람들에게 그리스도의 복된 소식을 전하는 것보다 더 흥분되는 일은 없다. 내 평생 원하는 것은 단 한 가지, 나의 믿음을 다른 이들과 나누는 것이다." 룽구의 이 소원이 우리 모두의 소원이 되기를 기도한다.

제 6 부

*아*가페 봉사, 성숙한 섬김

제24장 섬김과 그리스도인의 성숙

그리스도인은 섬기는 사람이다. 주님을 섬기고 이웃을 섬긴다. 과거에도 섬김의 삶을 살았고, 지금도 섬기고 있고, 앞으로도 섬기며 살 사람들이다. 주님이 십자가를 통해 섬김의 본을 보여 주시듯 우리도 그 주님을 따라 섬김의 본이 되어야 한다. 섬기는 자는 그 섬김을 통해 주님의 사랑을 더 깊이 알게 된다. 그래서 "섬길수록 더 귀한 주님"이라 고백하게 된다. 그리스도인은 바로 섬김을 통해 더 성숙되어 간다.

✝ 섬김의 위대함

맥스 루케이도의 비밀의 책에 나오는 여러 비밀 가운데 여섯 번째는 '위대함'(greatness)이다. 이 비밀은 바로 섬김의 위대함이다. 기본이 되는 말씀은 마태복음 20장 26절이다. "너희 중에 누구든지 크고자 하는 자는 너희를 섬기는 자가 되고."

섬김이 중요하다는 이야기는 다음과 같이 전개된다. 펀치넬로라는 나무친구는 다른 친구들에게 번번이 뒤져 금빛 나는 별 스티커를 받지 못하고 동그란 회색 스티커를 받았다. 그런데 루시아라는 나무친구는 어떤 스티커도 갖고 있지 않았다. 회색 스티커를 붙여 주려 해도 잘 붙지 않았기 때문이다. 루시아에겐 왜 스티커가 붙지 않을까? 루시아는 엘리 목수를 찾아가면 그 답을 알 것이라 했다. 엘리는 나무친구들을 만든 사람이다.

펀치넬로가 찾아가자 목수는 그를 보며 말한다. "너는 동그란 회색 스티커를 많이 받았구나." "저도 이렇고 싶지 않았어요. 정말 노력했는데." 금빛 별 스티커를 받지 못한 것이 죄송했다.

그러자 목수는 "다른 나무친구들이 어떻게 생각하는지 신경 쓰지 마라. 다른 사람이 어떻게 생각하든 너는 네게 아주 특별해. 너는 내가 만든, 내 것이기 때문이다."

그런데 루시아에게는 왜 스티커가 붙지 않는 걸까요. "그건 루시아가 다른 나무친구들의 생각보다 자기를 만든 내 생각이 훨씬 중요하다는 것을 알고 나의 생각에만 귀를 기울이기 때문이다. 그 스티커들은 네 자신이 원할 때만 붙어 있는 거야. 그 스티커들은 네가 그것들을 소중하게 생각할 때에만 붙을 수 있지. 네가 나의 사랑을 더욱 믿을수록 너는 그 스티커에 신경 쓰지 않을 수 있게 된단다."

"무슨 말씀이신지."

"언젠가 알 수 있을 거야. 날마다 나를 만나러 오거라. 그러면 내가 너를 얼마나 소중하게 생각하는지 알게 될 거야. 내가 너를 만들었기에 너는 아주 특별하단다. 나는 절대 실수하지 않아."

펀치넬로는 깊이 생각한다. "난 목수 아저씨의 말씀이 진심이라고 생각해." 그때 펀치넬로의 몸에 붙어 있던 동그란 회색 스티커 하나가 바닥에 툭 떨어졌다.

당신은 지금 무슨 스티커를 많이 달고 있는가? 그 스티커들이 바닥에 떨어질 때 당신은 더 위대해진다. 이 세상의 것들을 모두 하나님 앞에 내려놓고, 낮아지며, 섬길 때 당신은 하나님의 사람이 된다.

섬김의 리더십(servant leadership)은 로버트 그린리프(R. K. Greenleaf)가 제시한 것이다. 그에 따르면 섬기는 리더는 우선 자기 자신이 종인 사람이다. 섬김의 리더십이란 사람을 섬기기 원하는, 먼저 섬기고자 하는 자연스러운 감정에서 시작된다. 그 후에 의식적인 선택을 통해 지도하고 싶은 열망을 갖는다. 섬김의 리더십은 다른 사람들의 최우선적인 필요를 먼저 섬기는 데서 증명된다. 진정한 섬김인지에 대한 시험은 당신이 섬기고 있는 사람들이 성장하고 있느냐는 것이다.

1970년 그가 「섬김의 리더십」을 쓰게 된 것은 헤르만 헷세의 「동방순례」에 나오는 주인공 레오의 중요성에 자극받은 데 있다. 레오는 순례자들의 잡일을 도맡아 섬기는 하인이다. 레오는 여행 중에 일행이 힘들어 할 때마다 노래를 불러 활기를 불어넣어 주곤 했다. 그러나 레오가 사라지면서 여행단은 혼란에 빠지고 결국 여행 자체를 포기하기에 이른다. 그들은 충직한 심부름꾼이었던 레오 없이는 여행을 계속할 수 없었던 것이다. 그들은 레오가 사라진 후에야 그가 없으면 아무것도 할 수 없다는 것을 깨달았다.

성경에는 섬김의 모범을 보인 인물들을 여러 차례 소개하고 있다. 그중에 한 사람이 아브라함이다. 그는 "네 본토 친척집을 떠나라"는 명령에 순복했다. 창세기 18장 1절에서 8절은 아브라함이 평소 그의 삶에서 어떤 섬김의 자세로 살았는가를 잘 보여 주고 있다. 그는 남에게 관심을 가졌고, 그들의 아픔을 이해하며, 그것을 해결하기 위해 헌신적으로 살았다. 한마디로 봉사의 모범이 되었다. 그의 이러한 삶은 하나님을 기쁘게 했으며 결국 축복을 받기에 이르렀다. 그리스도인의 삶은 봉사의 삶이다. 그 봉사는 하나님이 원하시는 봉사요 하

나님께 상달되는 섬김이어야 한다. 아브라함을 통해 그리스도인의
바람직한 섬김의 자세를 살펴보기로 한다.

✝ 아브라함은 과연 하나님인 줄 알았는가?

이 절들에 관해 생각해 보기 전에 신학적으로 중요한 문제를 거
론할 필요가 있다. 그 문제는 아브라함이 과연 그 세 사람의 존재를
미리 알고 있었는가 하는 점이다. 1절은 "여호와께서 나타나시니라"
고 말씀하심으로써 그 세 사람 가운데 한 분은 하나님임을 보여 주
고 있다. 예수님이 오시기 이전에도 하나님은 이처럼 육신의 몸으로
오시었음을 보여 주는 장면이다. 문제는 아브라함이 그 세 분의 존
재를 알았다면 그분들에 대한 아브라함의 관심이나 봉사의 태도가
남다를 수 있다는 결론이 나올 수밖에 없기 때문이다.

상당수 학자들은 손님을 향해 "내 주여 내가 주께 은혜를 입었사
오면"이라고 말한 것은 그가 하나님의 존재를 인식했을 가능성을 높
여 준다고 말한다. 이런 경우 그 앞에 나타난 세 사람에 대한 그와
같은 극진한 대접은 마땅한 태도이며 따라서 특이할 것이 없다는 주
장이 나오게 된다.

그러나 이와 견해를 달리하는 학자들은 "손님 대접하기를 잊지
말라 이로써 부지중에 천사들을 대접한 이들이 있었느니라."는 히브
리서 13장 2절의 말씀에 주목하고 있다. '부지중에'라는 말씀은 아브
라함이 그들이 천사요 그 가운데 한 분이 하나님이신 줄 몰랐다는
것을 강하게 보여 준다. 이런 경우 그가 보여 준 지극한 섬김의 태
도는 아주 남다른 면이 있으며 아주 모범적이다. 그가 부지중에 하
나님을 섬기는 영광을 얻게 된 것은 축복이 아닐 수 없다.

아브라함의 섬김에 대한 견해는 이처럼 첨예하지만 주로 히브리서에 바탕을 둔 주장에 근거하여 섬김의 자세를 살펴보고자 한다.

✝ 가까운 곳에서부터

봉사하면 우리는 흔히 먼 곳에 가야 하는 것처럼 생각한다. 슈바이처가 되어 아프리카를 찾아가든지 국경없는 의사회의 일원이 되어 전쟁과 내란, 천재지변 등으로 고통을 당하고 있는 먼 나라의 이웃을 생각한다. 그리스도인은 물론 이런 곳에 대한 아픔과 연민을 가지고 있어야 하며, 그곳을 도울 준비가 되어 있어야 한다. 그러나 그리스도인 모두가 그곳에 갈 수는 없다. 우리의 삶에서, 곧 가까운 곳에서부터 남을 도울 수 있어야 한다.

아브라함은 먼 곳에 나가 봉사하지 않았다. 1절을 보면 마므레 상수리 수풀 근처 곧 그의 장막 근처가 섬김의 마당이 되었다. 먼 곳이 아니라 그가 몸담고 살고 있는 곳이 섬김을 펴는 곳이 된 것이다. 이로보아 섬김은 장소에 관계없이 자기가 있는 가까운 곳에서부터 시작되어야 한다는 것을 알 수 있다.

성경은 봉사에 관한 한 '이곳 그리고 지금'(hic et nunc)의 정신을 가르쳐 준다. 자기가 처한 곳에서 섬김의 삶을 살지 못하면서 먼 곳만 생각하는 것은 바르지 못하다. 그리스도인은 가정에서부터, 우리의 주변에서부터, 일터에서, 교회에서부터 남을 섬길 수 있어야 한다. 우리 주변을 살펴보면 우리의 도움을 필요로 하는 곳이 많다. 그 산 증거가 바로 음성 꽃동네이다. 그렇다고 우리가 다 그곳에 갈 수는 없다. 우리의 도움을 필요로 하는 가족, 친구 그리고 가까운 이웃에 그리스도의 사랑을 심어야 한다.

✞ 돕기 힘든 때에 더욱

사람들은 자기가 도울 준비가 되어 있을 때에 도움을 주겠다고 말한다. 아직은 준비가 되어 있지 않다고 말한다. 이러한 말은 대부분 궁색한 변명에 지나지 않는다. 남을 위한 삶은 굉장한 훈련이나 준비가 필요한 것이 아니다. 필요한 것이 있다면 그것은 이웃에 대한 깊은 사랑이다. 지금 자기의 할 일도 이처럼 많은데 어떻게 남을 돕겠느냐고 한다. 이러한 말은 정작 도움을 받아야 할 사람은 이웃이 아니라 자기라는 생각을 심어 줄 뿐이다. 심지어 지금은 시기가 맞지 않는다고 말한다. 시기의 적절함도 있어야 한다. 하지만 시기의 적절함에 관계없이 도움이 필요한 곳이 많다는 생각하지 않으면 안 된다.

성경은 이런 우리의 구차한 변명을 뛰어넘어 돕기 어려운 때에 오히려 힘써 도우라고 말한다. 아브라함이 지나는 사람을 도운 것은 '오정 즈음'이다. 히브리인에게 있어서 '오정 즈음'은 주변여건이 어려울 때, 곧 손님을 맞기 가장 어려운 때이다. 그때는 하루 중 가장 더운 때이기 때문이다. 남을 생각하기보다 자기 몸조차 가눌 수 없다. 모두 잠을 자거나 쉬는 시간이다. 보통 사람 같으면 사람이 일부러 찾아온다 해도 오수시간이 지난 다음에 다시 오라고 말할 것이다. 대부분 사람들은 자기를 먼저 생각하고 그다음 남을 생각한다. 하지만 아브라함은 그렇지 않았다. 쉬고 싶은 시간이지만 오히려 그 시간에 남을 돕고자 했다. 그리스도인의 섬김은 이렇듯 자기의 고난을 뛰어넘는다는 점에서 의미가 깊다.

그리스도인의 봉사는 때가 정해져 있는 것이 아니다. 자기가 봉사하고 싶은 때만 봉사하는 것이 아니다. 우리가 전혀 예기치 않은 시

간이라 할지라도, 하기 싫은 때라 할지라도 우리의 도움의 손길을
필요로 하는 때이라면 언제나 섬김의 삶을 살아야 한다. 기회가 주
어지는 대로 섬김의 삶을 살아야 한다. 언제나 섬길 준비를 하고 있
고, 도움을 필요로 하는 곳을 열심히 찾아 돕는 모습처럼 아름다울
수 없다.

✝ 관심의 눈을 가지고

2절은 아브라함이 눈을 들어본즉 사람 셋이 맞은편에 서 있는 것
을 보았다고 기록하고 있다. '눈을 들어본즉'이라는 말씀은 아브라함
이 매사에 세심한 관심을 기울이고 살았음을 보여 준다. 특히 그는
이 순간에 섬길 자를 발견하는 눈과 마음을 가지고 있었다는 점에
주목할 필요가 있다.

섬기는 자에게 있어서 중요한 것은 상대에 대한 관심이다. 그 관
심은 사랑의 눈과 마음이다. 이 눈과 마음을 가지고 있을 때 내가
먼저 도움이 필요한 사람을 찾게 되고 사랑을 펴게 된다. 그리스도
인들은 가까운 이웃에 대해 관심의 눈을 가지고 그들에게 무엇이 필
요한가를 주의 깊게 살펴볼 필요가 있다.

그리스도의 일군은 삯꾼이나 구경꾼이 아니다. 삯꾼은 시간만 지
나가기를 바란다. 구경꾼은 어려움에 빠진 사람을 보며 왜 그럴까만
생각한다. 그러나 일군은 이웃에 깊은 관심을 가지고 그의 필요를
채운다. 우리가 과연 그리스도의 일군인가 아닌가는 이웃에 대한 삶
의 자세에서 찾아볼 수 있다.

✝ 기쁨으로 신속하게

섬기는 사람의 마음에 기쁨이 없다면 신속하게 움직이지 않는다. 억지로, 할 수 없이 일하는 사람은 태도가 다르다. 느릿느릿하고, 열의도 없고, 기쁨도 없다. 고장 난 기계처럼 마지못해 굴러갈 뿐이다. 그리스도인은 무엇보다 기쁜 마음을 가지고 봉사할 필요가 있다.

2절에 따르면 아브라함은 그들을 보자마자 곧 장막 문에서 달려나가 영접하였다. '보자마자 곧'은 주저함이 없었다는 것을 보여 준다. 그는 기쁜 마음으로 신속하게 움직였다. 100세인 그가 곧 달려나간 것이다. 보통 사람 같으면 길가는 사람에 대해 이 같은 행동을 보이지 않았을 것이다. 봉사하고 싶은 기쁜 마음, 상대의 어려운 처지를 앞서 생각하는 사랑의 마음이 그를 빠르게 움직이게 한 것이다. 아브라함은 아울러 그들을 기쁨으로 영접하였다.

✝ 겸손하게

봉사자는 항상 겸손한 태도를 가지고 있어야 한다. 2절과 3절을 보면 아브라함이 얼마나 공손하게 그리고 겸손하게 그들을 맞이했는가를 알 수 있다. 2절에 따르면 그는 몸을 땅에 굽혔다. 그리고 3절에 따르면 나그네들을 향해 '주'라 말하고 자신을 가리켜 '종'이라 하였다. 찾아온 사람을 높이고 자신을 철저히 낮춘 것이다. 그는 자신을 낮춰 기꺼이 봉사하기를 간청하였다. 이 같은 태도는 상대를 안심시키고 그에게 편안한 마음을 갖게 하기에 충분하다.

남을 돕는 사람은 흔히 우월감을 갖기 쉽다. 그리스도인은 그들의 아픔에 들어가는 사람들이지 우월감을 갖는 사람이 되어서는 안 된다. 예수님은 그의 이웃인 우리의 아픔을 이해하고 우리 속에 들어오셨다. 우리를 구속하시기 위해 오심은 철저한 자기 낮춤이다. 그분은 군림하러 오신 것이 아니라 종의 형체를 입고 섬기려 오셨다. 그리스도인은 이러한 겸손을 배우고 실천해야 한다. 섬김은 군림이 아니다. 겸손과 봉사는 따로 떨어져 있는 단어가 아니다. 함께 가야 한다.

✝ 최선을 다해

섬기는 사람은 최선을 다해야 한다. 3절 중반 이하를 보면 아브라함이 얼마나 최선을 다하고 있는가를 보여 준다. 그는 "원컨대 종을 떠나지 나가지 마옵시고"라고 말함으로써 자신의 봉사자세가 적극적임을 보여 주었다. 그의 적극성은 말에 그치지 않았다. 발을 씻을 물을 준비하고, 나무 아래서의 쉬게 함은 물론 떡을 빚고, 기름지고 좋은 송아지를 잡아 요리하게 하며, 버터 및 우유와 함께 흔쾌히 음식을 대접한 것에서 나타나 있다. 근동지방에서는 날씨가 무덥고 먼지가 많아 발이 쉽게 더러워진다. 따라서 손님에게 발 씻을 물을 주고, 경우에 따라 발을 씻어 주는 것은 친절을 나타내는 예절이었다. 발 씻을 물만 준 것이 아니라 갖가지 먹을 것을 힘써 준비하여 대접하고 편안한 쉼을 갖도록 한 것은 그만큼 최선을 다했다는 것을 입증한다.

그의 이러한 최선을 과소비로 볼 필요는 없다. 그는 자기의 것, 곧 자기가 할 수 있는 것으로 최선을 다했을 뿐이다. 과소비는 자기가 할 수 있는 도를 넘는 것을 말한다. 우리는 안 하려면 몰라도 일단 손님을 대접하려면 상다리가 부러져야 한다고 생각한다. 그래야 생색이 나고 오래 기억이 남게 된다고 생각한다. 때로는 빚을 내어 접대하기도 한다. 이런 일로 가세가 기우는 일마저 발생한다. 이것은 과소비다. 이렇게 대접하기 위해 봉사를 미룬다면 참봉사가 아니다. 성경이 말하는 최선은 이러한 것은 결코 아니다. 작든 크든 자기의 있는 것으로 정성을 다하는 것이다. 이를 위해서는 물질에 앞서 상대에 대한 깊은 마음이 있어야 한다.

✝ 하나님이 갚으신다

최선을 다한 아브라함의 봉사는 자신이 바라던 대로 상대의 마음을 쾌활케 하기에(5절) 충분했다. 하나님의 마음을 감동시키기에 이른 것이다. 그 결과 하나님은 아브라함의 삶의 모습을 보시고 사라에게 아들이 있을 것을 약속하신다(10절). 그 약속은 곧 실현되어 자식을 갖기에 이른다. 또한 하나님은 "나의 하려는 것을 아브라함에게 숨기겠느냐"(창18:17) 하시며 하나님께서 천사들을 대동하고 왜 이 땅에 오시게 되었는가를 아브라함으로 하여금 알도록 하셨다. 아브라함은 하나님의 일을 알고 이에 동역하는 영광을 얻게 된 것이다. 아브라함은 놀라지 않을 수 없었을 것이다. 하나님은 섬김에 있어서 최선을 다하는 삶을 기억하시고 선히 갚으신다.

예수님은 지극히 작은 자에게 한 것이 곧 나에게 한 것이라 말씀하시고, 그리스도인이 서로 섬김의 삶을 살도록 하셨다. 또한 자신은 섬김을 받으러 온 것이 아니라 오히려 섬기러 오셨다고 말씀하셨다. 이것은 우리가 이 땅에서 어떤 삶을 살아야 하는가를 보여 준다.

우리가 섬겨야 할 대상은 우리 가까이에도 얼마든지 있다. 가정 속에 소외된 식구가 없는지, 친구 가운데서나 직장에서 그런 사람이 없는지, 우리가 멀리 가지는 못해도 가까이 있는 이웃을 살필 필요가 있다. 하나님은 우리에게 이웃을 주셨고, 그 이웃과 함께 하나님의 나라를 이루라는 명령을 주셨다. 우리는 하나님에 대한 관심 못지않게 이웃에 대해 관심을 두어야 한다. 우리의 관심을 그리스도의 관심으로 바꾸고 그들의 아픔 속에 들어가야 한다. 우리는 언제 어디서나 누구에게나 그리스도의 눈과 심장을 가지고 그 일을 열심히 해야 할 사람들이다.

당신은 오늘 성숙된 사람을 만나고 싶은가? 그러면 섬기는 사람을 찾으라. 당신이 오늘보다 성숙한 그리스도인이 되고 싶은가? 그러면 섬기는 사람이 되라. 하나님이 찾으시는 사람은 바로 섬기는 사람이다.

제25장 나누는 삶과 오병이어의 기적

　연변과기대 정진호 교수는 평양과기대 설립 부총장으로 있으면서 자금이 부족한 상황을 타개하기 위해 노력했다. 그만 노력하는 것이 아니라 그 프로젝트에 관여하는 모든 교수들이 자금을 모으기 위해 힘을 다했다. 그럼에도 불구하고 평양의 건설현장에서 자재가 부족해 건설이 중단될 위기라는 보고에 접하자 교수들은 누구라 할 것 없이 자기의 오병이어를 내놓았다. 어떤 교수는 자녀교육을 위해 비축해 놓은 것을 내놓았고, 어떤 교수는 퇴직금을 내놓았다. 그 오병이어로 12광주리가 남는 모습을 기대해 본다.

　우리는 예수님께서 행하신 기적 가운데 보리떡 다섯 개와 물고기 두 마리로 오천이 넘는 사람을 먹이신 것을 잘 기억하고 있다. 이 오병이어 사건은 4 복음서 모두가 기록한 유일한 사건이다. 4 복음서 모두가 이 사건을 기록하고 있다는 것은 이 사건이 주는 교훈의 너비와 높이 그리고 깊이가 얼마만큼 큰가 하는 것을 일깨워 주고 있다.

　나는 어렸을 적에 이 기적의 사건을 놓고 여러 가지로 해석하는 것을 아주 흥미 있게 들은 적이 있다. 그것은 남자만 오천 명이니 여자와 아이를 합하면 만 명은 족히 넘을 것인데 그 많은 사람들이 밤에 백 명씩 또는 오십 명씩 질서 있게 앉아 먹고 또 낭비 없이 남은 것을 모두 거두어들인 것 자체가 기적이라는 것 등이었다. 이 사건에 대한 접근방법은 여러 가지로 열려져 있다. 그러나 이 글에서는 오병이어의 사건 자체보다는 그 사건 속에 담겨 있는 인물들의 신앙을 점검해 봄으로써 우리의 신앙은 과연 어떠한가를 살펴보고자 한다.

마태, 마가 그리고 누가는 이 많은 사람을 앞에 두고 예수님께서 제자들을 향해 "너희가 먹을 것을 주라"는 명령을 내리면서 문제가 시작되고 있음을 보여 주고 있음에 비하여 요한은 빌립, 안드레 그리고 이름을 알 수 없는 아이를 등장시킴으로써 이 문제에 대해 그들이 각기 어떤 태도들을 보여 주고 있는가를 자세히 언급하고 있다. 즉 앞서의 세 복음서는 제자들의 일반적인 태도를 한데 묶었음에 비하여 요한복음은 두 제자와 한 아이를 등장시키고 있는 것이다.

✝ 무리에 대한 예수님의 태도와 제자들의 태도 차이

오병이어 사건은 제자들을 전도대로 파송한 이후 성공적으로 그 일을 마친 다음에 일어난 사건이다. 제자들은 자기들이 한 일을 자초지종 고하였고 주님은 그들에게 쉴 것을 권하였다. 그러나 많은 무리들이 모여들어 쉴 수도 없었다. 그중에는 제자들로부터 전도함을 받은 사람들도 있었을 것이다. 요한은 그 많은 사람들이 모여든 것은 병자를 낫게 하시는 주님의 표적을 보았기 때문이라고 밝히고 있다(요6:2).

주님은 그 큰 무리를 보시었다. 그리고 목자 없는 양같이 방황하는 모습을 보고 불쌍히 여기는 마음이 들어(막6:34) 그들을 영접하고 하나님 나라의 일을 말씀하시며 병도 고쳐 주셨다(눅9:11). 어떤 성경학자는 여기서 불쌍히 여겼다는 것은 단순한 동정이 아니라 속으로 고통이나 통곡에 가까운 감정으로 우셨음(cried in his insides)을 나타낸다고 말하고 있다. 주님이 그들의 고통 속에 들어가신 것(compassion)이다.

날이 저물어 가자 제자들은 걱정되기 시작했다. 이 많은 사람들을 어찌하면 좋을까 하는 인간적인 고민이었다. 제자들은 예수님께 나아가 "이곳은 빈들이요 때도 이미 저물었으니 무리를 보내어 두루 촌과 마을로 가서 무엇을 사 먹게 하옵소서."(막6:35, 36)라고 말하였다. 때는 저녁이고 먹을 것도 없으니 사람들을 마을에 돌려보내 그들로 하여금 사 먹도록 하자는 것이었다. "무엇을 사 먹게 하옵소서."라는 표현은 그들이 얼마나 크게 걱정하고 있는가를 보여 주고 있다. 주님은 제자들에게 "갈 것 없다. 너희가 먹을 것을 주라"고 명령하셨다. 이 명령 앞에 제자들은 아연실색할 수밖에 없었다. 그래서 "우리가 가서 200데나리온의 떡을 사다 먹이리이까?"(막6:37) 반문하였다.

한 데나리온은 노동자의 하루 품삯에 해당한다(마29:2). 그들의 반문은 그만한 돈도 없을 뿐 아니라 할 수도 없다는 것을 보여 주는 것이다. 그들은 전도대로 파송되어 말씀도 전하고 기적도 행한 체험이 있는 사람들이었을 뿐 아니라 그들은 지금 주님께서 병을 고치는 기적의 현장에 있는 사람들이었다. 그런데 지금 이 큰 무리에 대한 식사걱정으로 그들의 기적체험의 신앙은 깨어지고 있는 것이다.

우리는 이 사건을 통해 주님과 제자들은 많은 점에서 차이가 있다는 것을 느낄 수 있다. 주님은 자기의 양들을 사랑하시므로 그들을 그냥 돌려보낼 수 없는 반면 제자들은 인간적인 생각이 앞서 그들을 돌려보내기를 바라고 있다. 또한 주님은 문제를 해결할 수 있는 자신감에 차 있는 반면 제자들은 불똥이 자기들에게 떨어질까 봐 두려워하고 있다. 더 중요한 차이는 주님은 하나님의 능력을 신뢰하고 있지만 제자들은 주님에 대한 신뢰마저 저버리고 있다는 점이다.

✝ 빌립의 이성적 계산

요한복음은 이 문제에 대해 포커스를 제자 전체보다 개개인들에게 맞추고 있다. 그리고 개인들에게도 문제가 있었음을 보여 주었다. 그 첫 보기가 바로 빌립이다.

주님은 빌립을 향해 "우리가 어디서 떡을 사서 이 사람들로 먹게 하겠느냐"고 물으셨다. 주님이 왜 그에게 먼저 물으셨는가를 자세히 알 수는 없지만 한 가지 알 수 있는 것은 그의 고향은 바로 이 사건이 일어나고 있는 갈릴리 벳새다(요1:44)라는 사실이고 그가 이곳 사정을 가장 잘 알 수 있으리라고 판단했기 때문이었다. 성경은 주님께서 이렇게 물으신 까닭은 친히 어떻게 하실 것을 아시고 빌립을 시험코자 하심이라고 기록하고 있다(요6:6). 어떤 이는 빌립이 구약에 대해 매우 잘 알고 있기 때문에 오병이어의 기적을 일으키시기 전에 이 질문을 던지신 것으로 표현하고 있다.

그러나 빌립의 대답은 기대 밖이었다. "각 사람으로 조금씩 받게 할지라도 이백 데나리온의 떡이 부족하리이다." 그는 철저히 타산적인 신앙을 가지고 있었다. 그는 재빨리 머리를 굴려 많은 사람들에게 필요한 떡의 양을 계산해낼 수 있는 능력을 가지고 있었지만 예수님께서 진정 무엇을 하시고자 했는가 하는 것에 대해서는 전혀 생각지도 못하고 있었다. 그가 인간적인 계산에 앞서 신앙적인 눈을 가지고 말했더라면 주님은 그의 믿음을 칭찬하셨을 것이다. 그러나 그는 주님 앞에서 자기의 미성숙한 신앙을 그대로 드러내고 말았다.

✟ 안드레의 정보수집적 태도

안드레는 빌립의 타산적인 생각과는 달리 재빨리 움직였다. 마가복음에는 "너희에게 떡 몇 개나 있느냐 가서 보라"는 명령이 제자들에게 내려져 있었는데 제자들 중에 안드레가 여기 저기 먹을 것을 열심히 찾아 나선 것으로 보인다. 요한은 이 장면을 기록하면서 제자들 가운데는 빌립과 같은 계산파가 있는가 하면 안드레처럼 행동파가 있었음을 보여 주고 있다. 그는 빌립과는 달리 실천적이고 행동하는 신앙을 가지고 있었다. 그는 여기 저기 수소문한 끝에 보리떡 다섯 개와 물고기 두 마리 가진 한 아이를 주님께 데려왔다. 그의 열심 있는 신앙은 앉아서 따지기만 하는 다른 제자들과는 판이하게 달랐다. 앞서 행동하는 모범을 보여 주었기 때문이다.

그러나 그의 이러한 행위에도 불구하고 그의 신앙은 다른 제자와 다를 바가 없었다. 그는 보리떡 다섯 개와 물고기 두 마리가 있음을 고하면서 이렇게 말했다. "그러나 그것이 이 많은 사람에게 얼마나 되겠습니까?" 그의 이러한 말은 지금까지 그가 보여 주었던 열심 있는 신앙을 완전히 무효화시켰다. 만여 명이 넘는 사람에 비해 그가 지금 손에 쥐고 있는 것은 너무나 초라하고 보잘것없는 것이었기 때문이다. 이것을 가지고 무엇을 할 수 있다는 말인가. 그는 다른 제자에 비해 비록 실천적인 모습을 보여 주기는 했지만 결국 다른 제자와 마찬가지로 부정적인 태도를 나타냄으로써 안드레도 주님이 바라는 기대에 미치지 못했다.

✝ 한 아이의 오병이어 신앙

요한은 두 제자와 한 아이를 비교 묘사함으로써 오병이어 사건에 있어서 중요한 역할을 한 사람은 제자들이 아니라 이름조차 알려지지 않은 한 아이였음을 입증하고 있다. 아이를 나타내는 '파이다리온'(paidarion)은 소년이나 종을 뜻한다. 이것은 군중 가운데 그리 중요한 사람이 아님을 나타낸다.

당시 보리떡은 가장 가난한 노동자들의 음식이었다. 게다가 그가 가진 물고기는 어부들이 바다에 다시 던져버릴 만큼 작은 종류의 것이었다. 가난한 사람들은 이러한 물고기들을 얻어 음식으로 삼곤 했었다. 보리떡 다섯 개와 물고기 두 마리는 매우 보잘것없는 것이었다. 그러나 그것은 그가 가진 식량 전부였다. 그는 그 식량 모두를 아낌없이 주님께 내놓았다. "네 것을 주어라"는 말씀에 응답한 것이다. 그는 주님께서 그 작은 것으로 무엇을 하든지 상관하지 아니하고 자신의 모든 것을 내놓았다.

주님은 보잘것없는 것이라 할지라도 자신의 것을 기꺼이 내놓는 것을 기뻐하신다. 이것은 우리로 하여금 자신의 것을 내어놓는 신앙, 이웃과 함께 그것을 나누는 신앙이 얼마나 귀한가를 가르쳐 주고 있다. 오병이어의 기적은 바로 자신의 것을 내놓는 것에서부터 출발한다.

주님은 그 보잘것없는 음식이라 할지라도 기뻐 받으시고 하늘을 우러러 축사하셨다. 주님의 축사는 아무리 작은 것이라 할지라도 감사함으로 먹을 것을 보여 주셨다. 주님의 기적은 보리떡 다섯 개와 물고기 두 마리로 시작되었다. 주님은 작은 자의 그 작은 것을 활용하여 그들이 미처 생각할 수 없었던 큰 기적을 행하셨다.

✝ 주님의 기적

주님의 기적은 놀라운 것이었다. 그 많은 사람들이 먹고도 열 두 바구니가 남는 기적이 일어났기 때문이다. 인간적인 생각으로는 전혀 가능하지 않은 일을 주님은 주님의 방법, 곧 하나님의 방법으로 보여 주신 것이다. 이 기적이 일어나는 과정에서 제자들은 몸 둘 바를 몰랐을 것이다. 그들은 주님의 제자라고 하지만 아직도 주님의 전능하심을 확신하지 못하고 인간적인 계산만 하고 있었기 때문이다.

주님의 이적을 보고 사람들은 이렇게 말했다. "이는 참으로 세상에 오실 그 선지자라." 그리고 그들은 예수님을 자기들의 임금으로 삼고자 했다. 그들은 자기들의 육신을 먹일 때만 예수님이 위대하다고 생각했다. 모세 때 만나를 모은 것처럼 메시야가 오면 일하지 않고 빵을 얻을 수 있는 사회적 질서를 갈망한 것이다. 주님이 이를 위해 오신 것은 결코 아니다. 주님은 먹고 배부르게 하는 썩을 양식을 주기 위해 이 땅에 오신 것이 아니라 한 번 먹으면 영원히 배부르게 하는 영생의 양식을 주기 위해 오셨기 때문이다(요6:27). 주님은 그들의 인간적인 속셈을 아시고 혼자 산으로 떠나 가셨다.

우리는 갈릴리를 가리켜 제5복음서라고 부른다. 주님께서 갈릴리를 중심으로 해서 많은 교훈을 남기셨기 때문이다. 우리는 갈릴리에서 일어난 이 오병이어의 이적을 통해서 신앙에 여러 가지 태도가 있음을 살펴보았다.

제자들은 기본적으로 인간적 셈을 벗어나지 못했다. 이성에 따른 합리적 사고로 일관되었다. 무슨 돈으로 그 많은 사람을 먹일 수 있겠는가를 생각하고 보리떡 다섯 개와 물고기 두 마리로 무엇을 할 수 있을 것인가를 먼저 생각했다.

빌립은 예수님께서 다락방 강해를 하실 때도 "주여 아버지를 우리에게 보여 주옵소서 그리하면 족하겠나이다."(요14:8)라고 말할 만큼 성급할 뿐 아니라 보아야 믿을 수 있다는 머리중심의 신앙태도를 가지고 있었다. 주님은 그에게 말씀하셨다. "빌립아 내가 이렇게 오래 너희와 함께 있으되 네가 나를 알지 못하느냐 나를 본 자는 아버지를 보았거늘 어찌하여 아버지를 보이라 하느냐"(요14:9). 우리는 지금 이치만 따지는 빌립과 같은 신앙, 열심을 내다가도 의심하는 안드레와 같은 신앙을 가지고 있다.

주님은 제자들의 이러한 회의적인 신앙태도가 아니라 어느 누구도 자신을 알아주지 않아도, 자신의 것이 아무리 빈약하다 하더라도 주님이 쓰시겠다 하면 그 부족한 것, 보잘것없는 것 마다하지 아니하고 자기의 모든 것 선뜻 내놓을 줄 아는 한 아이의 신앙을 높이 평가하고 있는 것이다. 주님은 타산적인 제자들의 신앙이나 자기 배만을 생각하는 무리들의 태도가 아니라 신앙적으로 보다 성숙한 그리고 말없이 실천하는 한 아이를 우리에게 제시하고 그를 닮으라고 말씀하신다.

오병이어의 기적은 기적 그 자체보다 그 과정을 통해서 우리가 어떠한 신앙을 가져야 하는가를 일깨워 주고 있다. 우리가 버려야 할 신앙적 태도는 무엇인가? 우리가 취해야 할 태도는 무엇인가?

제26장 주님 앞에서 최선을 택한 자매,
마르다와 마리아

제자의 삶은 주어진 자기의 영역에서 최선을 다하는 것이다. 그것이 어떤 것이든. 예수님이 예루살렘으로 올라가시면서 베다니에 있는 나사로의 집을 방문했다. 주님의 예루살렘행은 십자가를 지시기 위한 고난의 길이었기 때문에 여느 때와는 매우 다른 의미를 가진다. 나사로의 누이들인 마르다와 마리아가 반갑게 예수님의 일행을 맞았다. 이 방문은 흔히 있을 수 있는 매우 단순한 사건처럼 보이지만 그 안에는 상당한 의미가 담겨 있다. 특히 문화적인 의미와 신앙적 의미가 깊게 배어 있다. 그리고 이 두 자매의 모습 속에서 우리가 어떤 선택을 하며 살아야 하는가를 가르쳐 준다. 다음은 이 사건을 통해 신앙인으로서 가져야 할 태도들이다.

✝ 차별하지 않는 삶

우리는 마르다와 마리아에 관한 누가복음의 기록이 나사로에 초점이 맞추어져 있지 않고 두 여성에게 초점이 맞추어져 있다는 것에 주목하지 않으면 안 된다. 이것은 당시 문화적 배경을 살펴볼 때 획

기적인 것이다. 한마디로 남여를 차별하는 사회 속에서 오히려 그것을 반전시키는 주님의 모습이 드러나 있기 때문이다. 이것은 그리스도인의 삶이란 남성이 여성을 차별할 것이 아니라 서로 존중하고 아껴 주님이 원하시는 하나님 나라의 삶을 함께 이뤄 나가야 한다는 것을 보여 준다.

최불암 시리즈, 덩달이 시리즈에 이어 간 큰 남자 시리즈가 유행하였다. 그 가운데 이런 말이 있다. 밤늦게 들어와 밥 차려 달라는 남자, 밥상 앞에 앉아 반찬 투정하는 남자, 쇼핑하고 돌아온 아내에게 뭘 샀느냐고 꼬치꼬치 묻는 남자, 외출하고 돌아온 아내에게 "어디 갔다 왔느냐?" 묻는 남자, 아내한테 전화를 건 남자에게 "누구시죠?"라고 묻는 남자, 아내가 꾸짖는데 고개를 숙이지 않는 남자는 간이 큰 남자라는 것이다. 이것은 신세대남편들이 만들어 놓은 자조 섞인 얘기이기는 하지만 우리 사회에서도 그만큼 여성들의 지위가 높아졌다는 것을 간접적으로 시사하고 있다.

그러나 북경에서 열린 세계여성대회의 결과를 보면 아직도 여성은 여러 가지 면에서 차별을 당하고 있다. 인도의 공식기록에 따르면 아직도 매년 약 5천 명의 부인들이 시가의 혼인지참금 요구를 충족시키지 못했다는 이유로 남편이나 그 친척에 의해 살해되고 있는가 하면 남편이 죽었을 경우 따라 죽는 악습도 남아 있다. 이 외에도 지적되고 있는 것은 수없이 많다. 이 여성대회에서는 사생활, 정치, 경제, 문화 모든 분야에서 여성에 대한 차별을 철폐하고 평등한 참여를 실현하자는 행동강령을 채택했다.

역사적으로 보면 동서양을 막론하고 여성을 차별해 왔다. 그것은 굳이 사건을 들추지 않아도 문자만으로도 충분히 나타난다. 여성을 나타내는 우먼(woman)은 아이를 낳는 사람(womb man) 또는 비참한 사람(woe man)이라는 뜻에서 나왔다고 한다. Female도 젖먹이는 사람이라는 뜻을 담고 있다. 한문의 女자는 팔을 모으고 무릎을 꿇고 있는 유약한 사람을 형상화한 것이다. 남편(husband)은 집주인이라는 뜻을 가졌음에 비해 아내(wife)는 길쌈을 하는 사람(Weife-Mann)이라는 뜻을 가지고 있다. Gentleman은 고귀한 신분태생을 뜻하지만 lady는 빵을 만드는 사람이라는 뜻을 가지고 있다. 夫婦의 夫는 커다란 관을 쓰고 있는 대인이라는 뜻임에 비해 婦는 빗자루를 들고 있는 여인이라는 뜻을 가지고 있다. 남자를 君이라 부르고, 여자를 孃이라 부르는데 군은 임금을 뜻하고, 양은 결혼해서 남편을 도울 여자를 뜻한다. 이 모두는 동서양을 막론하고 남성이 얼마나 여성을 종속적인 존재로 삼고 차별해 왔는가를 보여 준다.

예수님 당시 유다에서도 남성은 여성을 차별하였다. 랍비들은 기도할 때 여자로 태어나지 아니하고 남자로 태어난 것을 감사했다. 오병이어로 5천 명을 먹이신 사건을 기록할 때 여인의 수가 제외된 것은 이러한 차등이 얼마나 공개적이었는가를 보여 준다. 유대교에서는 지금도 남자와 여자를 차별하고 있다. 유대교 회당 안에는 남자 석과 여자 석이 구별되어 있다. 여자 석은 남자 석보다 낮다. 그 이유는 하와가 죄를 들여온 죄인이라는 데 있다. 예배를 드림에 있어서도 차별이 있는 것이다.

누가복음을 가리켜 흔히 사회적 복음, 특히 여성의 복음이라고 말하기도 하는데 이것은 누가가 여성에 관한 이야기를 많이 언급함으로써 여성도 남성과 동등되며 남녀모두 책임이 있는 존재라는 것을 부각시키고 있기 때문이다. 예수님은 여성을 결코 차별하지 않았다는 것이다. 사렙다 과부의 이야기, 마르다와 마리아의 이야기 등 여성에 관한 이야기는 대표적이다. 누가는 주님이 여자를 가리켜 아브라함의 딸이라 표현함으로써 딸도 아들과 똑같이 대했음을 보여 주었다.

예수님이 마르다와 마리아의 집을 방문했을 때 마르다는 일하기에 바빴다. 이에 비해 마리아는 예수님 발 아래 앉아 주님의 말씀을 듣는 데 열심이었다. 당시 여성은 율법교육을 받을 수 없었다. 여자는 말씀을 듣는 것에서 제외되었다. 그러므로 마리아가 주님의 발 아래서 말씀을 듣고 있다는 것은 매우 파격적이고 놀랄 일이 아닐 수 없었다. 마르다는 주님을 향해 마리아로 하여금 자기를 도울 수 있도록 간청했다. 마르다의 간청은 손님을 맞으려는 준비로 손이 딸린 이유도 있겠지만 "여자로서 할 일이 뭔데 감히 예수님의 발 아래 앉아 말씀을 듣는 거야."라는 여성에 대한 당시의 시대상을 그대로 반영한 것이었다. 그러나 주님은 마리아로 하여금 말씀을 듣게 하고 그 행위를 존중함으로써 여성에 대한 당시의 고정관념을 여성 스스로 깨뜨리도록 하셨다.

✝ 균형 있는 신앙생활

마르다와 마리아의 사건은 봉사를 중시할 것인가 아니면 말씀을 중시할 것인가에 대한 중요한 분기점이 되고 있다. 마르다는 봉사의 표준이 되고 있는 반면 마리아는 말씀중심의 표준이 되고 있다. 성경은 마르다를 훌륭한 접대자로서의 모델로 제시하고 있는 반면 마리아를 말씀을 듣는 제자로서의 모델로 제시하고 있다. 이것은 우리가 신앙생활을 할 때 어떤 삶을 살아야 하는가를 가르쳐 준다.

준비를 하느라 마음이 분주한 마르다는 여자는 무엇보다 봉사위주의 삶을 살아야 한다고 생각했다. 그리하여 주님의 말씀을 경청하는 데 마음을 쓰고 있는 마리아의 행위를 못마땅하게 여겼다. 그리하여 자기의 하던 일을 중단하고 마리아는 지금 무엇보다 자기를 도와야 한다고 주장했다. 우리도 교회 일을 하다 보면 봉사를 중시할 것인가 말씀 듣는 것을 중시할 것인가 판단하기 어려울 때가 있다. 대접을 해야 하는 여성도의 경우 말씀 듣는 것보다 접대에 더 비중을 둘 수 있다.

마르다의 푸념에 대해 주님은 많은 일로 염려하지 말라고 하신 다음 몇 가지만 준비하든지 아니면 한 가지만 준비하라고 하셨다. 주님은 접대를 위해 준비하는 일, 곧 봉사의 중요성과 필요성을 결코 부인하지 않으셨다. 손님을 위해 준비하는 것은 매우 귀하고 마땅한 일이지만 너무 가지 수가 많음으로 인해 분주한 것, 특히 지금 음식에 너무 신경을 쓰는 것은 바람직하지 않다는 것이다. 지금이란 좁게는 고난의 순간을 앞둔 시간이며 넓게는 종말적 삶을 살아가는 이 시대를 말한다. 이 말씀은 접대를 절대적인 것으로 생각하는 우리의 사고방식을 뒤집는다.

한국교회에서는 때로 말씀보다 활동을 중시하는 경향이 있다. 교회행사나 프로그램으로 바삐 움직이기는 하는데, 사회를 위해 열심히 봉사하기는 하는데 말씀을 바로 듣고 이해하려는 데는 약한 것이다. 봉사를 그토록 많이 하면서 성경말씀에 대해서는 관심이 없는 사람마저 있다. 심지어 나는 아무리 들어도 몰라, 들어도 금방 잊어먹어 하며 그래도 괜찮은 듯이 말한다. 그러면서도 활동이 약한 교인들을 향해 자기들 일에 열심히 참여하지 않는다고 질타하려 든다. 이것은 신앙적으로 균형이 맞지 않음을 여실히 보여 주고 있다.

주님은 마리아는 한 가지를 택하였으니 이것을 빼앗기지 아니하리라고 말씀하셨다. 이것은 마리아라고 일을 거들거나 일하지 않아도 된다는 것을 의미하지 않는다. 마리아가 지금 말씀에 귀를 기울이는 것이 얼마나 중요한가를 가르쳐 주신 것이다. 주님은 결코 마르다의 일을 가볍게 여기시지 않았다. 지금 말씀을 들음으로 영적인 양식을 공급받는 것이 육의 양식을 준비하는 것 못지않게 중요하기 때문이다. 육의 양식은 나중에 먹어도 되지만 주님이 지금 주시고자 하는 영의 양식은 지금 먹지 않으면 안될 만큼 시간적으로 제약을 받고 있기 때문이다.

요한복음 12장 3장은 예수님의 발에 향유를 붓고 자기의 머리털로 닦았던 마리아가 다름 아닌 이 마리아라고 기록하고 있다. 마태복음 26장과 마가복음 14장에 기록된 베다니의 향유사건도 같은 사건으로 간주되고 있다. 그러나 누가복음 7장에 기록된 죄 많은 여인의 향유사건은 다른 사건으로 이해되고 있다. 하지만 고대전설은 막달라 마리아와 베다니의 마리아를 동일인물로 전하고 있어 논란이 있기도 하다. 여기서 중요한 것은 베다니의 마리아가 막달라 마리아인가 아닌가로 논쟁을 벌이는 것이 아니라 베다니의 마리아가 향유를 부었다면 예수님의 발 아래서 지금까지 말씀을 들었던 그가 예수님의 오심과 앞으로 죽으실 것을 충분히 이해하고 눈물로써 그 장례를 미리 준비했다는 사실이다. 주님의 말씀이 그 마음을 움직이게 한 것이다. 나사로가 죽었을 때 마르다는 달려 나가 주님을 영접하고 대화를 나누었지만 마리아는 주님이 부르실 때까지 집안에 앉아 있었을 만큼 소극적이었다. 그러나 지금 주님의 발 아래서 떠나지 않고, 급기야 그가 소중히 여기는 향유마저 아낌없이 부을 만큼 적극적인 인물이 되었다.

마르다와 마리아의 사건은 봉사냐 말씀이냐, 활동이냐 신앙이냐를 가름하는 분기점이 되고 있다. 주님은 이 사건을 통해서 봉사도 접대도 중요하지만 이에 못지않게 말씀을 바로 듣고 깨닫는 것도 중요하다는 것을 가르쳐 주셨다. 몸을 위한 양식도 중요하지만 영혼을 위해서는 영의 양식을 먹어야 한다는 것이다. 주님의 제자로서 봉사활동도 중요하지만 하나님의 말씀을 계속 공급받아 영적으로도 깨우치는 작업도 아울러 중요한 것이다. 신앙생활은 균형 있게 해야 한다. 어느 하나에 치중하여 말씀보다 행동에만 둔다거나 행동보다 말씀에만 두는 것은 바람직하지 않다. 신앙생활은 말씀에 바탕을 둔 행동이 있어야 하며 행동으로 나타나는 말씀이어야 한다.

✝ 최선의 것을 선택하는 삶

끝으로 마르다와 마리아 사건은 우리가 이 땅에서 신앙생활을 할 때 어떤 선택의 삶이 중요한가를 명확히 보여 주고 있다. 이 점은 앞의 두 가르침 못지않게 중요한 비중을 차지하고 있으며 우리의 생활에 지침을 제공해 주고 있다.

마르다는 자기의 하는 일의 비중을 크게 생각하고 있음에 비해 주님은 마르다와는 생각이 달랐다. 마르다에게는 접대하는 일이 급했지만 지금 주님에게는 그것보다 말씀을 듣는 것이 더 절실하다는 생각을 가지고 계셨다. 왜냐하면 지금 주님은 예루살렘에 올라가시는 도중이셨고, 그 길은 십자가의 고난을 얼마 남겨 두지 않은 심각한 순간이었기 때문이다. 주님에게는 음식 한 가지라도 더 즐기는 것이 중요한 것이 아니라 말씀 하나라도 더 전하고 그 말씀을 들은 사람이 깨닫고 생활의 변혁을 가져오게 하는 것이 무엇보다 중요했다. 이것은 말세를 살아가는 우리에게도 마찬가지이다.

주님이 마르다를 향해 "마리아는 좋은 것을 택하였으니 빼앗기지 아니하리라" 하신 말씀은 주님으로서는 매우 심각한 말씀이시다. 주님이 하시고자 하는 말씀은 마리아만 들어야 하는 것이 아니라 사실 마르다도 지금 함께 들어야 할 귀중한 말씀이다. 이제는 더 이상 들을 기회가 오지 않기 때문이다. 주님은 그 같은 심각한 상황을 가리켜 마리아는 지금 그 기회를 빼앗기지 아니하리라고 말씀하고 있는 것이다. 상황이 그만큼 급박하다는 것을 안다면 지금 주님의 말씀을 듣는 것은 어느 누구에게도 양보할 수 없는 기회요 그것은 주님에게 있어서 절실히 필요한 것이다. 우리도 지금 이처럼 긴박하고 절실한 시간을 지나고 있다. 그럼에도 우리는 너무 느긋하게 생각하고 있다. 그러나 주님의 생각은 다르다.

마리아는 좋은 것을 택하였으니 빼앗기지 아니하리라는 말씀이 이 세대를 살아가는 우리에게 주는 중요한 의미는 무엇인가? 그것은 무엇보다 마르다가 주님을 위해 최선을 택한 것처럼 마리아도 지금 최선의 선택을 했다는 것이다. 이로써 우리도 신앙생활을 할 때 하나님과의 관계에서 최선의 선택을 해야 한다는 것을 의미한다. 그리스도인은 무엇을 할 때나 어떤 순간에서든지 주님과의 관계에서 최선의 선택을 하고 있는지 물어야 한다. 하나님과의 관계에서 최선의 선택은 쉽게 말해서 우리가 처한 상황에서 주님의 사람으로서 하나님이 가장 원하시고 기뻐하시는 삶을 사는 것을 의미한다. 그것은 내 입장만 내세우는 것이 아니라 주님의 편에서 서서 주님의 뜻을 바르게 이해하고 이 땅에서 주님이 가장 원하시는 삶을 충실하게 사는 것이다. 최선의 선택과 최선의 삶은 교회에만 한정되는 것이 아니다. 가정에서나 직장에서 주님의 사람으로서 최선의 삶을 살아야 한다. 신앙인에게 중요한 것은 언제 어디서나 주님 앞에 아름다운 존재로 나타나는 것이다.

우리는 마르다와 마리아 사건에서 흔히 마르다에게 패배를 선언하고, 마리아의 손을 들어줌으로써 그가 승리했다고 말하고 싶어 한다. 그러나 주님은 마르다와 마리아 그 어느 쪽에도 좋다 나쁘다 말씀하지 않으셨고 그 어느 쪽도 경멸하지 않으셨다. 그들 모두를 이해하고 다양성을 포용하셨다. 주님은 어느 누구 편을 들어 다른 편에게 실망을 안겨 주고자 하지 않으셨다. 주님은 오히려 이 사건을 통해 신앙생활을 하는 우리 모두가 함께 깨닫도록 하셨다. 그것은 하나님 안에서는 그리고 하나님의 일을 함에 있어서는 남자와 여자가 다르지 않고, 차별에 대한 우리의 고정관념을 깨뜨려야 하며, 말씀과 행함에 균형이 있어야 하고, 언제 어디서나 하나님과의 관계에서 가장 최선의 것을 선택해야 한다는 것이다. 이러한 삶을 살 때 우리는 그리스도 안에서 좀 더 성숙할 수 있다.

제27장 모두를 살리는 섬김,
견고하며 흔들리지 않는 섬김

사도행전 20장에는 사도 바울이 밀레도에서 에베소교회 장로들과 눈물로 이별을 하는 장면이 소개되어 있다. 이제 예루살렘으로 가면 무슨 일이 일어날지 모르고 이것이 마지막이 될지 모른다는 생각 때문이었다. 바울은 장로들에게 자기가 그들에게 어떻게 한 것을 잊지 않도록 했다. "모든 겸손과 눈물이며 유대인의 간계를 인하여 당한 시험을 참고 주를 섬긴 것과 유익한 것은 무엇이든지 가르치고 회개와 그리스도께 대한 믿음을 증거한 것이라"(행 20:19-21). 이 중에 우리는 주를 섬기는 일에 주목할 필요가 있다.

그리스도인의 삶을 가리켜 어떤 이는 나눔의 삶이자 섬김의 삶이라고 말한다. 그래서 선교도 나눔의 선교, 섬김의 선교를 해야 한다고 말한다. 나눔과 섬김은 항상 필요하지만 요즘 더욱 그리스도인의 생활 속에서 이것이 요청되고 있다. 고통은 나눌수록 작아지고, 기쁨은 나눌수록 커지기 때문이다.

섬긴다(serve)는 것은 원래 가치 있는 것에 대한 봉사를 의미한다. 가치가 없는 것, 거짓 것에 대해서는 섬길 필요가 없다. 그리스도인에게 있어서 최상의 가치는 하나님과 그의 뜻이다. 우리가 하나님과

그의 뜻을 따라 섬기면 우리의 생각이 달라지고, 삶의 모습이 달라
진다. 그 달라진 삶의 모습을 이웃에게 나타내야 한다. 그럴수록 우
리 안에 하나님의 나라가 세워진다. 따라서 우리는 하나님의 뜻을
가장 가치 있게 드러낼 의무가 있다. 섬김은 그만큼 보람 있고 가치
있는 일이자 하늘의 기쁨을 놀랍게 가져다준다.

† 모두를 살리는 길에 서서

일반적으로 사람들은 자기 성공이나 안전, 권리신장이나 번영만
꿈꾸고 있지 누구를 종처럼 섬기겠다는 생각은 좀처럼 가지려 하지
않는다. 자기중심주의를 벗어나지 못하고 있기 때문이다. 그러나 진
정한 그리스도인이라면 자기보다는 남을 섬기는 자세를 가져야 한
다. 이것이 일반 사람과 그리스도인을 구별 짓는 중요한 자가 된다.
남을 섬기는 자세로 살아간다는 것은 그리스도 정신을 본받는 삶이
자 차원이 다른 삶이다.

그렇다면 자기는 전혀 존중될 가치가 없는 것인가? 그렇지는 않
다. 자기의 가치를 진정으로 인정받으려면 남의 가치를 존중하는 데
서부터 시작되어야 한다. 우리가 성경의 가르침을 따라 섬김의 삶을
살면 다른 사람의 인격이 세워질 뿐 아니라 자기의 인격까지도 참되
게 세워지고, 그로 인해 하나님께서 영광을 받게 된다. 하나님의 인
격도 존중받게 되는 것이다. 그런 의미에서 나 자신이 섬김의 삶을
살므로 모두가 살게 되는 결과를 가져온다. 이런 의미에서 섬김의
삶은 귀중한 것이다.

예수님은 섬기는 도리에 대해 말만 하지 않고 실제로 자기의 삶
을 통해서 그 본을 보여 주셨다. 한마디로 그분은 섬김의 도리를 가

르치기 위해서만 아니라 몸소 우리를 섬기기 위해 세상에 오셨다. 그분이 일한 것 가운데 자신을 위한 것은 하나도 없다. 그러나 그분이 섬김의 삶을 삶으로써 우리뿐 아니라 주님도, 하나님도 모두 영화롭게 되었다.

남을 섬겨야 한다는 것은 예수님 당시나 지금이나 이목을 끌지 못하고 있다. 경쟁사회일수록 상대를 넘어뜨리는 일에 혈안이 되어 있다. 상대를 어떻게 이길 것이며 어떻게 자신의 영향력을 확산시키느냐에 따라 인생의 성패는 판가름 난다고 한다. 이런 생각은 섬김의 삶을 살라는 그리스도의 정신에 정면으로 위배된다.

현대에 와서도 예수님은 여전히 섬기는 진리를 굽히지 않고 우리를 향하여 자기와 같은 삶을 살라고 말씀하시고 있다. "무엇이든지 남에게 대접을 받고자 하는 대로 너희도 남을 대접하라"(마7:12). 이 말씀을 우리가 황금률로 삼고 있는 것은 예나 지금이나 섬김의 진리는 변하지 않기 때문이다.

예수님은 섬김의 삶을 시작하는 사람들에게 이렇게 말한다. "누구든지 제 목숨을 구원코자 하면 잃을 것이요 누구든지 나를 위하여 제 목숨을 잃으면 구원하리라"(눅9:24). 자기만 살겠다고 하면 섬기는 자로서 실격이라는 말씀이다. 우리가 섬김의 삶을 살수록 모두가 살 수 있지만 자기만 살려고 하면 자신뿐 아니라 모두를 죽이기 때문이다.

✝ 생활 속에서

그리스도인은 한마디로 주의 일에 힘쓰는 사람들이다. 주의 일에 힘쓴다는 것은 다른 말로 말하면 섬김이다. 그리스도인의 섬김은 교회에서만 그치는 것이 아니라 가정이나 직장 등 생활에서 나타나야

한다. 성전중심의 삶을 살았던 구약의 성도들은 회막과 같은 거룩한
곳(출28:43;출29:30), 성전(스7:19)에서의 섬김을 항상 염두에 두었
다. 그러나 주님은 그 삶이 성전에 국한된 것이 아니라 그리스도인
의 생활 구석구석 모두에 나타나야 한다는 것을 가르쳐 주셨다.

　바울도 산제사를 드려야 하며 영적 예배를 드려야 한다고 했다
(롬12:1). 예배는 원래 섬김이라는 뜻을 가지고 있다. 영적 예배, 곧
영적 섬김은 교회에 나와 단순히 형식적인 예배를 드리는 것이 아니
라 하나님이 선하시고 기뻐하시고 온전하신 뜻이 무엇인가를 분별하
고, 그 뜻을 우리의 생활 속에서 나타내야 한다는 점에서 매우 특이
하다. 우리의 예배와 우리의 경건이 생활 속에 그대로 나타나야 산
제사, 참다운 예배를 드린다고 말할 수 있다.

　그리스도인의 섬김은 크게 하나님에 대한 섬김 그리고 이웃에 대
한 섬김으로 나타난다. 이로보아 그리스도인의 섬김은 하나님에 국
한되는 것이 아니라 이웃에 대한 섬김으로 파급되어야 한다는 것을
알 수 있다. 그렇다고 하나님에 대한 섬김이 다르고, 이웃에 대한 섬
김에 차이가 있어서는 안 된다. 하나님에 대한 섬김의 자세를 이웃
에 그대로 옮겨 놓아야 한다. 예수님을 사랑하는 자는 이웃을 대함
에 있어서도 예수님을 대하듯 해야 한다. 이것이 바로 그리스도인의
바른 인(人)테크다.

　하나님을 잘 섬기는 사람이 이웃을 무시하고, 사랑하지 않으며, 관
용하지 않는다면 그것은 크게 잘못된 것이다. 성경은 이웃을 섬겨야
한다고 말한다. 그 이웃은 우리에게 중요한 존재, 가치 있는 존재이
기 때문이다. 성경은 우리로 하여금 뭇사람을 섬기는 자가 되어야
한다(막9:35)고 말할 뿐 아니라 목자도 성도를 섬겨야 한다(고후
8:4;고후9:1)고 말한다. 바울도 '너희'(고후11:8), 곧 교인들을 섬긴

다고 말하고 있다. 목사는 원래 섬기는 자라는 뜻을 가지고 있다. 이처럼 일반 교인이든 목사든 우리는 모두 언제나 그리스도 정신 아래서 서로 섬기는 사람들이어야 한다.

✝ 영의 새로운 것으로

섬기는 자는 무사안일을 거부한다. 주인이 무엇을 원하는지 주의 깊게 살펴야 한다. 항상 무엇으로 주인을 기쁘게 할 것인가를 생각하며 섬긴다면 그를 보는 주인의 눈은 달라질 것이다. 따라서 우리의 섬김에도 구태의연한 섬김이 아니라 주님을 놀라게 할 만큼 변화된 섬김이어야 한다. 섬기는 자는 달라야 한다.

로마서 7장 6절은 "이제는 우리가 율법에서 벗어났으니 이러므로 우리가 영의 새로운 것으로 섬길 것이요 의문(儀文)의 묵은 것으로 아니할지니라."고 말하고 있다. 이것은 우리의 섬김이 보다 혁신적이고 새롭고 창조적이어야 한다는 것을 의미한다. 금년의 것이 작년과 같고, 내년도 금년과 같다면 그것은 새로운 것이 아니다. 율법에 매여 구속된 삶을 살면 그것은 아직도 자유로운 상태가 아니다. 부자유, 억압 속에 새로움, 창조가 있을 수 없다. 우리 섬김의 내용이 근본적으로 다르고, 섬김의 태도나 자세가 영적으로 다르면 결과도 달라질 수 있다.

윌리암 캐리는 "하나님을 위해 큰일을 시도하라. 그리고 하나님으로부터 큰일을 기대하라"고 말하였다. 이것은 우리의 섬김의 목표가 보다 질적으로 다르고, 그것을 이루려는 자세가 달라야 함을 의미한다. "태양을 향해 쏜 화살이 50보 밖의 버드나무를 향해 쏜 화살보다 더 멀리 날아간다."는 말이 있다. 하나님의 일을 하는 우리가 매일 50보 밖의 버드나무를 향해 쏘기만 한다면 그 결과는 보나 마나 다. 주의 일을 힘써 하는 사람은 생각하는 목표도 달라야 하고, 각도 도, 태도도 달라야 한다.

✟ 기쁜 마음으로

성도는 항상 하나님과 이웃을 기쁘게 해야 하며, 이를 위해서는 자신이 먼저 기쁜 마음을 가져야 한다. 자기 자신이 기쁘지 않고서 야 그 기쁨이 정녕 기쁨이 될 수 없기 때문이다. 구약은 기쁨(시 100:2)과 기쁜 뜻(대상28:9)으로 하나님을 섬기라 했고, 신약은 단 마음(엡6:7)으로 섬기라 하였다. 이웃에 대해서도 마찬가지다. 로마 서 12장 8절에 따르면 "혹 권위(勸慰)하는 자면 권위하는 일로, 구 제하는 자는 성실함으로, 다스리는 자는 부지런함으로, 긍휼을 베푸 는 자는 즐거움으로 할 것이니라" 하였다. 기쁨으로 섬기라는 것이 다.

기쁨으로 섬기고자 할 때 무엇보다 자원하는 마음이 필요하다. 바 울은 빌립보 교인들을 향하여 필요하다면 자기를 관제로 드려도 기 뻐할 것이라고 했다(빌2:17). 그만큼 자원하는 마음이 컸다. 마음이 다르면 표정도 다르다. 얼굴표정도 밝고 그렇게 하는 데 힘도 들지 않는다. 이런 말이 있다. 찡그리는 데는 얼굴근육이 64개가 필요하지 만 미소하는 데는 13개만 필요하다.

기쁨으로 섬기는 사람은 가급적 상대에게 자기의 모든 것을 주고 자 한다. 그리스도인이 주고자 하는 선물은 일반 선물과는 성격이 다르다. 남에게 줄 수 있는 값지고 귀한 선물목록으로서 이런 것들 이 있다. 네 원수에게는 용서를, 적대자에게는 관용을, 친구에게는 마음을, 어린이에게는 훌륭한 모범을, 아버지에게는 순종을, 어머니에게는 긍지를 갖게 하는 행동을, 자신에게는 존경을, 모든 사람에게는 사랑을. 성도는 그리스도의 사랑을 기쁨으로 전하는 사람들이다.

✝ 큰 자가 먼저

주님은 한마디로 섬김의 삶을 사셨다. 주님 자신도 "인자의 온 것은 섬김을 받으려 함이 아니라 도리어 섬기러 하고 자기 목숨을 많은 사람의 대속물로 주려 함이니라."(마10:45) 하셨다. 제자들을 향해서도 "내가 선생이 되어 너희 발을 씻겼으니 너희도 서로 발을 씻기는 것이 옳으니라."(요13:14)라고 말함은 물론 "너희 중에 누구든지 크고자 하는 자는 너희를 섬기는 자가 되고"(마20:26)라 하셨다. 베드로를 향하여 "내 양을 먹이라"(요21:15) 하신 말씀 속에는 '섬기는 삶을 살라'는 의미가 담겨 있다.

세상에서는 작은 자가 큰 자를 섬긴다. 그러나 그리스도 안에서는 큰 자가 작은 자를 섬긴다. 잔치의 상석과 회당의 상좌와 시장에서 문안받는 것과 사람에게 랍비라 칭함을 받기 좋아하는 서기관과 바리새인들을 향하여 주님은 모세의 자리에 앉은 자들이라 하셨다(마23:1-7). 그들은 자기를 큰 자로 생각하고 작은 자들이 마땅히 자기를 섬겨야 한다고 생각했다. 그러나 주님은 "너희는 랍비라 칭함을 받지 말라, 너희는 지도자라 칭함을 받지 말라고 하시고, 너희 중에 큰 자는 너희를 섬기는 자가 되어야 하리라, 누구든지 자기를 높이는 자는 낮아지고 누구든지 자기를 낮추는 자는 높아지리라"(마23:11, 12) 하셨다.

이 땅에서 진정으로 높은 자는 누구인가? 그 사람은 높아지려는 자가 아니라 섬기는 자이다. 이 땅의 많은 그리스도인들이 섬김의 삶을 살기 위해 노력하고 있다. 지체부자유자, 청소년가장을 돌보고 이제는 해외에까지 그 손을 뻗히고 있다. 아프리카에 구호식량을 보내고, 북한에 국수공장을 짓고 있다. 에티오피아 거리에는 "거리에 있는 자식도 우리의 자식들입니다"라는 구호가 이곳저곳에 붙어 있다. 세계 곳곳에서 우리를 부르는 소리들이 높아지고 있다. 그 소리는 우리 주변에서도 많이 들린다.

국문과를 나온 한 여성이 정신박약아를 돕는 데 자신의 일생을 바치기로 했다. 목사인 남편을 만나 그늘 속에 버려진 사람들을 위해 함께 헌신하기로 결심하고 불행한 아이들을 모아 들였다. 부부는 처음부터 자기들 아이는 갖지 말자고 합의했고, 버려진 아이들, 대소변도 못 가리는 아이들, 커서 효도도 기대할 수 없는 아이들을 10여 명이나 자기들 호적에 올렸다. 그 사모는 말했다. "이 아이들은 고아가 아니라 우리의 자식들입니다. 그들 뒤에는 하나님의 사랑이 있어요. 다른 사람이 보기에는 우스꽝스러워도 우리에겐 소중한 아이들입니다." 하나님께서는 이런 사람들을 보아서라도 이 땅에다 하나님의 나라를 세우실 계획을 결코 포기하지 않을 것이다.

✝ 부지런하여 게으르지 말고

바울은 "부지런하여 게으르지 말고 열심을 품고 주를 섬기라"(롬 12:11)고 하였다. 섬김의 삶을 사는 종은 무엇보다 부지런해야 한다. 종은 마땅히 주인의 것을 늘리는 일에 심혈을 기울이면서 부지런히 일해야 한다. 달란트와 므나를 받은 종처럼.

우리가 가진 므나는 태어날 때부터 하나님께서 주신 근본적인 소유들이다. 우리의 육체, 정신, 힘 등이 다 그것이다. 우리는 이것을 가지고 자기의 것을 늘리는 데 온 힘을 다했다. 이제 우리는 하나님 나라의 것을 늘릴 책임이 있다. 부지런히 일하여 많이 늘리는 자는 하나님 나라를 상속받게 되지만 그렇지 못한 자는 그것마저 빼앗길 뿐 아니라 버림까지 받고 만다.

✝ 분요함이 없이 일심으로

섬김의 살다 보면 이런저런 말이 있을 수 있다. 구설수에 휘말려 오히려 섬김의 정신이 위축될 수 있다. 세상에는 총칼에 죽은 사람보다 독설에 죽은 사람이 더 많다는 말이 있다. 주의 일을 하는데도 독설은 있기 마련이다. 마르다는 집에 온 주님을 섬김에 있어서 그 방법을 놓고 주님 앞에서 마리아를 비판함으로써 불화를 드러내었다. 성공이란 얼마나 높은 지위를 차지했는가가 아니라 얼마나 난관을 극복했느냐에 있다는 말이 있다. 섬김의 삶을 살려면 난관을 잘 극복해야 한다.

성경은 분요함이 없이, 일심으로, 성품을 다하여 섬길 것을 강조하고 있다. 바울은 고린도교인들에게 이런저런 당부를 한 다음 이렇게 말한다. "내가 이것을 말함은 너희의 유익을 위함이요 너희에게 올무를 놓으려 함이 아니니 오직 너희로 하여금 이치에 합하게 하여 분요함이 없이 주를 섬기게 하려 함이라"(고전7:35). '분요함이 없이'란 '흐트러진 마음 없이 온전히'라는 뜻을 가지고 있다. 섬김은 행위도 중요하지만 마음의 자세가 더 중요하다.

구약의 성도들은 여호와를 섬김에 있어서 기본적으로 흐트러짐이 없어야 한다고 생각했다. 그래서 구약은 성품을 다하여 섬기라(수

22:5), 여호와께로 향하여 섬기라(삼상7:3), 여호와를 경외함으로 섬기라(시2:11), 여호와에게 연합하여 섬기라(사56:6), 하나님 밖에 다른 신을 섬기지 말라(단3:28), 일심으로 섬기라(습3:9)고 강조하였다.

신약에서도 마찬가지다. 그 하나님은 조상 적부터 섬겨 오는 하나님(딤후1:3)이자 참되신 하나님(살전1:9), 살아 계신 하나님(히9:14)이며 그 하나님만을 섬겨야 한다고 말한다. 바울은 내 심령으로 섬기는 하나님(롬1:9)이라고 말함으로써 하나님에 대한 그의 일편단심을 나타내었다.

로마서 1장 25절을 보면 우리가 하나님의 진리를 거짓 것으로 바꾸고 피조물을 조물주보다 더 경배하고 섬긴다고 지적하고 있다. 하나님을 섬기고 그 진리를 따라야 할 우리가 오히려 사람을 의식하며 거짓 것에 홀려 섬김의 모습이 기본적으로 잘못되어 있다는 것이다. 참된 그리스도인이 되려면 섬기는 일에 있어서 무엇보다 세속적인 관념부터 버려야 한다.

일심은 기도하는 마음으로 나타난다. 제사장들은 몸을 성결케 하고 구별하여 하나님 앞에 분향하며 섬겼다(대상23:13). 분향은 단순히 향을 피우는 의미보다 기도의 의미가 강하다. 시편저자는 향단의 향처럼 기도를 올린다 하였다. 섬기는 사람은 항상 기도하는 마음으로 살아야 한다.

✝ 견고하며 흔들리지 말며

섬김의 삶을 사는 사람은 섬김을 통해 오히려 많은 것을 깨닫게 되었다고 말한다. 기쁨도 크고, 보람도 느낀다. 이것은 섬김이 가져다주는 보이지 않는 효과이다. 성경은 섬김을 사는 사람들에게 다른 효과가 있음을 보여 준다.

누가복음 2장에 보면 안나 선지자가 등장한다. 그는 과부된 지 84년이었지만 성전중심으로 살았다. 성경은 그의 삶 이렇게 묘사하고 있다. "이 사람이 성전을 떠나지 아니하고 주야에 금식하고 기도함으로 섬기더니"(눅2:37). 금식하며 기도함으로 일심으로 하나님을 섬기더니 결국 주님을 만나는 영광을 얻었다는 것이다. 이것은 섬김의 삶에 결과가 있다는 것을 의미한다.

요한계시록에 따르면 두아디라 교회에 대해 "믿음과 섬김과 인내를 아노니"(계2:19)라 기록되어 있다. 이 교회는 거짓선지자 이세벨을 용납한 죄를 지적당했지만 섬김의 생활만큼은 인정을 받았다. 주님은 "너희에게 있는 것을 내가 올 때까지 굳게 잡으라."(계2:25)고 말씀하고 있다. 바울은 우리에게 이렇게 권고하고 있다. "그러므로 내 사랑하는 형제들아 견고하며 흔들리지 말며 항상 주의 일에 힘쓰는 자들이 되라 이는 너희 수고가 주 안에서 헛되지 않을 줄을 앎이니라."(고전15:58).

다비(J. N. Darby)의 기도는 이렇게 시작된다.

"오 주 예수여
당신의 발아래 낮은 곳
거기가 내가 서야 할 자리오니
나로 하여금 언제나
거기에만 머물게 하소서.
그 자리에서만 자유를 얻는
깊은 진리를 배울 수 있사오니
나로 하여금 언제나
거기에만 머물게 하소서.
주님 아니면 날 꺾을 자 없습니다.

날 멋대로 두지 마시고
거기에만 머물게 하소서."

우리도 주님의 발아래 낮은 곳, 섬김의 자리, 그 자리가 내가 서야 할 자리인 것을 알고 항상 그 자리에 서도록 기도해야 한다. 섬김의 삶은 이 땅에서만 국한된 삶이 아니다. 계시록 7장 15절에 성전에서 밤낮 하나님을 섬기매라는 말씀이 있다. 이것은 우리가 하나님의 나라에 가서도 항상 하나님을 섬기는 삶으로 이어진다는 것을 보여 준다. 섬기는 자는 언제 어디서나 스스로 자기를 낮출 뿐 아니라 견고하며 흔들리지 말며, 부지런하여 게으르지 말고, 새로움과 열심으로 주의 일을 힘써야 한다. 진정 섬기는 자가 많아질수록 하나님의 백성은 많아지고, 그 나라는 날로 확장되며, 그 결실은 우리의 상상을 뛰어 넘는다.

사람은 크게 세 가지로 나눈다. 쓸모 있는 사람, 있으나 마나 한 사람, 쓸모없는 사람이 그것이다. 그리스도인이라면 자기가 어떤 범주에 속하는가를 심각히 생각해 볼 필요가 있다. 어느 고등학교 교정에 이런 말이 쓰여 있다. "어디서든 나를 필요로 하는 존재가 되자." 세상에서도 누구나 쓸모 있는 사람이 되고자 한다. 그렇다면 신앙세계에서는 말할 나위가 없다. 어떻게 쓸모 있는 사람이 될 수 있을까? 무엇보다 그리스도 안에서 섬김의 삶을 사는 사람, 나눔의 삶을 사는 사람이 되어야 한다.

제 7 부

아가페 교회,
주 앞에 살아 있는 교회

제28장 신앙을 생활화하는 교회, 열매를 맺는 교회

아가페 정신을 실현하는 것은 개인에게만 해당되는 것이 아니다. 교회도 예외일 수 없다. 이 땅에서 과연 어떤 교회가 되어야 할까? 이 땅에 교회는 많다. 그러나 모든 교회가 주님으로부터 칭찬을 받는 교회는 아니다. 어떻게 해야 주님으로부터 칭찬을 받을 수 있을까? 데살로니가전서 1장 2절에서 10절까지의 말씀은 데살로니가교회에 대한 칭찬이 기록되어 있다. 칭찬인 경우 우리는 두 가지를 따져 보아야 한다. 하나는 그것이 자화자찬인가 아닌가 하는 점이고, 다른 하나는 칭찬의 알맹이가 무엇인가 하는 점이다.

데살로니가교회에 대한 칭찬은 자화자찬이 아니라는 점에서 합격점을 받고 있다. 다른 사람들이 그 교회 교인들의 믿음과 행실을 높이 평가한 것이다. 칭찬의 내용도 만족스럽다. 많은 사람들은 교회를 평가할 때 교인숫자가 얼마나 되느냐, 교회건물이 얼마나 크냐, 교회가 현재 어떤 사업을 전개하고 있느냐를 따져 말한다. 대부분 양적인 것을 놓고 그 교회가 좋다 나쁘다 평가한다. 교회에 대한 그런 평가는 신앙적이 아니다. 성경은 교회 평가의 기준은 그런 것들에 있는 것이 아니라 성도들의 신앙생활 수준이 어떤가에 있어야 한다는 것을 가르쳐 주고 있기 때문이다.

데살로니가교회가 바울을 비롯해 여러 동역자로부터 인정을 받은 것은 교인들의 신앙수준이 아주 높다는 데 있다. 바울은 그 교회를 생각할 때마다 그들의 성숙한 신앙에 대해 하나님께 항상 감사하고 기도한다고 하였다. 교인들 가운데도 하나님 아버지를 향해 효자 같은 신자가 있는가 하면 불효자 같은 신자가 있다. 이것은 데살로니가 교인들이 얼마나 효자 같은 신자들이었는가 하는 것을 보여 준다. 하나님은 다윗을 가리켜 내 마음에 합한 자라 하였다. 바울이 신앙적인 눈으로 볼 때 데살로니가교인은 한마디로 하나님의 마음에 꼭 드는 신자였다.

데살로니가교회에 대한 바울의 칭찬은 교회와 교인들로 하여금 진정으로 칭찬을 받기 위해서는 질적으로 수준 높은 교회가 되지 않으면 안 된다는 것을 가르쳐 주고 있다. 그러나 따지고 보면 가장 본질적인 것에 충실했음을 보여 준다. 데살로니가교회가 어떤 교회였기에 이처럼 좋은 평가를 받고 있는가를 살펴보고 교훈을 삼고자 한다.

✝ 신앙이 생활화 되어 있는 교회

바울은 데살로니가교회의 신앙수준이 높다는 것을 너희의 믿음의 역사와 사랑의 수고와 우리 주 예수 그리스도에 대한 소망의 인내 때문이라고 말하고 있다. 믿음의 역사와 사랑의 수고란 신앙이 생활에서 실제적으로 나타나고 있다는 것을 말한다. 귀로만 듣는 신앙이 아니라 행동으로 나타나는 신앙이라는 것이다.

데살로니가교회는 마게도냐 및 아가야에 있는 모든 사람들에게 본이 되었고, 그 소식이 멀리 퍼지게 되었다. 이것은 그들의 신앙생활 모습이 얼마나 모범적이었는가를 보여 준다. 6절은 그들이 많은 환난 가운데서 성령의 기쁨으로 도(말씀)를 받고 사도들과 주님을 본받는 노력을 했음을 증거하고 있다.

바울은 그들의 행실을 보고 복음이 말로 전해진 것만으로 끝난 것이 아님을 알았다. 그는 능력과 성령과 큰 확신으로 이루어졌다고 고백하였다. 성령 하나님께서 능력으로 함께하셨다는 것이다. 전하는 자의 말씀과 그 말씀을 받는 자의 마음과 행실 속에 성령님의 능력이 함께 작용할 때 신앙의 생활화라는 꽃이 피게 된다. 영적인 꽃은 어떤 꽃보다 아름답다.

대성그룹의 김영대 회장이 비즈니스차 중국을 방문했었다. 토요일이 되자 내일은 중국교회를 방문하고 싶다고 소개해 줄 것을 요청했다. 내일 아침 자기 비서를 보내겠다고 하였다. 이튿날 아침 전화가 왔다. 시계를 보니 아침 8시였다. 교회가 아주 먼 곳에 있는 모양이라고 생각했지만 부러 부탁한 일이기 때문에 미룰 수 없었다.

차는 어떤 2층집 앞에 섰다. 비서와 함께 예배당에 들어섰다. 시간은 아직 9시가 되지 않았는데 교인들로 꽉 차 있었다. 예배가 곧 시작 되는가 했더니 한 시간 동안이나 찬송을 부르는 것이었다. 중국어공부를 하는 셈 치고 찬송가를 따라 불렀다. 예배는 정작 10시에 시작되었다. 설교는 어느 여전도사님이 하셨다. 설교내용은 예수님의 사역에 관한 것이었는데 성경 한 구절을 읽고, 그 내용을 설명한 다음 그것을 중국인의 생활 속에서 의미를 찾는 내용이었다. 설교를 시작한 지 한 시간 반이 지나도록 끝날 줄을 몰랐다. 12시 반이 가까워지자 초조해지기 시작했다. 1시에 약속이 있었기 때문이었다. 비서와 함께 자리를 일어섰다. 계단을 내려와 밖으로 나오는데 그는 두 가지 사실에 놀랐다.

첫 번째로 놀란 것은 계단은 물론이고, 밖의 마당에까지 교인들로 꽉 차 있었다는 것이었다. 그리고 두 번째로 놀란 것은 그 사람들 모두 숨을 죽이고 그 여전도사의 설교를 하나라도 놓칠세라 열심히 듣고 있었다는 사실이었다.

나는 "그 여전도사의 설교가 어느 정도 갈 것으로 생각되더냐?" 물었다. 그는 봉독한 말씀의 중간쯤에 나왔으니 설교는 약 세 시간 정도 걸리지 않았을까 생각한다고 하였다. 우리나라에서 그런 식으로 설교를 한다고 하면 그 교회의 숫자는 날로 줄어 결국에는 목사님밖에 남지 않을 것이라는 생각이 든다.

하얼빈에서 온 박은혜 전도사의 간증에 따르면 중국목사님들은 강단에서 열 시간 정도 버틸 수 있는 연습을 한다고 했다. 그것은 스트레이트로 열 시간 정도의 설교는 할 수 있어야 한다는 것인데 이 간증은 김 사장의 경험보다 더한 것이었다.

나는 이 말을 들으면서 우리가 지금 함께 살고 있는 땅 위에 그토록 말씀을 사모하며 한 말씀이라도 놓치지 않기 위해 귀를 세우는 민족이 있다는 것을 생각하며 감사했다. 그리고 기도했다. 비록 3시간, 10시간의 설교는 아닐지라도 우리 한국교인들 모두 주님의 말씀을 사모하는 마음을 주시옵소서.

현재 중국교회는 말씀을 사모하고 있는 교회로 크게 알려져 있다. 그래서 성령님이 미국, 한국을 거쳐 중국으로 자리를 옮기고 있다고 말하기도 한다. 성령이 옮겨진다는 말은 사실 바른 말이 아니다. 성령님은 지금 중국뿐 아니라 브라질 등 각지에서 활발하게 움직이고 있기 때문이다. 성령님은 한 나라에서뿐 아니라 여러 나라에서 활동하신다. 중요한 것은 말씀을 받은 개인이나 민족이 해야 할 일은 신앙을 생활화해야 한다는 점이다. 생활로 나타나지 않으면서 말씀만 사모하는 것은 주님이 바라시는 바가 아니다.

✝ 희망을 잃지 않고 참고 인내하는 교회

아무 희망도 없이 걱정 속에 사는 사람은 그리스도인이라 말할 수 없다. 세상에 살면서 걱정을 하지 않을 수 없지만 그것에 매여 아무 일도 할 수 없을 정도라면 문제가 아닐 수 없다. 제2차세계대전 당시 전쟁으로 사망한 미국청년의 수는 30만이다. 그러나 아들과 남편을 일선에 보내고 염려와 불안, 근심으로 인해 심장병으로 죽은 미국시민들의 수는 100만 명을 넘었다. 총탄으로 죽은 수보다 불안과 공포로 죽은 수가 더 많은 것이다. 한 실험에 따르면 캄캄한 독속에 갇혀 있는 쥐들은 3분 만에 죽었음에 비하여 한 가닥 빛을 보는 쥐들은 36시간이나 버텼다. 절망하는 쥐는 일찍 죽지만 그래도 희망을 가진 쥐는 오래 버틸 수 있었다는 것이다. 문제는 우리가 미래에 대해 희망과 자신감을 가지고 있느냐 하는 것이다. 이 땅에 사는 그리스도인은 미래를 보는 눈이 달라야 한다.

인간을 여러 말로 표현하지만 미래와 연관하여 희망인(*Homo Esperans*)이라는 말을 사용한다. 아직 일어나지 않은 미래를 바라보며 희망을 가지고 살 수 있는 유일한 동물이 인간이라는 것이다. 이것은 희망을 갖는 것이 인간의 근본조건임을 보여 준다. 미래학자 토플러에 따르면 절망은 죄일 뿐 아니라 도저히 시인할 수 없는 부당행위이다. 적어도 이러한 의식을 가져야 하는 것이 바로 그리스도인이다.

소망의 인내란 확고부동한 인내를 의미한다. 사람이 인내할 수 있는 것은 참음으로 인해 희망적인 어떤 것이 결과적으로 얻어질 것이 기대되기 때문이다. 그리스도인이 소망하는 것은 세상적인 것과 비견할 수가 없다. 그것은 너무나 확실한 것이다. 그 소망에 대한 약속은 인간이 한 것이 아니라 하나님이 한 것이다. 그러므로 그 이상 확실할 수가 없다. 하나님의 약속일수록 우리의 인내를 요구할 만한 가치가 충분히 있다.

소망의 대상은 예수 그리스도이다. 예수 그리스도의 재림과 그 나라를 대망한다. 히브리서기자는 소망을 가리켜 영혼의 닻이라(히 6:19) 하였다. 사람은 소망이 있을 때 분투노력하게 된다. 소망에도 참된 소망이 있는가 하면 헛된 소망이 있고, 하늘의 소망이 있는가 하면 땅의 소망이 있고, 가치 있는 소망이 있는가 하면 무가치한 소망이 있다. 그러나 예수 그리스도에 대한 소망은 참된 소망, 하늘의 소망, 가치 있는 소망이다. 프롬은 인간이 추구해 온 잘못된 희망을 지적하면서 "우리는 지금 어디에 서 있는가?"라는 질문을 던진 바 있다. 이 질문이 바로 우리에게 던져져야 한다.

미래에 희망을 건 사람은 무엇보다 과거를 회개하고, 죄의 삶으로부터 완전히 벗어나야 한다. 죄에 매이면 희망이 보이지 않기 때문이다. 우리는 주님이 "회개하라. 천국이 가까웠느니라."는 말씀을 기억할 필요가 있다. 천국은 우리의 미래요 소망이다. 그러나 그것을 갖기 위해 회개가 필요하다. 과거의 삶과 단절해야 하늘나라의 삶을 살 수 있기 때문이다.

파푸아 뉴기니아 선교사에 따르면 파푸아 뉴기니아 교회에서는 한때 회개운동이 한창 일어났다. 뉴기니아 사람들은 원래 식인종들이었다. 그들이 사람을 잡아먹는 이유는 크게 세 가지가 있다.

첫째는 먹을 것이 없었기 때문이었다. 둘째는 적과 싸움을 한 경우 적을 잡아먹음으로써 자기들의 힘과 위엄 그리고 승리를 과시하기 위해서이다. 셋째는 사랑하는 사람을 먹는 경우인데 이때는 사랑하는 사람을 먹음으로써 그가 영원히 나와 함께 있다는 것을 입증하는 것으로 생각하기 때문이었다. 지금은 사람을 잡아먹는 일은 없어졌지만 그 사람들은 아직도 사랑하는 사람의 손이나 해골을 자기 집에 매달아 두고 있다고 한다. 심지어 시신을 미이라로 만들어 집안에 모시고 사는 사람도 있다.

이들에게 전도를 하기 위해 한 선교사 내외가 예수님의 일생을 그림으로 그리고 모형으로 만들어 설명하였다. 예수님이 우리 죄인들을 용서하시기 위해 십자가 위에서 피 흘려 돌아가셨다고 하자 그 사람들은 자기들이 사람을 잡아먹은 죄로 예수님이 돌아가셨다며 몇 시간이고 가슴을 치고 울었다. 예수님의 피는 미개한 그들의 가슴마저 울리게 한다. 회개의 눈물이 현재 그 섬을 감싸고 있다. 그들은 지금도 열심히 하나님의 말씀을 듣는다.

교회에서는 그들에게 고구마 두 개를 주었다고 한다. 그것이면 하루 양식이 되기 때문이다. 도시의 사람들은 양식을 풍요롭게 먹으면서도 회개와는 거리가 먼 생활을 하고 있는 데 반해, 고구마 두 개를 들면서 하나님의 말씀을 듣고 몇 시간이고 회개하는 그들의 모습을 안고 오늘도 지구는 돌고 있다. 그들은 과거의 삶을 회개하고 우리의 미래이신 주님을 바라보고 기뻐하고 있다. 그리스도인의 희망은 오직 예수 그리스도 안에 있기 때문이다.

✝ 결실을 맺는 교회

신앙의 결실은 평가로 나타난다. 데살로니가교회는 여러 사람뿐 아니라 하나님으로부터 인정받는 교회가 되었다는 점에서 결과가 좋은 교회로 인식되고 있다.

데살로니가 교인들에 대한 믿음의 소문이 널리 퍼져 나갔다. 이 소문은 교회의 건물을 자랑하거나 교인수를 자랑하는 그러한 인간적이고 세속적인 것이 아니라 믿음과 사랑과 소망이 넘치는, 하나님을 향한 그들의 바른 믿음의 소문이었다. 그들은 하나님을 안 뒤 우상을 버렸으며 그리스도의 재림을 대망하며 살았다. 9절과 10절은 하나님을 향한 그들의 신앙적 태도들에 대해서 자세히 증거하고 있다. 결국 데살로니가교회는 소문난 교회가 되었다. 바울은 그 소문을 듣고 너무 기뻐 데살로니가교회에 대해서는 더 이상 할 말이 없다고 한다. 참으로 인정받는 교회가 된 것이다.

사업이든 교회든 소문이 좋게 나야 발전한다. 그래서 심지어 억지 소문을 만들어 퍼지게 하기도 한다. 어떤 교회는 교회의 부흥을 가져오기 위해 "우리 교회 목사님은 너무 너무 멋있다. 우리 교회 목사님은 아주 설교를 잘한다."는 소문을 나게 했다고 한다. 목사님의 인물이나 설교가 사실 기대에 못 미치지만 교인들은 열심히 이 말을 전했고, 그러다 보니 목사님도 나아져 어느 정도 목적을 달성했다고 한다. 현대인들은 억지 소문이라도 만들어 사람을 끌어 모으려고 한다. 그러나 그런 인위적인 소문이 아니라 건전한 믿음과 행실에 따른 소문이 소리 없이 퍼지는 것처럼 좋은 것은 없다.

여름방학동안 유럽을 순방하고 돌아온 한 교수가 함께 자리하자마자 지금 세계교회가 파멸의 길을 가고 있다고 걱정부터 하였다. 교회가 교인들에 대해 잘못을 지적할 수 없을 만큼 나약해지고, 상업화되고, 본질로부터 멀어지고 있다는 것이었다. 그가 파리를 방문했을 때 노트르담 교회는 관광객으로 꽉 차 있었다. 그러나 정작 예배는 주일이 되어도 한 차례밖에 드리지 않는다는 말을 듣고 기가 찼다고 했다. 유럽의 큰 교회 대부분이 관광교회로 전락하고 있는 것이다.

　　그런 가운데서도 어떤 교회는 참교회를 이루려고 노력하고 있음을 보고 기뻤다. 그가 본 참교회는 노트르담교회처럼 그렇게 크고 웅장한 관광교회가 아니라 알려지지 않고, 관광객도 없는 아주 작은, 성 니콜라 교회였다. 이 교회는 노트르담 교회에서 그리 멀지 않은 곳에 위치해 있다. 그 교회에서는 주일 4차례 예배가 거행되었고, 그곳에 예배하러 온 교인들 모두 정장으로 경건하게 예배를 드렸다. 관광객인지 교인인지 그 차림새에서조차 구별이 안 될 정도로 흐트러진 관광교회와는 전혀 다른 모습이었다. 열심히 모이는 교회, 특히 예배의 경건성이 살아 있는 교회의 모습을 본 것이다.

　　교회는 건물이 얼마나 큰가에 있지 않다. 교회를 구경하러 올 만큼 유명하고, 웅장해야 살아 있는 교회는 아니다. 문제는 교인들이 교회를 구경거리로 만드는 것이 아니라 그 교회에서 교인들이 얼마나 신령과 진정으로 예배를 드리며 교회로서 기능을 바르게 하는가에 있다. 우리는 큰 교회를 보고 "이 교회는 성령님이 함께하시는구나" 생각하기 쉽다. 이것은 잘못된 생각이다. 성령님은 큰 교회뿐 아니라 작은 교회에서도 일하신다는 것을 기억하지 않으면 안 된다. 주님이 이 시대에서 찾으시는 교회는 주님 앞에 바로 선 교회, 살아 있는 교회이다.

　　교회가 살아 있으면 인정을 받는다. 그러나 그 인정이 사람의 인정으로 끝나는 교회여서는 안 된다. 주님으로부터 인정을 받고, 그 인정이 생명책에 기록되어야 한다. 데살로니가교회는 사람들로부터 인정을 받았을 뿐 아니라 하나님의 책인 성경에 기록되는 영광을 안았다. 이 교회는 오고 오는 세대들에게 귀감이 될 것이다. 이보다 확실한 인정, 확고한 결실은 없다.

바울은 데살로니가교회의 여러 점을 높이 평가하고 감사했다. 바울은 데살로니가교회의 이러한 성숙한 모습을 보고 감사하지 않을 수 없었다. 그리하여 그는 기도할 때마다 쉬지 않고 이 교회를 기억하고 하나님께 감사했다. 2절은 "항상 기도했다"고 적고 있다. 나아가 바울은 이 교회 교인들이 하나님의 택함 받았음을 확신하였다.

교인들이 진정 하나님으로부터 택함을 받았는가, 아닌가는 쉽게 말할 수 있는 성질의 것이 아니다. 교인 중에도 양 같은 교인이 있는가 하면 이리와 같은 교인이 있기 때문이다. 그럼에도 불구하고 바울은 "너희를 택하심을 아노라"(4절)고 말함으로써 데살로니가 교인들에 대해서만큼은 택함 받았음을 확신하였다. 성경은 오늘도 그 교회와 교인들의 수준이 아주 높다는 것을 확실히 증거하고 있다. 한국의 교회들도 신앙을 생활화하고, 주님에 대한 소망을 끝까지 잃지 않으며, 결실을 맺는 교회가 됨으로써 과거와는 질적으로 다른, 수준 높은 교회가 되기를 기도한다.

제29장 주님 앞에 살아 있는 교회, 생동감이 넘치는 교회

✟ 산 교회와 죽은 교회

성경은 산 것과 죽은 것을 명확히 구분하고 있다. 성경이 살았다 거나 죽었다거나 하는 것은 우리의 목숨이 살았느냐 죽었느냐 하는 것이 아니라 하나님의 뜻이 우리 안에 살아 있고 우리의 마음이 하나님의 마음으로 닮아 가고 있으며 우리의 삶의 모습이 하나님이 원하시는 모습을 하고 있는가 하는 데 있다.

성경은 산제사(롬2:1)를 말함으로써 죽은 제사와 구별하고 있고, 산 소망(벧전1:3)을 말함으로써 죽은 소망과 다름을 말하고 있으며, 산 돌(벧전2:4), 산 떡(요6:51), 산 길(히10:20)을 말함으로써 죽은 돌, 먹어도 다시 배가 고픈 떡, 죽음에 이르게 하는 길과 구별시키고 있다. 성경은 산 하나님(호1:10;4:15;삼상17:26;롬9:26)을 말함으로써 하나님은 죽은 하나님이 아님을 강조하고 있다. 그 하나님은 산 자(롬6:11, 13)의 하나님이라고 말함으로써 죽은 자의 하나님이 아님을 가르치고 있다. 이 말씀은 우리도 죽은 자가 아니라 산 자가 되어야 하며, 교회도 죽은 교회가 아니라 산 교회, 살아 있어 생명력이 넘치는 교회가 되어야 함을 가르치고 있다. 주님으로부터 살아 있는 교회, 생동감이 넘치는 교회로 인정받으려면 어떻게 해야 하는가?

✝ 주님께 속한 교회가 되어야

현재 많은 교회가 주님의 교회가 아니라 인간의 교회로 전락하고 있다. 겉으로는 주님을 향한 헌신을 말하지만 사실상 인간을 위한 헌신이 더욱 강조되고, 주님을 자랑하는 것이 아니라 인간을 자랑하는 교회로 바꾸어지고 있다. 우리는 교회를 가리켜 church라고 말한다. 독일 사람들은 Kirche라고 표현한다. 이 모두 'kurike'라는 말에서 나온 것으로 '주님께 속했다'는 뜻을 가지고 있다. 교회는 인간 누구의 것이 아니라 하나님의 것이요 주님께 속한 사람들이 모인 곳이다. 안디옥교회가 설립될 때 바나바는 그 교인들에게 "굳은 마음으로 주께 붙어 있으라."(행11:23)라고 권면하였다. 레위족속이 하나님 편에 섬으로써 인정을 받은 것과 마찬가지로 교회는 바로 '주께 붙어 있는' 사람들이 모인 곳이라는 점에서 다른 인간적인 모임과 다르다. 그런데도 불구하고 교회가 주님께 속한 사람들의 모임이 아니라 인간의 모임 터로 바꾸어지고 있다.

말씀선포(kerigma), 성도의 교제(koinonia), 봉사(diakonia)를 가리켜 교회의 3대 지표라 한다. 주님께 속한 교회라면 무엇보다 이 지표에서 흠이 없어야 한다. 교회는 하나님의 말씀이 바르게 선포되어야 교회이다. 인간의 목소리가 선포되는 곳은 교회가 아니다. 두아디라 교회는 우상숭배로 지적을 당했으며, 서머나 교회는 황제숭배 및 우상숭배로 신앙의 지조를 잃을 위험성이 큰 교회로 지목되어 "죽도록 충성하라"는 경고의 말씀을 들었다. 오직 빌라델비아 교회만 칭찬을 받은 것은 '내 말을 지키어 내 이름을 배반치 아니한' 때문이다. 이 교회는 별로 큰일을 하지는 못했지만 말씀을 모범적으로 지켰다. 말씀을 지킨다는 것은 마음을 굳게 하여 오직 하나님을 믿은 믿음에 굳게 서는 것을 말한다.

이를 위해서는 어떤 환난도 불사해야 한다. 우리는 "누구든지 주의 이름을 부르는 자는 구원을 얻으리라"는 말씀을 너무 쉽게, 그리고 편하게 받아들이는 잘못을 범하고 있다. 성도의 교제도 문제영역이다. 우리는 성도의 교제를 세상방식으로 생각해서 교인들끼리 만나 이야기하고 즐겁게 노는 것쯤으로 생각하는 잘못을 범하고 있다. 교회의 그 많은 예산 가운데 대부분이 사실 먹고 즐기는 데 소비되고 있다. 심지어 무슨 수련회라는 명칭까지 붙여 가며 실컷 놀고 와서는 "성도들의 기도로 수련회를 무사히 마치고 온 것을 하나님께 감사한다."고 말한다. 이것은 교인들을 우롱하는 일이자 하나님 앞에 크게 죄를 짓는 일이다.

성도의 교제는 그리스도가 중심이 되는 교제를 말한다. 우리의 대화 속에 주님이 계시고 우리가 어떻게 주님이 기뻐하시는 일을 할까를 궁구하며 서로 노력하고자 하는 것이 바로 성도의 교제이다. 봉사도 주님이 기뻐하시는 일을 위한 것이어야 한다. 그런데 성도의 교제나 봉사 대부분도 주님을 위하고 주님의 뜻을 세우기 위한 것이라기보다 인간을 즐겁게 하는 일에 그치고 있다. 이 모든 것은 교회가 지표로 보아도 주님께 속한 교회가 아니라 인간에 속한 교회가 되어가고 있음을 보여 준다.

교회들이 얼마나 인간중심인가는 교회의 재산 늘리기, 교인 늘리기, 자기세력확보하기 경쟁에서 찾아볼 수 있다. 주님께 속한 교회라면 사실 이런 것에 관심을 두어서는 안 된다. 성경은 교회란 바로 이런 일들을 하는 것이라고 가르친 적이 없다.

초대교회에서는 교회재산 늘리기보다 구제에 더 힘쓰고, 자기교인 늘리기보다 많은 사람을 하나님께 돌아오도록 하는 데 힘쓰며, 어느 누구의 세력보다 하나님의 권세가 더 확장되도록 노력했다. 주의 종들은 예수님이 그리스도이심을 가르치고 전도를 쉬지 않았으며 기도하는 것과 말씀전하는 것에 전념했다. 그들은 이렇듯 증인된 삶을 살았다. 주님은 그들의 열심을 보시고 구원받는 사람을 날마다 더하시게 했다. 하나님의 말씀이 왕성하자 제자의 수가 늘어나게 된 것이다. 중요한 것은 수가 아니라 우리 안에 하나님의 말씀이 얼마나 왕성하게 살아 움직이는가 하는 것이다.

그러나 세월이 지나면서 교회는 주님의 교회가 되기보다 인간의 교회로 전락하였다. 중세교회는 주님의 일을 하기보다 교회의 재산을 어떻게 하면 한 치라도 늘릴까, 국왕들을 장악하여 교세를 얼마나 확장시킬까를 생각하고 교황을 하나님의 대리자로 만든 것은 물론 나중에는 그의 말은 틀림이 없다는 이른바 교황무오설까지 주장하기에 이르렀다. 역대교황들이 얼마나 부도덕한 짓을 했는가 하는 것은 역사가 말해 주고 있다. 종교개혁은 이렇듯 인간중심적인 중세교회에 대한 신앙양심의 항거이자 하나님의 철퇴였다. 종교개혁자들은 인간중심의 교회를 주님의 교회로 바꾸는 데 최선을 다한 사람들이었다.

우리나라 역사를 보면 고려는 인도보다 더 불교적인 나라로 만들었으나 불교는 불도의 가르침보다 사찰의 재산 늘리기, 자기 세력 확보하기 등 잿밥에 더 관심을 둔 나머지 쇠퇴하였고, 조선은 중국보다 더 유교적인 문화를 이루었으나 유교역시 교도보다 사원의 재산확보에 눈이 어두운 나머지 쇠퇴하였다. 조선이 개국되면서 사찰이 소유한 재산을 국고로 환수하는 조치를 취했고, 조선이 망하자

국가는 사원이 가지고 있던 많은 땅과 재산을 국고로 환수하는 조치
를 취했다. 종교개혁의 전통을 이은 한국교회는 지금 세계 어느 기
독교 국가보다 더 기독교문화를 꽃피우고 있다. 그런데 이 한국교회
들이 과거로 돌아가 다시금 재산 늘리기, 자기교인 늘리기, 자기세력
확보하기 경쟁 속으로 빠져 들고 있다. 지금 한국교회는 제2의 종교
개혁이 필요한 시점에 와 있다. 한국교회는 자기교회만을 위해 아성
을 쌓는 모습을 벗어나야 한다. 전도도 봉사도 자기교인수를 늘리는
데 초점을 맞추지 말고 한 사람이라도 더 하나님의 사람으로 만드는
데 힘을 써야 한다. 이러한 노력이 우리 안에 있는 한 교회는 가득
넘치게 되어 있다.

　문제는 우선순위를 바꾸는 일이다. 자기 교회교인수가 늘어나지
않더라도 이 땅에 하나님을 사랑하는 사람이 늘어나도록 전도의 방
향을 바꾸지 않는 한 한국교회는 이기적인 교회라는 딱지를 뗄 수
없다. 한국교회들이 참으로 주님을 위한 교회로 거듭나지 않으면 사
람들이 교회를 외면하기 전에 주님께서 먼저 한국교회를 돌아보지
않으실 것이다. 주님이 없는 교회는 아무런 의미가 없다.

✝ 참예배정신을 회복해야

　교회하면 제일 먼저 생각나는 것이 예배이다. 우리는 예배를 '드린
다.'고 말한다. 주일 낮 한 시간만이라도 주님 앞에 나와 하나님을
경배하고 자신과 하나님의 관계를 확인하며 다시금 주님의 사람으로
거듭 태어나기를 바라는 의미에서 겸손히 주님 앞에 나아와 예배를
드리는 것이다.

　그러나 우리는 예배를 드리는 것이 아니라 '보고' 있다. 보고 있다

는 것은 예배를 즐기고 있다는 뜻이다. 자기가 주체가 되어 자신을 하나님께 드리는 것이 아니라 자기는 관객이 되어 제삼자적인 입장에서 즐기고 있는 것이다. 성가대의 아름다운 곡을 즐기고, 목사의 설교를 즐긴다. 뿐만 아니라 교회의 분위기를 즐긴다. 많은 사람들이 소위 '은혜롭다'고 말하는 것은 그것으로 인해 자기 마음이 즐거웠다는 것을 보여 준다. 그래서 요즈음 대부분 목사의 설교는 교인들의 마음을 즐겁게 해주는 데 초점이 맞춰져 있다. 즐거운 것은 좋은 것이다. 그러나 예배는 인간을 즐겁게 하기 위해 존재하는 것이 아니라 하나님을 기쁘시게 하는 데 목적이 있음을 기억하지 않으면 안 된다.

회교사원에는 의자가 없다. 회교국들이 가난해서가 결코 아니다. 하나님을 경배하러 온 사람이 어떻게 감히 하나님 앞에 앉아서 예배를 드릴 수 있겠느냐고 말한다. 초대교회는 대부분 의자가 없었다. 그리고 여러 의식 있는 교회들에서는 의자를 놓지 않는다. 분위기를 즐기며 편하기를 바라는 현대의 교회에 비하면 실로 너무나 큰 차이가 있다.

무슬림들은 기도에 힘쓴다. 하루에 몇 번씩 시간을 정해 기도한다. 우리는 그것이 형식적이 아니냐고 비아냥거리지만 그들의 기도자세를 배울 필요가 있다. 그들은 기도할 때 얼굴을 땅바닥에 닿기까지 엎드린다. 바리새인과 비교해 그저 고개만 숙이는 것만으로 하나님께 큰일을 하는 듯한 태도를 취하는 우리와는 너무 대조적이다. 얼굴을 바닥에 닿게 하는 것은 하나님 앞에 자신을 완전히 낮춘다는 것을 의미한다. 천주교에서는 신부를 서품할 때 몸 전체를 엎드리게 한다. 하나님 앞에 자신을 철저히 낮추어 오직 하나님이 기뻐하시는 사람이 되겠다는 뜻을 담고 있다. 우리는 우리 자신을 즐겁게 하는 예배가 아니라 우리 자신을 하나님 앞에 철저히 낮추는 예배로 바꾸어야 한다.

더 문제가 되는 것은 예배의 내용이다. 우리는 예배를 단지 함께 모여 예배드리는 것을 예배로만 생각하는 잘못된 생각을 가지고 있다. 이 때문에 우리의 예배가 점차 형식화되어 가고 있다. 하나님께 서는 형식적인 예배보다 실질적인 예배를 기뻐하신다. 형식적인 예 배란 기계처럼 주일마다 교회에 와서 예배를 '보고' 헌금을 내며 성 가대나 주일학교에서 봉사하는 것만으로 신앙생활을 다한 것으로 생 각하는 것을 말한다. 성경은 이러한 기계적이고 형식적인 제사는 '이 제 그만'이라고 말한다.

다윗은 이렇게 기록하고 있다. "주께서 나의 귀를 통하여 들리시 기를 제사와 예물을 기뻐 아니하시며 번제와 속죄제를 요구치 아니 한다 하신지라."(시40:6). 하나님이 원하시는 예배는 실제적인 예배 이다. 형식이 아니라 질적으로 다른 예배를 드려야 한다는 것이다. 다윗은 계속해서 "하나님의 구하시는 제사는 상한 심령이라. 상하고 통회하는 마음을 주께서 멸시치 아니하시리이다."(시51:17) 말하고 있다. 참회의 제사를 드리는 것이다. 성경은 이러한 마음을 소유한 사람들이 드리는 선행의 의로운 제사를 기뻐 받으신다고 말하고 있 다(신33:19;시 1:19).

구약은 기본적으로 형식적인 제사보다 행동의 제사, 의의 제사(시 4:5)를 강조하고 있다. 신약은 찬미의 제사(히13:15)와 함께 선행과 구제의 제사(히13:16)를 강조하고 있다. 찬미의 제사는 하나님을 향 한 예배요 선행과 구제의 제사는 이웃을 향한 행동의 제사이다. 이 이웃사랑의 행위가 바로 예배행위라는 것이다.

하나님을 사랑하는 사람은 이웃에 대해서도 풍성한 사랑을 보여 주어야 한다. 야고보는 이웃사랑을 최고의 법(royal law)이라 하였다 (약2:8). 시편기자는 "주는 벌써부터 고아를 도우시는 자"(시10:14)

라고 말함으로써 사랑나누기를 싫어하고 주저하는 우리의 모습을 향해 경고하고 있다. 하나님은 호세아 선지자의 입을 통해 "나는 인애를 원하고 제사를 원치 아니하며 번제보다 하나님을 아는 것을 원하노라"(호6:6) 말씀하셨다. 하나님은 형식을 원하는 것이 아니라 내용을 원하신다.

하나님은 우리가 얼마나 멋지게 예배를 드렸느냐에 관심이 있는 것이 아니라 우리의 마음이 얼마만큼 하나님을 사랑하며 우리의 손과 발이 얼마만큼 가난한 이웃에게 가 있는가를 보신다. 우리는 주님께서 처음 사랑을 잃은 에베소 교회를 책망하셨고, 물질적으로는 부유하면서도 영적으로 부유하지 못한 라오디게아 교회를 질책하셨다는 사실을 기억하지 않으면 안 된다.

✟ 생동하는 교회가 되어야

교회에 생명력이 없으면 죽은 교회이다. 우리가 사람을 만나든 가정을 방문하든 사람을 보면 그 사람이 생명력이 넘치는지 아닌지를 알 수 있다. 생명력이 없는 사람은 다시 만나고 싶지 않은 것이 우리의 마음이다. 교회도 마찬가지이다. 생명력이 없는 교회는 한마디로 공동묘지와 같다. 따라서 다시는 그 교회에 가고 싶지 않다.

구미의 교회가 비어 가는 것을 보고 우리는 구미의 교회가 죽은 것이 아닌가 생각하였다. 교회가 생명력이 없다 보니 하나님마저 죽었다고 외치는 사신신학마저 나오게 되었다. 산 하나님을 교회가 죽은 하나님으로 만들어 버린 것이다. 이런 가운데서도 생명력이 있는 교회는 날로 번창하고 있다는 사실을 기억하지 않으면 안 된다. 구미의 교회가 죽은 것이 아니라 죽은 교회는 죽어 가고 오직 산 교회

만 살아남게 되는 것이다. 이 생명력은 하나님으로부터 나온다. 우리
가 하나님 앞에 무릎을 꿇으며 영적으로 살고자 할 때 하나님은 우
리를 살리신다. 우리는 적자생존의 법칙을 진화론에서 발생되었다
해서 무시하는 경향이 있지만 믿음에는 철저히 적자생존의 법칙이
적용된다는 것을 인식하지 않으면 안 된다. 하나님의 마음에 합당한
교회, 하나님의 뜻에 맞는 교회만이 살아남을 수 있기 때문이다. 하
나님은 죽은 교회는 철저히 배제하고 오직 산 교회만을 골라 성장하
도록 하신다.

계시록에 나오는 소아시아 일곱 교회 가운데 사데 교회는 죽은 교
회로 낙인이 찍혔다. 성경은 그 교회를 가리켜 '네가 살았다는 이름은
가졌으나 실상 죽은 자로다'라고 말하고 있다. 사데 교회 교인들은
자기 교회만큼은 살아 있는 것으로 착각하며 신앙생활을 했다. 그런
데 '말이 살았지 죽은 교회'라는 것이다. 그 교회 교인들은 한마디로
행위가 온전하지 못했다. 세상적으로 산 것이다. 그러면서도 교회니
까 아무런 일이 없겠지 자위하며 살았다. 그런데 하나님께서는 그 교
회를 향해 "회개하지 아니하면 도적같이 이르러 심판하리라"고 경고
하셨다. 버가모 교회도 믿음이 식은 교회로 이미 죽어 가고 있었다.

이에 반해 예루살렘 교회는 생동하는 교회로 소개되고 있다. 어려
운 시련에도 불구하고 흩어져 전도하고 열심히 가난한 자를 도우며
신앙의 정통성을 고수하였다. 가르치고 모이고 기도하고 도우고 열
심을 다했다. 한마디로 영감이 넘치는 교회였다. 우리가 초대교회를
흠모하고 그 교회를 이상적으로 생각하는 것은 바로 예루살렘 교회
의 생명력 때문이다. 영적으로 죽은 교회는 더 이상 산 교회가 아니
다. 그런 교회에서 생명력을 찾아볼 수 없다. 현재 한국교회는 생명
력을 잃어 가고 있다고 말한다. 그것은 단순히 교인의 숫자만을 계

산한 것이 아니다. 영적인 능력을 잃고 방황하고 있는 것이다. 한국
교회는 무엇보다 "우리가 어찌할꼬?" 하는 회개의 심령을 되찾음은
물론 잃었던 생명력을 회복하는 교회가 되어야 한다.

오리겐은 교회를 가리켜 '영혼을 치료하는 병원'이라 하였다. 영혼
의 불치병환자들이 인간이 무엇이며 죄가 무엇인지를 알기 위해 오
는 곳이 바로 교회이다. "나는 병이 없다. 그까짓 것쯤은 아무것도
아니다"라고 생각하는 불감증환자들은 아예 오지 않으려 한다. 교회
를 나오겠다는 사람은 그래도 영적으로 살겠다, 하나님의 자녀로 살
겠다고 각오하고 나오는 사람이다. 그러므로 교역자는 환자의 상태
를 잘 파악하여 복음이라는 특효약으로 치료를 해야 한다.

그런데 지금은 교회에 더 문제가 많다. 문제가 심각함에도 불구하
고 자기에게는 아예 문제가 없는 것으로 생각한다. 문제 있는 교회
에게 영혼을 치료하도록 맡긴다는 것은 마치 돌팔이 의사에게 자신
을 맡기는 것과 같다. 이러한 교회는 환자뿐 아니라 교회가 함께 몸
담고 있는 사회에게 어떤 변화를 줄 수도 없다. 사회가 교회를 신뢰
하고 있지 않기 때문이다.

한국교회는 이 세상에 믿음을 심어 주고, 사랑과 용서를 심어 주
고, 삶에 희망을 주는 교회가 되어야 한다. 만일 교회가 생명력을 잃
어 사회를 변혁시킬 능력(transformative potentials)을 상실해 가고
있다면 교회뿐 아니라 사회도 희망이 없다. 앞으로 한국교회가 이
땅에서 살아남느냐 죽느냐 하는 것은 교회가 얼마만큼 생명력을 가
지고 있느냐에 달렸다.

우리는 주일마다 '하나님을 사랑하고 이웃을 사랑하는 거룩한 공
회'가 될 것을 고백하고 다짐하고 있다. 그러나 우리의 교회는 거룩

한 공회이기보다 자기만 아는 이기적인 교회, 손을 펼지 모르는 병든 교회로 변질되어 가고 있다. 교회가 이처럼 죽어 있는 모습을 하고 있는 한 교회에 봉사하는 것은 그리스도께 봉사하는 것이요 교회의 요구를 거절하는 것은 주님의 뜻을 거절하는 것이라고 당당하게 말할 수 없다. 죽은 교회는 아무리 교회라는 간판을 대문짝만큼 써 놓고 현수막을 요란하게 내건다 해도 그것은 교회가 아니다. 죽은 교회일수록 이름 내기를 좋아하며 자랑하기를 좋아한다. 주님보다 인간을 더 의식하기 때문이다. 이런 식으로 교회를 강조하는 교회주의는 비판을 받아야 한다. 교회가 살아 있어야 교회답고 하나님의 교회라 할 수 있다. 주님이 아니라 인간에게 속한 교회, 형식적인 예배만 남아 있는 교회, 영적으로 생명력이 없는 교회는 죽은 교회이다. 한국교회는 마른 뼈들이 죽음의 자리에서 일어난 것처럼 살아 있는 교회, 하나님의 교회로 다시 태어나야 하겠다. 한국교회 모두가 산 교회가 되어 주님이 오시는 그날 기쁨으로 맞이해야 할 것이다.

한국교회는 '한국을 새롭게' 해야 할 책임을 지니고 있다. 한국이 새로워지기 위해서는 우리 자신으로부터 피나는 거듭남이 있어야 한다. 이를 위해서 한국교회는 무엇보다 하나님에 대해서는 살고 세상에 대해서는 죽어야 한다. 그래야 교회가 살아 있는 교회가 될 수 있다.

죽은 교회라고 지탄을 받은 사데 교회 안에서도 "그 옷을 더럽히지 아니한 몇 명이 네게 있어 흰옷을 입고 나와 함께 다니리니 그들은 합당한 자이니라"(계3:4)라는 말씀을 듣는 사람들이 있었음을 특히 주목할 필요가 있다. 우리 교회 안에는 바로 이런 사람들이 많아져야 한다. 그래야 교회가 살 수 있다. 하나님께서 한국의 교회를 버리지 아니하시고 영원히 사랑하며, 우리도 주 안에서 늘 새로워지는 교회가 되기를 기원한다.

제30장 야고보, 교회에 문제가 생겼을 때
생각나는 사람

예루살렘 교회에는 야고보라는 귀한 지도자가 있었다. 그는 영적 권세를 가졌고, 지도력도 풍부하며, 신앙적인 인격도 갖춘 인물로 평가되고 있다. 사도행전 15장 12절에서 21절을 보면 야고보가 예루살렘교회의 지도자로서 어떠한 지도력을 발휘한 지도자인가를 알 수 있게 한다. 그는 매우 합리적이고 이해심이 많은 지도자였으며 교회의 화평을 위하고, 모든 사람이 생활 속에서 그리스도의 뜻을 나타내도록 노력한 인물이었다.

✝ 야고보, 그는 누구인가?

야고보는 무엇보다 예수님의 친동생이다. 가톨릭에서는 야고보가 주님의 친동생이라는 사실을 부인하려고 한다. 왜냐하면 마리아를 철저하게 동정녀로 못 박아 둠으로써 마리아가 예수를 낳은 다음에 다시 자녀를 낳았다는 것을 생각조차 하지 못하게 만들려 하기 때문이다. 그래서 그들은 야고보를 사촌형제 정도로 간주한다. 그러나 성경을 자세히 읽어 보거나 여러 역사적 자료에 따르면 야고보는 예수님의 친동생임이 더욱 확실하다. 이렇게 보는 것이 무리가 없고 자연스럽다. 다른 제자들은 예수님과 3년 같이 있었지만 야고보는 30년을 같이 산 사람이다. 그러므로 예수님을 누구보다 가장 많이 그리고 깊이 알고 있다 하겠다.

사도 바울은 야고보를 가리켜 예루살렘교회의 기둥 같은 일꾼이라고 했다. 고린도전서 15장 7, 8절을 보면 부활하신 예수님께서 "야고보에게 보이셨으며 그 후에 모든 사도에게와 맨 나중에 만삭되지 못하여 난 자 같은 나에게도 보이셨느니라." 기록되어 있다. 성경을 보면 예수님께서 부활하신 다음에 11번 나타나신 것으로 되어 있다. 막달라 마리아에게 나타나시고, 베드로에게, 열두 제자에게, 오백 문도에게 그리고 야고보에게는 특별히 단독으로 나타나신다. 야고보에게 일 대 일로 나타나셔서 무슨 말씀을 하셨을까 궁금하겠지만 교훈을 주시고 야고보를 주님의 종으로 삼으셨음을 미루어 알 수 있다. 그가 예루살렘교회의 기둥이 된 것으로 보아 야고보는 예수님의 말씀을 그대로 실천한 사람임을 알 수 있다. 그는 30년 동안 초대교회의 대표자로서 예루살렘교회의 감독을 지냈고, 전설에 따르면 마지막에는 순교까지 한 인물이다.

그는 기도의 사람이었다. 야고보에 대해서는 여러 가지 전설이 있는데 그 가운데 하나는 그의 무릎이 약대 무릎과 같이 되었다는 것이다. 그 이유는 항상 무릎을 꿇고 기도를 해서 무릎에 군살이 박혔기 때문이다. 그는 주님의 재림을 기다리는 마음으로 가득 차 이 세상의 생활에는 관심을 두지 않고 항상 기도하며 주님의 사랑과 은혜를 그의 생활 속에서 체험하며 살아간 사람이었다.

야고보의 대표적인 성격 가운데 하나는 바로 실천적인 사람이었다는 점이다. 그는 검소한 생활을 했을 뿐 아니라 많은 사람을 구제하고 도왔다. 그는 단순히 다른 유대인들처럼 율법을 지키기 위해 힘쓴 사람이 아니라 예수 그리스도를 위하여, 예수 그리스도에 대한 철저한 신앙으로 말씀에 따라 실행하며 살아간 행동의 사람이었다. 그는 결코 유대 율법에 의해 의로운 사람이 아니라 그리스도를 믿는 믿음으로 의로워진 신앙이 확실한 사람이다. 그러므로 그가 야고보서에서 그토록 행위를 강조하는 것은 율법에 따른 것이 아님을 알 수 있다.

야고보는 주님의 재림을 기다리는 마음으로 가득 차 있었던 사람이었다. 그가 입는 것, 먹는 것에 별로 관심을 두지 않고 아주 검소하게 생활하고 돕는 생활을 주로 했다. 이것은 그가 이 세상보다는 주님의 재림을 간절히 기다리고 주님의 사랑과 은혜를 시간마다 그 생활 속에서 체험하며 살았음을 의미한다.

야고보는 신앙이 확실하고 성경에 능통하며 경건한 사람이었다. 아울러 그는 지도자로서 여러 품성을 갖춘 분이었다. 그는 합리적으로 사고하고 사람을 이해하려 들었으며 오래 참고 절대 서두르지 않았다.

✝ 예루살렘 공의회에서 생긴 문제

사도행전 15장은 전체적으로 예루살렘 공의회에 관한 기록을 담고 있다. 이 공의회는 여러 지역에서 대표들이 참석했기 때문에 세계 공의회의 맨 첫 번째 모임으로 간주되고 있다. 공의회에서는 선교에 있어서 신학적인 문제나 실제적으로 부닥치는 문제, 신앙생활하면서 풍속 및 생활습관에 관계되는 문제 등 여러 중요한 주제들이 다루어진다. 이번 공의회에서는 그리스도께로 돌아온 이방인들이 가지고 있는 풍습에 관계되는 문제들이 거론되었다. 그리스도인이 되면서 저들이 가지고 있던 문화 가운데 어느 것을 버리고 어느 것은 그대로 취하며 어떤 것이 바뀌어야 하고 개선되어야 하는가를 논하게 된 것이다. 생활양식에 관한 문제이므로 고치기 어렵고 고치려면 언제나 문제가 따르기 마련이다.

두 가지 의견이 대립하게 되었다. 하나는 보수적인 의견이고, 다른 하나는 보다 진보적인 의견이었다.

여기서 보수파란 신앙에 있어서 보수라기보다 할례문화를 지키려 한다는 점에서 보수파이다. 이 문화적 보수파는 예수를 믿으면서도 과거 그들이 중시해 왔던 할례나 율법 등을 고집하며(행15:5) 그것을 실시하고 지켜야 한다고 주장했다. 심지어 그들은 이방사람들이 예수를 믿으려면 반드시 할례를 받은 다음이라야 한다고 주장했다. 아직도 바리새적인 신앙을 버리지 못한 사람들임을 알 수 있다. 어떤 의미에서 그들은 신앙과 문화를 혼동하고 있다.

이에 반해 바울과 베드로는 진보적이었다. 이들은 이방에 다니면서 실제로 복음을 전한 사람들이었다. 이방에 다니면서 복음을 전하다 보니 할례받기 전에 이미 성령을 받고, 방언하고, 예수 믿는 사람 다 되어 있는데 이제 와서 새삼스럽게 할례를 받아라, 율법이 어떻다 할 것이 없다는 것이다. 진보의 입장에서 볼 때 형식보다는 내용이 중요하고, 생활양식보다는 질적인 문제가 더 중요했다. 하나님께서 이미 하나님의 사람 다 만들어 놓으셨는데 뒤따라가면서 무엇을 해야 한다 말아야 한다고 참견하는 것은 말도 되지 않는다는 것이다.

바리새파들은 선교현장에서의 체험을 깡그리 무시하고 이방인들에게도 율법주의 신앙을 적용하려 하였고, 바울 등은 선교현장의 체험을 바탕으로 형식보다 믿음이 중요하다고 주장했다.

✝ 야고보의 중용적 해결

보수와 진보가 팽팽히 맞서 한 치의 양보도 없이 논쟁을 하고 있을 때 야고보가 중간에 나타나 양쪽 모두가 수용할 수 있는 중도 안을 내놓았다. 그가 제시하는 안은 보수나 진보 어느 쪽에도 수긍이 가는 것이었다. 그렇게 해서 모두 합의를 이루고 교회가 새롭게 질서를 찾아가게 되었다. 사도행전 15장은 그가 어떻게 합의를 이루어 나가는가를 자세히 소개하고 있다.

첫째, 야고보는 모두가 존경하는 인물이었다. 그가 얼마만큼 존경을 받을 만한가는 앞서 야고보에 관한 소개에서 언급한 바 있다. 합의가 이루어지기 위해서는 양쪽 모두가 신임할 수 있는 지도자, 아무에게도 치우치지 않는 지도자가 필요하다. 복잡한 문제가 생길 때 지도자가 확고부동한 자세로 나서고 그 앞에 모두 무릎을 꿇고 순종한다면 문제가 쉽게 풀릴 수 있지만 지도자의 권위가 없거나 교만해서 아무도 그의 말을 듣지 않는다면 합의가 이루어질 수 없다. 야고보는 양쪽 모두로부터 존경을 받는 지도자였다. 우리는 여기서 지도자에 대한 신뢰가 얼마나 중요한가를 알 수 있다.

둘째, 야고보는 다른 사람들의 말을 다 듣고 난 다음 행동을 취했다. 사도행전 15장 11, 12절에 따르면 온 무리가 베드로의 말이나 바나바와 바울의 말을 다 들었음을 보여 주고 있다. 그리고 13절에는 그들이 '말을 마치매'라고 표현하고 있다. 끝까지 다 듣고 말을 마친 다음에 자기 할 말을 한 것이다. 우리는 성격이 급하여 다른 사람이 말을 다하기도 전에 말을 가로 막고 말도 되지 않는다고 판단을 내리기 일쑤이다. 잠언은 남의 말을 다 듣기 전에 대답하는 자는 어리석은 자라고 말하고 있다. 내가 아무리 할 말이 있어도 남의 말을

다 듣고 나서 말을 해야 한다. 이것은 간단한 것 같지만 매우 중요
한 문제이다. 야고보는 결코 서두르지 아니하고 그들의 의견을 충분
히 들은 다음 자기의 생각을 말하였다. 이런 점에서 그는 아주 훌륭
한 인격을 지니고 있었음을 알 수 있다.

셋째, 하나님의 뜻을 간파했다. 야고보는 베드로나 바울의 말을 듣
고 하나님이 그들을 통해 이방인 속에서 어떻게 역사하시는가를 알
게 되었다. 14절의 "하나님이 처음으로 이방인 중에서 자기 이름을
위할 백성을 취하시려고"는 그가 얼마나 하나님의 역사를 보는 통찰
력을 가지고 있었는가를 보여 준다. 그는 사람들의 이야기를 들은
것이 아니라 그 모든 사건 속에서 하나님이 무슨 일을 하시는가, 하
나님의 뜻이 어디에 있는가를 먼저 보았다. 그리스도인의 기준은 항
상 하나님이다. 하나님의 기준 앞에서 인간의 기준은 상대화될 수밖
에 없다. 이 때문에 지도자는 사람의 눈치를 보는 것이 아니라 하나
님의 뜻이 어디에 있는가를 먼저 볼 필요가 있다. 하나님보다 사람
의 지지를 받으려고 한다면 지도자가 아니다. 사울이 지도자로서 실
패한 것은 바로 이 때문이다.

넷째, 야고보는 그들의 말을 들으면서 하나님의 말씀을 생각했다.
16절에서 18절은 바로 생각난 말씀이 소개되어 있다. "내가 돌아와
서 다윗의 무너진 장막을 다시 지으며 또 그 퇴락한 것을 다시 지어
일으키리니 이는 모든 이방인들로 주를 찾게 하려 함이라." 이 말씀
은 아모스 9장 11, 12절의 말씀으로 야고보는 그들의 말을 들으면서
이 말씀이 응했다는 것을 확신을 갖게 된 것이다. 이것은 하나님의
모든 일들이 말씀의 성취라는 것을 보여 주는 것이며, 인간이 아무
리 하나님의 뜻이라고 말한다 할지라도 성경의 진리가 그것을 확증
해야 객관적 진리가 될 수 있음을 보여 준다.

다섯째, 그의 지혜로운 판단이다. 야고보는 "이방인 중에서 하나님께로 돌아오는 자들을 괴롭게 하지 말고 다만 우상의 더러운 것과 음행과 목매어 죽인 것과 피를 멀리하라고 편지하는 것이 가하니 이는 예로부터 각 성에서 모세를 전하는 자가 있어 안식일마다 회당에서 그 글을 읽음이니라."라고 말함으로써 신앙문제와 식사문화문제를 구분하고, 아울러 신앙문제에 대해서는 바울의 편을 들고, 문화문제에 대해서는 유대사람 편을 드는 중용적인 태도를 취함으로써 양쪽 모두를 만족시키고 엉켜진 실마리를 풀었다. 하나님께 돌아오는 이방인들을 괴롭게 하지 말라는 것은 진보적인 바울의 편을 드는 말이고, 여러 가지 것을 금하도록 하는 것은 보수파를 위한 말이다. 야고보의 이러한 윈-윈 제안이 나오자 회의는 아주 은혜롭게 매듭지을 수 있게 되었다.

✝ 문제가 생겼을 때 우리는 어떤 태도를 가져야 하는가?

이러한 갈등 문제가 우리에게 없는 것은 아니다. 예수 그리스도를 영접한 이후 그 전에 가지고 있던 생활 습성 때문에 자주 논란이 일고 있는 것은 이 때문이다. 술 담배문제, 축첩문제, 노름행위문제 등 여러 가지가 있다. 미국의 장로교회는 음주문제를 놓고 교단이 갈라지는 역사를 가지고 있다. 안 된다는 쪽과 용납하자는 쪽이 팽팽히 맞서 결국 깨어지고 만 것이다. 그래서 미국에서는 어떤 목사님은 술·담배를 잘하는가 하면 어떤 목사님은 철저히 금한다.

엄격히 말하면 술·담배를 했다고 해서 성도가 아니라고 말할 수는 없다. 문제는 그가 참으로 주님을 그리스도로 영접했는가 하는 것이 중요하다. 기독교에서는 그 문제를 놓고 '아디아포라'(adiaphora)

라 한다. 구원과는 별개의 문제라는 것이다. 그렇다고 술·담배를 하라는 것은 아니다. 가장 성경적인 권고는 이것이다. 야고보의 표현을 빌려 "그런 문제로 하나님께 돌아온 성도를 괴롭힐 것은 아니다. 하지만 하지 않는 것이 바람직하다." 지금 교회에 출석하는 교인을 향해 "당신은 술·담배를 하니까 교회에 나올 수 없소"라고 말하기보다 "술·담배를 한다 해도 교회에 나와 신앙 생활하는 것이 더 중요합니다. 믿음이 자라면 스스로 끊는 날이 올 것입니다. 우리는 그날이 빨리 오기를 합심해서 기도하고 있습니다."라고 말해야 한다.

"이방인 중에서 하나님께로 돌아오는 자를 괴롭게 하지 말고." 우리는 하나님의 자녀가 되어 나오는 것을 기뻐해야 한다. 이런저런 간섭으로 피곤하게 만들어서도 안 되고, 그 앞에 장애물을 놓아서도 안 된다. 쓸데없는 얘기를 해서 남의 마음을 상하게 해서도 안 된다. 특히 교회에 나와 열심히 믿으려는 성도들의 마음을 상하게 해서는 안 된다. 나의 무엇이 깨끗하다고 남을 비판할 수 있겠는가? 교회의 문턱을 높여서도 안 된다. 야고보는 아주 간단히 우리에게 가르치고 있다. "예수 믿는 것으로 족하다. 생활은 차차 고치게 될 것이다. 그러니 괴롭게 하지 말라." 얼마나 덕스러운 말인가. 우리는 신앙의 문제와 문화의 문제 가운데 무엇이 더 중요한가를 알아야 하며 나 자신의 주장을 내세워 고집을 피우기보다 하나님의 역사 앞에 겸손히 무릎을 꿇는 신앙을 가져야 한다.

제31장 하나님의 뜻을 세우는
그리스도 공동체 만들기

신학을 공부하고 싶다고 찾아온 한 공학교수는 쉐이퍼의 라브리 공동체를 흠모하고 있었다. 어떤 사람은 공동체 경험을 하고 싶어 키브츠를 찾아가기도 한다. 중세 때는 수도원을 중심으로 공동체 생활을 했고, 종교 개혁기에 급진적 개혁을 주장했던 재세례파들도 공동체 생활을 했다. 우리 주변에도 최일도 목사의 다일공동체, 대천덕 신부의 예수원 등이 있고, 우리나라에서 빈민과 그늘 속의 여성들을 대상으로 선교를 했고, 필라델비아 흑인지역에 살면서 이웃을 내 몸처럼 돌보는 간하배 선교사의 공동체적 마인드와 생활양식은 자주 입에 오르내리고 있다. 우리 사회 속에는 여러 모양의 공동체가 있지만 무엇보다 교회가 공동체성을 확립해야 한다.

체코의 프라하는 백탑의 도시라는 별명을 가지고 있다. 유럽의 모든 건축양식의 집산지이기도 한 이 도시는 너무 아름다워 제2차세계 대전 때 일부러 폭격을 하지 않도록 했다는 이야기도 있다. 그 도시에 틴 성당이 있고 또 천문시계가 있다. 12시만 되면 사람들이 그 성당 앞에 많이 모여든다. 시간이 가까워 오면 뼈만 남은 사람인형이 시계 줄을 잡아당긴다. 시계 틀 사이에 있는 창에는 예수님의 12

제자들이 한 사람씩 지나가고, 다 지나가면 닭이 꼬기요 하고 울면서 12시가 된다.

공동체란 사람이 모인 집단을 가리킨다. 그러나 공동체는 단지 시계를 보러 온 사람들을 말하지 않는다. 특별한 일을 목표로 하나 된 공동체다. 그리스도의 공동체는 하나님의 일을 하기 위해 모인 공동체이다. 그 대표적인 공동체가 바로 교회이다. 얼마 전까지만 해도 교회에서 공동체라는 말은 비록 익숙하지 않았다. 가톨릭이나 급진적 사상을 가진 교회들이 주로 사용되어 왔지만 이제는 교회공동체, 공동체교회라는 말을 사용하고, 심지어 교회라는 말을 빼고 공동체라 부르는 사람마저 있다. 로잔회의에서는 교회를 메시아적 공동체, 은사공동체라 불렀고, 교회갱신이라는 말 대신 공동체갱신이라는 단어를 사용했다. 여기서 그리스도의 공동체라 함은 성경적 교회 상을 바로 회복하자는 의도에서 사용된 것이다.

✝ 두 가지 유형의 공동체

성경에 공동체라는 단어는 없지만 구약의 경우 하나님의 백성의 모임을 카할, 곧 회중이라 했고, 신약에서는 에클레시아라 했다. 성경에는 두 가지 대조적인 공동체가 등장한다. 하나는 하나님의 뜻을 거역하는 공동체이고, 다른 하나는 하나님의 뜻을 세우는 공동체이다. 전자의 보기로 구약에 나타난 바벨탑공동체를 들 수 있고, 후자의 보기로 신약에 나타난 오순절공동체를 들 수 있다.[3]

---

3) 임영수, "진정한 공동체", 「지금 여기에」. 다일공동체 펴냄. 2 (1996. 1. 14 - 1996. 2. 4), 6쪽.

1) 하나님의 뜻을 거역하는 공동체

창세기를 보면 사람들은 하나님이 마련해 준 낙원에서 쫓겨난 후 자신들의 힘으로 도시를 건설하는 데 분주했다. 그 가운데 노아 홍수 이후 함의 손자 니므롯은 빼놓을 수 없는 인물이다. 성경도 그를 세상의 첫 번째 영걸(창10:8)로 묘사하고 있다. 그는 천하를 통일하기에 이른다. 그의 나라는 시날 땅 바벨로부터 앗수르로 뻗어 나갔다. 미가서에 앗수르 땅을 니므롯 땅이라(미5:6) 말하는 것도 이 때문이다. 그는 가는 곳마다 성을 건축했다. 성경은 레셀도 그가 세운 것임은 물론 큰 성이라 말하고 있다.

니므롯은 처음에 시날 땅 바벨론을 중심으로 활동했다. 그는 이곳에서 이른바 바벨탑을 건축하는 데 주도적으로 참여하였다. 사람들은 서로 벽돌을 굽자, 성과 대를 쌓자고 하였다. 성과 대를 쌓자는 그들의 심중에는 그들의 교만이 담겨 있다. 세상이 하나로 통일되어 이제 인간세상이 열렸는데 거칠 것이 없다는 것이다. 모든 것은 니므롯의 것이라는 생각이 들고, 세상은 하나님이 아니라 인간이 의도한 대로 되어야 한다고 생각했다. "대 꼭대기를 하늘에 닿게 하여 우리 이름을 내고 온 지면에 흩어짐을 면하자."(창11:4)는 것은 그들이 어떤 생각을 가지고 있었는가를 보여 준다.

사람들이 탑을 세움으로써 다시는 흩어짐을 면하고자 한 것은 하나님의 명령(뜻)에 직접적으로 반대된다. 창세기 9장 1절에 따르면 하나님은 노아와 그 아들들에게 복을 주시며 "생육하고 번성하여 땅에 충만하라." 하셨다. 같은 장 7절에서도 "너희는 생육하고 번성하여 땅에 편만하며 그중에서 번성하라."고 다시금 강조하셨다. 이 명령은 이미 아담과 하와에게 주신 것과 같다는 점에서 하나님의 변함없으신 뜻을 발견할 수 있다. 이 말씀을 준행하려면 흩어져야 하고,

흩어져 하나님의 말씀대로 살아야 한다. 이 흩어짐은 하나님 나라를 확장하기 위한 흩어짐이다. 그럼에도 불구하고 흩어짐보다 자신들만의 세계를 구축하고자 한 것이다. 바벨탑은 자기세계를 하나님에게 과시하려는 인간의 욕심을 나타낸 반하나님적 처사임을 알 수 있다.

바벨탑공동체는 구약의 사람들이 한때 자신들의 힘으로 하나님이 없이 자기 나름대로 이상적인 공동체를 만들고자 했다는 것을 보여 준다. 그러나 그 결과는 언어의 분열과 인간의 분열만 초래했을 뿐이었다.

하나님은 사람의 아들들이 건설한 도시와 탑을 보고자 하였다. 하나님이 보고자 한 것은 도시와 탑 그 자체에 있는 것이 아니라 그들의 삶의 방식과 태도가 하나님의 뜻과 부합한지를 보고자 하신 것이다. 하나님은 그들 속에서 인간의 교만을 발견했고, 하나님의 뜻과 전혀 반대되는 삶의 모습을 발견했다. 그들은 하나님보다는 자기를, 다른 사람보다는 자기 이름을 내고자 했다. 나아가 하나님을 소외시켰다. 하나님 없이 살고 싶어 하고, 그의 지배를 싫어했다. 하나님보다는 자기 마음대로 살고 싶어 했다. 이 모두는 그들이 얼마나 교만한가를 보여 준다.

하나님의 뜻을 세우는 것과는 거리가 먼 이 공동체를 하나님이 허락하실 리 없다. 하나님은 그들을 온 지면에 흩기로 하셨다. 흩기로 하신 하나님의 결정은 두 가지 측면에서 생각할 수 있다. 하나는 인간의 교만을 흩는 것이고, 다른 하나는 땅에 편만하도록 하신 하나님 자신의 원래 의도를 실천에 옮기는 것이다.

하나님은 이 무리가 한 족속이요 언어도 하나라는 것에 주목하셨다. 하나님은 흩는 방법으로서 커뮤니케이션 두절방법을 택하셨다. 지금까지 하나의 언어만 있었던 것을 다양한 언어로 만드심으로 커

뮤니케이션의 혼잡을 가져오게 한 것이다. 언어의 혼잡으로 성 쌓는
일이 중단되었고, 결국 뜻이 맞지 않게 되자 흩어지게 되었다. 현재
세계적으로 3천여 종의 방언이 있다고 한다.

2) 하나님의 뜻을 세우는 공동체

창세기 11장은 바벨탑사건을 자세히 소개한 후 마지막에 한 인물
의 등장에 초점이 맞추어져 있다. 그 인물이 바로 셈의 후손 아브라
함이다. 이 인물은 무엇보다 믿음의 아버지로서 하나님의 뜻을 세우
는 공동체를 이룸에 있어서 중요한 인물로 부각되고 있다. 성경은
어떻게 그가 이 공동체의 주역이 되었는가를 보여 주고 있다.

아브라함은 무엇보다 이스라엘 공동체 창설과 깊게 연관되어 있
다. 그는 이 공동체의 창설을 위해 아비의 집을 떠났다. 하나님의 뜻
을 세우는 공동체는 반하나님적인 것과 결별하는 데서 시작된다. 그
로 인해 태어난 이스라엘 공동체가 하나님의 뜻을 세웠을 때 하나님
으로부터 축복을 받았지만 그 뜻을 저버렸을 때는 저주를 받았다.

이스라엘 집의 믿음의 계보를 따라 예수 그리스도가 이 땅에 오
셨다. 예수님은 하나님 나라를 선포하셨다. 이 나라는 하나님의 뜻을
세우는 나라, 곧 하나님 나라 공동체이다. 이 나라의 사람들은 무엇
보다 이 나라가 얼마나 복된 나라인가를 전파하는 사명을 받았다.
이것은 그리스도인의 흩어짐이다. 나가 전하는 것이다. 전파는 단순
히 말씀을 전파하는 차원에서 끝나는 것이 아니라 그 나라의 삶의
형식을 보여 줌으로써 그 방법을 따라 살도록 하는 데 뜻을 두고 있
다. 그 나라의 전파인 것이다.

예수님이 승천하신 후 오순절공동체가 조직되었다. 이 공동체는
성령의 역사로 나타난 공동체이다. 이 공동체는 무엇보다 성령 하나

님을 통해 뜨겁게 확산되었다. 마음과 마음이 그리스도를 향해 하나가 되었고, 배우지도 않은 방언이 터져 한 입으로 하나님을 찬양하고 복음이 전파되었다. 바벨탑공동체와는 달리 하나님의 자비로 언어가 통일되는 기적이 일어났다. 그러나 이 공동체의 언어는 인간의 뜻보다 하나님의 뜻을 세운다는 점에서 다르다.

오순절공동체는 하나님과 인간, 인간과 인간 모두의 관계를 회복시켰다는 점에서 특이하다. 사도행전 2장에 따르면 이 공동체는 하나님과의 관계가 달라졌고, 공동체 안의 삶의 모습이 달라졌다. 그들은 하나님을 찬미했고, 그들의 달라진 삶의 모습을 보고 교회 밖의 사람들이 칭송하기 시작했다. 그들이 이러한 삶을 살 때 주님은 그들을 위해 일하기 시작했다. 주님이 사람을 그들에게 보내신 것이다. 주께서 구원받은 사람의 수를 날로 더하게 하셨다는 것은 이를 의미한다.

오순절공동체는 여기에서 끝나지 않는다. 흩어짐의 공동체로 성숙했다. 이 흩어짐은 복음을 전파하기 위한 흩어짐이요 하나님 나라를 각 곳에 세우기 위한 흩어짐이다. 사도들은 이 부르심에 응답하여 세계 각 곳으로 흩어졌고, 그곳에서 순교를 당했다. 순교는 흩어짐의 씨앗이 되어 복음이 더욱 퍼져 나갔다. 복음이 널리, 깊게 퍼져 나갈수록 하나님의 뜻은 더욱 강하게 전달되고, 그 나라는 넓게 확장되었다.

하나님의 뜻을 세우는 이 공동체의 진정한 의미는 미래에 나타날 진정한 공동체의 전형이라는 점이다. 미래에 나타날 진정한 공동체는 요한계시록 21장에 잘 나타나 있다. 새 하늘과 새 땅과 함께 모든 눈물을 그 눈에서 씻기시고 다시 사망이 없고 애통하는 것이나 아픈 것이 없는 공동체, 곧 새 하늘과 새 땅 공동체이다.

✝ 교회는 어떤 공동체가 되어야 하는가?

1) 하나님과 하나 되어야

그리스도 공동체는 주님과 하나 되어야 한다. 오순절공동체는 무엇보다 그리스도 예수의 이름으로 세례를 받고 죄 사함을 받았으며 성령을 선물로 받았다. 그리고 기도에 힘썼다. 이 모두는 그들이 주님과 하나 되기 위해 얼마나 노력했는가를 보여 준다.

그리스도 공동체는 혁명이나 정치권력이나 경제적 풍요로 이루어지는 것이 아니다. 오순절 사건 후 탄생된 새로운 공동체에서 볼 수 있는 바와 같이 하나님의 능력과 그의 주권에 의해 성취되었다. 진정한 공동체의 힘은 권력의 힘이나 재물의 힘이 아니다. 그 힘은 하나님이 그들 가운데 현존해 계심으로 가능하다. 따라서 이 공동체에 들어오는 사람은 누구나 그 하나님과 하나 되어야 한다. 주님과 결합되지 않는 공동체는 진정한 그리스도 공동체라 말할 수 없다. 주님을 소외시킨 교회는 교회가 아니며, 주님과 합되지 않고서는 어떤 사람도 소외나 고독을 극복할 수 없다.

2) 서로 연합해야

오순절공동체에서는 사도들의 말씀에 따라 서로 친교하고 떡을 떼며 함께 거하면서 모든 물건을 서로 통용했다. 소유를 팔아 각 사람의 필요에 따라 나누어 주었다. 그만큼 서로 사랑하고 연합하였다. 지금까지 여러 형태의 공동체가 있어 왔지만 하나님의 살아 계심을 믿게 한 공동체들은 무엇보다 그리스도 안에서 형제 된 사람들이 연합하여 동거하는 공동체였다.

"형제가 연합하여 동거함이 어찌 그리 선하고 아름다운고. 머리에 있는 보배로운 기름이 수염, 곧 아론의 수염에 흘러서 그 옷깃에 내림 같고 헐몬의 이슬이 시온의 산들에 내림 같도다. 거기서 여호와께서 복을 명하셨나니 곧 영생이로다."(시133:1-3).

여기서 형제란 혈육관계나 어떤 이념으로 의식화된 인간관계가 아니다. 하나님으로부터 부름 받은 사람으로서 주 안에서 한데 어우러진 사람들이다. 형제들이 서로 동거하는 아름다운 모습을 이 시는 크게 두 가지, 곧 머리에 있는 보배로운 기름이 아론의 수염에 흘러서 그 옷깃까지 내림과 헐몬의 이슬이 시온의 산들에 내림과 같다고 묘사하고 있다. 히브리 전통에 따르면 하나님으로부터 특별한 책임과 소명을 받은 사람들에게 그 머리 위에 기름을 붓는 의식이 있었다. 그때 머리에 부은 성스러운 기름이 수염에 흘러 내려서 옷깃까지 적신다. 이 모습은 소명과 책임을 다하는 것을 상징한다. 그리고 헐몬산의 이슬은 충만함과 생명, 신선함을 의미한다.

이 공동체는 상호 유기적 관계를 통해 성장한다. 온몸이 각 마디를 통하여 도움을 입음으로 연락하고 상합하여 각 지체의 분량대로 역사하여 그 몸을 자라게 하며 사랑 안에서 스스로 세우는(엡4:16) 공동체이다. 교회 안의 각 기관은 작은 공동체(nuclear sub community)로서 교회의 발전을 위해 서로 연합해야 하고, 한 교회는 사회와 격리되어 있을 것이 아니라 큰 공동체(macro community)의 일원으로서 사회 속에 하나님의 나라를 세워야 할 책임 있는 존재라는 것을 인식할 필요가 있다.[4]

그리스도 공동체를 코이노니아라는 말로 표현하기도 한다. 이 헬라어는 교회건물이나 조직을 말하는 것이 아니라 교회는 그리스도 안에

---

4) 방선기, "기독교 사회참여와 공동체", 「빛과 소금」, 1990년 2월호, 174-179쪽.

서 교제를 나누는 공동체라는 것을 의미한다. 예수원의 대천덕 신부는 교회를 教會라 하지 말고 交會라 하자고 말한 바 있는데 이것은 주님 안에서 인격적 교제가 있어야 한다는 것을 가르쳐 준다. 역사적으로 보면 기존교회가 너무 조직화되어 인격적인 교제가 없는 것에 반발해 공동체가 발생했는데 이를 가리켜 기초공동체(base community)라 한다. 이 공동체는 초대교회의 모습을 닮고 있다는 점에서 특색이 있다. 코이노니아 공동체는 서로의 관계를 회복하는 공동체다. 진정한 공동체는 무엇보다 병들고 파괴된 우리의 모든 관계를 주 안에서 성스럽게 그리고 사랑스럽게 회복시켜야 한다.

3) 작은 예수를 많이 배출해야

어떤 분이 다음과 같은 말을 했다. "성도들은 담임목사의 인격을 닮는다. 온유한 목회자가 섬기는 교회의 교인들은 역시 온유하고 부드럽고, 권위의식 속에서 인격적이지 못한 목회자가 섬기는 교회의 교인들의 얼굴에는 긴장과 경직된 분위기가 감돈다." 목회자가 교회와 교인의 성격과 태도에 얼마나 큰 영향을 주는가를 일컫는 말이다.

정확히 말해서 교회는 목사를 닮는 곳은 아니다. 그리스도의 인격을 닮는 곳이다. 불완전한 인간을 닮으려다가는 실망만 클 뿐이다. 그러므로 우리는 그리스도가 어떤 분이며 어떻게 생각하고 생활해야 하는가를 늘 염두에 두고 살아야 한다. 어느 교인 댁에 심방을 가서 벽에 걸린 글을 보았다. "百忍三思." 백번 참고 세 번 생각하라는 시아버지의 가훈과 같은 말씀이라 하였다. 그분은 가정을 이끌어 가면서 늘 이 말씀을 생각할 것이다. 우리도 한권에 이르는 가훈을 가지고 있다. 그것은 바로 성경말씀이다. 그리스도인은 바로 이 말씀을 머리에만 새길 것이 아니라 가슴에 새기고 온몸에 새겨 실천에 옮겨야 한다. 정근모가 프린스턴 대학에 있으면서 느꼈던 것은 지적인 향기라 했다. 그 향기가 한국대학에서도 넘쳐나야 한다고 주장했다. 마찬가지로 교회 속에 그리스도의 향기가 넘쳐나야 한다. 그때 비로소 우리는 작은 예수가 되었다는 것을 알 수 있다.

어느 교회의 안내서 이렇게 적혀 있다. "당신이 우리 교회에 참여한다면 당신은 하나님의 따뜻한 사랑과 그의 백성 됨을 체험하게 될 것입니다. 그리고 당신은 우리의 공동체에서 당신의 생에 대한 하나님의 계획과 그의 자비와 긍휼과 용서를 깨닫게 될 것입니다. 그리고 하나님이 우리를 사랑하시는 것처럼 당신도 다른 사람을 사랑할 수 있게 되기를 바랍니다." 작은 예수는 교회에서만 예수님 역할을 하는 것이 아니라 가정에서, 직장에서 그리고 여러 관계에서 예수로서 나타나야 한다. 작은 예수들이 교회공동체를 통해 많이 배출되어야 한다.

4) 하나님 나라를 확장해야

교회를 메시아적 공동체라 한다. 이것은 하나님 나라의 왕이신 예수 그리스도를 머리로 모신 공동체라는 의미다. 그것은 또한 그가 이 땅에 와서 행한 사역을 뒤이어서 이 공동체가 담당해야 한다는 것을 의미한다. 구약시대에는 이스라엘이 하나님의 백성으로서 이 세상에서의 사역을 가지고 있었다(출19:5-6). 신약시대에는 그리스도의 몸 된 교회가 그 책임을 가지고 있다(벧전2:9-10). 쿠즈믹(P. Kuzmic)은 교회는 과거에 이루어진 하나님 나라의 결과이며 현재 하나님 나라에 참여하고 있으며 미래에 나타날 하나님 나라를 기다리는 공동체라 했다.

하나님 나라는 교회에만 있어야 하는 것이 아니라 가정, 직장, 사회 등 각 영역에 파급되어야 한다. 그리스도 공동체가 이 사회 속에 책임 있는 행동을 하기 위해서는 먼저 하나님 나라를 이해하고, 그의 뜻을 이 땅에 이루려는 사명감을 가져야 한다. 나라의 모습이 교회에서 이루어지지 않는데 가정이나 사회에서 이뤄지리라 기대하는 것은 안 된다. 그러므로 교회는 무엇보다 성경이 바라는 그리스도의 공동체가 되어야 한다.

5) 흩어져 일해야

바벨탑 공동체는 흩어져 사는 것보다 한곳에 집중하는 것을 중시했다. 바벨탑은 그 중심자리로서 인간의 성과를 모든 사람들이 주목하며 살도록 하였다. 현대의 교회들도 교회라는 탑을 쌓고 있다. 교회가 각 곳에 흩어져 하나님의 디아스포라로, 작은 예수로 살기보다 교회 속에 안주하고 자기들만의 만남의 장소로 전락하고 있다. 디아스포라란 흩어진 씨앗이라는 의미를 가지고 있다. 흩어져 하나님의 사역을 담당해야 하는데 그러하지 못하다.

교회는 근본적으로 한데로 모이는 구조(come structure)와 흩어져 일하는 구조(go structure)를 동시에 가지고 있다. 이것이 균형을 이루는 교회가 바람직한 교회다. 성도들이 주일날 교회에 모이지만 나머지 6일은 흩어져 주님의 씨앗들로 힘써 일해야 한다. 세상 속에서 그리스도인으로서 살아야 하는 것이다. 이런 의미에서 교회도 모이는 것만 중시하기보다 흩어져 일하는 것도 중요하다는 것을 인식해야 한다. 모이는 것만 중시하는 것은 성경적으로 잘못된 것이다.

교회가 흩어져 일하기 위해서는 교육과 선교와 봉사에 초점이 맞추어져야 한다. 어떤 교회는 목사를 키워 교회를 자꾸 분리시켜 나간다. 장로들에게 자꾸 교회를 세워 나가도록 권한다. 뜻있는 성도들을 교육시켜 내보낸다. 교회가 흩어져 일해야 한다는 것이다. 그리스 도인은 땅을 정복해야 한다. 복음이 땅에 편만하도록 흩어져 일해야 한다. 그런데 현대 교회들은 자기 땅만 넓히는 데 관심을 두고 있다.

교회를 은사공동체라 말한다. 주님은 교회 속에 성령의 은사를 부어 주시고, 이 은사가 각 지체를 통하여 제 기능을 발휘할 수 있도록 하신다. 교회는 하나님이 주신 은사를 교회 안에 담고만 있는 것이 아니라 이 세상 속에 부어 세상을 변화시켜 나가야 할 책임이 있다.

그리스도의 공동체는 하나님의 뜻을 세우기 위한 공동체이자 하나님이 기뻐하시는 공동체이다. 성경적 공동체는 그리스도 정신이 살아 있어야 하며, 성경적 원리가 생활 속에 풍성히 적용되어야 한다. 역사적으로 여러 형태의 공동체가 있어 왔다. 지금도 우리 가운데 여러 형태의 공동체가 존재한다. 공동체가 진정으로 인정받는 공동체가 되려면 무엇보다 성경적 공동체가 되어야 한다.

사회적 공동체 운동도 중요하지만 무엇보다 교회가 먼저 성경적 공동체성을 회복하고, 이 사회 속에 작은 예수를 많이 배출해야 한다. 니므롯보다 아브라함이 많아져야 한다. 그래야 교회가 사회로부터 배척당하지 않고, 교회도 교인을 잃지 않는다. 교회의 각 지체가 서로 돕고 연합함으로써 그리스도의 사랑을 안에서 실행할 뿐 아니라 흩어져 일함으로써 그 사랑을 밖으로 흘러 나가게 해야 한다. 그래야 이 사회 속에 하나님 나라가 확장되고 하나님이 원하시고 기뻐하시는 공동체가 비로소 우리 가운데 확립될 수 있다.

제 **8** 부

*아*가페 신앙과
삶의 겨울 이겨내기

제32장 그리스도를 깊이 생각하라

인간은 생각한다. 생각하는 인간을 가리켜 호모 사피엔스(*homo sapiens*)라 한다. 인간만 생각하는 것이 아니라 하나님도 생각하신다. 인간이 생각할 수 있다는 것은 인간이 지정의를 가지신 하나님을 닮은 하나님의 형상으로 태어났기 때문에 가능한 것으로 판단된다. 하나님은 우리를 생각하시고 우리도 또한 하나님을 생각한다는 점에서 우리는 어떤 동물과 다른 점을 가지고 있다. 성경은 하나님이 우리를 생각하시므로 복을 받게 된다는 것을 분명히 하고 있고 우리도 하나님을 생각하라고 가르치고 있다. 하나님과 우리는 이처럼 생각을 통해 이어진 존재이다.

✝ 하나님의 생각은 인간을 변화시킨다

성경은 여러 곳에서 하나님께서 인간을 생각하시므로 인간에게 변화가 일게 되었음을 보여 주고 있다. 그 보기를 들면 다음과 같다.

1) 아브라함을 생각하신 하나님

소돔과 고모라가 하나님의 진노하심으로 멸망하게 되었을 때 롯이 구원함을 받았다. 롯이 구원받은 것을 가리켜 성경은 "하나님이 롯이 거하는 성을 엎으실 때에 아브라함을 생각하사 롯을 그 엎으시는 중에서 내어 보내셨더라."(창19:29)라고 기록하고 있다. 하나님께서 아브라함을 생각하사 롯을 구원하셨다는 것이다. 하나님의 생각이 그에게 미치지 않으셨다면 롯은 구원함을 받지 못했을 것이다.

2) 라헬을 생각하신 하나님

레아와 라헬은 모두 야곱의 아내들이다. 레아는 야곱으로부터 사랑을 받지 못했지만 하나님께서는 그에게 태아의 문을 열어 주어 여러 아이를 갖게 하셨다. 레아는 아이들을 낳으면서 이제나 저제나 남편 야곱이 자기에게 사랑을 주지 않을까 기다렸다. 라헬은 아이를 갖지는 못했지만 야곱으로부터 사랑을 받았다. 레아는 야곱의 사랑 받기를 갈급했고 라헬은 아이 갖기를 갈급했다. 라헬은 아이를 갖지 못해 항상 그의 언니 레아를 질시하였다. 라헬은 합환채를 억지로 빼앗아 먹는 등 인간적인 방법을 모두 동원하였다. 그래도 효험이 없었다. 그 사이에 레아는 계속 아이를 낳았다. 라헬은 자기의 인간적인 방법을 회개하고 하나님께 의지했다. 그때서야 하나님은 라헬을 생각하사 그의 태의 문을 여셨고 요셉을 낳는 축복을 얻었다. 성경은 이렇게 기록되어 있다. "하나님이 라헬을 생각하신지라 하나님이 그를 들으시고 그 태아를 여신고로 그가 잉태하여 아들을 낳고."(창30:22,3).

하나님께서 생각하셔서 아이를 낳게 된 여인들은 라헬 이외에도 사라, 리브가, 마노아의 아내(삿13:2), 한나, 엘리사벳(눅1:7) 등이 있다. 보기를 들어 한나의 경우 하나님께 "주의 여종의 고통을 돌아보시고 나를 생각하시고 아들을 주시면."(삼상1:11)이라 기도하였고 하나님은 "그를 생각하신지라 한나가 잉태하고."(삼상1:19-20)라고 표현되어 있다. 이렇게 해서 태어난 인물이 바로 사무엘이다. 이삭, 요셉, 사무엘, 세례 요한 등 이렇듯 위대한 인물들은 하나님께서 여인들의 아픔을 생각하신 끝에 태어날 수 있었던 사람들이었다.

3) 다윗을 생각하시는 하나님

다윗은 그의 여러 시편에서 하나님께서 자기를 생각하심으로 얼마나 큰 도움을 얻었는가를 기록하고 있다. 그는 이렇게 고백한다. "여호와 나의 하나님이여 주의 행하신 기적이 많고 우리를 향하신 주의 생각도 많도소이다 내가 들어 말하고자 하나 주의 앞에 베풀 수도 없고 그 수를 셀 수도 없나이다."(시40:5). "나는 가난하고 궁핍하오나 주께서는 나를 생각하시오니 주는 나의 도움이시요 건지시는 자시라 나의 하나님이여 지체하지 마소서."(시40:17). 주님께서 자신을 생각하시는 그것이 바로 도움을 얻는 길이요 생각만 하시면 도움을 주실 수 있으므로 지체치 마시라는 간구까지 담겨 있다.

다윗은 그의 고백적인 신앙시를 통해 다음과 같이 표현하고 있다. "하나님이여 주의 생각이 내게 어찌 그리 보배로우신지요 그 수가 어찌 그리 많은지요 내가 세려고 할지라도 그 수가 모래보다 많도소이다 내가 깰 때에도 오히려 주와 함께 있나이다."(시139:17-18). 이러한 고백은 그의 온갖 경험을 통해 하나님이 그와 함께 하셨음을 깨닫고 그를 생각하시는 하나님께 감사하는 마음을 담고 있다. 이러한 감사는 다윗에게 한정되지 않는다. 다른 시편 기자도 그의 시를 통해

"여호와께서 우리를 생각하사 복을 주시되 이스라엘 집에도 복을 주
시고 아론의 집에도 복을 주시며 대소 무론하고 여호와를 경외하는
자에게 복을 주시리로다."(시115:12-13)라고 고백하고 있다. 이처럼
주님의 생각이 미치는 곳에 주님의 사랑과 축복이 한없이 미치고 있
음을 알 수 있다. 다윗은 이렇게 말하고 있다. "여호와여 사람이 무엇
이관대 주께서 저를 알아주시며 인생이 무엇이관대 저를 생각하시나
이까."(시144:3). 우리는 이런 하나님께 감사하고 찬송할 것밖에 없다.

✝ 우리도 하나님을 생각해야

하나님은 이처럼 우리를 생각하심으로 여러 가지로 도움을 주시
고 피할 길을 주시며 복을 주시는데 우리는 하나님에 대하여 어떻게
해야 할 것인가. 그것은 우리가 하나님을 생각하고 그분의 가르침을
지키는 일이다. 성경은 지금도 우리로 하여금 하나님과 이웃을 생각
하도록 가르치고 있다. 그 보기를 살펴보면 다음과 같다.

1) 하나님을 생각한 요나

요나서를 보면 대풍을 만난 선장이 배 밑창에 내려와 깊이 잠들
어 있던 요나를 깨우며 이렇게 외친다. "자는 자여 어찜이뇨 일어나
서 네 하나님께 구하라 혹시 하나님이 우리를 생각하사 망하지 않게
하시리라."(욘1:6). 이때 '혹시'란 '어쩌면'이라는 뜻이 아니라 '기필
코'라는 뜻을 가지고 있다. 이것은 선장도 하나님께서 자기들을 생각
하시면 기필코 구해 주실 것이라는 확신을 가지고 있었음을 보여 주
고 있다. 요나는 물고기 뱃속에서 간절한 기도를 드린다. 그의 기도
는 다음과 같다. "내 영혼이 내 속에서 피곤할 때에 내가 여호와를

생각하였삽더니 내 기도가 주께 이르렀사오며 주의 성전에 미쳤나이
다."(욘2:7). 그는 무엇보다 하나님을 생각하였고 하나님을 생각하면
하나님께서 그의 기도를 들어 주실 것을 확신하고 있었다. 그는 하
나님을 생각한 그의 기도가 이미 주님께 상달한 것으로 믿고 있었
다. 그가 기도를 마치자 하나님은 그의 기도에 즉각 응답하셨다. 요
나서의 기록은 다음과 같다. "여호와께서 그 물고기에게 명하시매
요나를 육지에 토하니라."(욘2:10). 우리가 하나님을 생각하고 기도
를 드리면 하나님은 응답하신다. 문제는 우리가 하나님을 진정으로
생각하고 있는가 하는 것이다.

2) 대제사장 예수를 생각하라

유대인들은 예수님을 모세 다음으로 생각하는 잘못된 생각을 가지
고 있었다. 히브리서 기자는 예수님께서 왜 우리를 위해 수난받으셨
는가를 설명하면서 "사람이 무엇이관 대 주께서 저를 생각하시며 인
자가 무엇이관 대 주께서 저를 권고하시나이까."(히2:6)라고 말하였
다. 그는 시편 8편 4절을 여기에서 다시금 인용하면서 이처럼 우리를
생각하시는 주님이심을 보여 주었다. 그는 나아가 "그러므로 함께 하
늘의 부르심을 입은 거룩한 형제들아 우리의 믿는 도리의 사도시며
대제사장이신 예수를 깊이 생각하라"(히3:1)고 명령하였다. 모세는
다만 하나님의 집에서 충성스럽게 일하는 사환일 뿐이다(히3:5). 그
러므로 우리가 끝까지 붙들고 나가야 할 분은 바로 예수 그리스도시
라는 것이다. 히브리서 기자는 이렇게 우리에게 당부하고 있다. "우
리가 시작할 때에 확실한 것을 끝까지 견고히 잡으면 그리스도와 함
께 참예한 자가 되리라."(히3:14). 이 말씀들은 우리가 깊이 생각하
고 따라야 할 분은 오직 예수님이시라는 것을 가르쳐 주고 있다.

3) 위엣 것을 생각하라

사도 바울은 골로새 교회에 보내는 편지를 통해 "위엣 것을 생각하고 땅엣 것을 생각지 말라"(골3:2) 하였다. 믿노라 하면서도 자꾸만 땅엣 것을 사모하는 교인들을 안타깝게 바라보면서 우리가 소망해야 할 것은 바로 위엣 것임을 가르치고 있는 것이다. 그는 간곡한 어조로 말한다. "그러므로 너희가 그리스도와 함께 다시 살리심을 받았으면 위엣 것을 찾으라 거기는 그리스도께서 하나님 우편에 앉아 계시느니라."(골3:1). 그리스도께서 하나님 우편에 앉아 계신다는 것은 하나님이 바로 예수 그리스도이심을 나타내는 말씀이시다. 우리가 위엣 것을 사모하게 될 때 "우리의 생명이신 그리스도께서 나타나실 그때에 우리도 그와 함께 영광 중에 나타나리라"(골3:4)는 말씀대로 우리도 영광의 자리에 함께 설 수 있는 축복을 얻게 된다.

바울은 계속 명령하고 있다. "그러므로 땅에 있는 지체를 죽이라 곧 음란과 부정과 사욕과 악한 정욕과 탐심이니 탐심은 우상숭배니라."(골3:5). 우리가 계속하여 땅엣 것을 생각하면 하나님의 진노를 재촉하게 된다. 그러나 위엣 것을 생각하면 주님은 우리를 영원히 복된 자리로 초대하신다. 이것은 우리가 무엇을 생각하느냐에 달려 있다.

4) 가난한 자를 생각하라

바울은 우리로 하여금 가난한 자를 생각하도록 하고 있다. 이것은 주님께서 우리에게 부탁하신 명령이기도 하다. 바울은 말한다. "다만 우리에게 가난한 자들을 생각하는 것을 부탁하였으니 이것을 나도 본래 힘써 행하노라."(갈2:10). 예수님은 가난한자, 병든 자, 억압당하는 자를 생각하시는 삶을 사셨다. 그들의 간구와 기도, 그들의 호소를 주님은 결코 잊지 않으셨다. 바울은 주님께서 이것을 생각하도록 부탁하셨음을 상기시키고 우리도 그러한 삶을 살도록 하였다. 히브리서 기자도 이렇게 당부하고 있다. "자기도 함께 갇힌 것같이 갇힌 자를 생각하고 자기도 몸을 가졌은즉 학대받는 자를 생각하라." (히13:3). 이 말씀들은 이웃의 아픔을 생각할 줄 아는 것이 바로 그리스도인의 삶이라는 것을 가르쳐 주고 있다.

우리는 이상의 말씀을 통해서 우리는 하나님을 생각하고 이웃을 생각해야 한다는 것을 알게 되었다. 하나님은 우리를 생각하시기를 기뻐하신다. 그러나 하나님은 우리가 하나님을 생각하며 찾고 기도하고 사모할 때 더욱 우리를 생각하신다는 것을 기억하지 않으면 안 된다. 다윗은 언제나 하나님을 생각하였다. 그래서 그는 자나 깨나 주님의 보호하심 아래 있음을 알았고 지나고 보니 모든 것이 하나님께 감사할 것밖에 없음을 고백하지 않을 수 없었다. 바울은 우리에게 언제나 주님을 생각하며 살라고 가르친다. 주님밖에는 소망이 없기 때문이다.

나아가 우리는 그리스도인으로서 주님께서 우리에게 당부하신 말씀처럼 이웃을 생각하는 사람이 되어야 한다. 지금 우리는 무엇을 생각하고 있는가? 땅엣 것인가 아니면 위엣 것인가? 우리 자신만인가 아니면 이웃인가? 우리는 기억하지 않으면 안 된다. 그것은 바로 우리가 하나님을 생각하면 하나님께서는 우리를 생각하시지만 우리가 하나님 밖에 다른 것을 생각하면 하나님은 우리를 멀리하신다는 사실이요 우리가 우리 자신만을 생각하고 이웃을 생각하지 않으면 우리가 어려움에 처할 때 그 이웃이 우리를 생각하지 않는다는 사실이다.

제33장 유진 피터슨의 렉치오 디비나

요즈음 개신교에서도 렉치오 디비나(Lectio Divina)에 대한 관심이 높아지고 있다. 가톨릭에서는 오랜 전부터 피정과 함께 이것을 사용해 왔지만 개신교에서는 다소 생소한 개념이다. 그러나 초기기독교의 전통을 같이 공유한 역사적 사실과, 하나님과 말씀에 더욱더 접근하고자 하는 관심이 커지면서 렉치오 디비나에 대한 관심이 높아진 것이다. 각 교단이 공식적으로 이것을 허용한 것은 아니지만 영성신학에 대한 관심이 높아지면서 이에 대한 연구가 활발해지고 있다.

이 글에서는 유진 피터슨이 쓴 책, 「이 책을 먹으라!」를 중심으로 렉치오 디비나를 소개하고자 한다. 개신교적 입장이 잘 반영되어 있기 때문이다. 그는 30년간 장로교 목사로 리전트 칼리지 영성신학부 명예교수이다. 그는 영성을 오늘의 언어와 이야기로 풀어내는 데 탁월한 능력을 가진 소유자, 절망하여 주저앉은 사역자들을 다시 일으켜 세우는 목회자들의 목회자 그리고 기민한 감수성과 풍부한 언어를 가진 시인으로 알려져 있다.

그는 교회를 가리켜 '성경을 먹는 거룩한 공동체'로 보았다. 성경은 성경이 제시하는 조건대로, 즉 하나님의 계시로 받아들이고 읽을 것과 성경이 자신을 형성해 가도록, 즉 성경대로 살기 위해 성경을 읽을 것을 강조하였다.

"갖다 먹으라 네 배에는 쓰나 네 입에는 꿀같이 달리라"(계10:9 - 10)는 요한 계시록의 말씀은 요한이 작은 두루마리를 먹은 사건을 가리킨다. 요한이 책을 먹은 것이다. 이것은 독서에 대한 가장 인상적인 성경적 은유다. 예레미야와 에스겔도 그보다 앞서 책을 먹었다(렘15:16; 겔2:8 - 3:3).

우리도 성경을 먹고 하나님을 알아 가야 한다. 이사야서에 "큰 사자나 젊은 사자가 자기의 먹이를 움키고 으르렁거릴 때에"(사31:4)라는 말씀이 있다. 여기서 '으르렁거리다'는 히브리어는 '하가'(hagah)다. 이 말은 "여호와의 율법을 즐거워하여 그 율법을 주야로 묵상하는도다."(시1:2)의 '묵상하다'(meditate)와 같은 말이다. 이것은 자신의 종교에 푹 빠져 있는 것을 의미한다. 시편에 "너희는 여호와의 선하심을 맛보아 알지어다."(시34:8)는 말씀이 있다. 보나벤투라는 말한다. "많이 알되 아무것도 맛보지 못한다면 그것이 무슨 소용이 있단 말인가?" 사자가 자기 먹이를 기쁨으로 맛보기 위해 으르렁거리는 것처럼 하나님 말씀을 맛보라. 글을 정확하게 읽는 것에 관심을 가진 사람이라면 책은 누구에게나 좋은 식사가 될 것이다.

기독교의 영성은 성경(text)에 뿌리를 두고 있으며 성경에 의해 형성된다. 선불교의 공안(公案)이 아니다. 책을 먹는다는 것은 단순히 읽는 것으로 끝나는 객관적인 행위가 아니다. 그것은 건강함과 온전함, 생명력과 거룩함, 지혜와 소망을 얻기 위해 꼭 필요한 영적 작업이다.

피터슨은 텍스트로서의 성경, 형식으로서의 성경, 대본으로서의 성경을 말한다. 텍스트로서의 성경은 하나님이 계시하는 것을 배우는 것을 말하며, 형식으로서의 성경은 삶의 방식으로서 하나님의 방식을 따르는 것을 말하며, 대본으로서의 성경은 성령 안에서 우리의 역할을 해내는 것을 말한다.

✝ 렉치오 디비나의 4요소

렉치오 디비나는 '거룩한 읽기'(聖讀, holy reading)로 영적 독서를 말한다. 영적 독서는 음식이 우리의 위장으로 들어오듯 우리의 영혼으로 들어와 혈관으로 퍼져 거룩함과 사랑과 지혜가 되는 독서이다. 그 말씀이 우리 삶의 내면이 되도록 말씀을 받아들이고, 그 리듬과 이미지가 기도의 실천, 순종의 행위, 사랑의 방식이 되도록 말씀을 받아들이는 독서라는 점에서 참여의 독서이다. 이 독서는 우리의 삶을 살리는 이른바 '삶의 방식이 되는 독서'라는 점에서 엄청난 하늘의 선물이다.

그러나 이 거룩한 독서는 쉬운 일이 아니다. 우리 믿음의 선배들은 이것을 험난한 훈련으로 생각해 '렉치오 디비나'라 했다. 그러나 이 성경 독서법은 성경이 기독교 공동체에 뿌리내리고 그 공동체를 성장시켰다는 점에서 역사하는 독서, 능력이 있는 독서이다. 또한 성경 읽기를 통해 우리 삶이 하나님의 계시로 충만하게 된다.

렉치오 디비나는 크게 렉치오, 메디타티오, 오라티오, 콘템플라티오 등 4가지 요소로 구성되어 있다.

1) 렉치오(lectio)

렉치오는 '읽는다'는 것으로, 텍스트인 성경을 읽는 것을 말한다. 성경은 결코 이해하기 쉽지 않다. 은유가 많기 때문이다. 하나님은 산들, 숫양, 어린 양, 작은 산들, 이스라엘, 유다, 야곱, 그리스도 등

은유라는 창조적인 말로 우리를 끌어들이고 하나님을 만나게 하신다. 은유는 연결성이라는 촉수를 사방으로 뻗힌다. 따라서 은유가 무엇을 의미하고, 어떻게 작동하는지 이해하는 것이 중요하다. 은유가 작동하는 방식을 받아들이지 못하면 텍스트의 의미를 결코 이해하지 못할 것이다.

2) 메디타티오(meditatio)

메디타티오는 텍스트를 묵상하는 것을 말한다. 이것은 독서의 행위에서 기억력이 계속해서 활동하게 하는 훈련이다. 묵상은 공상이 아니라 영감받은 상상력이다. 우리는 텍스트와 공감하기 위해 묵상한다.

묵상은 텍스트에 나오는 말을 바라보는 것을 넘어 텍스트의 세계로 들어간다. 텍스트가 가진 배경은 거대하고 육중하며 포괄적이다. 바울은 하나님의 지혜와 지식의 풍성함에 놀랐다(롬11:33). 이 텍스트를 우리 안으로 가져오면 그 텍스트가 우리를 그 안으로 데리고 간다.

묵상은 성경을 단편의 모음이 아니라 하나의 연결되고 일관성 있는 전체로 읽도록 하는 훈련이다. 가장 전체적인 맥락은 예수님이며, 묵상을 통해 성경의 일관성을 더욱 깊게 파악하게 된다.

3) 오라티오(oratio)

오라티오는 텍스트를 놓고 기도하는 것을 말한다. 포사이스(P. T. Forsyth)는 이것을 가리켜 "하나님이 성경의 메시지에서 주시는 것에 우리는 기도로 이자를 붙여서 하나님께 돌려드린다."고 말한다.

우리가 읽고 기도하는 성경은 하나님께 다가가는 최고의 방법이다. 하나님과 인격적인 관계에 들어가게 하기 때문이다.

기도는 하나님과의 대화이다. 하나님은 연설을 하지 않으신다. 하나님은 대화에 들어오시고, 우리는 그분의 대화 상대다. 나아가 기도는 하나님이 성경에서 계시하시는 창조와 구원 그리고 공동체에 참여하는 행위이다.

4) 콘템플라티오(contemplatio)

콘템플라티오는 "텍스트를 사는 것"이다. 흔히 관상(觀想)이라 하기도 한다. 관상은 읽고 묵상하고 기도한 텍스트를 나날의 일상에서 산다는 것을 의미한다. 그 텍스트를 우리의 근육과 뼈, 산소를 만드는 폐와 피를 펌프질하는 심장에 받아들이는 것이다. 관상은 그저 조용하고, 사람 만나기를 거부하고, 은둔하고, 고요하고, 온화한 것을 뜻하지 않는다. 관상은 과거처럼 세상과 격리된 삶을 위한 서약을 요구하는 것도 아니다. 관상은 성경의 말씀에 굴복하는 것이다. 그것을 우리 안에 받아들이고, 허세부리지 않으면서 그것을 사는 것이다. 관상은 '읽다'와 '살다'가 유기적으로 연합되는 것이요 주의 말씀이 나에게 이루어지도록 하는 것(fiat mibi)이다.

따라서 읽을 때 주의할 것이 있다. 그는 "독자여 주의하라"(caveat lector)는 명령어를 사용했다. 예수님은 율법사를 향해 물으신다. "네가 어떻게 읽느냐?"(눅10:26). "네가 이것을 어떻게 읽느냐?"는 물음이다. 예수님을 시험하기 위해서 읽을 것이 아니라 말씀을 읽고 행하기 위해 읽으라는 것이다. 읽고 가서 행하라는 말씀이다. 다시 말하면 "네가 읽은 대로 살라"는 말씀이다. 우리는 하나님의 말씀대로 살기 위해 성경을 읽는다. 자신에게 편리하거나 자신이 관리할 수 있는 것으로 인생을 축소하기 위해 성경을 읽는 것이 아니다.

렉치오 디비나에 있는 이 네 요소는 서로 순차적 관계를 맺고 있는 것이 아니다. 네 요소 중 어느 것이든 언젠가는 제일 앞에 올 수 있다. 렉치오 디비나는 성경을 읽는 방법론적인 기술이 아니다. 그것은 예수의 이름으로 그분의 말씀을 살아내도록 하는 것이다.

피터슨은 영성신학자이다. 그가 말하는 영성신학은 살아내야 하는 신학이다. 신학과 성경을 통해 진리를 표현한 후에 그 진리를 반드시 살아야 하고, 그 진리가 그리스도인의 일상생활에서 구현되어야 한다. 그가 쓴 '이 책을 먹으라', '주와 함께 달려 가리이다', 그리고 그의 모든 영성관련 저서들은 모두 말씀을 읽고 묵상하고 기도하고 행하는 것과 관련되어 있다. 그저 읽기에 그쳐서는 안 된다. 그 말씀을 묵상하고, 기도하고 사는 것으로 발전해야 한다.

제34장 사순절, 그 고난과 환희

교회력 가운데 가장 중요한 절기는 크리스마스 4주 전 일요일부 터 시작되는 대강절(advent)과 부활절전 40일 수요일부터 시작되는 사순절(lent)이다. 이 두 절기는 가톨릭교회, 희랍정교회, 프로테스탄 트 각 교회에서 지키고 있다. 이 절기는 무엇보다 단 하루만 지키는 것이 아니라 상당기간을 두어 예수 그리스도의 오심과 그의 죽으심 을 기리고, 우리 신앙에 근본적인 변화가 있기를 기대한다는 점에서 특색이 있다.

구약시대에는 유월절(무교절), 칠칠절(맥추절 또는 오순절), 초막 절(수장절) 등 세 절기를 중요하게 지켰다. 하나님께서 특별히 명령 한 절기이기 때문이다. 신약시대에는 사순절에서 오순절에 이르는 중요한 절기들을 지켰다. 구약이든 신약이든 이 모든 절기들에는 구 원과 감사의 의미가 공통적으로 담겨 있다.

특히 사순절, 종려주일, 부활절, 승천절, 오순절로 이어지는 신약의 절기들은 모두 예수님과 연관된다는 점에서 의미가 있다. 이 다섯 절기 가운데 부활절은 가장 중간에 위치해 있다. 사순절은 부활절 전 40일간을 말한다. 승천절은 주님이 부활하신 후 40일 동안 지상 에 머무르면서 믿음이 연약한 제자들을 찾아가서 부활의 확신을 심

344 제8부 아가페 신앙과 삶의 겨울 이겨내기

어 주고 하나님 나라에 관한 복음을 전하시다가 제자들이 보는 앞에서 구름을 타시고 영광스럽게 승천하셨다. 교회에서는 부활절에서부터 마지막 오순절 주일까지를 오순절로 지킨다. 오순절은 구약의 경우 원래 유월절에 시작한 주기의 기간을 끝맺어 주는 절기이다. 이 절기에 소산의 첫 열매인 보리 단을 드리며 첫 추수를 감사한다. 신약의 경우 오순절은 죽은 자의 첫 열매 되시는 주님께서 십자가에서 죽으신지 50일째 되는 날 마가의 다락방에 약속하신 성령을 보내주심으로 대단원의 막을 내리셨다. 이후로 주님은 다시 오실 때까지 보혜사 성령의 역사하심을 통하여 영원히 우리와 함께 하신다.

이 절기들을 보면 주님의 고난을 생각하는 일에서부터 시작하여 입성의 환희와 고난이 교차되는 종려주일을 거쳐 부활의 승리, 영광스런 승천, 풍성한 성령강림에 이르기까지 그리스도인의 삶은 그리스도의 죽음으로 끝나는 종교가 아니라 소망이 있는 종교라는 것을 보여 준다. 여기에서는 사순절을 중심으로 그 유래를 살펴보고 우리가 그 절기를 어떤 자세로 지켜야 하는가를 생각해 보고자 한다.

✝ 사순절의 유래와 그 의미

사순절이란 부활절 전에 금식하는 40일간을 말한다. 사순절은 '재의 수요일'(Ash Wednesday)에서 시작하여 부활절 전야(Easter Eve)까지 주일을 제외한 40일이다. 사순절에 주일이 제외되는 것은 주일을 작은 부활절로 치기 때문이다. 사순절이 처음 시작되는 수요일을 성회 수요일이라 부르는데 이날에는 종려가지를 태운 재로 이마에 십자가를 긋고 회개의 기도를 드린다. 사순 절기를 상징하는 색깔은 보라색이다. 이 기간에는 강단과 휘장을 보라색으로 장식하기도 한다.

사순절은 40일만이라는 뜻을 담고 있다. 이 절기에는 예수님의 고난을 배우고 익히며 고난에 동참하는 기간으로 325년 니케아 종교회의에서 40일간으로 확정하고 지금까지 내려오고 있다. 이 관습은 원래 세례 예비자들에 대해 규정된 금식에서 유래되었다. 40이라는 숫자는 모세, 엘리야 그리고 예수님 자신의 40일간의 금식에서 연유된 것이다. 40일이라는 숫자는 모세의 시내산 금식기도 40일, 엘리야의 40일 호렙산 금식기도 그리고 예수님의 40일간의 금식에서 볼 수 있듯이 상징적 의미가 크다. 에스겔은 유다족속의 죄악을 40일간 누워서 담당하기도 했다. 초대교회는 사순절 금식을 6주 동안에 지켰는데 주일날은 제외되었기 때문에 36일 금식기도를 했다. 초대교회는 사순절 기간의 금식을 엄격히 준수하도록 했다. 그러나 3세기에 들어오면서 금식기간은 2일이나 3일을 넘지 않았다.

사순절 기간에 종려주일(palm sunday)이 끼어 있다. 종려주일은 요한복음 12장 13절에 기록된 대로 예수님께서 예루살렘에서 승리의 입성을 하실 때 종려나무 잎사귀를 사용했다는 데서 유래되었다. 이 날은 고난주간이 시작되는 첫날이기도 하다. 예수님이 예루살렘에 입성하신 뒤 십자가의 고난을 받으셨기 때문이다. 입성의 환희와 고난이 함께 존재한다는 것은 아이러니가 아닐 수 없다.

고난주간은 예루살렘 입성에서 십자가에서 못 박히신 사건을 기념하는 것으로 부활절 전 1주일의 기간을 말한다. 이 고난은 기독교 사상에서 가장 중요한 핵심이 된다. 이 고난을 중심으로 복음이 전파되고 복음서가 구성되었기 때문이다. 종려주일은 감람산에 있는 교회에서 찬송과 화답을 부르고 교훈서를 낭독함으로써 시작된다. 사람들이 "주의 이름으로 오시는 자에게 축복이 있을지어다." 반복해서 환호하며, 한 교회에서 다른 교회로 몇 차례 행진을 한다. 아이들은 손에 종려가지와 올리브 가지를 손에 들고 목회자의 뒤를 따르고, 목회자는 주님을 상징하여 나귀를 타고 간다.

사순절은 십자가 사건이 발생한 후 주님이 부활하시기 전날 밤으로 끝을 내고 영광스러운 부활절 아침을 맞게 된다. 사순절이 고난으로 끝나는 것이 아니라 영광스런 환희로 끝난다는 것을 보여 주는 것이다. 이 고난과 환희는 바로 예수 그리스도만이 가져다 줄 수 있는 비밀이다. 그리스도인은 바로 이 비밀을 가진 사람들이다.

✝ 사순절, 어떻게 지킬 것인가?

1) 주님을 만나 새롭게 변화되어야

초대교회는 사순절에 평소보다 더 많은 금식기도와 예배를 드렸다. 특히 사순절은 옛날부터 기도생활을 중심으로 지켜져 왔다. 이 모두는 깊은 회개와 함께 주님을 더 가까이 하고자 하는 마음이 간절했기 때문이다. 우리도 이 사순절에 주님을 더 가까이 만나야 한다.

이스라엘 민족을 해방하고 율법을 하나님으로부터 직접 받은 모세는 시내산에서 40일 동안 기도한 후 십계명과 율법을 받아 이스라엘에게 전하였다. 그 후 예언자의 대표라 할 수 있는 엘리야는 호렙산에서 40일간 머물며 기도하는 가운데 하나님의 계시를 받았다. 예수님은 광야에 나가 40일간 기도한 후 하나님의 구속사명을 받아 하나님 나라의 복음운동을 시작하였다. 모세의 40일, 엘리야의 40일 그리고 예수님의 40일의 기도는 모두 하나님을 더 가까이 만나는 기간이었다. 이들의 기도가 금식기도라는 점은 하나님을 만나고자 하는 그들의 간절함이 어떠했는가를 보여 준다. 우리에게도 그 간절함이 있어야 한다.

그리스도인은 누구보다 하나님을 만나야 한다. 주님을 만나 하나님의 법을 배우고 참되게 살기를 다짐해야 한다. 모세는 하나님을 만나 십계명과 율법을 받았다. 십계명은 하나님을 향한 윤리의 원리와 인간에 대한 도덕의 원칙을 담고 있다. 율법은 하나님의 백성이 일상생활에서 지켜야 할 규범과 명령이다. 엘리야는 예언을 받았다. 이 예언은 하나님의 뜻을 바로 전함으로써 하나님 안에서 똑바로 살도록 하기 위한 하나님의 말씀이다. 주님을 만나는 것은 단지 우리의 소원을 하나라도 더 아뢰어 결재를 받으려는 차원의 만남이 아니다. 우리 생활에 큰 변화를 가져오도록 하는 만남이다.

우리는 무엇보다 예수님의 진실된 삶을 만나 우리도 진실된 삶을 살아야 한다. 주님은 진실한 삶을 우리에게 보여 주셨다. 우리 사회의 가장 큰 병폐는 거짓이 판을 친다는 것이다. 진짜를 찾아보기 힘들다. 백화점의 음식도 믿을 수 없고, 세일도 거짓이고, 국회의원의 공약도 거짓이고, 목회자의 행동도 믿을 수 없다. 거짓이 오히려 진짜로 행세하고 있다. 상인이 저울을 속이고 재판관의 재판이 공정치 못하면 그 사회는 망한다고 하였다. 우리 사회는 위기상황을 넘어 절망상태에 이르고 있다.

예수님은 온갖 거짓 것을 신랄하게 지적하고 개혁하셨다. 인간의 내면에 도사리고 있는 인격의 이중성을 꾸짖었고, 형식만 남은 종교지도자들의 회칠한 무덤을 질타하셨으며, 성전을 척결하셨다. 그분은 진실 자체였고, 그분의 삶은 진실 그대로였다. 사순절에는 그리스도를 만나 그 진실함을 배우고 이 사회에 만연한 거짓과 타락한 도덕성을 회복시켜야 한다. 이 작업은 우리 자신의 정화로부터 시작되어야 한다. 사회를 향해 부정을 척결하라, 정의를 실현하라, 권위주의를 배격하라, 물질만능주의를 배격하라고 외치기만 할 것이 아니라 교회와 그리스도인 자신들로부터 거짓을 멀리하고, 하나님의 공의와 진실이 통하는 나라를 만들어 나가야 한다.

우리는 사순절을 단순한 종교행사나 고행 차원에서 지켜서는 안 된다. 자신의 죄를 회개하고 말씀과 기도로 성결케 하고 금식하며 하나님과의 깊은 영적 교제를 갖는 것이 중요하다. 주님의 사람들은 겸허히 주님을 만나 새롭게 변화되어야 한다.

2) 모든 유혹으로부터 벗어나야

초대교회에서는 사순절에 모든 형태의 축제나 각종 오락을 금했다. 각종 세상유혹들로부터 벗어나고, 보다 경건한 생활을 유지하기 위한 모습들이다.

사순절 기간에는 무엇보다 그리스도인의 영적 훈련과 신앙적 단련과 극기의 생활을 해야 한다. 십자가의 죽음과 부활을 앞둔 그리스도의 정신적 시련과 영적 고민과 윤리적 배반을 이기도록 성령의 인도하심을 따라 생활하도록 해야 한다.

교회에서는 신자 개인의 훈련과 아울러 교회공동체의 훈련이 필요하다. 구약의 이스라엘의 훈련과 같이, 신약의 그리스도 제자의 훈련과 같이 오늘의 그리스도인의 훈련이 필요하다. 진실한 그리스도인과 선량한 사회시민이 되기 위한 훈련이다.

개인적으로는 자신을 쳐 모든 세속적 유혹으로부터 벗어나야 한다. 성도의 경건이나 거룩은 남과는 다르고, 과거와는 다르다는 의미를 가지고 있다. 그리스도인들이 믿지 않는 사람과 하등 다를 것이 없고, 현재의 삶의 모습이 과거의 삶과 하등 다를 것이 없다면 문제가 아닐 수 없다.

교황 요한 바오로 2세가 교황청을 방문한 한국 주교단에 한국사회에 번지고 있는 물질만능풍조의 배격을 촉구했다. 그는 "경제성장으로 인해 물질위주의 현실주의가 나타나 시민들의 인생관을 지배하고 있는 것으로 보이고 특히 젊은 층에서 이 같은 현상이 심하다"고 말했다. 지적한 내용은 우리가 익히 알고 있어 새로울 것이 없지만 때가 때인 만큼 그의 지적이 새삼 비수처럼 가슴을 찌르고, 우리끼리 몰래 하던 짓을 그만 들켜 버린 것처럼 얼굴이 확 달아오르게 한다. 교황의 지적에 우리가 무슨 변명을 할 수 있겠는가?

예수님은 광야에서 사단의 유혹을 받았다. 사단은 돌로 떡이 되게 하라며 물질적인 유혹을 했다. 오늘도 하나님을 무시한 채 각종 불법과 불공정한 방법으로 돈을 벌게 해주겠다는 사단의 유혹이 끊이지 않고 있다. 예수님은 이 물질적 유혹을 "사람이 떡으로만 살 것이 아니요 하나님의 입으로 나오는 모든 말씀으로 살 것이니라."는 말씀으로 이기셨다. 우리도 말씀으로 그 유혹을 이겨야 한다. 사단은 한 번의 유혹으로 그만두지 않는다. 계속해서 유혹을 한다. 사단은 예수님에게 성전 꼭대기에서 뛰어내리라, 천하 만민과 영광을 보여주며 내게 엎드려 경배하면 이 모든 것을 네게 주리라며 유혹을 한다. 주님은 그 유혹들을 하나님의 말씀으로 단번에 물리치셨다.

사단의 유혹은 우리를 향해서도 집요하게 계속되고 있다. 물질적인 유혹, 정치적인 유혹, 각종 유혹이 밀려들고 있다. 각종 불의와 불법, 불공정과 부정을 저지르도록 한다. 한번만 하면 큰돈을 벌 수 있고, 명예도 얻을 수 있다고 말한다. 우리의 힘만으로 그것을 물리칠 수는 없다. 예수님이 십자가의 고난을 앞두고 하나님을 의지한 것처럼 우리도 주님을 의지해야 한다.

그리스도인은 힘써 일해야 하는 주님의 청지기들이다. 수단과 방법을 가리지 않고 재물을 모으며, 절약보다 사치에 치중하고, 구제보다 무관심으로 일관한다면 우리는 사단의 유혹에 깊이 빠져 있는 것이다. 청지기는 이 땅에 사는 동안 주님이 맡겨 준 일들을 충성스럽게 감당해야 한다. 열심히 노력하고, 불로소득을 지양하며, 정당하게 벌고, 검소한 생활로 소유물을 가난한 자에게 나눠주는 삶을 살아야 한다. 우리 사회의 물질만능풍조, 그로 인한 부정부패는 지구 저편에서도 알 만큼 유명해졌다. 우리는 보다 반성하고 겸허해져야 한다. 1인당 국민소득이 1만 달러가 넘었다고 선진국이 되는 것이 아니다. 교황의 지적처럼 인간생명의 가치를 지켜야 선진국이 될 수 있다.

3) 주님의 고난에 참여하는 자가 되어야

사순절에는 교회적으로 예수님의 고난받으심과 죽으심을 회상하면서 보낸다. 이 기간은 기독교적 정서와 신앙을 성장시킬 수 있는 기회이다. 예수님과 함께 고난에 참여하고, 죽음의 장소로 향해 가는 순례과정을 생각하면서 사순절을 보내야 한다.

현대교회는 영광의 주시며 하나님의 아들이신 그리스도는 믿지만 고난의 종이시고 인자이신 예수를 믿고 따르는 데는 멀리하는 경향이 있다. 이사야 선지자는 고난의 종 그리스도에 대해 이렇게 묘사했다. 그는 실로 우리의 질고를 지고 우리의 슬픔을 당하였거늘 우리는 생각하기를 그는 징벌을 받아서 하나님에게 맞으며 고난을 당한다 하였노라. 그가 찔림은 우리의 허물을 인함이요 그가 상함은 우리의 죄악을 인함이라. 그가 징계를 받음으로 우리가 평화를 누리고 그가 채찍에 맞음으로 우리가 나음을 입었도다. 주님은 이 예언대로 이 세상에 오셔서 고난의 삶을 사셨다. 그리스도의 생애는 한마디로 고난의 삶이었다. 그의 고난과 박해와 죽음은 베들레헴에서

날 때부터 갈보리 십자가에서 죽기까지 따랐다.

주님은 제자와 그를 따르는 무리들에게 고난의 모범을 보여 주셨다. 그 제자들도 그 모범을 따랐다. 바울은 "내가 이제 너희를 위하여 받는 괴로움을 기뻐하고 그리스도의 남은 고난을 그의 몸 된 교회를 위하여 내 육체에 채우노라."고 고백했다. "살든지 죽든지 내 몸에서 그리스도가 존귀히 되게 하려 하나니."라고 했다. 베드로도 "이로 인하여 내가 부르심을 입었으니 그리스도도 너희를 위하여 고난을 받으사 너희에게 몸을 끼쳐 그 자취를 따라오게 하려 하셨으니"라 하였다.

그리스도인은 주님의 고난을 생각하고 그 남은 고난에 기꺼이 참여하는 삶을 살아야 한다. 고난에 참여한다는 것은 무엇을 의미하는가? 그것은 그리스도를 따르는 것이다. 그리스도를 따르기 위해서 무엇보다 필요한 것이 우리의 사랑의 실천이다.

「쿼바디스」에서 로마제국의 호민관 라니큐우스가 바울을 심문하면서 이렇게 묻는다. "헬라는 인류에게 지혜를 주었고, 로마는 인류에게 공법을 주었는데 당신이 전파하는 예수는 인류에게 무엇을 주었는가?" 바울은 이에 서슴없이 답한다. "헬라는 인류에게 철학을 주고 로마는 인류에게 공법을 주었으나 내가 전하는 예수는 인류에게 사랑을 주었소." 기독교는 무엇보다 사랑의 종교이다. 예수가 죽임을 당한 사형 틀인 십자가는 하나님이 인간을 얼마나 사랑하셨는가를 나타내는 징표이다. 요한은 "하나님은 사랑이다" 했고, 바울은 "믿음, 소망, 사랑 이 세 가지는 항상 있을 것인데 그중에 제일은 사랑이라" 하였다.

그리스도인이 사랑이신 하나님을 따라 지음을 받은 사람이라면 사랑을 실천하는 것은 당연하다. 주님을 위하여, 하나님의 백성인 인

류를 위하여, 동포인 민족을 위하여, 불쌍한 이웃을 위하여 고난을
받아야 한다. 한국교회는 이웃과 민족과 세계를 위해 고난을 받으며
선교해야 한다. 지금까지 현세적 축복과 물질적, 육체적 축복을 받기
위해 급급했던 자신들을 반성해야 한다.

주님의 고난에 참여하는 것은 바로 그 사랑에 참여하는 것이며,
그 남은 고난을 우리 육체에 채우는 것이다. 자기 몫에 태인 십자가
를 지고, 예수님이 지신 십자가를 생각하며 저 갈보리 언덕까지 기
쁨으로 나아가야 한다. 초대교회 교인들은 사순절에 특히 자선을 많
이 베풀며 살았다. 우리도 이 땅에서 그리스도의 남은 사역을 사랑
으로 가득 채워야 한다. 기쁨으로 채워야 한다.

4) 주님의 영광에 참여하는 자가 되어야

사순절은 고난만 생각하는 주간이 아니다. 주님의 영광과 최후의
승리를 바라보며 기뻐하는 기간이기도 하다. 이런 의미에서 사순절
은 고난과 기쁨이 교차하는 신비를 맛보는 기간이다. 기쁨은 고난을
이긴 자에게 주어지는 상급이다. 구원받은 자만이 동참할 수 있는
상급이다.

역사의 기록에 의하면 종려주일은 예루살렘으로 입성하시는 예수
님을 생각하면서 철저히 축제의 날로 지켰다. 이날에 낭독된 말씀은
주로 "주 안에서 항상 기뻐하라."는 내용을 담고 있는 빌립보서 4장
4절에서 11절이었다. 종려주일은 사순절을 마치는 과정에서 승리의
기쁨을 가지고 드려지는 예배이다. 그러므로 종려주일은 애도와 엄
숙한 분위기도 좋지만 승리의 왕으로 입성하시는 예수님을 중심으로
온 교회가 찬양과 축제의 날이 되도록 하는 것도 중요한 일이다.

종려주일은 예수님을 구세주로 믿고 왕으로 영접한 이스라엘 백

성들이 종려가지를 들고 주님을 찬양했듯이 온 성도들이 기쁨으로 참여하여 찬양하는 예배를 드려야 한다. 그 찬양은 부활의 아침을 밝혀야 하고, 승천하시는 주님께 올려져야 하며, 약속하신 성령님이 우리 안에 풍성히 임하실 때까지, 주님이 다시 오시는 그 순간까지 힘 있게 드려져야 한다.

사순절은 한마디로 고난과 환희가 함께 있는 절기이다. 많은 사람들은 고난만 생각하고 좌절한다. 그러나 그리스도의 고난은 승리를 향한 고난이며 환희를 안겨 주는 고난이다. 그리스도인은 그 고난과 환희에 동참하는 사람들이다. 사순절에만 동참하는 것이 아니라 우리의 남은 생활 속에서도 기꺼이 동참한다. 히브리서 기자는 이렇게 말한다. "자기가 시험을 받아 고난을 당하셨은즉 시험받는 자들을 능히 도우시느니라. 그러므로 함께 하늘의 부르심을 입은 거룩한 형제들아 우리의 믿는 도리의 사도시며 대제사장이신 예수를 깊이 생각하라."(히2:18 - 3:1).

제35장 겨울을 이겨내는 신앙으로

신앙과 계절이 굳이 어떤 상관관계가 있는 것은 아니지만 계절의 변화는 우리가 삶에 있어서 지금 어떤 위치에 있으며 그 위치에서 어떤 신앙을 가져야 하는가를 보여 준다. 교회력을 보면 생명을 상징하는 부활절이 봄에 있고, 추수를 상징하는 감사절이 가을에 있으며, 인류에게 희망을 주는 성탄절이 겨울에 있다. 어느 절기든지 주님과 연관되어 있고, 그때마다 우리의 신앙은 다시 점검된다. 이러한 절기들은 무엇보다 그때마다 신앙의 아랫바닥에 있는 우리를 다시 위로 끌어올리는 계기를 만들어 준다. 절기가 우리의 신앙을 튼튼히 만들어 준다는 점에서 절기와 신앙, 계절과 신앙은 서로 연관되어 있음을 알 수 있다.

사람들은 흔히 계절을 탄다고 말한다. 신앙생활에 있어서도 계절을 타는지 오르락내리락하는 모습을 볼 수 있다. 주님은 우리의 신앙이 매우 유동적이라는 것을 잘 아신다. 그래서 계절마다 절기를 두신 것이 아닌가 생각된다. 하나님은 절기를 통해 이스라엘 백성들로 하여금 하나님이 과거에 어떻게 그들을 보호하셨는가를 생각하고 돌아오도록 하셨다. 우리에게 절기를 주신 것도 바로 이 때문이다. 주님은 우리의 신앙이 변화되기를 그토록 바라신다.

✝ 겨울을 이겨내는 신앙

상당수 나무들은 겨울눈을 가지고 있다. 나무가 오는 봄을 피우기 위해 미리 준비한 것으로 어떤 것은 진액으로 감싸 추운 겨울을 이길 수 있도록 되어 있다. 나무도 봄을 준비하고 있는 것이다. 하지만 겨울눈이라고 해서 모든 겨울눈이 봄을 맞이할 수 있는 것은 아니다. 모진 겨울을 이겨내야 오는 봄에 꽃을 피우고 잎을 낼 수 있다. 그래서 봄에 피는 꽃잎들은 '내가 겨울을 이겨냈노라'는 나무들의 환호성과 같다. 기쁨이 봄꽃으로 피어나는 것이다.

인생의 봄도 누구나 맞을 수 있는 것이 아니다. 겨울을 이긴 나무만이 봄을 맞을 수 있듯이 고난을 이긴 사람만이 봄을 기쁨으로 맞을 수 있다. 그래서 고난이라는 겨울이 의미가 있고 중요하다.

어떤 사람이 링컨 대통령을 찾아와 이렇게 성공한 비결이 무엇이냐고 물었다. 그러자 그는 주저하지 않고 "나에게 어려움과 역경이 있었기 때문입니다."라고 말했다. 어릴 때 어머니를 잃었고, 가난한 가운데 변호사가 되었으며, 치열한 경쟁 끝에 대통령이 되었고, 대통령으로서 재직하는 동안 남북전쟁을 치렀다. 그는 한마디로 "되는 일이 없다."고 말할 만큼 험난한 삶을 살았다. 그런 고난과 역경이 있었기에 오늘의 기쁨을 누릴 수 있게 되었다는 것이다.

그리스도인들이 고난을 받는 것을 보고 사람들은 "예수 믿더니만 안 하던 고생한다."고 손가락질할지 모른다. 그러나 믿음으로 그 고난을 참고 이기면 봄은 기어코 찾아온다. "전에는 네가 버림을 입으며 미움을 당하였으므로 네게로 지나는 자가 없었으나 이제는 내가 너로 영영한 아름다움과 대대의 기쁨이 되게 하리니."(사60:15). 그리스도인에게는 봄이 있다. 하나님은 "후일에는 야곱의 뿌리가 박히며 이스라엘의 움이 돋고 꽃이 필 것이라."(사27:6)고 말씀하셨다. 이 모든 것은 진정 주님이 우리의 목자가 되시며 잊지 않으시고 돌보신다는 것을 알게 한다(시23).

성도들이 고난을 이기기 위해서는 예수님이 필요하다. 고난을 이기고 부활로 승리하신 주님을 힘입어 우리도 어려움을 극복할 수 있기 때문이다. 그러므로 우리가 끝까지 붙들어야 하는 것은 주님이다. 나무가 겨울눈을 지켜 내려고 하듯이 주님을 향한 우리의 믿음과 사랑을 지켜야 한다.

유명한 무신론자 사르트르는 죽기 약 한 달 전 절망감에 맞서 투쟁하면서 "나는 소망 가운데서 죽음을 맞이할 것이다."라고 스스로 다짐하곤 했다. 하지만 그는 깊은 슬픔 속에서 '그러나 소망에는 근거가 있어야 한다.'고 했다. 그에게는 소망의 주님이 없었다. 그러나 그리스도인의 소망에는 근거가 있다. 그 근거는 바로 주님이며, 그 주님 때문에 우리는 겨울을 이길 수 있다.

욥은 재난을 당하고 죽음이 곧 올 것이라는 예감이 들었을 때 그는 공포와 절망과 소망이 뒤섞인 착잡한 경험을 했다. 하나님이 야속하고 미울 때도 있었다. 그럼에도 불구하고 주님께서는 의를 행하시며 결국 자기 백성을 사랑하신다는 것을 계속 믿었다. 결국 소망이 절망을 이기고 승리했다. 하나님을 향한 믿음이 있는 자, 곧 하나님을 근거로 삼은 사람은 희망이 있다. 야고보서에 이런 말씀이 있다. 풀을 말리우면 꽃이 떨어진다(약1:11). 뿌리가 중요하다는 것이다. 꽃이 존재하기 위해서는 그 뿌리, 곧 근거가 중요하다.

✝ 하나님을 바라보는 신앙

나무는 혼자서 잎을 내고 꽃을 피울 수 없다. 잎을 내고 꽃을 피울 수 있을 만한 기후가 마련되어 있어야 그 모두가 가능하다. 봄에 벗꽃이 남쪽에서부터 피기 시작하여 점점 북상하는 것은 벗꽃을 피울 만한 기후조건이 되었기 때문이다. 흙 속의 열과 바깥 공기가 꽃잎을 티기에 적합하도록 자연조건이 맞아야 한다. 이 기후는 사람이 만드는 것이 아니고 자연에 대한 하나님의 섭리로 이루어지는 것이다. 같은 빛이지만 겨울 빛과 봄빛은 다르다. 사람은 이것에 대해 어떤 일도 할 수 없다. 오직 하나님만이 그 일을 하실 수 있다.

그러므로 나무에서 싹이 나는 것은 작년에도 그랬기 때문에 올해도 그런 것이 아니라 그때그때마다 하나님의 은혜가 미쳤다는 것을 의식하지 않으면 안 된다. 하나님의 손길이 자연에 미쳤다는 것은 자연에 대한 주님의 사랑뿐 아니라 자연을 통해 우리 인간을 얼마나 사랑하고 계신가를 보여 주시는 것이다. 하나님의 사랑과 놀라운 능력이 아니면 싹이 날 수 없다. 그러므로 싹이 난다는 것은 기적이다. 그 기적이 일어나려면 하나님의 은혜가 필요하다.

마찬가지로 우리 속에 믿음이 싹이 나고 꽃이 피려면 하나님을 바라보아야 한다. 하나님의 도우심이 아니면, 하나님의 은혜가 아니면 필 수 없기 때문이다. "여호와가 포도원지기가 됨이여 때때로 물을 주며 밤낮으로 간수하여 아무든지 상해하지 못하게 하리로다." (사27:3). 그러므로 우리가 기도하고 간구해야 할 것은 하나님의 자비와 사랑이다. 지금 내가 이만한 믿음을 가지고 있다고 자랑할 것이 아니라 이 꽃잎이 작년보다 금년에 더 활짝 필 수 있도록 기도해야 한다. 이 봄에도 우리의 신앙이 아름답게 피어 있다면 그것은 나의 힘이 아니라 주님이 그만큼 나를 지키고 사랑하신다는 것을 보여 주시는 것이다. 따지고 보면 우리는 주님께 내놓을 만한 믿음생활을 하지 못하고 있다. 하지만 금년에도 우리 각자를 향한 주님의 이 깊고 넓은 사랑이 우리 믿음에 싹을 내게 하신다. 그러므로 우리는 주님께 감사할 것밖에 없다.

우리는 믿음의 싹을 널리 그리고 활짝 피우기 위해 성령님의 도우심이 필요하다. 우리 심령에 싹이 나고 꽃이 피기 위해서는 성령님의 강한 작용 없이는 불가능하기 때문이다. 하나님의 능력으로 모세의 지팡이에 싹이 나고 꽃이 피듯이 몽둥이 같은 우리 심령에도 꽃이 피어야 한다.

그러나 모든 것에 때가 있다는 것을 기억하지 않으면 안 된다. 하나님이 우리에게 봄을 주셨을 때, 즉 주님의 사랑과 능력이 임할 때 우리 마음에 변화가 있어야 한다. 봄은 언제나 우리 곁에 있는 것은 아니기 때문이다. 기회가 주어졌을 때 그 기회를 잘 활용하는 사람이 현명하다. 각국의 초등학교 교과서를 연구한 사람에 따르면 교과서 첫 페이지만 보아도 그 국민성을 알 수 있다고 한다. 일본 교과서는 이런 말로 시작한다. "봄빛이 완연하다. 우리 모두 밖으로 나가자." 기회의 포착과 함께 밖으로 뻗는 진취적 기상을 심어 주고 있다. 굳이 일본을 미화시킬 생각은 없지만 오늘날 일본이 경제대국을 이룬 것도 이러한 정신과 맥을 같이하고 있지 않나 생각한다. 중국 교과서는 "밥그릇 하나, 밥그릇 둘"을 세는 것으로 시작한다. 중국인의 음식과 상술을 볼 수 있다. 독일 교과서는 "당신은 어디로 가십니까? 자동차를 타고 가십니까? 비행기를 타고 가십니까?"로 시작된다. 이 내용도 사람을 진취적으로 만든다. 지금은 다소 달라졌겠지만 한동안 우리나라 교과서는 "영희야, 바둑아, 나하고 놀자."로 시작되

었다. 그래서 남녀노소 없이 국민 모두 노는 것에 관심이 많다. 이것
은 확실히 문제가 있다. 성경은 창조로부터 시작된다. 하나님은 기본
적으로 우리를 위해 천지를 창조하시고 우리를 하나님의 사람으로
만드시고자 하신다. 하나님이 우리에게 봄빛을 주시고 하나님의 사
람으로 변화시키고자 하실 때 변화하는 것이 현명하다. 언제 그 빛
을 거두실지 알 수 없기 때문이다. 봄은 바로 우리가 변해야 할 시
점이 어느 때인가를 가르쳐 준다.

✝ 함께 펴나가는 신앙

만일 지구상에 꽃이 하나만 피어 있다든가 하나의 나무만 잎이 무
성하다면 우리는 어떻게 느낄까? 지구는 황량하다고 말할 수밖에 없
을 것이다. 십 리에 한 그루 꽃잎이 피어 있다고 해도 황량한 느낌을
벗어날 수 없다. 나무가 숲을 이룰 만큼 우거지고 만개한 꽃들이 무
리를 지어 피어날 때 우리는 자연의 아름다움을 느끼고 경탄한다.

그리스도인의 믿음도 마찬가지이다. 믿음 좋은 사람이 미국에 한
사람, 유럽에 한 사람, 한국에 한 사람씩 있다면 그 사람들은 칭찬받
고 좋을지 몰라도 그런 사회는 삭막하기 그지없을 것이다. 그럼에도
불구하고 자기만 믿음 좋으면 된다는 사람이 우리 주변에 많이 있
다. 이것은 믿음의 개인주의, 이기주의이다. 믿음 좋은 사람이 여기
저기에 많이 있어야 살맛이 난다. 여기를 가도 저기를 가도 기도와
찬송소리가 샘물처럼 넘쳐흘러야 기쁨을 느끼게 된다. 이러한 믿음
꾼들이 넘쳐야 교회가 교회답고 아름답다. 만일 교회에 이기적인 믿
음만이 가득하다면 교회라 할 수 없다. 교회는 바로 서로 믿음을 가
지도록 돕고 격려하며 함께 하나님의 나라를 이루어 가는 곳이다.

모두 함께 하나님의 밭을 가꾸는 것이다. 꽃밭에 각가지 꽃이 어우러져야 아름답듯이 우리의 믿음도 교회 안에서 이처럼 무리를 지어 형형색색 만발할 때 주님은 기뻐하신다.

믿음의 꽃을 피우기 위해 필요한 것은 주변의 열기이다. 주변이 뜨거워야 그 꽃이 더 만개할 수 있다. 한 TV방송에서는 땅속에 뜨거운 물이 흐르는 관을 묻어 놓은 경우 그렇지 않은 곳에 비해 오이 수확이 몇 배 이상 많아졌다는 농작물실험을 보여 주었다. 우리 주변이 사랑으로 뜨겁고, 기도로 뜨거우면 다른 꽃들도 경쟁적으로 피어날 수 있다. 주변이 냉랭하면 뜨겁게 피어나려 해도 쑥스러울 뿐이다. 본인 한 사람의 신앙도 중요하지만 주변의 열이 강할수록 다른 꽃들도 강렬하게 피어날 수 있다는 것을 잊어서는 안 된다. 이를 위해 우리는 이 봄에 더 열심을 내야 한다. 기도도 열심히 하고, 봉사도 열심히 하여 그 결실로 온 지면을 채우는(사27:6) 역사가 일어나야 한다.

✝ 신선한 향기가 넘치는 신앙

꽃만 많이 피었다고 아름다운 것은 아니다. 그 꽃의 향기가 그윽해야 한다. 꽃의 향기가 신선할수록 생명력이 넘친다. 성경이 들의 꽃을 아름답게 묘사하는 것(사40:6)은 신선함(freshness)이 넘치기 때문이다. 산과 들, 강과 바다는 생각만 해도 얼마나 신선한가.

우리의 믿음도 신선해야 한다. 믿음에도 신선한 것이 있고 그렇지 않은 것이 있다. 신선한 믿음은 위선과 거짓으로 포장된 믿음이 아니라 하나님과 날마다 동행하는 살아 움직이는 믿음이다. 음식이나 꽃이 신선하지 않으면 아무도 관심을 두지 않는다. 깊이 생각하기는커녕 버리려 한다. 우리는 생활 속에서 신선한 믿음을 소유해야 한다.

신선한 믿음은 어두운 구석을 애써 감추려 하기보다 있는 그대로를 보여 준다. 자연이 자기를 숨기지 않고 자기의 적나라한 모습을 우리에게 그대로 보여 주듯이 주님을 향해 우리의 모습을 숨김없이 보여 주어야 한다. "주님, 나는 이것밖에 되지 않습니다. 그러나 더 노력할게요. 주님을 더 사랑하고 주님으로부터 사랑받고 싶어요. 도와주세요."라고 말하는 솔직함이 바로 신선한 것이다.

오래 믿은 사람일수록 이런 행동을 어린 아이와 같다며 핀잔을 주거나 도외시하려 든다. 믿음은 그런 것이 아니라고 말한다. 그러나 믿음은 어린 아이와 같은 순진함과 천진함 그리고 숨기지 않은 솔직함이 요구된다는 것을 기억하지 않으면 안 된다. 아이들이 부모에게 이렇게 천진난만함을 보일 때 부모는 마음을 열게 된다. 사랑스러워 어찌할 줄 모른다. 부부간에도 이런 격의 없음이 필요하다. 오래 믿은 사람은 이런저런 격식을 따진다. 그러다 보면 신선함을 잃게 된다. 그래서 주님은 천국은 어린 아이와 같아야 들어갈 수 있다고 말씀하실 뿐 아니라 나중 된 자가 먼저 된다고 말씀하신다. 먼저 된 자는 이것저것 따지고 재고 숨기고 하지만 나중 된 자는 그렇게 하지 못한다. 먼저 믿은 바리새인들이 나중에 믿은 죄인이나 세리 등을 비웃었지만 주님은 오히려 바리새인들을 책망하셨다. 나중 된 자가 바리새인처럼 행동하면 그 또한 책망을 모면하기 어렵다.

우리는 주님과의 관계에서뿐 아니라 이웃과의 관계에서도 믿음의 좋은 향기를 내뿜어야 한다. 그리스도인들이 잘못하면 사람들이 실망감을 감추지 못한다. 이것은 그리스도인에 대한 기대가 그만큼 크기 때문이다. 그리스도인다움이란 그리스도인다운 향기가 있음을 말한다. 그리스도인들이 신선한 믿음의 향기를 뿜어낼 때 사람들은 오히려 기뻐할 것이다. 사람들뿐 아니라 주님은 우리를 인하여 기뻐

어찌하지 못하는 심정을 갖게 될 것이다. 우리는 이 봄에 주님과 우리의 이웃을 감동시키는 믿음을 가져야 한다.

✝ 열기가 넘치는 신앙

한 여름, 사람들은 피서다 휴가다 하며 바쁘다. 피서(summering)는 더위를 피하는 것이고, 휴가(vacation)는 할 일로부터 자유로운 상태를 나타낸다. 덥다 보니 하는 일에도 능률이 오르지 않는다. 자꾸 산과 바다가 그리워진다. 그래서 평시 같으면 3-4시간이면 갈 수 있는 길도 10시간을 마다하지 않고 떠난다. 어느 목사님이 수양회를 다녀온 주일학생들이 노는 것에 정신이 팔려 옷, 필기도구, 심지어 성경과 찬송가마저 잊고 오는 것은 물론 그것을 다시 찾으려는 생각도 하지 않는다는 말을 하면서 무언가 잘못되었다고 하였다. 너나할 것 없이 정신이 없다.

여름이 오면 사람들은 이처럼 쉬는 것을 생각한다. 그러나 하나님은 더운 여름이라 할지라도 영적인 일에 있어서만큼은 쉼이 있어서는 안 된다고 하신다. 그렇다고 계획한 바캉스를 취소하라는 것은 아니다. 육적인 건강을 위해서는 쉼이 필요하지만 영적인 건강을 위해서는 절대로 쉬어서는 안 되기 때문이다. 오히려 여름에 영적으로 성숙한 계절을 맞이하라 하신다. 하나님을 향해 더 믿음을 강하게 하고 흔들리지 말며, 많은 열매를 맺고, 미래를 준비하라고 하신다. 개미가 여름에 더 바쁘듯이 우리도 더 바쁘게, 더 열심히 신앙생활을 해야 하는 것이다.

하나님께서는 변함없는 계절의 순환을 약속하셨다. 창세기 8장 22절에 하나님은 방주에서 나온 노아와 그 가족에게 "땅이 있을 동안에는 심음과 거둠과 추위와 더위와 여름과 겨울과 낮과 밤이 쉬지 아니하리라." 하셨다. 여름을 맞게 될 때마다 우리는 그것을 자연의 이치라고 생각한다. 그러나 우리는 이보다 더 높은 영적인 눈을 가져야 한다. 우리가 이번에도 여름을 맞게 되는 것은 노아에게 주신 언약의 말씀이 그대로 유효하다는 것을 보여 준다. 이 말씀은 직접적으로는 노아와 그 후손들에게 정상적인 생활환경을 보장해 주시는 말씀이다. 그러므로 우리가 여름을 맞는 것은 하나님의 인자하신 섭리에 따라 우리가 지금까지 정상생활을 해 오고 있고, 지금도 정상생활을 하고 있다는 것을 알 수 있다.

우리에게 여름이 없다면 자연의 질서는 깨어지고 삶은 어려워진다. 여름이 없고 겨울만 있다고 생각해 보라. 낮이 없고 밤만 있다고 상상해 보라. 그러한 땅이 어떻게 변할지 상상해 보라. 그 결국은 파멸뿐이다. 그러므로 여름을 맞을 때마다 하나님께 감사할 수 있어야 한다. 아삽은 시를 통해 이렇게 하나님을 찬양했다. "낮도 주의 것이요 밤도 주의 것이라 주께서 빛과 해를 예비하셨으며 땅의 경계를 정하시며 여름과 겨울을 이루셨나이다."(시74:16, 17). 아삽이 그저 자연의 이치를 서술 식으로 표현한 것이 아니라 하나님의 약속이 지켜지지 않았다면 하나님의 섭리가 없다면 이 모든 것이 불가능한 것을 인식하고 감사하는 것이다. 우리는 자연의 변화 앞에 이렇듯 감사와 찬송을 돌릴 수 있는 우리가 되어야 한다. 이런 의미에서 그리스도인은 자연의 질서와 변화에 대해서도 하나님을 생각하는 감정의 섬세함이 있어야 한다.

사람마다 계절에 대한 호불호감정이 있다. 나 자신도 덥고 땀과 전쟁을 치러야 하는 여름이라 다른 계절에 비해 선호도가 적다. 그러나 신앙의 눈으로 볼 때 여름이 있음을 감사하지 않을 수 없다.

여름을 주신 주님께 감사하자. 땀을 나게 하신 하나님께 감사하자. 그 모두 하나님이 우리를 보호하신다는 증거이기 때문이다.

여름이란 한마디로 덥다는 뜻을 가지고 있다. 섬머(summer)라는 말도 앵글로색슨 말 가운데 더운 계절을 뜻하는 '수모'(sumor, sumer)라는 말에서 유래된 것이다. 헬라말로 여름을 가리켜 '테로스'(theros)라 하는데 이것은 '덥게 하다'는 뜻을 담고 있다. 덥게 하면 열기가 가득하게 된다. 영어에 thermo로 시작되는 것 모두 열, 온도의 뜻을 갖는 것은 이 말 때문이다. 열을 그대로 보존하는 보온병을 thermos라 한다. 열과 연관된 것으로 21세기 꿈의 에너지로 각광을 받고 있는 핵융합기술이 있다. 각국이 핵융합기술에 막대한 예산을 집중적으로 투자하고 있다. 핵융합이란 중소수와 삼중수소의 핵들을 강제로 융합시킬 때 나는 막대한 열과 빛을 에너지화하는 것을 말한다. 웬만한 수영장 물에 함유된 중소수만으로 우리나라 1년 치 전기를 뽑아낼 수 있다. 태양열과 같은 뜨거운 온도를 발생시키는 장치를 개발하는 것이 문제로 남아 있다.

생물은 열기가 필요하다. 지면에 열기가 있어야 싹이 트고 잎이 뻗어 나갈 수 있다. 데로스란 '하나님이 땅을 덥게 해서 생물을 성장하게 한다.'는 의미를 담고 있다. 곡식을 비롯하여 모든 생물이 열을 받아야 자랄 수 있다. 쌀알이 익기 위해서는 따가운 햇볕이 필요하다. 일조량이 적은 곡식은 단단한 곡식이 될 수 없다. 생기다 말거나 쭉정이로 남을 뿐이다.

열은 식물에게만 필요한 것이 아니다. 신앙인인 우리에게도 필요하다. 여름하면 생각나는 것들이 있다. 학생들에게는 방학이요, 직장인들에게는 바캉스며, 교회에서는 여름성경학교이다. 세상 사람들은 놀러 다니는 일에 바쁘지만 교회만큼은 성경과 교회생활의 즐거움을 가르치는 데 바쁘다. 그래서 주일학교 교사들은 어느 때보다 바빠 열이 날 지경이다. 주일학생들도 성경학교 때 더 기운이 난다. 주일학교 수련회를 알리는 광고에는 신나는 말로 꽉 차 있다. 왜 이런 일을 하는가? 그들에게 성령의 일조량이 필요하기 때문이다. 성령의 뜨거운 열은 어린 학생들에만 필요한 것이 아니다. 청년에게도 필요하고, 장년에게도 필요하고, 노년에게도 필요하다.

　강풍과 해가 길가는 사람의 코트를 어떻게 벗길까 내기를 했다. 강풍은 힘껏 바람을 불어 그의 옷을 강제로 벗기고자 했다. 그러나 그 사람은 옷을 더 여밀 뿐이었다. 해는 조금씩 그를 향해 볕을 가했다. 그 사람은 얼마 가지 않아 코트도 벗고 웃옷도 벗어젖힌다. 우리의 신앙에도 강압보다는 따스한 열이 필요하다. 성령의 뜨거운 열을 받으면 우리가 입고 지내 온 이생의 자랑이라는 외투도 벗어 버리게 되고, 욕심이라는 옷도 벗어 버리고, 오직 순수한 마음으로 주님께 나올 수 있다. 나의 아버지는 늘 "성령의 불로 지져야 한다."고 말씀하시곤 했다. 뜨거운 믿음을 소유해야 한다는 것인데 성령님이 뜨겁게 역사하면 내 마음에 변화가 생기고 신앙이 성숙하며 주님을 향한 열심이 날로 더 생기게 된다. 지금 우리 모두에게 필요한 것은 바로 핵융합으로 생기는 에너지보다 더 강한 성령의 역사이다. 우리의 믿음이 식어 있다면 보기 좋을까. 여름은 이처럼 식어지고 굳어진 우리 마음에 열을 붙여 영적으로 한층 성숙할 시기라는 것을 가르쳐 준다. 물론 신앙의 열이 강하게 끓는 사람은 그 온도를 계속 유지해야 할 것이다.

✞ 열매를 거두는 신앙

열매를 거둔다 하면 우리는 늘 가을을 생각하게 된다. 그러나 여름에 수박, 참외, 딸기, 오이 등 수많은 작물을 실제로 거두고 있다는 사실을 잊어서는 안 된다. 사무엘하에 보면 요나단의 아들 므비보셋의 심복 시바가 다윗에게 아첨하기 위해 떡과 건포도 그리고 여름 실과 일백 등을 두 나귀에 가득 싣고 온 것을 알 수 있다(삼하 16:1, 2). 이스라엘에서도 여름 실과는 가을 실과 못지않게 많다.

여름은 한마디로 수확의 계절이다. 그래서 여름을 나타내는 히브리어나 아람어는 모두 '추수, 소출(히브리어로 quts, qayits), 수확(아람어로 qayit)' 등의 뜻을 가지고 있다. 여름에 곡식이나 열매를 잘라 수확한다. 히브리어의 추수는 바로 '자른다'는 뜻에서 나온 것이다. 여름은 이처럼 열매가 왕성하게 맺힐 뿐 아니라 그것을 따서 거둘 때이다.

신앙적으로 볼 때도 마찬가지이다. 젊은 나이에, 보다 일할 수 있는 나이에 주님을 위해 일할 수 있어야 한다. 늙어지면 기력도 쇠하여지고 기회도 좀처럼 주어지지 않는다. 우리는 인생의 여름을 가리켜 인생의 한창 때(prime time)라고 한다. 여름을 가리켜 청춘시절이라 한다. 영어에 장년시절을 가리켜 인생의 여름(summer of life)이라 부르는데 여기까지는 많이 봐주는 것 같다. 청장년 때 열심히 일하여 많은 수확을 걷는 것처럼 인생의 여름에 믿음의 열매를 많이 맺어야 한다. 그래서 성경은 "청년의 때에 네 여호와를 기억하라."고 말씀하신다. 잠언에도 "여름에 거두는 자는 지혜로운 아들이나 추수 때에 자는 자는 부끄러움을 끼치는 아들이니라."(잠10:5) 기록되어 있다. 추수기인 여름에 더 열심히 신앙 생활하여 많은 열매를 거두면 지혜로운 아들이지만 그렇지 않고 덥다는 타령만 하고 놀고먹는 사람처럼 신앙생활 게을리 하면 그 결과는 부끄러움을 당할 뿐이라는 것이다. 예레미야서에 이런 한탄의 말이 기록되어 있다. "추수할 때가 지나고 여름이 다하였으나 우리는 구원을 얻지 못한다 하는도다."(렘8:20). 이것은 여름추수기에 열심히 신앙생활하지 않은 사람이 하는 통한의 소리다. 신앙생활을 바로 해야 할 유다백성이 그렇지 못한 결과 얻게 될 통한의 소리가 지금도 말씀을 통해 들려지고 있는 것이다.

✝ 영적인 고갈에 대비하는 신앙

개미는 여름에 열심히 먹을 것을 준비한다. 그래서 잠언기자는 개미를 보고 배우라고 말한다. "게으른 자여 개미에게로 가서 그 하는 것을 보고 지혜를 얻으라. 개미는 두령도 없고 간역자도 없고 주권자도 없으되 먹을 것을 여름 동안에 예비하며 추수 때에 양식을 모으느니라. 게으른 자여 네가 어느 때까지 눕겠느냐 네가 어느 때에 잠이 깨어 일어나겠느냐. 좀 더 자자, 좀 더 졸자, 손을 모으고 좀 더 눕자 하면 네 빈궁이 강도 같이 오며 네 곤핍이 군사같이 이르리라."(잠6:6-11). 게으른 사람이 잠을 즐기는 모습이 잠언 26장 14절에 기록되어 있다. "문짝이 돌쩌귀를 따라 도는 것같이 게으른 자는 침상에서 구르느니라." 돌쩌귀를 따라 도는 것은 문짝의 유일한 행동반경이다. 마찬가지로 게으른 사람이 하는 일은 그저 침대 위에서 엎치락뒤치락하는 것이 고작이다. 그다음 15절은 이렇게 말한다. "게으른 자는 그 손을 그릇에 놓고도 입으로 올리기를 괴로워하느니라." 여름은 게을러야 하는 계절이 아니라 인생의 겨울을 열심히 준비할 수 있는 절호의 기회이다.

여름에 겨울을 생각하는 것은 너무 길지 모른다. 참으로 견디기 어려운 시기는 겨울이 오는 시점 훨씬 이전에 곧 닥칠 수도 있다. 여름에 가뭄이 있다는 것은 그것을 보여 준다. 가뭄이 심하면 영글던 곡식도 마르고 밭도 마르고 결국 과일농사도 망친다. 모든 것이 허사다. 아무리 땅을 파고 시추공을 넣어 바닥을 뚫어도 이미 때는 늦다. 쌀농사를 하기 위해서는 따가운 태양열도 필요하지만 많은 양의 비도 필요하다. 여름비는 주로 태풍이 몰고 온다. 태풍이 많은 피해를 주기 때문에 문제도 있지만 태풍이 없다면 무엇보다 비가 적어 농사를 망친다. 밭농사만 망치는 것이 아니라 바다농사도 망친다. 바다 속을 뒤집어 산소공급을 할 수 있는 것이 태풍이기 때문이다. 가뭄은 농민이나 어민들에게 참을 수 없는 고통을 준다.

성경은 영적인 고갈상태를 여름가뭄을 빗대어 말하고 있다. 다음은 다윗의 고백적인 시이다. "주의 손이 주야로 나를 누르시오니 내 진액이 화하여 여름 가뭄에 마름같이 되었나이다."(시32:4). 죄를 지은 다윗이 그 죄 때문에 얼마나 고통스럽고 곤고한지 괴로운 심정을 이처럼 시로써 표현하고 있다. 다윗은 우리아의 아내를 범하는 죄를 지었다. 잠 못 이루던 밤에 목욕하는 여인의 모습에 그만 반해 그를 범하고 만 것이다. 여름은 육체적으로든 영적으로든 우리를 유혹하는 일이 많다. 그 유혹은 우리의 영혼을 가뭄상태에 빠뜨리게 한다. 그리고 그 깊은 수렁에서 헤어나지 못하게 우리를 꽁꽁 묶어둔다. 우리의 신앙을 시험대에 오르게 하고, 영적으로 타락케 하는 이 여름의 가뭄을 대비해야 한다. 하나님으로부터 '내 마음에 합한 자'라 불릴 정도로 신앙이 돈독했던 다윗도 실수한 적이 있다는 것을 생각하고 우리도 매일 매 순간 자신의 신앙상태를 점검하고 영적으로 고

갈 상태에 빠지지 않도록 해야 할 것이다.

주님은 우리에게 봄·여름·가을·겨울을 주시고, 각 계절마다 아름다움을 맛보도록 하셨다. 우리의 삶에도 봄을 주신다. 그러나 하나님께서 그 봄을 언제 거두어 가실지 모른다. 여름도, 가을도 마찬가지다. 중요한 것은 그때마다 더 믿음을 지키며 각자에게 허락된 계절을 인생에서 가장 값지게 만드는 것이다. 이를 위해서는 무엇보다 모질고 추운 겨울을 이겨낼 수 있는 믿음, 하나님의 도우심을 앙망하는 믿음, 여러 사람들과 함께 많은 꽃들을 활짝 펴는 믿음, 신선한 향기가 날마다 가득 넘치는 믿음을 가져야 할 것이다.

여름에는 여행을 많이 간다. 여행을 가리켜 travel이라 하는데 이 말은 trouble과 어원이 같다. 우리가 흔히 여행길은 고생길이라는 말을 하는데 이것은 결코 우연이 아니다. 인생의 여정에는 좋은 일도 많지만 어려움도 많고 고생스러운 일도 많다. 우리는 지금 여름이라는 여정을 가고 있다. 중요한 것은 인생의 여름에 우리는 무엇을 해야 하는가 하는 것이다. 사람들은 여름을 덥다고만 생각하고 자꾸만 그것을 피하려고 한다. 그러나 성경은 감사하라고 말한다. 그리고 인생의 여름에는 성령의 열기로 게을러진 믿음을 일으키고, 여름실과처럼 탐스런 열매를 거두며, 길게는 인생의 겨울을 준비하고, 짧게는 곧 닥쳐올 신앙의 가뭄을 대비하라고 가르친다.

인생은 쏜살같다. 인생은 "그날이 풀과 같으며 그 영화가 들의 꽃과 같다."(시103:15)고 하였다. 인생의 여름을 사는 젊은이일수록 이 말씀을 기억해야 할 것이다. 당신이 인생의 어떤 과정을 지나던 우리가 열심히 해야 할 것은 하나님이 원하시고 기뻐하시는 삶을 사는 것이다. 그 외에 다른 것은 없다. 예수님은 "무화과나무의 비유를 배우라 그 가지가 연하여지고 잎사귀를 내면 여름이 가까운 줄을 아나니 이와 같이 너희도 이 모든 일을 보거든 인자가 가까이 곧 문 앞에 이른 줄 알라."(마24:32, 33) 하셨다. 그때가 한걸음 더 가까웠음을 알고 더욱더 영적으로 준비하는 삶을 살아야 할 것이다.

제36장 이제 당신의 삶이 제단의 꽃이 될 때

✝ 본회퍼, 제단에 드려진 꽃

「그리스도를 본받아」(Nachfolge)의 저자, 행동하는 천재신학자, 믿음과 생활의 일치를 도모했던 목사, "나는 하나님의 것"이라며 죽는 순간까지 하나님의 말씀을 사랑하고 묵상한 디트리히 본회퍼(D. Bonhoeffer). 그가 목사로서 유대인 구출계획 작전에 가담하고 히틀러 암살 음모에 관련돼 39세의 나이로 순교 당한 지 62년이 넘었다. 본회퍼가 지금도 빛나는 것은 그리스도를 본받는 값비싼 제자의 길을 걷지 않고 값싼 은혜만을 좇기에 바쁜 현대 교회 앞에 그리스도를 따른다는 것이 무엇이며, 그리스도는 오늘 우리에게 누구인가를 진지하게 가르쳐 주기 때문이다.

요즘 나의 가슴에 불을 지핀 책은 에버하르트 베트케(E. Bethge)가 쓴 평전 「디트리히 본회퍼」다. 베트게는 본회퍼의 누이 우르줄라의 딸과 결혼한 인물로, 본회퍼를 도와 비밀서신을 교환했고 체포되어 극적으로 살아난 인물이다. 이 평전에는 히틀러 집권 이틀 뒤부터 비판의 포문을 연 본회퍼의 저항정신과 독일교회를 향한 그의 고뇌가 그대로 묻어 있다.

이 책은 최근 작고한 폴란드 언론인 안나 모라브스카의 말로 시작된다. "본회퍼는 불온한 인물이다. 그는 '종교 상실의 시대에 우리는 어떻게 그리스도를 만날 것인가?' '무신론 한 가운데서 불가지론자로 남지 않으면서도 그리스도에 대한 존경심을 유지하려면, 그리스도와 어떤 관계를 가져야 하는가?'라는 물음을 과감히 물었기 때문이다." 기독교가 힘을 잃어 가는 이 시대에 값비싼 은혜를 구하고, 헌신을 요청하는 삶을 살라고 한다면 분명 불온한 말이 될 것이다. 그리스도의 제자가 된다는 것은 결코 만만치 않은 도전과 희생이 따르기 때문이다.

본회퍼의 부모는 아이들이 사치에 물드는 것을 용납하지 않을 만큼 기독교교육에 철저했다. 아이들은 전철 요금을 아끼기 위해 장거리를 뛰어다녔다. 한번은 둘째 형이 적선을 부족하게 하자 다른 형제자매가 저마다 자신의 용돈을 털어 부족분을 채워야 했다. 그리고 자신에게 닥친 것이든 다른 사람에게 닥친 것이든 부당한 행위에 맞서 싸울 줄 아는 기백을 키웠다. 이러한 생활 규범은 훗날 그의 책 「윤리」의 배경이 되었다. 윤리는 말이 아니라 실천에서 빛을 발한다.

1932년 여름 그는 종교개혁 기념일에 "종교개혁을 경축하는 교회라면 옛적의 루터가 잠들어 있게 하지 않을 것이다. 그를 깨워서, 오늘날 교회 안에서 일어나고 있는 온갖 악행을 지적하게 할 것이다."라고 설교했다. 이 말은 현대 교회에도 그대로 적용된다. 그는 히틀러의 집권을 예견하듯 순교자의 피를 요구하는 시대가 닥친다 해도 놀라서는 안 된다고 했다.

본회퍼는 칼 바르트를 좋아했고, 또 그의 영향을 받았다. 그가 런던 시드넘에서 독일인 교회를 섬기고 있을 때 바르트는 안주하고 있을지도 모를 본회퍼에게 글을 썼다. "당신은 어떤 일이 있어도 로뎀나무 아래 있는 엘리야나 박 넝쿨 아래 있는 요나의 역할을 해서는 안 됩니다. 당신은 독일인이고, 당신의 교회가 불타고 있음을 잊어서는 안 됩니다. 당신은 반드시 돌아와야 합니다. 가장 가까운 곳에 있는 배를 타고." 바르트는 단호했다.

1939년 그가 라인홀드 니버의 초청으로 뉴욕 유니언신학교에 체재하고 있을 때 주변사람들은 독일에 돌아가지 않도록 설득했다. 그러나 본회퍼는 니버에게 이런 유명한 글을 남기고 독일로 돌아갔다. "미국으로 건너간 것은 나의 실수였습니다. 나는 우리 민족사의 힘든 시기를 독일에 있는 그리스도인들과 함께 겪지 않으면 안 됩니다. 내가 이 시대의 시련을 나의 민족과 함께 하지 않는다면, 나는 전후 독일에서 기독교적인 삶을 복구하는 일에 참여할 권리를 얻지 못할 것입니다." 그리고 그는 순교자의 길을 걸었다.

본회퍼는 사명감과 소명의식에 철저한 독일인이 왜 히틀러와 같은 악인에 놀아났는가에 주목하였다. 그는 사명을 위해 복종하고 사명을 위해 목숨을 걸겠다는 각오가 악한 일에 이용될 수 있음을 고려하지 않은 것이 문제라고 보았다. 그래서 '시민의 용기'가 필요하다 하였다. 악에 분연히 일어설 수 있는 용기다. 그러나 이젠 모두 악행을 보고도 침묵하는 약빠른 사람이 되고 말았다. 우리의 우둔함이여, 그래도 우리는 쓸모가 있을까.

45년 부활주일 예배를 인도한 후 플로센뷔르크 강제수용소에 불려가 교수형에 처해졌다. 그는 이미 고난에 대해 이렇게 말한 바 있다. "강한 손에 맡기고 만족하세요. 한 순간이라도 자유를 접하는 복을 얻게 되거든, 자유를 하나님께 넘겨 드리세요. 그분이 멋지게 완성하실 것이니." 그는 죽음도 두려워하지 않았다. "죽음, 어서 오라. 덧없는 육신의 성가신 사슬을 끊고, 눈먼 영혼의 벽을 허물라. 이 세상에서 볼 수 없는 것을 마침내 볼 수 있게."

그는 갔다. "이것이 제게 마지막이 아니라 시작"이라며. 그는 지금도 우리에게 말한다. "값싼 은혜, 헐값의 용서, 헐값의 위로는 우리 교회의 치명적인 적이다. 오늘 우리의 싸움은 값비싼 은혜를 얻기 위한 싸움이다." 그는 우리로 하여금 삶의 현장에서 주님의 전사가 되라 한다. 치열하게, 본회퍼처럼. "나하폴게(나를 따르라)!" 이 아침, 그의 외침이 들리지 않는가.

본회퍼는 교회사에서 볼 때 하나님께 드려진 제물이요 꽃이다. 아가페의 삶은 드리는 삶이다. 그리고 하나님께 영광이 되는 삶이다. 하나님을 위해 이제 당신이 할 일은 당신의 삶을 제단에 꽃으로 드리는 일이다. 거룩한 제단에 꽃을 바치는 것은 하나님의 전을 사모하고 하나님을 찬양하는 정성이 담겨 있다.

역대상 29장에는 다윗을 비롯한 여러 사람들이 솔로몬의 성전건축을 위해 믿음으로 준비하는 모습들이 기록되어 있다. 그들은 하나님의 전을 위해서 즐거운 마음, 정직한 마음, 정성된 마음으로 힘을 다해 드렸다. 그들은 주의 것을 주께 드렸을 뿐이라는 겸손을 보였고, 그 마음을 주께 돌아오도록 했다. 당신이 주의 제단에 꽃으로 드려지고자 하는 것은 바로 하나님을 향한, 하나님의 이름을 거룩하게 하려는 순수한 믿음이 있어야 한다. 이러한 측면에서 먼저 성경에서는 꽃을 어떻게 보는지 생각해 보고, 우리 삶에서 그 의미를 찾고자 한다.

✝ 꽃의 어원과 뜻

꽃은 라틴어 '플로스'(flos)에서 나온 것으로, 여러 의미를 가지고 있다.

첫째, 우리가 흔히 아는 꽃, 곧 플라워(flower) 또는 블로섬(blossom)

을 가리킨다. 플라워는 암술과 수술을 통해 재생산이 가능한 구조의 식물체이다. 블로섬은 꽃, 특히 과수의 꽃을 나타낼 때 사용하며, 또한 과수 한 나무의 모든 꽃을 집합적으로 나타낼 때 사용하기도 한다.

둘째, 꽃, 특히 블로섬은 개화, 만개를 뜻한다. 이는 발육에 있어서 초기의 발달상태, 곧 한창 때, 젊음, 번영의 단계를 나타내는 가장 중요한 상태와 시기를 상징한다.

셋째, 꽃은 정수(essence), 최고봉(peak), 정화(精華)를 뜻한다. 어느 것이든 그 가운데서 최고의 것, 최상의 것, 가장 자랑스러운 것을 꽃이라 할 수 있다. 연설 가운데 가장 절정적인 부분, 장식 가운데 가장 훌륭한 부분을 꽃이라 한다.

넷째, 꽃의 복수(flowers)는 수사적인 문식(文飾), 사화(詞華)의 뜻을 내포하고 있다. 나아가 그 복수는 화학적인 용어, 예를 들면 유황화(flowers of sulfur)에서처럼 단어 끝에 화(華)를 붙여 사용한다. 이때 화는 액화 그리고 승화 과정에 따라 생겨난 고운 가루를 의미한다.

이로 미루어 볼 때 꽃은 암술과 수술의 조화에 따라 창조된 집단체로서 젊음과 번영, 정수와 최상 그리고 절정을 나타낸다.

꽃과 연관되어 발생한 명사로 로마신화에 나오는 꽃의 여신 플로라(Flora)가 있고, 미국 플로리다(Florida)주의 별칭이 '꽃 주'(Flower State)이다. 이 밖에 나라나 주, 도시, 각 단체가 그 성격을 상징하는 꽃을 가지고 있다.

✝ 성경에서의 꽃

성경에서 꽃은 꽃으로서 또는 풀로서 자주 언급되어 식물에 속해 있을 뿐 아니라 미물에 지나지 않음을 보여 주고 있다. 그러나 우리

는 하나님께서 미물을 통해서 오히려 그분의 뜻을 나타내셨다는 것
을 알 필요가 있다.

하나님은 각종 풀과 씨 맺는 열매나무 등을 창조하신 후에 보시
기에 좋았다고 하셨다(창1:12). '각기 종류대로' 창조하신 것이 현대
생물학에 있어서 과(family)나 속(genus)의 범주와 동일한지는 알
수 없다. 그러나 창조를 통해서 하나님이 그의 뜻대로 저에게 형체
를 주고, 각 종자에게 그 형체를 주셨다(고전15:36-38). 에덴동산에
보기에 좋은 식물들을 두셨다(창2:8-10).

성경에 많은 꽃들이 등장하지만 그중에서 살구꽃, 백합화, 장미,
계피, 대회향, 침향, 회향, 유향 등이 대표적으로 등장한다.

살구(almond)는 열매 맺는 나무(창43:11;전12:5)로 봄에 팔레스
타인 지역에서 가장 먼저 그 꽃이 만개하는 나무다. 레바논, 헬몬,
그리고 요단 건너편 지역에 많이 자라고 있다. 살구에는 쓴 살구와
단 살구 두 종류가 있다. 쓴 살구의 꽃은 희고 단 살구의 꽃은 장밋
빛을 띤다. 성전 기구 가운데 등대에는 살구꽃 모양이 아로 새겨져
있다(출25:33-34). 아론의 싹 난 지팡이에 핀 꽃도 살구꽃이었다
(민17:8).

백합화(lily)의 경우 구약이나 신약은 현대의 백합화를 꼬집어 지
칭하지는 않았다. 그러나 이와 비슷한 여러 식물을 백합화로 간주했
다. 예를 들어 이사야 35장 1절에 '사막이 백합화같이 피어 즐거워하
며'의 백합화는 흠정역(KJV)에 장미로 나타나 있다. 상당수 학자들
은 들의 백합화를 붉은 아네모네(anemone)로 간주하고 있다.

백합화는 들꽃 가운데 가장 눈에 잘 띄고 색채가 현란하다. 아가
서에서 신랑은 사랑하는 자의 입술을 백합화에 비교되었다(아5:13).
예수님께서 말씀하신 들의 백합화(마6:28-30)도 어느 것을 말하는

지 알 수 없다. 여러 들꽃의 현란한 색채와 아름다운 모습을 백합화라는 이름으로 통틀어 적용한 것으로 간주하고 있다. 특히 마태복음 6장 30절에 "오늘 있다가 내일 아궁이에 던지우는 들풀도 하나님이 이렇게 입히시거든"에서 들풀이 강조되어 있음을 보라. 예수님은 이 꽃의 모습에서 솔로몬의 모든 영광보다 더 화려한 모습을 보셨다. 솔로몬이 성전을 건축할 때 두로의 히람은 낭실 기둥머리와 바다 가에 백합화 모양을 아로 새겼다(왕상7:19, 26;역하4:5).

장미(rose)는 샤론의 수선화(아2:1) 그리고 샤론의 아름다움(사 35:2)을 상징한다. 샤론의 장미(우리말로 무궁화라고 하나 모양이 다르다)는 수선화에 속한 야생 꽃으로 아주 아름다운 흰 꽃을 가지고 있다. 봄철에 샤론의 들판을 곱게 물들인다. 샤론(Sharon)은 흔히 욥바(Joppa) 북쪽에 있는 팔레스타인 해변지역을 말하며, 다윗의 초장이 있었던 곳이다(대상27:29). 성경은 샤론의 아름다움을 통해 여호와의 영광, 곧 우리 하나님의 영광을 본다고 하였다(사35:2).[5]

그 밖에 여러 초목은 향과 관유 그리고 약재와 연관되어 있다. 예를 들어 계피(桂皮, cassia)는 육계(肉桂, cinnamon)와 아주 유사한 것으로 향기가 있고(사45:8;겔27:19) 성스러운 관유(출30:24)에 포함되어 있다.

근채(芹菜)라 불리는 대회향(大茴香, cummim)은 향이 있어 음식에 양념으로 쓰이는 것으로, 열매가 익었을 때 그 씨를 막대기로 떤다(사28:25, 27). 예수님이 바리새인들이 보잘것없는 근채를 십일조로 바칠 줄 알면서도 더 중요한 것을 소홀히 한다고 말씀하셨던 바

---

5) 이사야 35장 1절의 장미는 흠정역에서는 장미로, 개정표준역(RSV)에서는 크로커스(crocus)로 번역되어 있다. 우리가 흔히 알고 있는 현재의 장미가 성경에 확실히 알려지기는 구약시대의 말기쯤으로 보여진다.

로 그 식물이다(마23:23).

　침향(沈香, aloe)은 백합과에 속한 것으로 관상식물이자 약재이다.
발람은 이스라엘에 대한 예언 가운데 이스라엘을 가리켜 여호와의
심으신 침향 목 같다 하였다(민24:6). 시편 45편 8절은 향기가 있음
을 말했고, 아가서 4장 14절은 이것이 신부에게서 나는 것이라 했다.
니고데모가 예수님의 시신에 발라 장사하기 위해 가져온 향품이 바
로 침향(요19:39)이다. 노회(蘆薈)라고도 하며 설사약으로 쓰인다.

　회향(茴香, anise)은 파슬리와 유사한 시라(蒔蘿, dill)로 알려져
있으며, 그 열매는 약용 내지 음식 맛을 내는 데 사용했다. 예수님은
근채에서와 같이 서기관과 바리새인들이 회향의 십일조 드림을 비판
하였다(마23:23).

　유향(유향, balm)은 향유나 진통제에 쓰이던 약용수지로 길르앗
지방에서 많이 났다. 이스라엘 사람들이 이 유향을 가지고 무역했으
며(겔27:17), 이스마엘 사람들이 약대에 실어 날라 애굽에 팔던 물
건이었고(창37:25), 이스라엘이 요셉에게 보낸 예물 가운데 하나였
다(창43:11). 예레미야는 애굽과 바벨론을 향하여 길르앗으로 올라
가 유향을 구하라고 말한다(렘46:11, 51:8). 의학이 발달한 애굽이라
할지라도 상처가 깊었을 경우 그 치료가 어려웠음을 보여 준다.

　한편 길르앗이 유향을 가지고 있고 의사가 있음에도 "내 백성이
치료를 받지 못함은 어찜인가"(렘8:22) 하고 예레미야 선지자가 안
타까워하였다. 이것은 그 백성이 하나님의 도움을 거절하기 때문에
아무리 좋은 약을 쓸지라도 낫지 못할 것을 말한다. 아무리 향기롭
고 약재가 된다 할지라도 그것이 하나님과 관계되지 못할 때 의미가
없다.

✝ 꽃과 제단

성경에서 생화를 제단에 바친 예를 찾아보기 어렵다. 그러나 성전의 기구나 기물에 꽃을 아로새긴 예는 많다. 역설적이기는 하지만 현대 교회들은 구약에서와 같은 성전 기구들을 가지고 있지 않는 대신 주일과 절기에 그 성격에 맞는 생화를 강단에 설치한다. 세월이 흘러감에 따라 제식의 모습이 달라지기는 했지만 그 정신에는 변함이 없으리라.

성경에 있어서 꽃과 제단에 관련된 첫 번째 기록은 모세가 40일 밤낮 시내산에 있으면서 하나님으로부터 받은 말씀, 특히 등대(candlestick)에 대한 가르침에 나타나 있다(출25:31-40). 이 금 등대는 제사장이 제사 드리는 때 밝히기 위한 것으로 세상의 빛 되신 그리스도, 말씀, 또는 기도를 상징하고 있다.

하나님은 모세로 하여금 불집게와 불똥 그릇을 포함한 등대를 정금 한 달란트로 만들게 했다. 한 달란트는 약 21.6-29.8kg 정도의 무게를 말한다. 등대는 정금으로 만들되 밑판, 줄기, 잔, 꽃받침, 꽃을 한 덩어리로 한다. 등대의 가지는 양편으로 3가지씩 모두 6가지를 등대 곁에서 나오게 하되 가지마다 살구꽃 형상의 잔, 꽃받침, 꽃이 있게 한다. 등대 줄기는 살구꽃 모양의 잔 넷, 꽃받침, 꽃이 있게 하고 가지 아래는 꽃받침 하나씩 두어 줄기와 닿게 한다. 등잔은 모두 7개가 있어 그 빛이 앞을 비추게 했다. 등대의 높이는 약 1.5m, 길이는 1m 정도이다. 모세가 하나님으로부터 지시받은 등대는 살구꽃 형상과 크게 연관되어 있다. 이 등대는 주로 감람유를 사용했고 매일 닦고 불을 붙였다. 아침과 저녁에 등대를 손질할 때는 분향을 함으로써 향이 여호와 앞에 끊이지 않게 했다(출30:7-8). 솔로몬 성전의 등대는 이것을 모방했다.

후에 이 등대는 바벨론에 빼앗겼다가 다시 가져왔다(스1:7). 예수님 당시 헤롯 성전에 있던 것도 이 가운데 하나였을 것으로 보이며, 이것은 주후 70년 다시 로마로 옮겨졌다. 이 등대를 로마로 옮기는 모습이 티투스 황제의 개선문에 새겨져 있다. 533년에 이 등대가 예루살렘 교회에 안치되었다고 하는데 그 이후의 기록은 찾아볼 수 없다. 계시록 1장 12절과 20절에 따르면 등대는 교회를 상징한다. 왜 소아시아 일곱 교회에 보낸 편지를 보냈는가도 흥미롭다. 이제는 교회가 등대역할을 맡아 그리스도의 말씀을 끊임없이 전파하고, 계속해서 기도해야 할 책임이 있다.

두 번째로 주목을 받는 기록은 솔로몬 성전과 연관된다. 성전을 짓기 위해 초청을 받은 두로의 놋점장이 히람은 성전 낭실 앞에 세운 두 개의 놋 기둥, 제사장의 성결의식을 위해 만든 거대한 놋대야, 곧 바다 그리고 대야를 위한 놋 받침에 화환모양, 특히 백합화 모양을 담았다. 놋 기둥의 경우 각 머리에 200개의 석류를 줄지어 놓고 기둥 꼭대기 머리 4 규빗에는 백합화 형상을 새겨 놓았다(왕상7:19). 기둥의 위치는 성전 앞이었고(대하3:17), 기둥의 이름은 보아스와 야긴이라 하였다. 보아스는 '그(하나님)에게 능력이 있다'는 뜻이며, 야긴은 '저가 세우리라'는 뜻을 가지고 있다. 어떤 이는 이 기둥의 이름이 솔로몬의 두 아들 이름을 딴 것이라 주장하지만 확실치는 않다. 오히려 그 명칭이 지니고 있는 신학적인 의미를 더욱 깊이 새겨야 할 것이다.

히람은 바닷가를 백합화 모양으로 만들었으며(왕상7:26), 놋 받침도 화환모양을 담았다(왕상7:29, 30). 솔로몬은 성전의 내외소 사면 벽, 내소에 들어가는 문 그리고 외소에 들어가는 문에 활짝 핀 꽃

(open flowers)의 형상을 아로 새기고 금으로 입혔다(왕상6:29, 35). 이 모든 것을 미루어 보아 솔로몬에 이르러서 기둥과 놋대야뿐 아니라 성전 내외소 사면 벽과 문에 꽃이 아로새겨 있어 꽃의 역할이 컸음을 알 수 있다. 모세의 성소로부터 솔로몬 성전에 이어 지금에 이르기까지 꽃과 제단의 관계는 결코 무시할 수 없다.

† 성경을 통해서 본 꽃의 의미

성경적으로 보아 꽃은 여러 의미를 가지고 있다.

첫째, 성전 기구에 관련해 볼 때 새겨진 꽃은 하나님의 지시에 따른 것이라는 점이다. 하나님은 모세에게 성막과 그 기구를 어떤 모양에 어떤 규격으로 만들 것을 확실히 보여 주시고, "이 산에서 네게 보인 식양대로 할지니라."(출25:40) 하셨다. 솔로몬이 성전의 모든 기구를 만들 때 금꽃이 포함되어 있었다(왕상7:49). 이 금꽃 정금등대뿐 아니라 성전의 모든 기구는 하나님의 손이 다윗으로 하여금 그 종류와 중량까지 알게 하신 것이다(역상28:19). 하나님은 우리의 행할 바를 하나까지 보여 주시고 가르쳐 주신다.

솔로몬은 성전을 봉헌하면서 "선하시도다 그 자비하심이 영원히 있도다."(역하5:13) 찬송하였다. 그의 자비하심이 없이 이 같은 일은 불가능하다. 홀로 영광을 받으시기에 합당하신 하나님은 제단과 관련해서 성막과 그 기구들을 어떻게 만들고 어떻게 지켜져야 할 것을 가르쳐 주셨다. 이것은 우리가 하나님을 어떻게 경배해야 하는지 기본을 가르쳐 주신 것과 같다. 이에 관해서는 더 깊은 신학적인 설명이 필요하다. 하지만 우리가 확실히 알 수 있는 것은 꽃이 아무리 아름답게 장식되고 새겨져 있다 해도 하나님을 위한 것이 아니라면 의미가 없다는 것이다.

둘째, 꽃이 있음은 하나님의 사랑이 우리와 함께 있음을 의미한다. 땅의 풀과 각종 씨 맺는 열매나무는 하나님 보시기에 좋은 것이었다. 그러나 아담과 하와가 범죄함으로 땅이 함께 저주를 받아 가시덤불과 엉겅퀴를 내었다(창3:17, 18).

- "식물이 우리 목전에 끊어지지 아니하였느냐-무화과가 마르고-불이 거친 들의 풀을 살랐고"(욜1:16, 19)
- "팟종이로 너희의 많은 동산과 포도원과 무화과나무와 감람나무를 다 먹게 하였으나"(암4:9)
- "너 잣나무여 곡할지어다 백향목이 넘어졌고 아름다운 나무가 훼멸되었도다."(슥11:2).

이 말씀들은 인간의 죄로 인하여 초목이 성치 못한 상태를 가리키고 있다. 이러한 상태에서 성전에 하나님의 기쁨이 있을 리 없다. 저주의 모습 속에서 꽃이 만발할 수 없다. 그러므로 꽃이 있다는 것은 우리가 아직도 하나님의 온전하신 사랑 속에 있음을 입증한다. 이사야 선지자는 하나님의 축복된 상태를 가리켜 "사막이 백합화같이 피어 즐거워하며"(사35:1)라고 표현했으며, 메시야가 "시온에서 슬퍼하는 자에게 화관을 주어 그 재를 대신"(사61:3)한다 하였다. 백합화나 화관은 기쁨을 상징한다.

셋째, 꽃은 믿음을 나타내는 한 가지 표현방법이다. 꽃이 성물이 되었을 때 그것은 다른 것과 구별되어야 한다. 그것은 토지소산의 처음 익은 것을 하나님께 드리는(출34:26) 정성이 담겨 있어야 한다. 성전에 성물을 맡은 자(역상9:29)로서의 직분도 귀하고, 그 직분자가 성물을 구별하여 활용하도록 하는 일도 귀하다. 가인의 제사는 믿음으로 드리지 않았기 때문에 하나님께 열납되지 않았다(히11:4). 몰약·육계·창포·계피·감람나무로부터 나온 상등 향품을 관유로 삼아 발랐을 때 그것에 접촉하는 것이 거룩하게 되는 것이나(출30) 소합향·나감향·풍자향에서 나온 향에 소금을 쳐 성결하게 하고 그 향을 하나님을 위해 거룩하게 성별하여 드린 것은 믿음을 통한 성별 의식이다.

우리가 주의 제단에 꽃을 드릴 때 우리의 마음과 믿음을 성별해 감사함으로 드려야 한다. 우리 모두를 속죄하고 구원하신 것을 감사하고, 하나님께 경배하기 위해 바칠 때 하나님은 우리의 기도와 찬양을 받으실 것이다. 번제 나무를 이삭 스스로 지고 간 것처럼 우리 각자가 하나님을 향해 믿음을 지고 가야 한다. 하나님을 향한 믿음과 주를 위한 우리의 희생은 우리가 하나님께 드릴 최고의 꽃이다.

끝으로, 꽃은 하나님의 영광을 나타낸다. 이사야 선지자는 샤론의 아름다움 속에서 하나님의 아름다움, 곧 여호와의 영광을 본다 하였다. 들의 백합화는 그 아름다움뿐 아니라 그것을 키우시는 하나님이 우리를 위해 능력을 행하신다는 것을 가르쳐 준다. 들의 꽃이 하나님의 영광을 드러낸다고 한다면 그보다 더 귀중하게 창조되고 더욱 사랑을 받는 우리가 하나님의 영광을 더욱더 드러내야 한다는 말할 필요가 없다. 꽃과 같은 미물을 통해 하나님은 우리에게 경각심을 갖도록 하신다.

등대나 성전기구에 아로새겨진 여러 꽃 그리고 활짝 피어난 꽃들의 형상은 비록 장식이지만 그 가운데 가장 훌륭한 부분일 뿐 아니라 살아 있는 여호와의 영광을 드높인다. 하나님은 이사야 선지자를 통해서 레바논의 영광, 곧 잣나무·소나무·황양목으로 내 거룩한 곳을 아름답게 할 것이며 하나님이 그의 발둘 곳을 영화롭게 하리라

하였다(사60:13). 미물을 통해서도 영광받으시고자 하시는 하나님이신 것을 안다면 우리는 마땅히 우리 자신을 드림으로 성소를 더 아름답게 할 수 있으며 그때 주님의 몸 된 성전은 더욱 영화롭게 될 것이다. 다시 말하면 우리 자신이 주님의 영광을 나타내기 위한 꽃이 되어야 한다.

✝ 이제 당신의 삶이 제단의 꽃이 될 때

그리스도인은 이사야 선지자의 말씀과 같이 하나님의 제사장이요 하나님을 위한 봉사자이며 하나님께 복 받은 자손이다(사61:6, 9). 우리 영혼은 하나님으로 인하여 크게 기뻐하며 영영한 기쁨을 갖는다(사61:7). 우리는 하나님이 심으신 의의 나무요 그의 영광을 드러낼 자들이다.

요한계시록을 보면 네 생물과 24장로들이 어린 양 앞에 엎드려 각각 거문고와 향이 가득한 금 대접을 가지고 계속 기도하며 하나님께 영광을 돌린다(계5:8). 우리는 이 땅에서 하나님을 찬양하고 그 영광을 드러내야 할 그리스도인이다. 성경은 이것을 미물인 꽃을 통해서 우리에게 보여 주고 있다. 예수님은 솔로몬의 모든 영광이 들의 백합화 하나만 못하다 하시고 "오늘 있다가 내일 아궁이에 던지우는 들풀도 하나님이 이렇게 입히시거든 하물며 너희일까 보냐 믿음이 적은 자들아"(마6:30) 하시며 우리의 믿음 적음을 책망하셨다.

우리는 그 꽃들을 하나님의 전에 드리고 있다. "땅이 싹을 내며 동산이 거기 뿌린 것을 움돋게 한 것같이 주 여호와께서 의와 찬송을 열방 앞에 발생케"(사61:11) 하신 것을 믿는다. 꽃은 여호와의 영광과 자비와 사랑을 가장 결정적으로 나타내고 있다. 만개한 꽃은 여호와의 영광을 노래한다. 제단에 바쳐진 꽃이라면 더욱 여호와의 영광을 드러내야 하고, 여호와를 향한 감사와 기도가 그 꽃의 향기처럼 지속되어야 한다.

꽃이 새겨진 등대에서 계속 빛이 발하고 있는 것처럼, 성전의 벽과 문에 새긴 꽃들이 주의 성호를 찬양하고 있는 것처럼, 우리의 몸과 마음이 주의 제단에서 기도와 찬양뿐 아니라 희생으로 드려져야 한다. 제단에 드려진 한 묶음의 꽃은 우리의 모든 것을 묶어 드리는 것이 되어야 한다. 그 꽃이 믿음과 관련 없고, 더욱이 하나님과 하등 상관이 없는 것이라면 그것은 성전에서 제거되어야 할 단장품에 불과하다(출33:5).

그것이 하나님을 향해 온 마음과 정성을 담아 드리는 꽃이라면 하나님은 그것을 기쁘게 받으실 것이다. 꽃은 지금 우리의 눈을 하나님께 향하게 한다. 그것은 우리로 하여금 우리 자신을 주님께 드리도록 말없이 가르쳐 주고 있다. 이제 당신이 꽃이 될 차례다. 주님으로부터 받은 그 순결한 아가페를 되돌려 줄 차례다. 주님을 사랑하기에. 섬길수록 더 귀한 주님이시기에.

참고문헌

맥스 루케이도. (2007) 비밀의 책. 마영례 옮김. 가치창조.

방선기. (1990). "기독교 사회참여와 공동체", 빛과 소금 2월호.

스티븐 룽구. (2004). 예수를 엎고 가는 아프리카 당나귀. 고석만 옮김.
　　　홍성사.

엘리자베스 엘리엇. (2002). 전능자의 그늘. 윤종석 옮김. 복 있는 사람.

유진 피터슨. (2006). 이 책을 먹으라. 양혜원 옮김. IVP.

유진 피터슨. (2006). 현실, 하나님의 세계. 이종태 옮김. IVP

유진 피터슨. (2003). 주와 함께 달려 가리이다. 홍병룡 옮김. IVP.

임영수. (1996). "진정한 공동체", 지금 여기에. 다일공동체. 2(1996. 1. 14
　　　- 1996. 2. 4).

Berry, J. (2000). Lead not into Temptation. IL: University of Illinois
　　　Press

Elliot, E. (1989). Shadow of the Almighty. NY: HarperCollins.

Peterson, E. H. (2006). Eat This Book: A Conversation in the Art of
　　　Spiritual Reading. Wm. B. Eerdmans Publishing Co.

· 저자 ·

양창삼   •약 력•
　　　　　서울대학교 정치학과(학사 및 석사)
　　　　　서울대학교 대학원(경영학 석사)
　　　　　웨스턴일리노이주립대학원(MBA)
　　　　　펜실베이니아주립대학원
　　　　　연세대학교 대학원(경영학 박사)
　　　　　총신대학교 대학원(M. Div., Th. M.)
　　　　　한국인문사회과학회 회장
　　　　　한국사회이론학회 회장
　　　　　연변과기대 상경대학 학장
　　　　　한양대학교 경상대학 학장
　　　　　한양대학교 산업경영대학원 원장
　　　　　현, 한양대학교 경상대학 경영학부 교수 / 목사

　　　　•기독교관계저서•
　　　　　『고난의 신학』
　　　　　『기독교세계관과 삶의 리포지셔닝』
　　　　　『신약의 이해』
　　　　　『구약의 이해』
　　　　　『하나님과의 동행』
　　　　　『헨리 나우웬의 실천하는 영성』
　　　　　『하나님의 섭리』
　　　　　『하나님의 사람으로 사는 법』
　　　　　『깨뜨림과 버림, 그리고 영원바라보기』
　　　　　『단순한 믿음이 주는 기쁨』
　　　　　『예수 리더십』
　　　　　『뒤틀린 삶의 문제와 기독교적 답변』
　　　　　『난제를 만나면 예수가 더 보인다』
　　　　　『자본주의 문화와 기독교의 사회적 책임』
　　　　　『21세기가 원하는 크리스천리더』
　　　　　『평신도를 위한 신학이야기』
　　　　　『하나님의 비전에 이끌리는 삶』
　　　　　『당신 안에 있는 영성을 깨워라』
　　　　　『목회자, 당신은 일류인간』
　　　　　『영성회복의 신앙』
　　　　　『교회경영학』
　　　　　그 외 다수

아가페 정신과 그리스도의 제자도

• 초판 인쇄	2008년 3월 31일
• 초판 발행	2008년 3월 31일
• 지 은 이	양창삼
• 펴 낸 이	채종준
• 펴 낸 곳	한국학술정보㈜
	경기도 파주시 교하읍 문발리 513-5
	파주출판문화정보산업단지
	전화 031) 908-3181(대표) · 팩스 031) 908-3189
	홈페이지 http://www.kstudy.com
	e-mail(출판사업부) publish@kstudy.com
• 등 록	제일산-115호(2000. 6. 19)
• 가 격	25,000원

ISBN   978-89-534-8446-7 93230 (Paper Book)
        978-89-534-8447-4 98230 (e-Book)